河出昆仑

以水为视角的黄河历史文化回望 下

马吉明 著

清华大学出版社
北京

版权所有，侵权必究。举报：010-62782989，beiqinquan@tup.tsinghua.edu.cn。

图书在版编目(CIP)数据

河出昆仑：以水为视角的黄河历史文化回望 / 马吉明著. -- 北京：清华大学出版社，2025. 4. -- ISBN 978-7-302-67796-3

Ⅰ. K292

中国国家版本馆CIP数据核字第2025WA2073号

责任编辑：张占奎　王　华
封面设计：常雪影
责任校对：赵丽敏
责任印制：宋　林

出版发行：清华大学出版社
　　　　网　　址：https://www.tup.com.cn，https://www.wqxuetang.com
　　　　地　　址：北京清华大学学研大厦A座　　邮　　编：100084
　　　　社 总 机：010-83470000　　　　　　　　邮　　购：010-62786544
　　　　投稿与读者服务：010-62776969，c-service@tup.tsinghua.edu.cn
　　　　质量反馈：010-62772015，zhiliang@tup.tsinghua.edu.cn
印 装 者：北京博海升彩色印刷有限公司
经　　销：全国新华书店
开　　本：170mm×230mm　　印　　张：48　　字　　数：592千字
版　　次：2025年4月第1版　　　　　　　印　　次：2025年4月第1次印刷
定　　价：198.00元（全二册）

产品编号：100175-01　　　　　　　　　　　　审图号：GS京（2024）2628号

目录

第一章	河出昆仑	1
第二章	河湟浸润,明珠璀璨	23
第三章	从西宁到积石	50
第四章	从刘家峡到河西走廊	83
第五章	贺兰山下阴山前	134
第六章	探步河汾	209
第七章	渭水东流	274
第八章	工程视角之外	335
第九章	三河有证,岁月丰碑	412
第十章	沁水清、丹水清	440
第十一章	嵩岳之下,河洛之间	481
第十二章	水润殷都,泽洽安阳	593
第十三章	大三角洲——千里大平原	630
后记		743

I

第八章　工程视角之外

　　三门峡工程的是是非非，论者也多，大多是工程的视角；今之所谈，则是受影响旧城之历史文化。这些旧城包括河南的陕州、阌乡、灵宝，陕西的潼关、朝邑，山西的平陆、蒲州。随着三门峡水库的蓄水，这些旧城或完全淹没或部分淹没，一时间多成了历史的记忆……

　　进行任何大型水利水电工程的建设，土地淹没与移民搬迁都是不可避免的，这是基本常识。企望于没有任何的附着于地表之上的损失而进行建设不切实际。虽然如此，工程的规划建设，应当更多地照顾到人文历史。

　　无论毁誉，三门峡大坝都被称为"万里黄河第一坝"。

一、下游洪灾与三门峡工程

　　河出昆仑，在积石山经大禹劈山导引，东北流过沙漠，于托克托折而南流，再经壶口飞流直下，切穿晋陕大峡谷，出禹门口，"潼击关山"，转而东向，北有中条王屋，南有桃林崤山，在两岸夹持下，进入晋豫峡谷地区。抵三门，再遇岩阻，大禹再次举起神斧，自南而北，劈开鬼门、神门、人门三条水道，河水激越向前。河中之岛，从南至北，名曰鬼门岛、神门岛、人门岛（半岛）。《水经注·河水》：

　　砥柱，山名也。昔禹治洪水，山陵当水者凿之，故破山以通河。河水分流，包山而过，山见水中若柱然，故曰砥柱也。三穿既决，水流疏分，指状表目，亦谓之三门矣。

　　经过了地质年代的长久冲刷，河中三岛与砥柱岿然如初。如此坚硬的石质基岩，就成了水利人眼中"更立西江石壁"的理想坝址。于是，三门之处，三门峡水利枢纽工程横空出世，"高峡出平湖"，三门之险，从此从人间消失。

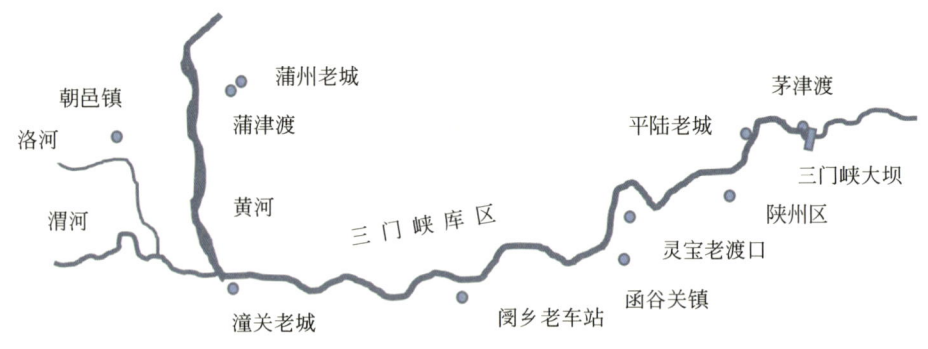

三门峡水库淹没区域示意图

　　三门峡大坝的南岸，属于古"陕"地。西周成王初年，周、召二公分陕而治，"自陕而东者，周公主之；自陕而西者，召公主之"（《左传·隐公五年》）。原有分陕柱石矗立，几经迁徙，今存三门峡博物馆。如果现在为陕之东、陕之西立一界碑，想必非三门峡大坝莫属。坝之西，成为淹没区；坝之东，成为大坝"呵护"的下游。坝之上下游，利益迥异，工程是非之论，也因之而难于趋同，于今尚众说纷纭，也就可以理解了。

　　随着三门峡工程投入运行，先是出现了预料之外的工程问题，继而又出现了复杂的社会问题，此后，三门峡工程就成了备受诟病、备受责难的对象。其影响至今仍在，比如，渭河若遇大水，关中地区仍不免焦虑，小水大灾情的局面仍有可能出现。既然前事不忘，那么，作为"事后诸葛亮"，我们今日是否可以反问一句，三门峡工程当时能不能不修？

　　在回答这个问题之前，当以历史老人不偏不倚的眼光，不先预设观点与态度，来看几则史料。

1933年6月，《中央日报》刊登了一则警示文章：《黄河南犯可虑　国府训令黄河水利委员会① 治黄工程应注意下游堤防》②。作者似有先见之明，1933年8月6—10日，"黄河中游发生有实测记录以来分布范围最广、降雨量最大的一场暴雨"，形成陕县站22000立方米每秒的洪峰，黄河不仅"南犯"，而且发生了北决。赵春明等主编的《20世纪中国水旱灾害警示录》对此次灾情做了很好的概括：下游地区南北两岸漫溢31处，决口73处，殃及冀、鲁、豫、苏四省，受灾人口273万，伤亡1.27万人。总计受灾66县，灾民364.5万，伤亡1.83万人。陕县（今三门峡市陕州区）12天总输沙量21.2亿吨，8月总输沙量27.8亿吨，全年总输沙量39.1亿吨，将17亿吨泥沙堆积在下游地区（黄河的多年平均年输沙量为16亿吨③）。也就是说，将黄河一年所输之沙全部堆在了下游，造成空前的生态、环境大灾难。此次灾情，促使黄河水利委员会于1933年9月1日正式成立④。

第二年，洪水不期又至：《冀省府昨讨论黄河决口　林成秀报告水灾情形　豫黄河续涨甘亦水灾》⑤。一个月之后，《黄河上游水陡涨　鲁

---

① 此处的黄河水利委员会当为黄河水利委员会筹备处。黄河水利委员会筹备处于1929年3月2日于南京成立。黄河水利委员会于9月1日在南京正式成立，并于西安、开封设立办事处。见《黄河志》卷一《黄河大事记》。
② 《黄河南犯可虑 国府训令黄河水利委员会 治黄工程应注意下游堤防》，《中央日报》1933年6月22日0002版"消息"栏。
③ 现在输沙量要小得多。
④ 赵春明等主编《20世纪中国水旱灾害警示录》，黄河水利出版社，2002，第40-53、152-159页。
⑤ 《冀省府昨讨论黄河决口 林成秀报告水灾情形 豫黄河续涨甘亦水灾》，《中央日报》1934年9月4日0002版"通讯"栏。

豫当局严防陕水入境　徐属黄河故道水势稍降》①。从这简单的新闻标题中，读者不难发现，1934年黄河上游甘肃、中游陕西、下游河南，以及江苏黄河故道又遭水灾或受到了洪水的威胁。

　　第三年，即1935年，黄河长江并发灾患。黄河大范围决口，决口分正流十之七八，洪水咆哮而出，"田庐冲没、村舍为墟"，黄河茫茫不知去向，"哀鸿遍野，触目惊心"。豫、鲁、苏三省21县受淹，341万人受灾。②

　　再引一则当年《申报》的史料，虽然述及的是安徽省老百姓辗转流离于水旱二灾之间的苦情，实可视为对当时全国灾情的极简概括：

皖省在上月中旬，省府鉴于雨泽愆（qiān）期，各县已呈旱象，深恐去岁旱灾，不幸重临于今年，特拟定旱灾紧急救济办法，分令各县遵办，内有一条且"饬人民如遇高亢之地，预计不易灌救者，即须提早换种耐旱作物"③，讵（jù）此令甫下，未及旬日，人民反由忧旱一变而为苦雨，最近更凄凄惶惶，日夜从事防汛排水之工作，短短半月间，甫令防旱于先，忽告防水于后，人民长此辗转流离于水旱二灾之间，其将无噍类也必矣，然此种头痛医头，脚痛医脚之现象，不仅沿江一省一地为然，即黄河珠江等流域，亦莫不然，盖统盘治水防灾于未然，实愈于枝节救灾于临时，控制自然者适于生存，役于自然者将归淘汰，此乃不移之理，国人其有意于此否耶。④

---

① 《黄河上游水陡涨　鲁豫当局严防陕水入境　徐属黄河故道水势稍降》，《中央日报》，1934年10月4日0002版"通讯"栏。
② 赵春明等主编《20世纪中国水旱灾害警示录》，黄河水利出版社，2002，第40-53页。
③ 此引号为笔者所加，原文引号不全，见截图。
④ 赓雅：《江河灾情视察记——从上海到汉口（上）》，《申报》1935年7月24日0008版"通讯"栏。

赓雅:《江河灾情视察记——从上海到汉口(上)》

笔者检阅资料,发现《申报》同版还有一则消息:《豫省各河流暴涨,水淹二十余县》。

若您拿到了当年的报纸,读了刊发的洪灾消息,您该作何感想?或若自己的村寨频遭此类水灾,自己又有如何之感受?

或以为,1933年至1935年,国家正处风雨飘摇之期,莫非工程失修、河防贻误于一时,恰遇异常旱潦而致灾乎?

孟津以下,地势平旷,黄河善徙,南达江淮,北抵天津,泛区涉及冀、鲁、豫、皖、苏5省,涉及人口1亿以上,黄淮海平原均受黄流的威胁。长时段史料表明:自公元前206年至1949年的2155年中,黄河决口1500余次,并有多次大改道。①

在上面所引的洪水事例中,并不是已知的黄河最大洪水。调查到的唐代以来黄河的最大洪水发生在道光二十三年(公元1843年),洪峰流

---

① 黄河志编纂委员会编《黄河志》卷七《黄河防洪志》,河南人民出版社,2017,第4页。

量达 36000 立方米每秒[①]。而现在的小浪底枢纽是按千年一遇洪水 40000 立方米每秒设计，万年一遇洪水 52300 立方米每秒校核[②]。

上述资料告诉我们这样一个史实：黄河是国之忧患。

这种忧患，在新中国成立之后仍然存在。

写到此，有两个问题自然会产生，一是如何解决"甫令防旱于先，忽告防水于后，人民长此辗转流离于水旱二灾之间"的困局？二是对于"此种头痛医头，脚痛医脚之现象"何以治本？

至此，对三门峡水利枢纽工程该不该修的问题，您是不是已经有了答案？

记得《史记·河渠书》中司马迁写下了这么一句话："自是之后，用事者争言水利。"这是史迁的有感而作，其有感于元光年间河决对国家的重大影响："自天子元光之中，而河决于瓠子，东南注巨野，通于淮、泗"（《史记·河渠书》）。此次河决，黄河漫流时间长，从决口到堵口功成，约有二十几年的时间，在这期间汉武帝还亲自到泰山封禅祈愿老天爷帮忙，并亲临现场指挥。黄河多沙，长时间注入巨野泽，入淮、泗，必为以后的自然地理变迁带来了很大的影响。

司马迁还有一句感触更深的话："甚哉，水之为利害也！"

大禹治水之所以永远被后人铭记，就在于，洪水问题始终伴随着中国的文明史、社会发展史，伴随着城乡百姓、村社田庐的安全，且永远伴随——此为地理因素所决定。

"人民治黄"是有着特定意义的专用术语。"人民治黄"事业开始于 1946 年，早于中华人民共和国成立。新政权对治黄、治水事业是如此的

---

① 黄河三门峡水利枢纽志编纂委员会：《黄河三门峡水利枢纽志》，中国大百科全书出版社，1993，第 3-4 页。

② 林秀山：《小浪底水利枢纽的设计特点》，《中国水利》2004 年第 12 期，第 11-14 页。

重视，就在于把百姓的生存问题早早放在了心上。

鉴于黄河的灾患，"1949年6月华北、中原、华东三大解放区就成立了联合性的治理黄河的统一机构——黄河水利委员会"。1949年8月黄河水利委员会提出，从三门峡、八里胡同和小浪底三处坝址中选择其一建造水库[①]，已经是在规划建库了。1954年，推出了《黄河综合利用规划技术经济报告》（亦称《黄河规划》），此报告为黄河龙羊峡下游规划了46座梯级，三门峡梯级为其中的第37级[②]。后三门峡水利枢纽工程成为苏联援华156个项目中唯一的水利项目，也是新中国成立后的第一个大型水利水电建设工程。

首先选中三门峡作为打响治黄战役的第一枪，在于从潼关至孟津，是可以用来控制黄河水患的最后一个峡谷，区间山高坡陡，成库条件好，水力开发条件好，是进行防洪建设和水能开发最好的河段。过了孟津，黄河逐渐进入平原地带，已不再有修建峡谷型大型水库的地形条件。

时间推进到1998年，中国南北再遭洪水夹击，长江大水、嫩江和松花江大水。洪水，牵动着全国人民的心，真的是有钱出钱、有力出力，可谓是一场抗洪的人民战争。军队长时间驻守在江防大堤上，战斗在抗洪的惊涛骇浪之中。如果说，2021年的郑州"7·20"大水是局部洪水，那么，1998年的大洪水，则是南北同期发生的流域性大洪水。鉴于洪水所带来的灾害是如此之大，灾情过后，曾有政府主要领导感慨，老百姓连年遭灾，搞得民穷财尽！有鉴于此，"1998年大水之后，中国集中力量进行了防洪基础设施建设，使七大水系主要河流干流抵御洪水能力大

---

① 黄河三门峡水利枢纽志编纂委员会：《黄河三门峡水利枢纽志》，中国大百科全书出版社，1993，第3-4页。
② 黄河水利委员会、勘测规划设计研究院：《黄河志》卷六《黄河规划志》，河南人民出版社，1991，第6-7、125页。

为增强,水灾成灾率趋于下降"①。

是的,正是为了避免"民穷财尽",才有新中国成立之前就提出的建坝建议和新中国成立后数年即推出的《黄河规划》。所以,中国任何一个大的水利工程都不是一蹴而就的产物,其规划时间之长,眼光之远,往往超乎人们的想象,所做工作之繁多,更非非专业人士所能知晓。尽管如此,工程开工建设和运行后的问题也不是事前均可预判到——人没有这样的能力。

于是,1958年,三门峡水利枢纽工程破土动工。这可认为是下游防洪"治本工程"的第一步。

就在1958年,黄河出现了惊心动魄的大水灾。

我这里简述一点所谓的"惊心动魄",同时,对比一下同流量级的受灾损失。

一边是工兵在黄河大堤上埋好了炸药,就等着一声令下炸开黄河予以分洪、滞洪,保护豫东、山东;

一边是黄委会主任王化云②向国务院、中央防汛总指挥部、水利电力部和河南、山东省委发出了请示电:

> 河南、山东党政军民坚决防守,昼夜巡查,注意弱点,防止破坏,勇敢谨慎,苦战一周,不使用分洪区蓄滞洪水,就完全能战胜洪水。希望两省黄河防汛指挥部根据上述情况和精神,结合各地具体情况部署防守,加强指挥,不达完全胜利不收兵。上述意见如有不妥之处,请中央

---

① 王亚华:《中国水利发展阶段研究》,清华大学出版社,2013,第152页。
② 黄河花园口出现22300立方米每秒的时间是7月17日,是自1919年有水文记录以来最大的洪水。当时王化云的职务是三门峡工程局副局长,王是这场防洪战役的实际指挥者。8月21日,王化云仍回黄委会主持工作。见《黄河志》卷一《黄河大事记》。

和省委指示。①

1933 年黄河大水，花园口流量为 20400 立方米每秒（推算值），堤防决口 104 处，殃及冀、鲁、豫、苏四省，273 万人受灾，死亡 1.27 万人。

1958 年的黄河大水，花园口流量为 22300 立方米每秒（实测值），受灾范围仅限于滩区，受灾人口达 74.08 万人，死亡 4 人，冲毁了一座桥墩，冲垮了两孔铁路桥，京广铁路中断 14 天②。

数字会说话，两次洪水，花园口的流量可认为是同级别的，但人民的生命财产损失有着巨大的差别，尽管防洪取得了不小的进步，但黄河下游的洪灾威胁仍然很重，必须予以解决。

二、两种视角：工程与人文

在众多质疑三门峡工程的文章中，对工程本身的质疑居多，比如工程导致的上游淹没、库尾抬升、岸坡塌陷、土地盐渍化、地下水质变化，等等，有的是大型水利工程共有的，有的则带有特殊性。主要的质疑点，可归结为对工程设计参数的质疑，比如水库设计水位，还有就是对泥沙淤积的质疑和诘问。这些质疑大多属于"工程师"思维。

促使我写此文的，更确切地说，以人文的角度来写此文的，是因为读了朱幼棣先生《后望书》中的第一篇《三门峡：无水的淹没》所受的启发。朱先生是新华社高级记者，他以新闻人的敏锐，从历史和文化的视角，对三门峡工程进行了审视，即说朱先生的思维是"人文"的，而这种"人文"思维正是"工程师"们所缺乏的。不可否认的是，出身理工的水利工程师们，在高中毕业以后，大多数人终其一生，不再有机会全

---

① 高峻：《一九五八年抗御黄河大洪水的决策和组织机制探略》，《中共党史研究》2008 年第 2 期，第 104-110 页。
② 赵春明等主编《20 世纪中国水旱灾害警示录》，黄河水利出版社，2002，第 40-53、152-159 页。

面提高自己的"人文"修养,且由于中国教育中的理科与文科的过早分家,学理工的人易对文科出身者存在着某种偏见,长期抱有这种偏见,自身对人文知识的兴趣会日渐降低,结果是弱化了基础,视角变窄,造成了自身知识修养的缺陷。这种缺陷对于水利这种与社会相关性大的学科来说不是无所谓,有时会带来"伤害"(比如本章讨论的三门峡工程。三门峡工程碰到的突出的工程问题是所谓的"拦门沙"的形成,而几百年前顾炎武在《天下郡国利病书》中对"拦门沙"带来的影响早就有明确的叙述)。因而类似朱先生的旁观——近乎于工程后评价的旁观,对于重大工程来讲是特别重要的,是对水利工程师们既有知识短板的补齐,如果水利工程师们不把异见视为"成见",那就成了跨学科的"对话",对于水利从业者提高专业水平和总结历史经验教训都是有教益的。而要进行高水平的"对话",水利工程师们必须有意识提高自己的人文修养,比如,要懂点水利史,懂点历史地理——历史地理与水利的关系非常大,且能够对历史进行分析,不能满足于只知道"记事",原因是,史书记事简而深奥,因而需要善于分析背后的原因,只有这样,这才能够真正做到以史为鉴。现在大学提倡通识教育,所谓通识,就是不要过早地限制自己的专业领域,不要过窄地限制自己的专业知识,过窄,就不免"一孔之见"。

  任何人的视角都有局限性,任何人、任何专业的知识结构都有局限性,因此,来自不同角度的观察是避免"视角偏见"和弥补"视角盲区"的不二之选。我得承认,朱先生的书让我这个"资深"的水利人受到了震动。水利的问题说到底是在处理人与自然的关系,是要解决社会问题,需要取得社会效益、经济效益、生态效益、环境效益等,如此,则文化与历史都不能缺位,工程,只是实现这些效益的手段。

  三门峡的问题很复杂,不进行多方位思考难以给出比较公允的看法、结论,硬币原本有两面。再说,无论是哪个行业,无论是谁,都应该有与时俱进的思想，不应固守成见，都应该接受历史教训，因而"后望"有价值，兼听则明，知晓不足，给事业的发展会带来良性的反馈。

　　有鉴于此，作为水利人，我也想从"人文"的视角，检视一番因为三门峡水库的修建而影响到的历史沉淀，有些也不乏文化高光。虽不免走马观花，但毕竟与工程相关，这至少可提醒后来的从业者，在进行兴利的设计时，考虑因素要尽可能地顾及人文的价值，即有利于对正、负效益的价值博弈进行合理的取舍，这有利于对工程参数的合理设定。

　　从洛阳坐陇海线去西安，必定经过三门峡地区，表观的印象是黄土地带，岭大沟深，缺少植被（至少南侧是这样）。当我从工程视野进入文化视野的时候，却发现，三门峡这一带原来属于繁茂的"文化大观园"，有一种从荒漠一下子进入绿洲的惊艳感觉：历史太久远、沉淀太丰厚、故事太复杂，与周边的荒岭邃谷、坡陡道峡完全不相协调。可事实上，中国历史上很多有影响的大事就发生在这里，有很多的历史人物在这里留下了足印，有众多的文人学士在这里写下了华章，只是人与事都隐藏得太深，或发生得太早，因而淡出了人们的记忆，才使人感觉生疏。这使我有点开悟：历史文化原本就生长于山川大地，"都市文化"只是当下散漫于"百花园"的奇葩或集中点，我们当有更广阔的视角，来发现、观察、欣赏中国的历史文化，这也属于"礼失求诸野"，是的，文化需要挖掘。

　　如今的中国，经济在高速发展，坐在这快速前进的列车上，"蓦然回首"，人们发现历史文化含有价值，含有精神价值和经济价值，且久而弥香。如此，大型水利水电工程的开发，除了必须让位于重要的社会公益价值，比如防洪，至于其他经济方面的价值，当与传统文化、大自然的遗存（如景观的）所具有的价值，甚至潜在的价值（比如物种）进行一番比较，进行一番博弈，而不能对后者漠视或视而不见，也不能只盯着挂有牌子的文物。

三、山西平陆

三门峡水库修建后，位于大河左岸的平陆老县城淹没了。

三门峡大坝的左岸是山西平陆县三门乡。或因三门峡市属于河南的关系吧，很长一段时间我都认为三门峡工程属于河南。事实上，现今的大坝顶部，竖立着一通石碑，上写"一步跨两省"，显然，分界线两侧分属河南、山西。分界线由碑面通向地面，界碑，成为三门峡坝区一处著名的景点，分界线的北侧，即为山西平陆。

初知平陆是在初中时期，是因为读了《为了六十一个阶级弟兄》。这是一篇以时间为轴，以分、秒为刻度，"就在同一个时间内"平行描写不同地区、不同岗位的人，为抢救平陆筑路工人集体食物中毒事件的著名通讯报道，其感人至深，至今难忘。这篇报道，也成为经典的语文课文。

平陆位于山西的最南部，背靠中条，南面黄河，处山水之阳，故有"大阳邑"、大阳（亦称太阳）县之旧名，乃古虞国之地。春秋初年，假途灭虢（或假虞灭虢）的故事就发生在这里。"晋荀息请以屈产之乘，与垂棘之璧，假道于虞以伐虢"（《左传·僖公二年》）。大夫荀息给晋献公出主意，以白璧宝马赂虞借道，以伐虢国。虞公终不敌美玉、骏马的诱惑，不听宫之奇"辅车相依，唇亡齿寒"的规劝而终致灭国。也因此故事，我认为虢国是个不起眼的小国，其实这已到东周春秋时期了，西周时期的虢国并非这样。后"假途灭虢"被兵家总结为三十六计之一。《三国演义》里诸葛亮三气周瑜，周瑜欲以取西川为名借道荆州，孔明曰："此乃假途灭虢之计也。虚名收川，实取荆州。"历史上宋太祖赵匡胤曾仿效"假途灭虢"而假道荆湖，是著名的军事战例。

平陆之得名，却与水利有关。天宝元年（公元 742 年），开三门漕运水道，于河中挖出兵刃，其上篆文曰"平陆"，县名因改之。只是，此兵刃的前世今生却无从知晓了，是个遗憾。县名虽曰"平陆"，但平陆东西长、南北窄，山高坡陡，沟深崖高，在水流千百年的冲刷、切割作用下，"平陆不平沟三千"①，完全谈不上"平"。

平陆特殊的地理位置与地形地貌特征，决定了交通道路在平陆的重要性。晋南解州有盐湖，所产之盐历史上称为潞盐。潞盐为中原内陆地区唯一的盐业资源，因而对该盐业资源的占有、把控可上溯到黄帝战蚩尤时代，中国历史上著名的阪泉之战就发生在盐湖周边②（见本书"第六章　探步河汾"）。为了运盐，就有了古盐道。平陆古盐道约在西周穆王时期（公元前10世纪）即已形成，这符合社会的发展需求。古交通道路除了盐道，还有递铺道、驮运路。递铺道即是邮驿间的道路。驮运路的存在，是由于山多沟深，车挽难行，须借助于畜力，可类比于西南地区的茶马道。

平陆老县城历明、清、民国，屡经扩建，为名副其实的古城，由于地势低，三门峡水库蓄水后永沉水底。现在的平陆县城是新建的。新县城在圣人涧附近，也由于新县城的修建，圣人涧进入更多人的视野。圣人者，傅说（yuè）是也。圣人涧村为商朝中兴贤相傅说的故里，"傅说在先秦时期是儒家、墨家、道家诸学派共同认可的圣人"③。传说傅说发明了版筑技术。④《史记·殷本纪》对傅说有记述。《孟子·告子下》中的"傅说举于版筑之间"，是说傅说出身低下而于劳作中被起用。之所以有傅说发明版筑技术的说法，可能在于山洪暴发，涧水冲毁道路，傅说以版筑法修建防洪堤⑤，版筑法的效率会高些。《清华大学藏战国竹简》

---

① 平陆县志编纂委员会：《平陆县志》，中国地图出版社，1992，第1页。
② 阪泉之战山西说见钱穆《国史大纲》上册；一说在今怀来县附近，见范文澜《中国通史简编》（上册），后一说流传较广。
③ 范毓周：《从版筑刑徒到辅弼重臣——关于傅说的几个问题》，《学习与探索》2009年第1期，第209-213页。
④ 平陆县志编纂委员会：《平陆县志》，中国地图出版社，1992，第4页。
⑤ 王志超：《殷商"中兴名相"傅说》，《运城学院学报》1993年第3期，第29-31页。

第三辑中有《傅说之命》三篇，进一步丰富了傅说的形象事迹。① 所谓版筑法，就是以木板立模，模板中间填土夯实的一种建筑技术。少年时期，农村还常见到用版筑法造墙，这种墙不耐雨淋。大约出于旅游的需要吧，现在又有人使用这种技术造墙，甚至于兴大工版筑旅游性质的"城墙"，当然，材料可能经过了改良，以利于提高其耐久性。

尽管上引材料认为傅说发明了板筑法，但其实，板筑法是一项发明很早的建筑技术。《中国考古学·新石器时代卷》中认为公元前2600年至公元前2000年的新石器文化统属于龙山时期。在这一时期"构筑城墙，黄河流域黄土地带采用夯土板筑技术，在长江流域为堆筑夯拍，在河套地区为石块砌筑"②。

有关傅说的史料既多，则可理解为，傅说是一位能工巧匠，他掌握了这项古人发明很早的技术，既被传颂为圣人，则后人就将劳动人民的发明归于他的头上。《尚书》里的《说命》三篇③，为傅说与武丁的对话录，被认为是重要的古代政治理论文献。

平陆的古盐道、递铺道、驮运路均通茅津渡，茅津渡为古渡口（对岸为今三门峡市会兴镇的会兴渡）④。《水经注》云："河北对茅城，故茅亭，茅戎邑也……津亦取名。"茅津渡乃晋豫要冲、军事要地，"三晋运盐尤为孔道"，平陆产的煤，南运入豫也要走此孔道。自古及今，这里发生的战事不知凡几，假途灭虢，晋军由茅津渡济河；秦晋崤之战，晋

---

① 任会斌:《战国长城的版筑技术——兼谈版筑的起源与发展》，《南方文物》2016年第4期，第169-172页。
② 中国社会科学院考古研究所:《中国考古学·新石器时代卷》，中国社会科学出版社，2010，第792页。
③ 《傅说之命》三篇与《说命》三篇不是一回事。
④ 历史上平陆曾一度属陕州，故历史上会兴渡也称茅津渡。现在的电子地图上，在三门峡市黄河公园内即标注有"茅津古渡"。

军由茅津渡济河……1946年陈谢大军抢渡黄河挺进中原，茅津渡是重要的渡口之一，西起茅津，东至济源河清口，渡河战线长达三百里。

假途灭虢，极具战略眼光，是晋献公时代的事，晋献公虽不免是个糊涂之君，却也为晋拓土开疆立下了大功。晋国南下讨伐虢国，所假之

茅津渡、会兴渡（茅津古渡）、三门峡大坝位置示意图

途为虞国，虞占据黄河北岸的中条山一带（夏县、平陆北一带），虢国就在今三门峡。灭掉虢，则晋国就占据了崤函一带，东边就是洛阳。灭掉虢，晋国不甘心得到一块黄河南岸的"飞地"，果然是"唇亡齿寒"，杀了个回马枪，灭掉了虞国。于是，黄河两岸尽为晋国所有。至于后来秦晋崤之战全歼秦师，在于秦国完全不考虑地理，劳师通过如此艰难的崤函之地，而崤函之地已属晋，春秋争霸，无异于是假途"敌国"之地，遭伏击也在情理之中。虞、虢两国都是公爵国，晋国是侯国，推想前二者在西周时该是王室更为重要的藩篱，时至春秋，虞、虢两国在列国中已经基本上没多大分量。

我曾到过河南岸的"茅津古渡"（即三门峡会兴渡，此处河两岸都以"茅津渡"命名。多数情况下，同一渡口位置，河两岸会用不同的名字），在河岸上的小亭边，怀想着古往今来事。东望，是深蓝色的三门峡水库，

北岸，有一片不小的滩地，滩地上是一片密集的树林，库水位与滩地几乎同高，有一大丛的树，已经处于库中，水之蓝，树之绿，完全连在一起，更远处是两岸连绵的山。宋代陕州诗人魏野（《陕县志》有传）有《茅津渡》诗："数点归鸦啼远树，人行欲尽夕阳路。暮霭还生竹坞村，西风乍起茅津渡。"眼前的人造高湖，山色连波，绿林连水，不只是有归鸦，更有苍鹭、白鹭等水鸟，想斜晖夕照之时，水面将转换为一片金色，群鸟戏水，波光粼粼。而近旁，就是沿黄河岸布置的黄河公园，一片翠色，曲径通幽，缕缕花香。这不禁让人感叹江山入画图，人在画中游。"茅津夜渡"，曾名列著名的陕州古八景。20世纪80年代，会兴渡（茅津古渡）还一度为黄河上最大的机动船渡口之一，想繁忙更远胜于古时。可无可奈何，随着黄河上桥梁的增多，轮渡很快褪色，如今已是淡出了历史的舞台，无须黯然神伤，时代变化的速度太快了。

四、河南陕州，兼谈坝址

由平陆，过黄河，次及陕州。

旧陕县（陕州）城因三门峡水库而行搬迁，旧城相当一部分被毁了，但未完全被淹没。

谈到陕州，就必须从召（shào）公谈起。

召公（一作邵公，或邵伯），姓姬名奭（shì）。召公封地在燕（今北京）。与周公一样，召公未去封地，而是在朝内为官服务国家。陕州是召公的治下，因为甚得民和，曾在甘棠树下"办公"，或决狱办案，或处理政务，故有"甘棠遗爱"之成语。《诗经》有《召南·甘棠》篇，为美召公之作。司马迁在《史记》对此也有记述：

> 召公之治西方，甚得兆民和。召公巡行乡邑，有棠树，决狱政事其下，自侯伯至庶人各得其所，无失职者。召公卒，而民人思召公之政，

第八章 工程视角之外

怀棠树不敢伐，哥咏之，作甘棠之诗。[①]

如今的三门峡市，有甘棠路。江苏运西五湖之一为邵伯湖（棠湖），乃因后人追思东晋名相谢安，而以邵伯誉之，谢安曾在湖畔治水修埭（筑坝），蓄泄兼备。这是"甘棠遗爱"惠及谢安的具体例证。如此看来，谢安不唯因淝水之战而青史留名，还因修堤筑坝而雄视千秋。我注意到，还有虢国路、上官路，它们的名称名是历史底蕴的体现。

据《陕县志》载，旧陕县城原有召公祠[②]，东门外有周、召分治碑，为清代所立。鉴于人们对召公的敬仰缅怀之情，过去的蒙学读物《千字文》有这样的句子："存以甘棠，去而益咏"，可理解为是对"甘棠遗爱"的解释吧！

陕州有地坑院，又叫天井院。初知地坑院是在 1982 年，记得当年导师与我谈到河南三门峡的地坑民居，听得我非常困惑，掘地为院，下雨时何以排水？这个疑问困惑了我很多年。

如果黄土层厚，存在黄土高崖，则凭依高崖，砌窑为室，这无奇怪处，窑洞院落在北方丘陵地带常见。但掘地为院，之前并不知晓。没有见过，自然就产生了疑问。现在我明白了，地坑院存在的地方，地下水位通常都很深，地坑院中都挖有渗井，以用来排除雨水。根据渗井的尺寸和当地降雨量进行简单的估算，就知道没有问题。当然实践早已证明了没问题。劳动人民于实践中的创造，最令人佩服，劳动人民广具聪明才智。

事实上，地坑院在河南、山西、陕西、甘肃都有分布，"见树不见村、进村不见房、入户不见门、闻声不见人"是对地坑院形象的概括和

[①] 《史记》卷三十四《燕召公世家第四》，中华书局，1982，第 1550 页。

[②] 有旧陕县城和陕县故城之分，旧陕县城为三门峡建库之前的县城；陕县故城为秦汉时期的县城治所。二者不是一回事，见史念海《黄河流域诸河流的演变与治理》。因二者相距不是太远，这里不作分别。民国二年（1913 年）废陕州置陕县。新中国成立后陕州行署驻地也在陕县。

351

总结①。地坑院可称为中国的一种特色建筑。此外，地坑院大约还有省料、保温、抗震性能好、耐久性好等优点。

地坑院，本质上是地下窑洞院落，窑洞建筑与地面房屋建筑应当是中国房屋建筑的两大类。但窑洞却省却了房梁、根基、砖瓦等建筑用料。出现地坑院的地方，应该说没有适宜箍窑的土崖条件，但因为经济条件的限制，因为勤俭，就人为地掘地为坑，造出了立面高崖，以挖掘出窑洞。中国西部、西北部广有分布的窑洞，其产生的原因是一样的，是在贫穷、省料、因地制宜等多种因素影响下产生的极具巧思的一种建筑形式。经济条件的限制与节省建筑材料不是一回事，过去的时代，没有那么多的建筑材料，这也为建筑房屋带来了困难，以土为建筑材料，当然是解决问题的可行路径。不止于此，在广大的黄河流域，在广大的北方，即或是地面房屋建筑，墙壁的建筑材料也是"土"，浑砖砌就的墙壁少之又少，所谓的粉白瓦舍，粉壁下都是土墙。黄土，对我们的民族贡献实在是太多了。

总之，地坑院，解决了中国西部、西北部相当一部分地区的干旱、寒冷、多风、扬沙等诸多不适宜人类居住的难题。如今，地坑院已成为"文化遗存"，成为从地坑院走出去的人们怀恋乡愁、追忆年少时期的遗爱和旅游的场所。

地坑院营造技艺已被列入国家非物质文化遗产保护名录。地坑院成为遗存，是因为人们居住环境的改善，这正充分说明了社会取得的巨大进步。

如今，在陕州巨大的地坑院门首，有周、召二公的分陕影壁墙，影壁墙，属于中国庭院文化的重要组成部分，到地坑院来研学、旅游的人们，首先就会看到这个影壁，继而会明白什么是陕之东、陕之西，我相

---

① 武德俊：《看不见的民居——地坑院》，《节能与环保》2016年第10期，第74-75页。

信人们会欣喜于知道陕西省名称的来源。

在这里,我出乎意料地听到了一场书:"陕州锣鼓书"。"陕州锣鼓书"有河南的味道,有陕西的味道,还有山西的味道,一场民间曲艺,体现出了相邻省份间的文化影响。锣鼓书,有锣鼓,可称为乐队指挥。与一般的戏曲乐队不同,"陕州锣鼓书"没有主弦,数把二胡齐奏,形成了浑厚的曲调,演奏者轮番演唱,都是主角,很具有特色。

地坑院中的影壁墙,饰以周、召二公分陕的故事

我来到地坑院的时候,正是树木吐绿的早春,太阳大,院明亮,地坑院内的树绿了,地坑院上面的树绿了,远处的庄稼绿了,与这绿相配饰的,是村庄内有很多的红灯笼。中国人以红色为喜庆,而灯笼的存在,将村庄换上了盛装,也将平日打扮成了节日——其实真可以理解为节日,那些来此观景的外地人,坐在木凳子、石凳子上,正等待着一场大戏的开演。

陕县(今三门峡市陕州区)"东有崤陵门户,西依曲沃古塞,南靠干山屏障,北临黄河天险"。[①] 处于豫、陕、晋三省交界的地带,特别是,

---

① 陕县地方史志编纂委员会:《陕县志》,河南人民出版社,1988,第1页。

正好位于洛阳与西安之间,成了往来于两京间官员、骚客、商旅、百姓"歇脚"的好去处。因而,就有众多的名人行迹,譬如,唐太宗、唐肃宗、唐代宗、武则天等,都到过陕州①。特别是武则天,曾于陕州建行宫,因而驻跸陕州就成了常事。千年过去,风吹雨打,繁华净尽,如今宫墙难觅。"但所遗留砖瓦残片随地可见,群众在耕作时曾多次挖出圆形或方形石柱础、铺地大砖等遗物"②。今有宫前村在,村名本身就是历史。

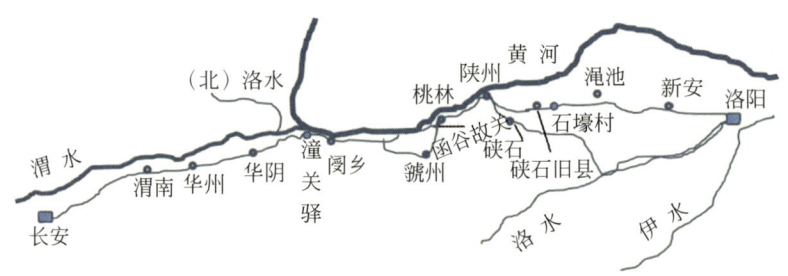

唐时两京间交通路线示意图(据王文楚《唐代两京驿路考》简化③)

文人的咏记更多,写下与陕州有关的名人,大约能占半部中国文学史,此话并不为过。那么,今天看起来相对偏僻的地方,何以在历史上却如此地熠熠闪光?恐怕这就是老地方所具有的内在魅力吧!不惟是陕州城。老地方能激发出人们思古之幽情,若有老东西在,无论是凭吊、感怀还是吟咏,都有了具体的对象。

陕州名人轶事既多,就只能略去,但我还是愿意提及杜甫。杜甫的《石壕吏》曾选入中学课本,"暮投石壕村,有吏夜捉人。老翁逾墙走,老妇出门看。吏呼一何怒!妇啼一何苦……"杜甫的"三吏三别",人多熟悉,石壕村即在陕州。

在灿若星辰的陕州历史名人中,有两个非常显眼的人物:上官仪与

---

① 三门峡市史志总室:《三门峡市概况》,三门峡市印刷厂,1985,第8-9页。
② 陕县地方史志编纂委员会:《陕县志》,河南人民出版社,1988,第498页。
③ 王文楚:《唐代两京驿路考》,《历史研究》1983年第6期,第62-74页。

上官婉儿，《陕县志》中有二人的《传略》。二人身居高位，都具有很大的文名，都影响当时与后世。可上官仪被武则天冤杀，作为孙女的上官婉儿，本与武则天是仇人，却能客观地认可武则天的为政成绩，这就不能不让人佩服上官婉儿的心胸。可惜，上官婉儿后来被李隆基冤杀了。尽管二人身后都被"平反昭雪"，但不免让人唏嘘，历史何其捉弄人！

在吟诵陕州的诗作中，唐玄宗李隆基的《途次陕州》，大尺度地概括了陕州的典型特征，今录之：

境出三秦外，途分二陕中。
山川入虞虢，风俗限西东。
树古棠阴在，耕余让畔空。
鸣笳从此去，行见洛阳宫。

我不知道此诗写于何时，总体上说平淡，没太大的张力。唐玄宗曾五去洛阳，是去"就食"，最后两句算感怀吧。李隆基时代正值盛唐，尚去洛阳就食，大唐的富足是不是有言过其实之嫌呢？国家无论贫富，朝廷总不会乏食，就食洛阳，带去庞大的官吏，当会有别的因素在，比如办公的方便性，毕竟洛阳为"天下之中"，如此便于地方到朝廷办事，只是辛苦了皇帝及其班子。再如可减少运往京城的粟米，当时的京城太仓之储，很依赖于陇右，尽管陇右曾一时富足，产出总比不了中原与江南。

张九龄对此诗有和作，名曰《奉和圣制途次陕州作》，两诗相对照，感觉是轻松的气氛，或在"安史之乱"之前。

玄宗另有诗《幸蜀西至剑门》，可与《途次陕州》一起归属于"出行诗"。前者有"剑阁横云峻，銮舆出狩回"句，显得很有力度，全诗也写得很有气象，但"出狩"却是"渔阳鼙鼓动地来"的结果，玄宗不可能忘记"惊破霓裳羽衣曲"，"銮舆出狩回"只能是骗自己，属于"假大空"。这与"行见洛阳宫"的逍遥是不同的，"行"字一出，显出轻松的气氛，当是写实。

张九龄的和作如下：

驰道当河陕，陈诗问国风。川原三晋别，襟带两京同。

后殿函关尽，前旌阙塞通。行看洛阳陌，光景丽天中。

由张九龄诗，我们可以知道陕州是襟带两京，位于驰道上的重镇，前"塞"（阙塞）后"关"（函谷关），真正的被山带河。

韩愈有《次硖石》二首，其一有王之涣《登鹳雀楼》登高望远之妙：

数日方离雪，今朝又出山。试凭高处望，隐约见潼关。

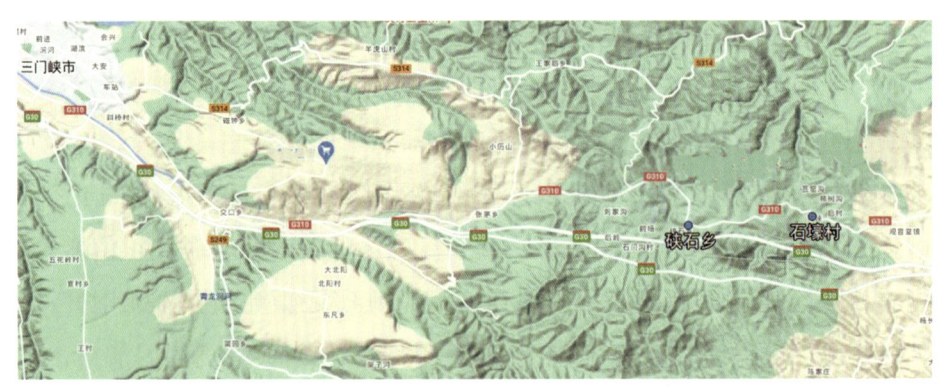

深堑高山——三门峡、硖石、石壕村之间道路地形示意图

硖石今为三门峡市的一个乡。硖石有极难行的道路，"山岭危峻，道路崎岖，即古崤陵"（《陕县志》）。其最窄处只5米有余，然车辙却深达0.4米。唐太宗有诗云："崤函称地险，襟带壮两京。"道路如此的狭窄，以至于古人叹曰"车不并辕，马不并列，至险也"（金《创建古崤陵便民路记忆》）。韩愈到过硖石，这让我感兴趣，原因之一是曾数次拜谒孟州的韩文公墓，原因之二是对硖石感兴趣。我知道硖石早在少年时，硖石有远亲，因而后来由洛阳去西安，当列车接近三门峡时，就格外关注车窗外的风貌，记得在车行方向的左侧看到石碑一通，上写"硖石驿"，原来硖石是古代重要的驿站。硖石历史上也有硖石坞、硖石关，看这些

名字就知道与军事有关,前述及的秦晋崤之战(公元前 627 年)就发生在这里。故事的梗概是:秦国远征郑国,郑商人弦高得到消息,矫郑伯命买牛劳秦师,秦师以为郑有备,转而灭滑(今偃师境),返程至崤陵,遭晋师伏击,大败,三帅被俘。秦晋崤之战是春秋争霸中极为重要的一战,极为惨烈,秦军尸骨无还者。若干年后秦穆公攻打晋国获胜,从茅津渡南过黄河,祭奠死难的秦国士兵,并自责是自己不听谏言犯了错。秦晋这两次战争,两国有名的人物都有出场,史载详细,也成为今日某些影视剧着意表现的对象……硖石乡东连观音堂乡,杜甫所写《石壕吏》的故事就发生在那里。位于硖石乡的崤陵古道有太多的人文故事,太过典型,2014 年,作为丝绸之路上唯一的道路遗迹,被列入世界文化遗产名录。

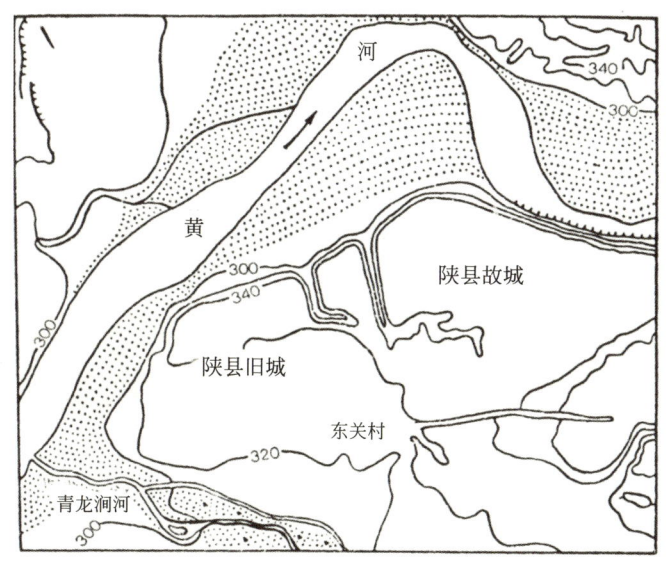

陕县旧城附近地形及高程示意图①

平陆县城与陕州城隔河相望。与平陆城不同,陕州旧城因为位置高些,有的地方被淹没(如城关),有的地方则没有。

---

① 史念海:《黄河流域诸河流的演变与治理》,陕西人民出版社,1999,第 124 页。

水库蓄水前需要事先"清库",因此,处于淹没水位以下以及塌陷区的城市建筑和民居都被拆毁了,一部分人迁往他处安身立命,成为水库移民。由于存在未被淹没而被拆毁的城市建筑和村庄,这就成为朱幼棣先生极为诟病的地方。其实这有个原因在,三门峡第一期设计水位为350米,移民控制水位335米①,但蓄水一年以后就发生了水库淤积等问题,最高蓄水位只蓄到332.58米,未再进一步提高蓄水位,从地形图上可明显看出,城区有的地方高于蓄水位但同时低于移民控制水位,因而就有了未被淹没、人为毁掉的陕州城。其他几个受影响的县城也有类似情形,这是人难以虑及的地方。在此后三门峡水库的运行中,为进一步减少不利影响,水库水位进一步降低,因而断壁残垣及农田出露现象进一步增多,有的移民因见故土出露而返迁②。"现在陕州城轮廓依稀可辨,尚留部分城墙和东、北、南城门残部,宝轮寺塔和石牌坊立于遗址东南部,许多断碑石雕散乱于荒草瓦砾之中。1984年市四届人大决议,1985年开辟陕州老城风景区。"③宝轮寺塔是中国现存四座古回声建筑之一,该塔800余年间,经历多次地震,今依然屹立于黄河岸边,也是"三门峡地区唯一的仿唐遗存"④。

必须要承认,无论是谁,当看到这些"不合情理"的现象时(指未蓄水而毁坏建筑),尤其是对历史文化有情怀的人看到这种现象时,会产生悲情,甚至于生出一腔愤怒,但,水利设计的技术细节却很难被人所尽知、因学科的壁垒也很难为人解释清楚。

费笔墨扼要写平陆、陕州的人文历史或文化景观,目的不在于展现

---

① 三门峡工程实施的也是分期移民,不会按最高水位一下子让全部人搬走。从史念海先生的图中可以看出,无论是陕县旧城,还是陕县故城,有相当一部分高程都在340米之上。
② 因水库未达到蓄水位而出现移民返迁现象的,别的工程也有。
③ 三门峡市史志总室:《三门峡市概况》,三门峡市印刷厂,1985,第215页。
④ 张超丽:《宝轮寺塔建筑特色及保护》,《炎黄地理》2021年第11期,第83-85页。

"过去时",其实只是铺垫。对的,写这么长只是铺垫,是为了将其放入坝址选择的考量中来。在以后的行文中,类似的人文历史景观还将出现。

以水工为基准,三门峡坝址的选择无疑有它坚实的基础,暂放下不谈。须注意到的一个事实是,坝址所在位置只在二城下游数公里之遥,潼关之下直到黄河出山,峡谷区段有数百公里之长,如果将坝址上移一些,库容只是稍受影响,但这两个古城却能完好地保存下来,这种可能性不是不存在。

如果坝址上移,除了上述两城,如今还能完整保留下万里黄河雄浑图中一幅特殊的景观——"三门砥柱图",朱先生在他的书中也有提到。"三门砥柱图",不惟可看作自然遗产,加在其上的人文色彩太过浓艳了,文人的吟诵、丹青手的图描、书法家的挥洒……可参阅《源远流长·黄河夺淮——从清口到三门峡》。

南边的鬼门河道崖壁上,突出一危崖,按其形象外貌,有"狮子头"的俗称,上有摩崖石刻"峭壁雄流,鬼斧神工",为明代万历年间所刻,已凿下存于中国历史博物馆(已更名,现为中国国家博物馆的组成部分)[①],算给这块"自然与人文"结合的巨石安了一个妥善的家,尽管如此,"狮子头"离开了危崖,就失去了凌涛雄视的气势,失去了它的环境,它的家应当在峭壁危崖之上。

有感于大自然的神奇,这一带的岩岛和石壁上,遗存前人七十多处历史石刻,年代跨越东汉和平元年至清朝乾隆年间。若原始地貌完全存在,想"三门砥柱图"会同壶口瀑布一样出彩,或者更为绚丽,即如上所述,附加其上的文化史迹太重。

黄河漕运西给长安,始于西汉[②],京城官民生活仰仗漕运的顺利,而

---

① 黄河三门峡水利枢纽志编纂委员会:《黄河三门峡水利枢纽志》,中国大百科全书出版社,1993,第3-4页。

② 黄河航运却要早得多。

水路绕不过三门天险。可想而知，河中三岛的存在，不但束窄了河道的有效宽度，也使得水流变得极为复杂。诗曰："鬼门幽幽深百篙，人门逼窄愈两牢。舟人叫渡口流血，性命咫尺轻鸿毛。"古人的诗作，形象地描述了船过三门峡的凶险。

以我现场的观察，大坝偏下游，右岸属于凹岸，凹岸水流速度必定最高，因而水流状况必定最差；中间神门水流状况次之；比较起来，左边的"人门"河道的水流速度应该稍缓于鬼、神二门，但因半岛的存在，又增加了干扰因素，并增加了水流复杂的程度，设若低而平的半岛被淹没，则又增加了触礁的危险。虽然这是根据地形进行的推测，但却与鬼门、神门、人门的称呼能够契合。至于河底状况，又是一重影响因素，比如，大坝下游，听起来美妙的"梳妆台"，其实是有时出露于水面、有时淹没于水下的礁石。上述观察推测，是在有坝的情况下得出的，但却可证之于开工前的原始地形。弯道、岛屿、礁石的共同存在，是三门一带水流状况复杂的原因，也为古代漕运带来了巨大的困难。

为避开"门内"的汹涌波涛，唐开元年间，在相对低平的人门半岛上曾挖了一条漕渠，"旁北山凿石为月河，以避湍急"[①]，其名曰"开元新河"（长300米，宽、深各6米）。石岛上挖渠，经历了百倍千难，可却是个失败的工程，漕渠挖得不够深，水浅力不胜舟，但遇洪流波涛依旧。于是又于岸上修栈道用于拉纤，今所存栈道孔犹多；石壁上还存有拉纤系绳用的牛鼻环，环上道道绳索痕，无言诉说着纤夫的泪。一个外国旅行者描述道："木板栈道的痕迹至今清晰可见。一孔孔的洞眼，一根根的木桩，犹如一个个的象形文字，诠释着中华古国曾经的辉煌，也诠释着是谁的力量撑起了这片辉煌。"[②]

---

① 郑榖：《开天传信记》，载水利部黄河水利委员会《黄河水利史述要》编写组：《黄河水利史述要》，水利出版社，1982，第147页。
② 比尔·波特：《黄河之旅》，曾少立译，四川文艺出版社，2018，第131页。

任何时候,国家的辉煌都来自劳动人民的强力支撑,社会的进步,都来自劳动人民的负重前行。

三门峡大坝下游

拉纤,是为了逆水而上,而顺水而下,则更为凶险,千百年来的经验总结,人们认为砥柱实际上有航标的作用,只要勇敢地驾船"朝我来",意思是驾船直奔向砥柱——想想都害怕,如此则在船过三门之后,可顺利越过砥柱之险。或为了往古的记忆?近年人们在河右岸山巅刻下了"朝我来"三字,饰以鲜红油漆。作为景观,其设想当然是可以的,但多少会使人不解,因为"朝我来"不是矗立于激流之中,实际上就失却了环境条件。

河中三岛已与大坝融为一体。大坝下游不远处,尚可见梳妆台、张公岛(当属神门岛余脉)、砥柱(当属鬼门岛余脉)。张公岛上有所谓老君炉的景观,是较高的一块岩石,可隐见古人的题诗;张公岛左侧,有梳妆台,实际上是一块平顶礁石;更南边出露于水面的小岛,即万世吟诵的砥柱。

坝顶俯视下游

　　站在坝顶俯视砥柱，其看起来比较小，但古人乘小舟出三门、漂流其旁，则需仰视，视觉环境不一样，一定会产生不一样的感觉。水中巨石，自其生及今，不知年月之久，能屹立于水面者，无疑是自然历史中的金刚不坏之身，虽然可见其垂向节理的产状，但残弱部分早已被洪流荡涤净尽。我观阳光下的砥柱，呈现出古铜的色调，似有亚光——反光的存在恰恰证明了未被风化的表面，因而未见一棵草生长于其上，给人以极为坚硬的感觉。无疑，砥柱生长于基岩上，因而，三门峡大坝就横卧于极为坚硬的基岩之上，就建造混凝土大坝而言，这是极大的优点，或也是坝址选于此处的一个原因。

　　我想，天下河流中岩壁尽多，惟砥柱为尊，是真正的民族精神象征！唐代书法家柳公权曾有一首诗吟砥柱："孤峰浮水面，一柱定波心。顶压三门险，根随九曲深。"1945年毛主席在中共七大所作的《论联合政府》政治报告中，以"中流砥柱"为比喻，对历史作了一个重要的判断："没有中国共产党的努力，没有中国共产党人做中国人民的中流砥柱，中国的独立和解放是不可能的。"

对砥柱的吟咏太多了，唐太宗、魏征……晚清康有为曾有诗曰"禹功万古辟龙门，颇叹黄流砥柱尊"，对砥柱的赞颂颇具代表性。

看到一首元人所写《三门砥柱》诗，概括性强，今录之：

鬼斧神工砥柱开，黄流滚滚自天来。

三门浪卷千堆雪，五户滩砯（pīng）万壑雷。

漕转多虞舟楫败，疏排几使匠夫哀。

唐虞平治功归禹，庙下丰碑满绿苔。

君王"仰临砥柱"，有"浩浩长春"之叹。可何以将洪流中的一方平顶礁石，名之为颇具柔美之意的"梳妆台"？一个传说是，"开元新河"为"娘娘"所开，神仙"娘娘"在"梳妆台"上梳妆打扮，故"开元新河"又称"娘娘河"。以我现场看到的情况，"梳妆台"对行于左边"人门河"的船只构成触礁的潜在威胁，故而在人门半岛上开挖了"开元新河"。其方案是可取的，只是，开挖的渠道规模偏小，所以才说是"失败的工程"。其实，该历史地看问题，岩石坚硬，没有劈开巨岩的手段，凿 300 米"开元新河"已是不易。古人也未必没意识到此问题，再扩宽、挖深渠道，或就能解决问题，但我想，水势太恶劣，施工条件太艰难，岩石太坚硬，于黄河中再兴大工，不敢贸然提出"改建方案"，未知数太多。

在诗人贺敬之的长诗《三门峡——梳妆台》中，则是另一种意境。"马去'门'开不见家，门旁空留'梳妆台'"，则可理解为神禹远去，千百年时光流过，一任波涛汹涌，人们无可奈何。于是诗人开始自问："梳妆台呵，千万载，梳妆台上何人在？"接着在疑问与呼唤中实现口吻转换，"何时来呵，何时来？……盘古生我新一代！""青天悬明镜，湖水映光彩——黄河女儿梳妆来！"注意，这里已经实现了人物的转换，不是神仙人物在梳妆台上梳妆，而是黄河儿女对黄河予以梳妆，这无疑是对改天换地事业的大写意。

诗人贺敬之对三门峡工程的讴歌是热忱的，是难以抑制的，我这里却在谈三门峡坝址"微调"的可能性。我想，诗人的激情被赋予了浪漫主义色彩，即或是考虑了上述文化景观，即或是三门峡大坝位置与今日有异，贺敬之先生也不必改诗句，他溢于言表的对社会主义建设事业的讴歌深深打动着每一个人，"百花任你戴，春光任你采，万里锦绣任你裁！"一样成立。

至此，可以做点总结：工程上若真的将坝址上移了，平陆、陕州真的就可免却淹没或免却拆毁；河中三岛及砥柱山一带将保留着完整的大自然遗存，可视为自然遗产，与壶口瀑布一样，同样可以创造出可观的社会价值，惜乎坝址的选择多考虑的是水工因素。

要之，综合效益的最大化一定是多个自变量的函数，一定受制于多方面的因素，"文化自变量"的弱化，为方案所寻出的就不会是最优解，这一项尤其需要注意；况且，不同的自变量组合，会寻出不同的最优解，这意味着，方案是可调的，或者说，可做出多个方案供选择（当然，我知道，水利工程有对比方案）。这不单指三门峡工程，而是具有一定的普遍性。至于最终的取舍，不再是水利工程师的事，是为政者的事，但水利工程师就如一个厨师，要多做几份好菜。

如今的三门峡大坝是人们游览的好去处，来此观澜、寻觅者不在少数，巍巍大坝，横卧中流，坝上游是翠绿色的水库，天光云影；下游是翠绿色的水面，清可鉴人。除非泄洪的季节，黄河之"黄"，基本上已经成为历史的传说。黄河的泥沙在库区的淤积是令人头疼的问题，但人们摸索出了"蓄清排浑"的路子。

大坝的顶部两侧，被写成了一本有关三门峡工程的简本百科全书，从地形地貌到历史沿革，从工程建设到工程改建。此外，还有历代对三门之险的吟诵，有唐太宗的，有乾隆的，有历代文人墨客的，有今人

第八章　工程视角之外

的……我看到了一幅"展板",内容是清华大学水利系到三门峡工程局所在地,双方进行"联合办学"①。当年清华大学水利系到三门峡,除了教学工作,还承担了三门峡第二次改建的任务,其实是国家任务,比如完成了打开1-8号原施工导流底孔作为泄流排沙孔的任务②。后水利系迁回北京,留下了少量工作人员,并成立了"泥沙研究小组"③,后"泥沙研究小组"发展成在国内外有重要影响力的研究机构,为以长江三峡工程、黄河小浪底工程为代表的一大批水利水电工程建设作出了重要贡献。

三门峡大坝坝顶展板资料：联合办学

---

① "联合办学"是指学校与企业或事业单位合作,联合培养学生,培养对象来自企业或社会,学制一般为短期,并且不纳入全国统一招生计划。学员学业结束后,到与学校合作的企业或事业单位工作,不纳入全国统一分配。
② 水利部发展研究中心：《水利史：三门峡水利枢纽改建之路回眸》,"水利部发展研究中心"微信公众号,2020年3月17日,https://mp.weixin.qq.com/s/FH3L-xVOoOVETEYhS-UsQw,访问时间：2023年7月5日。
③ 郭学书、杨五寿、郭万荣、李玉柱（口述）,石耘（执笔）：《清华大学水利系在三门峡（上）》,《河南文史资料》2011年第1期,第4-20页。

三门峡大坝坝顶展板资料，三门峡工程建设历程

"俟河之清，人寿几何。"水利人的重要任务不是"河清"，而是维护河流的生命健康，促进人水和谐，为可持续发展作出贡献。

五、函谷关，潼关

潼关与函谷关之间地形示意图

陕州上游，三门峡水库淹没的重要关隘有魏函谷关。

在中国数不胜数的关隘中，函谷关是最早建立的关隘之一。

不同时间所建函谷关有三处，春秋所建称秦关，西汉所建称汉关，东汉末曹操所建称魏关。秦关、魏关在灵宝县，相距较近；汉关在新安县。函谷关之谓，在于长谷如箱涵，可理解为高大山塬中的大裂谷，谷底为道。谷底狭窄，容不得车辆并行（即"车不方轨"），长谷全长约30里，两侧壁高数十米，官方于谷中建关设防。

函谷关之所以那么出名，就在于从潼关至洛阳，走陆路，这个大裂隙是绕不过去的，是唯一的通道，无论是多么声势浩大的威仪，无论有多少纵横捭阖的兵马，一旦入谷，就不能不憋屈地于缝隙中逶迤前行。

有关函谷关的历史故事、大事，尤其是战争风云，历两千多年，太多而无法细说，可我注意到了所搜集资料中的一句话，魏关城楼在抗日战争时期毁于兵火，现仅留古道和烽火台遗址。

用一句话突出函谷关的重要：函谷关前，中国军队阻挡住了日军的西进。

1944年，中国军队与日本侵略军发生了函谷关大战，史称"灵宝战役"，或"灵虢战役""灵陕战役"。这是抗日战争后期一场大的战役，是"豫湘桂"战役的第一阶段[①]，"豫湘桂"战役，日军的目的在于打通陆上交通线。日军攻陷洛阳后，继续西进，同时又有日军从山西渡过黄河，占领陕州。函谷关大战期间，日军曾一度攻陷灵宝，中国军队奋力反击，旋即复之，战事惨烈。后中国军队退守豫西，终是阻挡住了日军继续西进的企图，为保卫西安、保卫西北大后方立下了功绩。

需要提一下陕甘宁边区在"灵宝战役"期间的大视野和抗日决心：

《解放日报》社论写道[②]：

目前最严重的任务是保卫西安，保卫陕西与西北，这是今天一条唯一的国际通道，此处若失，则威胁四川。

并发出通电说[③]：

中国的正面战场，首先是西北的战场，目前正处在万分的危急

---

① 赵可：《灵宝战役述评》，《抗日战争研究》1996年第4期，第83-99页。
② 同上。
③ 同上。

之中。

只要国民政府允许,我们全边区的军民愿意和陕西、河南的军民为共同保卫西北而战,我们八路军、新四军的全体指战员愿意到最前线去,与全国军民为打退一切敌人的进攻而战!

我在农村干农活的时节,听老辈人谈天,说日本人到"洛阳"就不行了,日本是"太阳旗"。老乡们的谈天带着"宿命论"的成分,既然是"宿命",日本必败!侵略者的进至豫西,作死的步伐就加快了。中国的西部,上了第二级阶梯就是崇山峻岭,有着广袤的纵深,永远都是中国的大后方。20世纪20—30年代,著名军事理论家蒋百里先生就指出了西部对我国国家安全的重要性,并特别指出了应以洛阳、襄阳、衡阳为据点[①]。我理解,这"三阳"就是中西部结合的门户。"函谷关大战"可视为保卫西部的"城防"之战,豫西群山就是西部的天然城防;或者,将洛阳、襄阳、衡阳的连线视为西部的城防,这三座城就是城门。20世纪60年代后期,为应对紧张的国际形势,国家开始在中西部进行"三线建设",有很多重要的工矿企业、科研院所都迁往了西部,其原因就在于,西部永远是攻不破的根据地。

函谷关,一言以蔽之曰:"一泥丸而东封函谷。"

很难说黄土沟谷在视觉上的漂亮,但历史的尘土却难掩函谷关的辉煌。

黄沙埋铁戟,磨洗难辨识。两千多年过去,伴随函谷关熠熠闪光的,是函谷关留下的智慧。我想,这智慧是关尹喜(关尹:关令,名喜)用手中的"权力"留下的,更是用诚心留下的。

该是早晨吧,关尹喜像平时一样巡视他把守的函谷关。与别的关尹不一样,关尹喜不但是个将军,还是个哲学家。他上得关楼,像平日一

---

① 吴仰湘:《蒋百里的御日国防思想初探》,《军事历史》1993年第3期,第21-23页。

样，极目远眺，却看到了东来的紫气，大为诧异，那紫气渐行渐近……凭着哲学家超验的感知，他立即下关楼，命令封了关门，向那一团紫气扑去……近前，躬身施礼。

紫气罩着的，是骑在青牛上的一个老头，白发、白眉、白髯，那一缕长髯，随紫气微微摆动。

这个老头姓李，名耳，字聃，人们习惯上称其为老子。

下得牛来，关尹喜立即接过缰绳。老头徒步向关门走去，关尹喜拉牛紧跟在后边。关门已上锁，卫兵持戟守门。关尹喜回头看看那青牛，再看看手中的缰绳，缰绳连接着青牛的鼻环，这个鼻环大名鼎鼎，又称"金刚琢"。

到达门首，老子静静地说："我要出关。"

关尹喜说："您要留下点东西。"

老子说："我是周王的图书管理员，身无余财。"

关尹喜说："先生，您有智慧，请先生留下智慧。"

于是老子"被"住进了馆驿，每天好吃好喝；连青牛的饲料都是新鲜的，还多加了麸子。

老子与关尹喜渐渐熟悉起来，在一个清风明月夜，关尹喜与老子两人在关楼上闲聊。极目远处，深邃而不可测，再看表里山河，隐没在无尽的混沌之中。于是，关尹喜问老子：

"先生，大禹治水，声教讫于四海，西被流沙，流沙之外是什么？"

老子说："我要出关。"

半年后，老子"骑青牛出函谷关"。

关尹喜依依不舍：

"先生，您写的书我还没懂，需要向先生请教……"

老子道："道可道，非常道……"

于是，关尹喜殷殷相送。那青牛似乎更壮了些，牛鼻上的金刚琢亮闪闪。

以上，是我虚拟的场景，但《道德经》确实是这样描述的。

鲁迅先生在《出关》里这样描写：关尹喜"自己亲手从架子上挑出一包盐，一包胡麻，十五个饽饽来，装在一个充公的白布口袋里送给老子做路上的粮食"。

关尹喜让老子留下了那个时代的最高智慧，是的，老子的《道德经》，在基本哲学问题的抽象方面，超过了先秦时代的任何一家，我这样说的根据是：它超越了简单的枚举，是一种"理论哲学"。简单的枚举样本空间太小，很难支撑起一种理论体系。那个时代，就是德国哲学家雅斯贝斯提出的人类文明的"轴心时代"，无论东方还是西方，都出现了跨越历史长空的大圣人或圣哲，那个时代的区间，大体处于公元前800年至公元前200年之间。在中国，先秦诸子就生活在那个时代。①

我们不知老子所终，但可以肯定他走的一段路：出函谷关，过桃林塞，走上了秦岭北侧的塬上，在塬上，后人修了关防，曰潼关。

函谷关下从来不缺智慧，关尹从来都喜欢哲学家。

那已是战国时代，一天，一位骑白马的先生来到关前，关尹照例让闭了关门。

"我要出关。"

"人出关可以，马不可以出关。"

"白马非马。"

关尹听毕，一时语塞。公孙龙再重复一句。

关尹折服于骑马人的智慧，一时理不清楚逻辑关系，忙令开启了关

---

① 卡尔·雅斯贝斯：《历史的起源与目标》，李夏菲译，漓江出版社，2019，第9页。

门。有理由相信，同老子一样，公孙龙出桃林塞，走到了秦岭北侧的塬上。或许，他东望函谷关，还说了这样一句话：

"函关非关。"

公孙龙是春秋战国时期名家学派的重要代表人物。名家学派研究的是中国古代的逻辑思想。

潼关不仅仅是一处关隘，还是一座城、一个县。数个关门，连同城池，共同形成潼关关防。

在因三门峡水库淹没、毁坏的数个城池中，最令人感到无奈、遗憾的大概就是潼关了。它的名气太大，再加上人教版初中《语文》课本里选有谭嗣同的七言诗《潼关》，谁人能不知潼关呢？那么，如果有一天你走到了旧潼关，会不会因于寻觅中看到残垣旧迹而心生块垒，心绪如眼前山水那般感到压抑和不平呢？"河流大野犹嫌束，山入潼关不解平"诗人这样描写潼关。

《水经注》载："河在关内南流潼激关山，因谓之潼关。""潼激"何谓？有解释为"冲击"之谐音。潼关初名"冲关"，盖因大河自龙门冲华山而东，这只是潼关名字的来源之一。还有一说是因潼水而得名。[①] 我偏向于后者，潼水北流入潼关城，继而入黄河。

对于潼关，我很长时间难以理解地形地貌与交通间的关系，何以中国土地之大，由中原西入关中要走潼关？困惑了不知多少年。其实，可以简化理解：南流黄河撞到了关山之上，转而东向，人们在山边、河旁开出了一条狭窄的通道，通道上设关门，就是潼关。因南有秦岭阻隔，北有黄河天堑，长久的历史中，潼关就成了由中原西进关中的唯一官道，也可以认为是唯一通途。印象中还有看到过的小人书上的画，一个大关

---

① 唐咨伯修、杨端本纂《潼关卫志校注》，三秦出版社，2015，第 3 页。

门连着高大的山体，门的另一侧是滔滔黄河，门的上边写着：潼关。

祖国山河的形胜就是这么神奇，崤函之东幅员辽阔，而要西进关中就得要走崤函道，过函谷，走潼关。

潼关形势，以《潼关卫志》的描述最为经典：

秦称天府，固四塞为固者也。东惟函谷关，所谓建瓴之势以制东诸侯①。自函谷废而潼为关，则锁钥丸泥，巍然重镇，称百二之雄者惟潼是赖。②

更为具体的描写：

关之南，秦岭雄峙。东南，有禁谷之险③，禁谷南设十二连城，以防秦岭诸谷。西北有洛、渭二川，会黄河抱关而下。西则华岳三峰，笋环诸山，高出云霄。④

再参阅《史记·留侯世家》中张良的描述："夫关中左崤函，右陇蜀，沃野千里……此所谓金城千里，天府之国也。"

我们把眼光先放大，然后再缩小看近前，就可以理解，开启此"金城"的"锁钥"就是潼关。

潼关之西，秦岭之北，是渭河两岸的关中平原，即所谓的八百里秦川。华山之东，秦岭之北有高高的黄土塬——华山余脉是也，由秦岭北坡汇聚的水流，经千百年的冲蚀，于塬上切割出两条大的深沟，东曰远望沟，西曰禁沟，于是，由河流、高山、沟壑分割出一个具有绝壁的塬体，要由崤函之东进入关中就必须登上此塬。东汉末，曹操在塬上设军事关隘，即汉潼关，因而攻上此塬也就不是简单的事。

---

① 原文如此，疑为东制诸侯之误。
② 唐咨伯修、杨端本纂《潼关卫志校注》，三秦出版社，2015，第1页。
③ 此东南当理解为潼关县东南，而非潼关城之东南。禁谷在当时的县城西侧。
④ 唐咨伯修、杨端本纂《潼关卫志校注》，三秦出版社，2015，第7页。

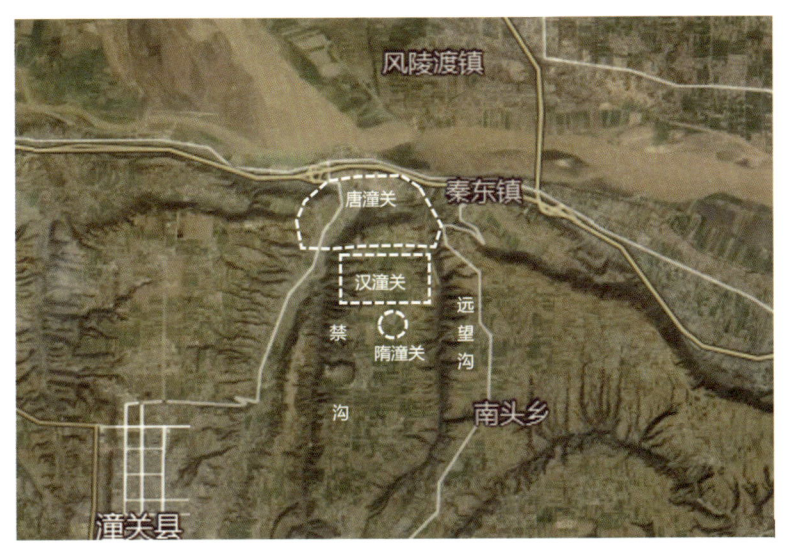
潼关古城地形及位置变迁示意图①

东汉都洛阳，曹操设潼关的目的在于对西凉军的设防。隋将关稍南移，即所谓的隋潼关。至唐，关临河而立，即唐潼关。隋唐都关中，潼关就成了关中的东大门。因随地形的变化，唐潼关位置偏低些，也就是今天的潼关古城。当然只是指"地址"。"潼城沿山河之势为之，地乃唐之旧址，所谓天授二年移近黄河者是。"②现在的潼关古城是明代初年修的③，清代进行了修缮增扩。

走崤函道、过桃林塞西进，接近潼关时先要碰到一个关隘，称金陡关，此关为进入潼关的第一道关，为潼关六门之一。关键是金陡关往西，道路并非敞开于黄河一侧，而是一条胡同，称为黄巷坂。黄巷坂与黄河之间是自然天成的高崖，塬体则是绝壁，于是就形成了仅有数米宽的狭道，称之为"五里暗道"，过了"五里暗道"才到达潼关北门。不经此

---

① 许正文：《潼关沿革考》，《人文杂志》，1989年第5期，第93-97页。
② 唐咨伯修、杨端本纂《潼关卫志校注》，三秦出版社，2015，第19页。
③ 史念海：《黄河流域诸河流的演变与治理》，陕西人民出版社，1999，第121-122页。

门，何以进关中？

《水经注》："河水自潼关东北流，水侧有长坂，谓之黄巷坂，坂傍绝涧（即远望沟），陟此坂以升潼关。""升"字之用，在于地形逐渐走高。杜甫《潼关吏》曰："丈人视要处，窄狭容单车。艰难奋长戟，万古用一夫。"至此可以明白为什么《潼关卫志》引《山海关志·形势》云："畿内之险，唯潼关与山海为首称。"此语意在谈险，若加上历史，潼关则更胜一筹了。

细察地理，或以为，沿禁沟能不能"摸"进潼关？或越禁沟而进入关中？能，古人尽察之，守禁沟与守潼关原为一体。

潼关城之妙，还在于潼水流经城内，城内有地可耕种，于是，无断水之忧，无乏食之虞，战守皆有凭。

成书于康熙二十年（公元1681年）的《潼关卫志》对潼关有极详细的记载，明潼关卫辖10县，辖地广大。与其他地方史志的不同之处，就在于《潼关卫志》包括了《职官志》和《兵略志》，尤其是《兵略志》，他志不载。[①] 有此特点，在于围绕潼关的战争风云历代都有。志序言曰"且《兵志》一篇于古今战守之已事，言之不厌其详。盖使人知潼志之作，其所重在此，而不在彼也。"

《潼关卫志》不但列出了历朝历代潼关守将的名字，而且重点选择记录了历史上发生在潼关的战争。第一场战争就是西凉马超、韩遂与曹军的大战，写得很精彩，曹操临危不惧的神情跃然纸上，原来采自《资治通鉴》，今录《潼关卫志》文如下：

汉献帝建安十六年三月，马超、韩遂等众十万屯据潼关。七月，魏武曹操自将击之……闰月，操北渡河。兵众先渡，操独与虎士百余人留南岸断后。马超将步骑万余人攻之，矢下如雨，操犹据胡床不动。许褚扶操上船，船工中流矢死，褚左手举马鞍以蔽操，右手刺船。校尉丁斐，

---

① 张消静：《评康熙〈潼关卫志〉》，《鄂州大学学报》2015年第10期，第32-34页。

放牛马以饵贼，贼乱取牛马，操乃得渡……①

《三国演义》里分两个章回写此次战争，演绎曹操割须弃袍的故事，尤其是演绎曹操绕树而走，马超一枪搠在树上，因以得逃的场景。爱看《三国演义》的人对此不但熟悉，且津津乐道。潼关有曹操脱逃之处，原有古树一棵，关于这棵古树，20世纪30年代的《申报》记者有对其外貌的描述：②

在城内东大街中复大药店和同盛益商号之间，有一株四五抱大而一半已枯死了的古槐，相传系三国时的遗物，当日马超追曹操至此，将长枪误刺在这株树上，曹操因此脱险，故后来封它为"树王"。现在树上有一个五六寸长、二三寸阔的窟窿，据说即马超所刺的枪眼。

看来树确实够古。尽管记者认为此树"比较可靠"，但个人却认为当是后人演绎。此树今已不存，与三门峡工程无关。

这次潼关大战，虽然写得曹操大败、极为狼狈，却是曹操在诱敌聚歼西凉兵，是军事家曹操的大手笔，盖因"关中边远，若群贼各依险阻，征之非一二年不可平复；今皆来聚一处，其众虽多，人心不一，易于离间，一举可灭"。(《三国演义》)最后曹操大胜，马超带西凉残兵逃回陇西临洮。正史与演义对此都有记述，凸显了曹操的战略眼光。

"安史之乱"是唐朝由盛转衰的转折点，而"安史之乱"中重要的一战就是潼关大战。本来陇右节度使哥舒翰带20万兵马守潼关，挡住了叛军，奈何玄宗昏聩，偏听奸臣，迫令哥舒翰出战。最后潼关丢失，长安失陷，玄宗仓皇辞庙，有了马嵬坡之变——"白头宫女在，闲坐说玄宗。"玄宗当年何其英武？后来又何其昏聩？先是斩杀了守关大将高

---
① 唐咨伯修、杨端本纂《潼关卫志校注》，三秦出版社，2015，第131-132页。
② 李镜东：《潼关印象记（附照片）》，1936年4月12日，《申报·每周增刊》第1卷第14期，第332-334页。

仙芝等，后对继任者既疑又防，一方面在灞上置大军防哥舒翰，另一方面强令哥舒翰东出潼关复陕、洛，完全不理会前敌司令哥舒翰"官军据险以扼之，利在坚守"的意见，完全不考虑郭子仪、李光弼"潼关大军应固守以蔽之，不可轻出"的意见，能不败乎？哥舒翰守潼关一战在《潼关卫志》中费笔墨颇多，足见此战在潼关战争风云中的地位。

800年前蒙古人灭南宋采取的是大迂回战略，由山西渡河破潼关，占领关中，再越秦岭占领西南，再回过头来与南宋决战①。此亦为前引《解放日报》资料中，函谷关大战期间中共特别强调保卫西安、保卫西北之原因，目的是确保西南。这是历史的教训。蒙古人攻潼关颇费周折，从南宋嘉定八年（公元1215年）冬十月始，到嘉定十四年（公元1221年）十一月，经六年过后方攻克，随后就下了长安②。可见潼关之险对长安的重要。

"当年鏖战急，弹洞前村壁"毛主席的这句诗用来描述潼关城墙最为贴切。中国军队围绕潼关构筑的对日河防始于1937年，1938年日军占领河对岸永济之后就开始炮击潼关，这种炮击持续到1945年抗日战争胜利。潼关城墙上留下了多少弹洞，恐怕没人能说清楚。潼关城楼其实是1937年被拆除的，其目的在于"一则减少日寇炮击目标，二则可以利用拆下来的砖瓦木料构筑工事"。③西城门楼和箭楼则是焚毁了。日军常年炮击潼关，其中目的之一就是炮击陇海路上运物资的火车。如今，旧日用于潼关河防的碉堡仍在。

河渭漕运，对于建都西安一带的朝代来说非常重要。《潼关卫志·兵略志》本记述的是"战争"，但"隋朝"一节却记录了"漕运"的内容，

---

① 王蓬：《西汉公路修建始末》，《丝绸之路》2008年第9期，第26-30页。
② 唐咨伯修、杨端本纂《潼关卫志校注》，三秦出版社，2015，第150-151页。
③ 古晓娟：《潼关河防——大后方屏障》，《视界观》2017年第3期，第43-46页。

想潼关三河相交［黄河、渭河与（北）洛河］，漕运河道也能用于军事，故列入于此。节录如下①：

> 隋开皇四年六月，隋主以渭水多沙，深浅不常，漕者苦之，诏宇文恺②凿渠引渭，自大兴城东至潼关三百里，名"广通渠"。漕运通利，关内赖之。

泾水入渭，无论是泾水浑，还是渭水浑，浑则多沙。既"多沙"，渭口淤积就是大问题。三门峡库尾的泥沙淤积，导致渭河入黄口的潼关断面高程增高了5米多，这才是导致渭河关中地区"小流量、大灾情"的根本原因。

山西芮城县的风陵渡隔河对岸就是潼关，因而潼关除了是陆上关口也是河关。潼水（河）由南而北，流入潼关城再入黄河，因而潼关城还设立了两个水关：南水关和北水关。水关之谓，可截水，可防洪，可作城防。如今南水关遗址尚在，数百年前的水道桥洞尚在，只是黄土荒草，被人遗忘了。

潼关城虽然设立在高地之上，但因潼河穿城而过，也存在城市防洪问题，城内漂没人家、水关冲毁的事一再发生。盖因暴雨来临，水积浪高，洪水凌城而入，居民来不及避之。看来城市防洪，古已有之。今城市野蛮生长，外水、内涝，令人忧虑。排洪渠道的畅通及其具有的排洪能力最为重要。近几个世纪极端天气常见，狂风连带暴雨，倏忽而至，因而城市防洪就成了现今水利、市政及城市管理者的重要任务，切不可有所懈怠，更不可好了伤疤忘了痛！

民国时代的潼关城，陇海铁路穿城东西而过，潼河则由南门楼（南水关）下入城，由北门楼（北水关）下出城，近乎将城一分为二。水关

---

① 唐咨伯修、杨端本纂《潼关卫志校注》，三秦出版社，2015，第138页。
② 正史如《隋书》用宇文恺。

闸门硕大,但当时已经不可启闭。城西有火车站、汽车站。城北则是兵营。

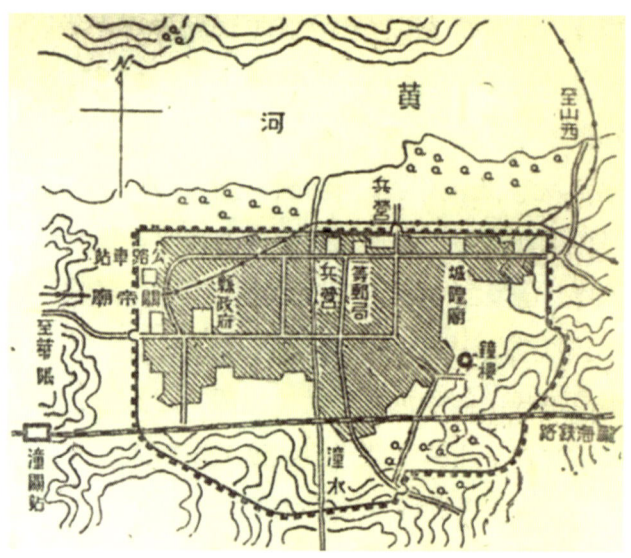

民国城关县城图①

潼关南水关(城楼下为水流通道)②

---

① 李镜东:《潼关印象记(附照片)》,1936年4月12日,《申报·每周增刊》第1卷第14期,第332-334页。

② 同上。

修三门峡水库，城关古城高程低，属于库区淹没区，不得不毁城整体搬迁，"古城几乎被毁殆尽"[1]，城墙上的砖石也被用来作为新城的建筑材料。既搬迁，这样做也无可厚非。庆幸现在有极少残存的旧街道，也因为水位从未达到过预定高程，城内现有为数不多的留守者，他们留守的是一份记忆、一份感情深处的慰藉，只是，能屈指说出当年旧景者，日渐稀少。

需要说明，潼关从昔日的繁华变得残破、凋敝，与建三门峡水库无关，主要原因就是抗日战争时期日军持续不断的炮击与轰炸，正所谓的"国破山河在，城春草木深"。新中国成立后数年即进行三门峡建设，当时的潼关城因战争导致的创伤，正处于待恢复的状态。既然百废待兴，不如再建一个新城，这样旧城所占淹没损失的比重就会下降，对此要持客观的态度。可从文化层面上来考虑，潼关无形的东西太多了，回望，潼关旧城未淹而毁，确实可惜，盖因三门峡蓄水位未达到预定高程。

我上课给同学们讲三门峡工程，是以张养浩的《潼关怀古》结束的。每一个学生都知道这首小令，我放了一张《潼关怀古》的曲谱，对着曲谱尝试唱了一下，没想到同学们很受震动。谁说学工科的人不需要人文思维？盖文理分科太早，隔阂已深，彼此不知对方关注点所在，故有偏颇之误。我之所以费心为文，就在于希图做工程者能有人文思维，也就是说，寻求工程开发目标的最优化，自变量函数中应当包含历史与人文。

六、阌乡，灵宝

因三门峡水库蓄水而搬迁，但仍存姓名者有陕县（今为三门峡陕州区，前已述及）、灵宝县（今灵宝市）。因三门峡水库的修建而搬迁，以

---

[1] 郭浪、郭永良：《潼关古城保护与旅游开发研究》，《渭南师范学院学报》2017年第6期，第85-90页。

致今天姓名不存者或建制不再者,有河南的阌乡县、陕西的朝邑县和山西的蒲州城(永济老城)。

阌(wén),地名专用字,生僻。但凡地名有专用字,所代表的地方就一定有故事。阌乡很古老,有3000年历史。同样因为属水库淹没区而搬迁,作为文化记忆,如今灵宝有阌乡村。阌乡县建制的撤销早在1954年,早于三门峡开工建设,但阌乡旧城的拆毁却是因为三门峡。

阌乡不是一个偏僻而默默无闻的地方,本是水陆要冲,是商贾云集的繁华之地,通公路、铁路,紧邻黄河。市镇既不存,繁华也就无所依附,只能说,往事如烟,随风飘散了。20世纪30年代即通火车的阌乡老火车站,如今不再有客运列车停靠,与修水库局部改线有关,蓦然回首,遗址犹在,繁体的"阌乡车站"四字仍在。

现今的灵宝市阌西村旁,立有牌坊一座,勒石记下了阌乡的历史沿革,从秦写起,碑文结尾部分如下:

一九五四年六月,灵宝、阌乡两县合并,阌乡县不再存在。阌乡县城成为乡镇所在地。一九五九年黄河三门峡水库拦洪蓄水,是老县城属于海拔三三三米以下的淹没区,阌乡人响应国家号召,一支移民敦煌(一九五六年移出),一支移至阌东,大部分移至今地阌乡村。

为纪念阌乡老县城曾经的辉煌历史,激励后来人,故立此碑以记之。

虽然用语完全是事实的描述,我却读出了一份淡淡的忧伤。或有外迁的老者,于垂暮之年回旧地寻访旧物?或有长大的后辈,带着先辈的嘱托,寻找老树祖宅?可乡愁,不再有载体,唯一可借以慰藉的,就是这碑和碑上的文字。

阌乡县作为建制不存在了,阌乡失却了"桃花源",但灵宝作为阌乡的"接收"者,仍可以挖取"桃花源"的文化遗产。

"桃花源"？

对的，就是陶渊明所谓的"桃花源"，陈寅恪先生认为"桃花源"在阌乡。在《陈寅恪魏晋南北朝史讲演录》一书中，陈寅恪先生有论证，这里只截取结论[1]：

> 《桃花源记》虽为寓意之文，但也是西晋末年以来坞堡生活的真实写照。真实的桃花源应在北方的弘农或上洛，而不在南方的武陵。桃花源居人先世所避秦之秦应为苻秦，而非嬴秦。

阌乡是历史上的军事要地，《读史方舆纪要》述及河南封域"西阻函谷"及"三崤"道路之艰难，有如下解释涉及阌乡[2]：

> 洛阳西至新安，道路平旷。自新安西至潼关殆四百里，重冈叠阜，连绵不绝，终日走硤中，无方轨列骑处。其间硖石及灵宝、阌乡尤为险要，古之崤、函在此，真所谓百二重关也。

> 陕州灵宝、阌乡而至于潼关，凡四百八十里。其地皆河流翼岸，巍峰插天，绝谷深委，峻坂纡廻，崤函之险，实甲于天下矣。

我曾经有过疑惑，既然漕运通过三门峡砥柱山艰难，为何不走陆路？陆路消耗本来就大，知道了崤函道如此艰难，曾经的疑问就不存在了。

灵宝，地处现河南省的最西端，同样是个有3000年历史的地方。《灵宝县志括记》手稿概述曰："桃林旧地，弘农古城。东接分陕，西连鼎湖，北据大河，南通商洛，筦（guǎn）楚梁之锁钥，扼秦晋之咽喉。"其实，除了是弘农郡、弘农县的治所，灵宝还曾是州治，虢（guó）州的治所。其前生建制也复杂，原不必赘述。要之，我们知道了它曾有一个历史书上经常见到的名字：弘农。历史上弘农郡出的名人太多，当然最出名的

---

[1] 陈寅恪：《陈寅恪魏晋南北朝史讲演录》，万绳楠整理，黄山书社，1987，第141页。
[2] 顾祖禹：《读史方舆纪要》卷四十六《河南一》，中华书局，2005，第2091、2100页。

莫过于弘农杨氏（郡望华阴）。如今对这个名字有记忆的，是清流不断的弘农涧，北流注入黄河。

灵宝"唐初仍属陕州，天宝初得符宝于函谷关旁，因改今名"（《读史方舆纪要》）。唐代李吉甫《元和郡县图志》说得更具体："于县南古函谷关尹真人宅，掘得天宝灵符，遂改县为灵宝。"[①]

关尹喜本是朝廷命官，或因老子之故，成了道教中地位很高的人物。有人说，关尹喜从老子游出函谷关，俱往流沙西，不知所终。

灵宝"西宗华岳之气，磅礴而郁结，由今溯古，钟灵毓秀，挺生杰出者，代有伟人，班班可考"[②]。然故城不再，旧址难觅，随着三门峡库水位的回落，唯见一片淤积覆盖及一段城墙，因而"故人"与"旧迹"的关系就全然模糊了。

三门峡水库蓄水前，灵宝城相对完整，老城虽历代有修缮，却是于风雨中站立了千余年。如今的灵宝黄河边，立有一方不高的石碑，上写"老城渡口"。老城渡口古名汜津渡。老城没有了，渡口也就失去了旧有的功能，残存的价值是向零星的游客诉说过去的辉煌。

七、陕西朝邑

朝邑县变为朝邑镇，今属大荔县。

大荔县的东边为黄河，南边为渭河，（北）洛河西北、东南斜向穿过县境，真正的"三河"之地。

朝邑镇在洛河之东。

[①] 李吉甫：《元和郡县图志》卷第六《河南道二·陕州·灵宝》，贺次君点校，中华书局，1983，第158页。

[②] 冯兹文：《灵宝县志括记》，乾隆稿本（不分卷），第4页。

第八章　工程视角之外

朝邑自古即为"水旱码头"[1]，水路有黄河上重要的古渡口大庆关（对岸为蒲津关）；陆路则有从周秦即有的东西驰道、南北驰道，其中尤以关中通向河东的交通为重；而近代，其南北向的交通又连接上了陇海路。

清王兆鳌《朝邑县后志》载[2]："大庆关，在县东三十里，春秋时为蒲关，战国时为临晋关，唐为蒲津关，宋改今名，关旧在河西，至明万历二十六年河溃岸西徙，关又居河东，今河西亦称新大庆关，巡检司税课局今在焉。"如今蒲津渡遗址即在黄河对岸的永济市，朝邑地面已不再有"蒲津"这个名字。

何以渡口变化这么复杂？盖因黄河出禹门口南流至潼关的河道为典型的堆积游荡性河道（三门峡水库修建后，黄河出禹门口就进入了三门峡库区），历史上经常摆动。受其影响，以至于（北）洛河时而为黄河的支流，时而变为渭河的支流。这一带河徙，在司马迁《史记·河渠书》中早就有记载，说是近河垦地，却因河徙而无功。人说沧海桑田，河道变迁导致的自然地理变化，不但速度快，而且足够复杂。

需要注意的是这里所建的浮桥，既古老又有名，最早建于秦昭王年间。浮桥的做法，大约是用竹索链接船只为桥。到唐玄宗年间，采用了"新技术"：将铁牛固定在岸上，用铁索链接起船只，再固定于铁牛之上。这样做，不但提高了浮桥的安全度、耐久性，荷载能力也增强了。"铁牛在县东蒲津，唐开元十二年铸。"（《朝邑县后志》）朱元璋克同州（今大荔县），又于蒲津造浮桥。唐贞观年间陕州与平陆间也造有一大浮桥，为天下三大桥之一。

---

[1] 王小伟、宋晓勤、贾艳：《〈朝邑县志〉话朝邑——管窥馆藏最早的档案》，《陕西档案》2020年第2期，第25-26页。

[2] 王小伟、杨真：《黄河古渡大庆关》，2020年12月11日，详参 http://www.wnql.gov.cn/showinfo-62-1449-%200.html，访问时间：2022年8月25日。

在山西永济打捞出的唐开元铁牛及附属品

为何牵拉浮桥的"悬索墩"要铸成铁牛形状呢？大约也与镇水有关，我见过郑州、开封黄河边于谦所铸的镇河铁犀复制品，犀背上有铭。镇河神器既有铁犀也有铁牛，无论是铁犀还是铁牛，都有一种神秘的力量吧！可镇洪水泛滥。

"秦伯伐晋，济河焚舟"（《左传·文公三年》），说的是春秋时秦将孟明视渡河伐晋的故事。当时走的就是大庆关（蒲关）。一直以为，"背水一战"是汉大将军韩信的发明，原来春秋就有了这种置之死地而后生的战法。汉王入蜀，焚烧栈道，也该是学习的古人。

春秋以降，黄河津渡常有战事发生，可类比于潼关，几乎每个黄河的重要渡口，都有自己的战争编年史。

说起朝邑，最初让我震撼的，是朝邑的丰图义仓：它的规模，它的功能，它的建筑艺术，它的巧思。

是的，规模之大，不必说有多少储量吧？清廷说它是"天下第一仓"，这足够了。

第八章 工程视角之外

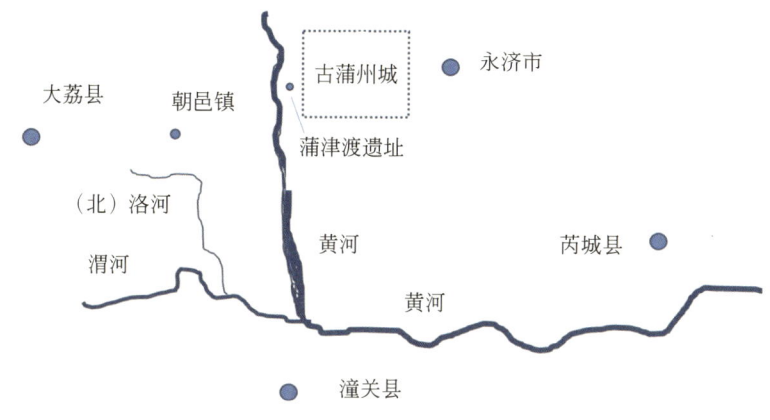

朝邑、蒲津渡、永济位置示意图

义仓之谓，有别于国家仓库，要旨在"义"。官督民办，遭荒年，民间可灵活、及时赈灾。比较说来，动用官仓，程序上要复杂。义仓建成十余年后即遇荒年（1900年），义仓及时放粮赈灾，《朝邑丰图义仓记》："回忆辛丑赈灾，全活无算，无不归斯仓。"[①] 丰图义仓立下了活命之功。

义仓建筑选址颇具特色，初看起来，俨然欧洲中世纪的城堡。义仓东接黄河，北临深堑，西边连塬体，俯视南边，位置峻高，周边有两道城墙，内城墙为砖体，上有女墙、敌楼，外城墙为土城，土城外有护城河一道，大气磅礴，威武而雄壮，可不是一座坚固的城堡吗？不！是比城堡还要坚固的堡垒，因为，除位置选择颇利防守外，还将中国古代城防的思想也结合了进来，可见修建者对其安全的重视。

义仓的建筑特色，在通风、向阳，尤其是排水方面，可谓极具巧思，今人多有可借鉴之处。

朝邑设粮仓历史久远，隋文帝初设"永丰仓"积粟于此，大业十三年唐高祖晋阳起兵，经蒲津关渡黄河至朝邑，以"永丰仓"资军用，"渊

---

① 成雅莉：《天下第一仓——丰图义仓——〈朝邑丰图义仓记〉解读》，《山西档案》2020年第3期，第18-20页。

舍于长春宫，遣子建成等屯永丰仓，以备东方兵。世民等徇渭北，营于泾阳"(《读史方舆纪要》)。对照地图看，就知道这是一种大迂回包抄隋都大兴城的战略，即先占据渭北地区，占据泾阳就占据了河谷交通要道，沿泾河南下则直逼大兴城（长安）。一年后，李渊称帝于长安。

引文中的"长春宫"是创修于北周时期的一处皇家行宫，曾阅尽人间繁华，历经战争风云。"长春宫"毁于五代时期，遗址处地势高峻，在东方破晓日出时分，因图景壮丽，故而将"长春晓日"称为朝邑第一胜境。

历史演进过程中，朝邑之粮仓逐渐变为"常平仓"。"常平仓"既防"谷贱伤农"，荒年又可以减时价粜粮，这是"常平仓"的功能。《宋史·食货上四》曰："常平、义仓，汉、隋利民之良法，常平以平谷价，义仓以备凶年。""常平仓"是中国古代一项了不起的创举，有两千年左右的历史，原始思想可追踪到《管子》。

丰图义仓由晚清户部尚书、军机大臣、东阁大学士阎敬铭所创立。阎敬铭本是朝邑当地人，有"救时宰相"之称。《清史稿》中有传，称其"精校财赋"，曾兼兵部尚书。阎敬铭有一条陈，"疏陈兴办新疆屯田"。新疆屯田之建议，真是远见卓识，对保国土之安危，意义重大。今新疆生产建设兵团也属屯田例。

如今"丰图义仓"成了国家粮库，国家粮食和物资储备局前局长白美清认为："丰图义仓是我国古代粮仓至现在唯一还在使用的粮仓，它无论是在储粮功能还是在旅游、军事、古代粮仓建筑艺术等方面的研究价值都是最具代表性的。"这是业内人士对"丰图义仓"的评价[①]。

清代学术，朝邑"关学"是一颗闪亮的明珠，甚至有"有清三百年，关中学风莫盛于朝邑"的赞誉。"关学"是以北宋张载为代表的一个重要

---

① 成雅莉：《天下第一仓——丰图义仓——〈朝邑丰图义仓记〉解读》，《山西档案》2020年第3期，第18-20页。

理学学派。明亡后,学人痛定思痛,深究国家灭亡的"学术"原因,有人认为,罪魁为以陆王为代表的"心学",因为阳明学之主张"空疏无用",朝邑人王建常(明末清初人)就是持此说的代表。王建常本人的学术特色就是关学所具有的强烈特色——"崇实致用",因而王对"心学"的批判可谓极端而尖锐。当然,批判"心学"的,绝不只是"关学"一脉。"无事袖手谈心性,临危一死报君王"这句诗,对"心学"的讥讽可谓深入骨髓,也需说明,此句讥讽的是宋元以来不切实际的儒者,不唯对"心学"人物。从道光至光绪,朝邑学派逐渐走向鼎盛,主要推动者为朝邑人李元春(道光年间人)及其弟子。朝邑有华原书院、西河书院①。

朝邑人杰地灵,"中华人民共和国"国名的提议者,就是朝邑人、著名爱国民主人士张奚若。

朝邑、大荔两县合并是在1958年。朝邑古城为明清古城,城有5门,东、西、南、北分别称临河、镇羌、望岳、迎恩;还有一个西北门称金汤。古建筑除必有的文庙、城隍庙外,还有灵应观、金龙寺、丰图义仓等。

丰图义仓因为位置高,免去了被拆除的命运。

朝邑、丰图义仓、鹳雀楼以及蒲津渡位置示意图

---

① 刘宗镐:《朝邑学派初探》,《宝鸡文理学院学报》(社会科学版)2020年第5期,第29-33页。

八、山西蒲州

少年无学,很长时间有个困惑,同蒲铁路的"同"代表大同,"蒲"代表什么?曾有老者告诉我"蒲"代表蒲州,可蒲州在哪儿?在地图上并没有找到蒲州。同蒲铁路是我国重要的铁路线,不可能用无名之地作铁路线的名称。同蒲铁路名气大,还在于阎锡山时代使用了米轨,即与三晋之外的铁路"不兼容"的"窄轨"。

其实,从朝邑东渡黄河,对岸就是蒲津渡,唐开元间建浮桥所铸之铁牛、铁人、铁山等已于1989年8月挖掘出来,此桥由唐玄宗李隆基下诏所修[①]。由于有物证,浮桥的位置容易定下来,由蒲津渡浮桥上岸,略偏东南的方向,就是蒲州城的西门,蒲州城就是现在所谓的永济县老城。据学者考察研究,蒲津渡的浮桥,长度达4里,真是宏伟!也说明了此处黄河宽阔的河道。[②]

中国的古城多,然而,像"舜都蒲阪"这样言之凿凿、史载明确的未必多。按古文献,大禹治水时,尧年龄已经很大,舜摄政,因而"蒲阪"该是"共主"的都城。当然,"蒲阪"也可能只是舜部落的都城。总之,蒲阪该是当时的"行政"中心。

《说文》:"坡者曰阪。"阪亦作坂。坂,土坡之意。我发现黄河大拐弯两岸,有不少地名都用"坂"字。如潼关附近有"黄巷坂",平陆有"虞坂",朝邑有"朝坂"。不仅是古代地名,今地名亦然。一衣带水,地域相连,语言相近,也很自然。

考虑蒲州的地理位置与往来交通,就能明了蒲州城是"当秦晋要道,西卫京师,东保三晋"[③]的关键所在,是战守必争之地。地理位置重要,

---

① 王泽庆:《黄河铁牛垂千古》,《美术》1991年第3期,第71-72页。
② 陆敬严:《蒲津大浮桥考》,《自然科学史研究》1985年第1期,第35-41页。
③ 永济县志编纂委员会:《永济县志》,山西人民出版社,1991,第1页。

就有了复杂的建城史，曾是州、府、郡、县（永济县）之治所。蒲州城市规模最大、最辉煌的时期是在唐朝和明朝，唐曾分别于开元九年（公元721年）和乾元三年（公元760年）将蒲州置为中都（《读史方舆纪要》），当时"与陕、郑、汴、怀、魏统称六大雄城。明代为全国33个工商都市之一"①。因此，说其一度为山西的政治、经济、文化中心也不为过，因而，同蒲铁路取"蒲"字用于其命名，就有了历史的厚重感。

然而，蒲州城却很无奈。嘉靖三十四年（公元1555年），蒲州经历了一次大地震，震级达8.25级，如此强烈的地震，不用解释，蒲州城尽毁了。此后蒲州城虽然进行了复建，虽仍然蔚为大观，但已没法与昔日的辉煌相比，可以说从此走了下坡路。②蒲州这一带是地震较多的地区，尤其是明代。③康熙三十四年（公元1695年）又经历了7.75级的地震，可以想见，蒲州城又遭受了极大的破坏。顺便提一句，中国最早的地震记录就发生在蒲州，是在尧舜时代，约在公元前23世纪。④

如果说地震对蒲州城的威胁属于"灾变"，则黄流对蒲州城的威胁则是"灾变"加"渐变"。这一带地势相对平旷，但却是极其宽阔的河谷地带，尽管蒲州城与朝邑城附近的两原之间相距较远，其间"距离竟达四十三公里上下"，但仍会受到黄河"摆动"的影响。黄河引起的"灾变"是洪水，"渐变"则是河水的"侧蚀"以及对周边地区的淤积，黄河大溜靠岸行，则"侧蚀"不可避免，河中心有断断续续的沙洲、淤积、冲刷，演变复杂。立于黄河东岸有名的鹳雀楼，早已塌陷在黄河之中，蒲津关也因此不断复建并东移。⑤

---

① 永济县志编纂委员会：《永济县志》，山西人民出版社，1991，第19页。
② 高继宗：《"隆庆五年蒲州地震"考》，《国际地震动态》2008年第11期，第131页。
③ 李庆勇：《明代山西地震地域分布分析》，《晋中学院学报》2019年第1期，第57-62页。
④ 《我国地震之最》，《中国减灾》2008年第3期，第43页。
⑤ 史念海：《黄河流域诸河流的演变与治理》，陕西人民出版社，1999，第67-73页。

据《永济县志》的记载，明清以后，永济旧治蒲州城频遭水患，再加上频繁的行政区划变更，至1947年之时，蒲州城已远非全县的中心，旧城内一片荒芜，仅有城东关附近有少数居民居住，主要原因在于蒲州城1942年、1946年两次遭遇洪水，黄河河床已经高于城区地面，也因此，新政权在建立初年就未在旧址办公。永济县新城是在赵伊镇发展起来的。因为蒲州城处于三门峡水库淹没区，1958年所有居民即搬迁了，推想旧城内会有复苏景象，但不会太繁荣。于是，蒲州城只有了前世，没有了今生。或若当年没有搬迁事，旧城新生，也不是不可能，毕竟老的格局在，也一定存在着有价值的建筑，在如今强烈怀念传统文化的情势下，想起当年事，总是有些遗憾吧！

可毕竟，蒲州底蕴太丰厚，在文化的方面影响太大，中国人大多知道王之涣的《登鹳雀楼》："白日依山尽，黄河入海流。欲穷千里目，更上一层楼。"也大多知道"愿天下有情的，都成了眷属"。《西厢记》演绎的爱情故事发生地就在永济的普救寺。中学语文课本常选柳宗元的诗与散文，诸如《江雪》《黔之驴》《捕蛇者说》《种树郭橐驼传》《至小丘西小石潭记》等，柳宗元正是河东人。这些都与蒲州有关。无须罗列历代他乡的文化名人在蒲州留下的足印题刻，那实在是太多了，只说人所共知的蒲州本地人，其名字就可以列出一长串：王维、卢纶、柳宗元、杨巨源、聂夷中、司徒空、马远……至于显官名宦，更是不可胜数。概而言之，唐朝蒲州多文人学士。独树一帜的是司徒空，他的《二十四诗品》，本是诗论之作，可本身就是诗，还记得时任总理的温家宝在记者招待会上引用《诗品》回答记者的提问："如将不尽，与古为新。"宋多丹青手，尤其马远一家五代皆善丹青，独步画坛，陈师曾先生《中国绘画史》中有专门介绍，"一门皆以艺事宋朝，而远为著。宁宗时为画院待诏，赐金带，山水、人物称院中独步"[①]。马远对水一定多有感悟，有《水图》

---

① 陈师曾：《中国绘画史》，人民美术出版社，2019，第82页。

为故宫博物院所收藏,该图有十二段,分别名曰:云生沧海、层波叠浪、湖光潋滟、长江万顷、寒塘清浅、晚日洪山、云舒浪卷、波蹙金风、洞庭风细、细浪漂漂、黄河逆流、秋水回波。①《水图》只是在展示水,我曾端详《水图》,见画面少有衬托者,而是以单一的内容"水"开拓出迥异的主题,可见其意境之高和技法之妙。有明一代则多官宦,不乏柱石之臣。清则多艺人,名重梨园。

如今山西重建了鹳雀楼,楼华美而高峻,立于黄河东岸。拾级而上高大的台基,楼入口处,匾书"文萃李唐",说的正是王之涣的《登鹳雀楼》。联云:凌空白日三千丈,拔地黄河第一楼。登斯楼也,观大河奔流,中分秦晋。条山苍茫,华岳渺远,梁山朦胧。田畴披绿,村社掩映。真是无限江山!

鹳雀楼大河俯视:天地水浑然一体

也许是重视文化传统吧,《永济县志》中有简介的书院就有五个,包括唐代书院一个,元代书院一个,明代书院一个,清代书院两个。其中元代书院和清代书院在日军入侵后被毁。②

官至礼部尚书的蒲州人杨博曾有诗作《河中形胜》,是以大视野的

---

① 永济县志编纂委员会:《永济县志》,山西人民出版社,1991,第521页。
② 同上书,第349-350页。

眼光对蒲州胜景的总结，录之如下：

> 秦晋相望鸡犬闻，黄河一派就中分。
> 西连仙掌明初日，北接龙门起暮云。
> 五老峰前猿自侣，二贤祠畔鹿为群。
> 琴堂故迹依然在，千古高风仰舜熏。

古人诗作，难免晦涩，但也不尽然，且看韩愈写蒲州的诗，似柔和的光线下，清风徐来，顿让人一阵轻松：

> 条山苍，河水黄。
> 浪波沄沄去，松柏在山冈。

在初夏来临之时，我终于抵达了早想一探究竟的蒲津关遗址，我要现场感受一下古关与黄河的关系，要看一下开元铁牛。正是午后，忽遇高温天气，白晃晃的太阳光直射下来，将那硬化的地面烤得热浪滚滚，按时令，本不该这样热。但这没有减弱我看开元铁牛的兴趣——山西的朋友早就给我描述过蒲州铁牛，我很想知道，同样都是镇河神物，铁牛与铁犀，形象上有多少差别。那铁牛放置在一个高大的平台之上，我一步两个台阶登了上去，当站立于铁牛面前时却是惊呆了：开元铁牛比明人于谦所铸的铁犀大多了，二者完全无法相提并论！铁牛的形象与铁犀也完全不同，铁牛无角，不存在铁牛、铁犀艺术形象相似而异名的问题。那老牛，铸造得非常逼真，圆睁双眼，神情专注地注视着前方。铁牛的旁边，摆放着铁人、铁柱等附件。从唐开元至今，八百年过去，那生铁铸就的神物，居然黑亮泛光，尤其是牛身，断无锈迹的存在，让人赞叹不已，真是神物！我简单思索着各物件的作用，兴奋之心于思考中慢慢平静下来。铁牛与铁犀功用原本不同，铁牛所起的作用是地锚，须稳固如泰山，恰如今日悬索桥之锚固墩，而铁犀不具此功能，只是静置于河畔，是单纯的神物。至于镇水作用，是金身，有"牛"的形象大概就自然有了。

放置铁牛的高台，依附于明朝的黄河堤防遗存筑起，二者高度相同。堤防为石质（当为迎水面的石质护堤），石头砌块之间以巨大的铁键互连，以增强整体性，此处堤防做得如此费工夫（不是完全的土质堤防），当与保护蒲州城有关。高台上有一老者，为管理人员，在不停地提醒人们，勿上高台、勿践踏文物。我忽然若有所思，问蒲州城墙在哪里。那老者上下打量了我一下，将我领到高台的东侧，稍弯了一下腰，避开远处相接的树冠对视线的遮挡，手一指，说："你看。"顺着老者手指的方向望去，我清楚地看到了被树木遮挡着的蒲州城墙。

石砌块体与联结铁键

蒲州城墙

我来到了墙根下，那墙基本完好，层层青砖，错落有致，墙顶长草，其苍老的色调告诉人们其不小的年岁，城墙根部已经清理干净，清理到了墙基，其低于地面高程，大约在1米多，地面之所以高，当是历史上黄流带来的泥沙淤积。

如此完好的城墙状况，将蒲州城的历史不动声色地呈现了出来，只是，来看开元铁牛者，多不会发现城墙的存在，城墙与高台的间距，也就一百来米吧，距离虽近，但中间却是树林，大约管理者也不希望游玩者来观赏城墙，因为未完全开放——我来的途中，看到了当年蒲州城鼓楼的遗存，铁栅栏将其封了起来，而古蒲州城的西门正在修复，这预示着，不远的将来，古蒲州城的城墙等遗存，将与蒲津关整合成一体。

我掉转头，准备离开，树林间有一棵杏树，杏果落了一地，让我想起少年时品尝酸杏的经历。杏熟无人采摘，杏落无人捡拾，给人一种恬适自然、世外桃源的感觉。

黄河堤防的位置，距蒲州城墙200多米，说明明朝的黄河距离蒲州城比较近。我若有所思，重新攀上热浪炙烤下的高台，寻找到帮助我的老者，问他黄河离这里多远。他手指西方说有4公里。我略感疑惑，反问说，接近10里？我故意将公里转换为华里，目的是"校核"。他点头同意。我再问："大约十年前，黄河离这里大约2里吧？"我印象是这样，未必靠得住。他说："是的，黄河离这里现在是远了，也就十来年的时间吧！"看来，黄河从未停止摆动。

下得高台，停下，方才想起环顾一下高台的四周。高台前方右侧有晋侯亭。山西现在简称晋，春秋时期晋国伯（霸）诸侯，是山西人引以为豪的事情。我沿晋侯亭所指道路前行，原来曲径通幽，而幽静小道的尽头，却展现出柳暗花明的一个"大场景"：实景模拟的浮桥。河道是宽阔的，宽阔的河道中间是排列整齐的小船，小船构成了浮桥的桥墩，以锁链连接。河道的左岸,即蒲州一侧,巨大的铁牛放置于岸上,成为铁链的锚固端。这实景的模拟,让人一下子就明白了浮桥如何制造,铁牛有何作用。蒲州一侧,还有一个影壁墙一样的建筑,上面是一幅画,画面是气魄雄壮的古蒲州城,只是,那画终日接受太阳西晒,颜色已经褪去,已成淡出的图画。画面上方,是简易的牌坊结构,上书:蒲津关。对面河岸,有类似的牌坊结构与桥相连接,上书大字:大庆关。这将关、河、桥、城的位置关系交代得非常清楚。

蒲津渡模拟浮桥

九、工程建设的时间梳理及余论

中国任何一个大型水利工程的上马,都要经过详细的勘测、规划、设计,要进行科学研究,要进行方案比选,要一步步走完法律、法规所规定的程序,尽管决策的过程会受到政治、经济、社会的影响,但都不是头脑一热就可决定的,简单来说,大型水利水电工程前期所需要的工作很多,周期很长。

有关三门峡工程的是是非非有很多的文章,有业内人员,有业外人士,有理性的分析,有正常的争论,也有非理性的宣泄。这里不想梳理这些是非,不评述这些是非,站在自己立论的基调上,这些争论或都有道理。这里所做的,是参阅资料①②③④,以"大事记"的形式简单梳理一下三门峡工程的历程,大体以时间先后为序,能够使我们了解三门峡工程经过了复杂的方案比选,并知道这个过程"周期很长",基础工作很扎实就够了。水利枢纽工程,但凡拿出来的比选方案,都有站得住的理由,没有绝对的优,也没有绝对的劣,只看如何取舍,时代不同,认识水平不一样,也会有不同的取舍"观点",人非圣贤,"后望"可以,但不可以事后诸葛亮,贵在总结经验,吸取教训。

最初提出在潼关至孟津段修建"蓄洪水库"想法的是李仪祉先生(1882—1938)。李先生是陕西蒲城人,早年留学德国,是有西学素养的第一代水利学人。李先生的家乡就在泾河岸边、渭北高原,属于黄河中游的区域。以其对黄河的深刻理解,李先生提出在潼关至孟津的黄河峡谷段修建防洪水库的想法很自然,因为,黄河过了孟津就出了峡谷,下游就是频遭水患、需要保护的地区了。李仪祉先生在黄河上修建工程控制洪水的想法,恐怕是那一代水利人共同的梦想。

1935年,在国民政府黄河水利委员会工作的挪威籍主任工程师安立森(Sigurd Eliassen)和我国的工程人员一道,勘测了潼关至孟津河段,勘测工作结束后,安立森提交了英文报告。

---

① 黄河三门峡水利枢纽志编纂委员会:《黄河三门峡水利枢纽志》,中国大百科全书出版社,1993,第3-4页。

② 详参黄河水利委员会、勘测规划设计研究院:《黄河志》卷六《黄河规划志》,河南人民出版社,1991。

③ 详参黄河水利委员会、勘测规划设计研究院:《黄河志》卷九《黄河水利水电工程志》,河南人民出版社,1996。

④ 详参侯全亮:《天生一条黄河》,黄河水利出版社,2003。

安立森毕业于美国密歇根大学，早在 1919 年即来华工作，有多处历练，尤其是在陕西筹划泾惠渠灌溉工程中，对李仪祉先生有过较大的协助，甚得李先生的信任。安立森曾写过一本书 *Dragon Wang's River*，"Dragon Wang" 意思是"龙王"，"龙"译作"Dragon"，"王"译作"Wang"，算意、音并用，却不算"信、达、雅"。其实，龙王是中国文化中特有的产物，外国没有，将龙译作 Dragon，给西方人带来极大的误解，此问题至今也没解决，居然还成了通译。个人认为，龙王最好的翻译就是音译。安立森是北欧人，北欧神话在欧洲流传较广，北欧神话中有奇奇怪怪的龙，他用 Dragon 或可理解。比如，羡慕龙的力量。挪威人属于维京人，他们常常颇以自豪的口吻称自己是海盗（We are Vikings），例如挪威的国家足球队就称为挪威海盗队，维京本身的意思就是海盗。我们对此不好理解，这属于文化差异问题了。可他们却自豪于海盗的身体强壮与勇敢。我不止一次问过挪威人，何以自豪于自己的海盗历史，每当他们回答此问题，我都可看到他们眼中泛出的光彩。北欧海盗对欧洲历史确实有很大影响，他们也最早发现美洲（而不是哥伦布）。

此次勘测，比较了三门峡、八里胡同、小浪底三处坝址，所呈报告认为，按地形而论，三门峡为条件良好的水库坝址位置。除坝址外，并给出了库水位、库容等关键参数。李仪祉先生对此予以认可，认为三门以上之地质地形，均极适宜建库，如果能够建库拦洪，足使人欣慰。这其实是很好理解的，成库条件好，地质条件好，河中三岛对建坝有利用价值。

1941 年，日本侵华期间，日本人提出"三门峡发电计划"，认为三门峡是理想的坝址位置。日本人的工作延续了较长时间，工作从 1939 年开始，持续到 1944 年，最后提交了《黄河治水调查报告》和《黄河水力发电调查报告书》。在《黄河水力发电调查报告书》中称，可在河曲、天桥、黑峪口、碛口、延水关、壶口、禹门口、三门峡、八里胡同、小浪底等处筑坝修建水电站，并特别强调，在上述黄河发电地点中，三门峡最值得注意。他们也注意到了泥沙问题，并给出了建议方案。恰如报告题目中的用词"水力发电"，日本人的工程规划是以发电为主要开发目标的，其本质是为了掠夺资源、支撑战争、发展帝国主义在华工业。

1946年，国民政府曾邀请美国的水利专家对黄河进行过考察，美国来的是第一流的专家：雷巴德，美国陆军工程师团总工程师，中将；萨凡奇，美国垦务局总工程师，世界著名坝工专家，曾提出三峡工程的方案，中国人对萨凡奇比较熟悉……中方也配合以庞大的专家队伍，最后提交的报告认为：从防洪、发电、蓄水、泥沙等诸方面考虑，八里胡同的坝址要优于三门峡，因而建议的坝址是八里胡同。

八里胡同坝址的优势在哪里呢？八里胡同处于三门峡下游较远的地方，位置高程低。可以设想，于八里胡同建坝，则可减少三门峡方案所带来的较大的淹没损失，可见，美国人对淹没损失看得较重。八里胡同的劣势在于地质条件不如三门峡，从水工来讲，地质条件之于建坝，是尤为重要的考量因素了，河中三岛历经千百年而出露于惊涛骇浪之中岿然不动，其基础条件之好，昭然若揭（当然，还有别的优势）。

1947年，张含英先生在所著《黄河治理纲要》中提出："其筑坝之坝址，应为陕县之三门及新安之八里胡同。"虽然这里给出的是两个备选地点，但却指出了一个关键："库之回水影响，不宜使潼关水位增高。"潼关水位不增高，则今日陕西渭河所面临的问题就没有了，也不会影响到小北干流两岸的蒲州与朝邑。张含英先生是著名水利工程专家，曾先后求学于北洋大学、北京大学、伊利诺伊大学、康奈尔大学，民国时期曾任黄河水利委员会委员长、北洋大学校长等职，新中国成立后曾任中华人民共和国水利部副部长兼技术委员会主任。

早在新中国成立前的 1949 年 8 月，水利部黄河水利委员会（简称黄委会）主任王化云、副主任赵明甫即向董必武呈报了《治理黄河初步意见》（董必武时任华北人民政府主席）。意见认为，节蓄洪水的办法就是在山峡中修水库，最适当的地点则有三处：三门峡、八里胡同、小浪底。三门峡仍是备选方案之一。

1950 年之后所做工作尤多。简而言之，有干流的高坝大库方案；考虑到国家的经济能力、技术水平，也提到支流方案；为避免关中平原的淹没问题，也有主张下移到八里胡同的方案；还有修建其他水库的方案（如邙山方案）；由于还有"花钱不能超过 5 亿，淹没不能超过 5 万人"的特定条件限制，又有两级开发的低坝方案。总之，工作细致而密集。

1953 年之后的工作转向同苏联方面的合作，中央多个部委参加，中方技术人员众多，成立了庞大的黄河规划委员会，苏方专家组有水工专家、水文与水力计算专家、施工专家、工程地质专家、灌溉专家、航运专家等。1954 年 2 月以后组成黄河考察团，考察团中苏方专家 9 人，中方专业人员 120 余人，考察工作直至 6 月份才结束，工作量极其庞大。

1954 年 10 月，黄河规划委员会完成《黄河综合利用规划技术经济报告》，8 卷 20 万字；苏联专家编写了《黄河综合利用规划技术经济报告苏联专家组结论》；专家组组长科洛略夫提出了《黄河综合利用规划技术经济报告基本情况》。

此后就是将报告上报国家相关部门，一步步地审查；再将审查意见向中央、党和国家领导人汇报。

1955 年 7 月 18 日，邓子恢副总理代表国务院在第一届全国人民代表大会上作了《关于根治黄河水害和开发黄河水利的综合规划的报告》（简称《报告》），《报告》获得通过，建设三门峡工程获得"准生证"。

《报告》通过后，为之而兴奋的有政治家，有诗人，有按捺不住的学水利的青年学生。专业人员是怎么看待呢？我想在下文中引述资深水利专家张含英先生的意见。张先生是山东菏泽人，其家乡正是黄河泛滥最为严重的地方，在张先生年少成长期，常听老人们于夏夜星光下讲家乡河患的故事，作为自己的感受，则是在那恬静的夏夜，突然听到锣鼓急鸣，那是黄河大堤出险了——生活在这样的地方，汛期该是多么的提心吊胆啊！而受黄河下游威胁的豫鲁冀苏皖等省人民，何止千百万！因此，张先生的话，是从专业和自身经历的角度对《报告》进行的呼应和评述：

> 根治黄河水害和开发黄河水利的综合规划就是我们向黄河进军的战斗纲领，它是根据技术上的可能条件和经济上的合理要求，把各方面的需要都作了妥善的安排，统一考虑了解除黄河水患和开发黄河流域水利和土地资源的要求，使我们纠正了过去认为黄河百害而无一利的错误认识，不但水灾的威胁可以根本消除，而且将为我们带来大量而廉价的电力，上亿亩的灌溉面积，几千里通行轮船的航道，美丽富饶的黄土高原。它不只为我们描绘出了黄河美丽的远景，而且为我们具体地安排了第一期工程。这的确是一个最完美的计划，它是总结了我们祖先几千年来与黄河作斗争的经验，又吸取了苏联的先进经验而制定出来的。他远远超出了我个人过去的理想，也超出过去任何规划的水平。[①]

张先生的话，应当代表了多数专业人员的看法。

回头看，我们现在可以说苏方缺少泥沙专家、水土保持专家、水库淹没专家和经济方面的专家，这些诚然有道理，但个人认为，这多少有些透过于人的意思。黄河的复杂性，是任何人都难以想象的，尤其是泥沙问题，认识不到位也确乎正常、情有可原，人不可能精微到洞悉了大自然的一切。黄河是世界上含沙量最大的河流，黄河能够塑造出巨大的

---

① 张含英：《征服黄河》，中国青年出版社，1955，第4页。

平原，包括宁夏平原、河套平原以及华北平原，泥沙功不可没。没有人能够完全驾驭黄河，以有限库容拦无穷泥沙是不可能的，只能在短期内有效。换句话说，黄河的泥沙问题不可能彻底解决，我说这句话的基调在于，如果黄河里不再有泥沙，那就是彻底改变了塑造华北大平原的基础条件，人没有这么大的能力。

由上述可知，当时寄希望于水土保持、生态改善以减少河流泥沙的考虑，可能偏于乐观了：

> 这些典型事实，说明黄河中游的水土保持是完全可能的。

> 这不能不叫人想起周朝的人早就说过的话："俟河之清，人寿几何！"但是现在我们不需要几百年，只需要几十年，就可以看到水土保持工作在整个黄土区域生效，并且只要6年，在三门峡水库完成以后，就可以看到黄河下游的河水基本上变清。我们在座的各位代表和全国人民，不要多久就可以在黄河下游看到几千年来人民所梦想的这一天——看到"黄河清"。①

> 据估计第一期计划完成后，即在1967年，可以减少土壤冲刷25%~35%，而当地农业生产将增加一倍。黄河泥沙在第一期水土保持计划和同期支流拦泥水库修建计划完成以后，则流经三门峡的泥沙将减少一半左右。②

水土保持方面人诚然可以发挥主观能动性，但在涉及气候与环境方面，不是人的主观能动性就能奈何得了大自然的，因而短时期内也难以取得令人满意的成效。再进一步，若真有一天因人工干预将水土保持做到极致而真的能完全控制泥沙，就一定是好事吗？最简单的考虑，海岸

---

① 邓子恢：《关于根治黄河水害和开发黄河水利的综合规划的报告》，《人民日报》1955年7月20日。
② 张含英：《征服黄河》，中国青年出版社，1955，第32-33页。

线是否会大面积地退缩？关于水库淹没，有水位高程在那里摆着呢，其淹没范围、移民人数是定值，这个结果是预先知道的，不存在预估不到的问题，至于移民返迁，有社会问题（比如移民安置地条件差，生活条件不如故乡），也有水库蓄水没到预定高程土地未被淹没或降低蓄水位土地出露，而移民返回重新耕种自己土地的问题，这要区别看待。移民问题，将来会成为大型水利水电建设所普遍遭遇的社会难题。但对一些今天看起来属于文化遗产的东西没有重视到位、对古城的无形价值未曾有足够的认识，倒是存在的事实。要将这方面推诿给外国专家是不合适的，中国长久的历史和文化沉淀，外国的水利专家怎么可能了解清楚、理解到位呢？

认识有时代的问题，就像今天谈起北京城拆掉的城墙，总会令人感到无比的遗憾，可当时有当时的情况，既不能脱离当时的历史现实（比如北京城墙早已遭到破坏的现实，交通流量增大和城建规模扩大的现实），也不能脱离当时的认知水平。我的意思是，如果三门峡水库的建设在淹没损失方面考虑得更全面些，将有形损失与无形损失一并考虑，以黄河规划工作所具有的坚实基础，或许就存在一个更为合理的方案。如果认可这一结论，则"后望"就有价值。

三门峡大峡谷与小浪底大峡谷示意图

第八章　工程视角之外

　　从上游到下游，三门峡、八里胡同之间相距 101 公里，八里胡同、小浪底之间相距 30 公里（据《黄河志·黄河规划志》数据计算得出）。这几个数很重要，可以确定出位置关系，峡谷逐渐走低，由此可以想象出，若是在八里胡同修坝，库水位将低于三门峡的库水位约 80 米[①]，如此，则库尾就到不了潼关，库尾影响不到潼关，则陕西渭河两岸包括渭河支流所面临的一切问题将不复存在——这个问题最大；带来的淹没范围也将会有大的变化，除个别近河村落和局部区域外，陕州、阌乡、灵宝、潼关、朝邑、蒲州城、平陆 7 座古城或都不需要搬迁，顶多后撤一点，三门峡库区涉及的咸阳、西安、渭南三市 14 县（市区）或不再有淹没带来的一系列问题[②]；因为潼关至小浪底之间没有大的支流汇入（比如像渭河那样大的支流，而渭河又有泾河、北洛河较大的支流汇入），建坝于八里胡同将不存在支流平原受水库高水位的顶托而出现的洪水问题，这个问题实在是可以抽象为一般性的结论，即：修建水库之时，必须要处理好干流与支流之间的自然关系，特别是支流有较大冲积平原时，因为会引起复杂的自然地理大变迁[③]，不可不察，不可不重视；此外，同蒲铁路与陇海铁路交会之处的局部线路、车站将不受影响、不需要搬迁；受水库蓄水影响所出现的台地坍塌（黄河两岸的黄土遇水极易坍塌）将

---

① 三门峡至桃花峪的河道平均比降为 0.077‰，则三门峡的水位参数移到八里胡同则大约降低 80 米，这只是估算。三门峡至八里胡同在峡谷深处，河道坡降一定会大于从小浪底至桃花峪的坡度，因而水位降低将不止 80 米。三门峡第一期设计水位为 350 米，移民控制水位 335 米。坝址下移到八里胡同，则设计水位降为 270 米。三门峡旧城处的河滩高程在 300 米左右（见陕县旧城附近地形及高程图，史念海），据此则相关城市搬迁问题将基本不存在。
② 详参陕西省三门峡库区管理局：《陕西省三门峡库区志》，中国水利水电出版社，2007，第 66-72 页。
③ 作者有历史与工程总结性的文章《黄河夺淮——从清口到三门峡》，见《源远流长——沟洫水利历史文化回望》。

会有所改善，原因是库岸坍塌主要发生在潼关以下河段，与地形地貌、地层岩性有关，与水库运行方式有关。小浪底的库尾与三门峡尾水相接，因下游库水位对三门峡泄流不产生影响，塌岸问题也小得多。[①] 而三门峡水库的治理，范围涉及20多个县市。[②] 对比之后就能明白，坝址下移，则库尾将有可能距离潼关尚有一定的距离，因而在塌岸方面也有好处。

行文到此处，或许会有人认为，建三门峡水库，淹没那么大，实在是不值。难道当时的水利工作者对此就没有意识到吗？

怎么可能！

人为造成的工程负效应与倏然而至的巨大洪灾怎么能够相提并论？对此，当秉持历史唯物主义的观点和实事求是的态度。在长达数千年的中国历史中，黄河的灾患问题，对中国人来说是深入骨髓的，明清以后，尤其是近代，黄河灾患更是愈加严重，中国人实在是太想治理黄河的灾患了。即以本章第一段提到的1958年为例，本年三门峡水库开始建设——这是解决问题的开始，而恰恰就是本年，倏然而至的洪水使得黄河下游有近1/3的堤段超过设计洪水位，当时黄河大堤上抢险军民达200多万人，作为日理万机的国务院总理，中断了正在举行的会议，亲自坐飞机抵达现场指挥。可以想象，从总理到现场每一个抗洪者，乃至当时的每一个中国人，面对涨上天的黄河水，都悬着一颗心。中国人民，年轻的共和国，实在是受不了"地上河"对两岸黄、淮、海地区带来的巨大威胁，太想解决掉黄河"国之忧患"这个大问题了，因而，毕其功于一役的想法是有的——这不可避免地带来了冒进，所以，以大淹没换

[①] 吕占彪、尚锋、刘丰收、王和平：《黄河小浪底水库塌岸分析及初步评价》，《人民黄河》1998年第7期，第35-38、47页。

[②] 黄河三门峡水利枢纽志编纂委员会：《黄河三门峡水利枢纽志》，中国大百科全书出版社，1993，第3-4页。

取大库容的方案才会得以通过。

　　当然必须认识到，将三门峡坝址下移到八里胡同，相应的一部分淹没损失将移到下游，而不是不存在了，这有个程度的比较问题，也会出现新的未知问题。特别需要说明的是黄河的塌岸问题自古即存在，不是修了水库才有，水浸侧蚀，黄土塌陷，乃自然现象，如前述过的鹳雀楼早因黄河侧蚀、游荡塌到河里了，古代河南的孟州城、孟津城与现在不在同一个地方，同样是塌陷在黄河里边了。① 孟州、温县一带黄河北岸的清风岭自宋以后日渐蹙缩，也因侧蚀、塌岸引起；② 坝下游因为清水下泄，塌岸问题同样会出现。

塌进黄河的麦田

　　我费这么多笔墨，来展示被淹城市长久的历史、厚重的文化、辉煌的过去，最后可以得出这样一个结论：对于历史与文化方面的淹没损失，过去的大型水利枢纽工程诚然重视，但重视得不够、不全面，以后需要加强；既有的城镇、土地是一次性资源，今后的高坝大库的建设，对此

---

① 史念海：《黄河流域诸河流的演变与治理》，陕西人民出版社，1999，第88页。
② 温小国：《古清风岭今何在》，《黄河 黄土 黄种人》2021年第七期上，第61-62页。

要充分重视，要设法减少一次性资源的损失。

或问，这是不是有高高举起、轻轻放下的味道？没有，完全没有。今后的水利建设，能够对上述问题引起更多的重视就可以了。

有些重要的遗产（包括自然遗产和人类文化遗产），哪怕只是遗址，也有存在的价值，有地理上的存在，其根就在，于是就会成为文化怀恋的对象，比如说蒲州的普救寺，不也是在毁坏的基础上重建的吗？本文所涉及的旧城淹没，或因为其当时的残破，所以才没有被看得过重，须知道，我国的建筑结构多是砖木结构，重建的亭台楼阁多到不可胜数，之所以重建，就是看到了其所具有的历史价值。现在火遍全国的古城、古镇、老街，真正老的东西有多少呢？真正老的是"原址"，是在原址上的复修，但人们认可了其"古"，认可了其在文化上的"保留"，这就做到了对历史文化的继承，历史文化无形的价值也就发挥出来了（如带来的宣传价值和旅游价值）。如果没有"原址"，新造的"古董"是很难被人认可的。原址就是历史，历史文化遗产含有价值，这是一种认识。往事不可追，来者犹可鉴，认识到位了，才能努力做到位。

令人欣慰的是，现在的水利水电工程建设在重视历史文化和文化建设方面有了长足的进步，水利工程师的短板，正在因获得了社会在人文方面的关心而得以补齐。

邓子恢副总理所作的建设三门峡报告在人大通过以后，著名考古学家陈梦家先生曾专门在《考古》上发表了署名文章《迎接黄河规划中的考古工作》[1]，这说明，大型水利水电工程的建设，对于文物保护，并未缺位。著名的虢国车马坑就是1956年由国家黄河水库考古队发现、发掘的，并接受了时任科学院院长郭沫若的建议，将虢国车马坑以原物、原状、原地保护了起来。目前中国发现的车马坑有商朝车马坑、春秋车马

---

[1] 陈梦家：《迎接黄河规划中的考古工作》，《考古》1955年第5期，第3-4页。

坑，如安阳的殷墟车马坑，洛阳的天子驾六车马坑等。世人尽知秦始皇兵马俑博物馆的"地下兵团"，那里的兵团是陶俑，而虢国车马坑的兵团却是实实在在的真车真马。虢国，是2800年前的诸侯邦国，是拱卫周王室最重要的同姓诸侯国，为少数的几个公爵国之一，属于"千乘之国"的军事强国，无奈却灭于"同姓之国"晋。历史上先后有5个虢国[①]，了解了虢国，就了解了三门峡这一带厚重的历史。当时的黄河水库考古队由文化部和中国科学院联合组成，考古队对晋、陕、豫、甘等沿黄地区进行了大规模的考古调查和发掘，而不仅仅是三门峡库区，取得了极大成绩。

虢国车马坑距离黄河岸边的距离只在300米左右，处于高高的台地之上。此处事实上是数量庞大的墓葬群，已被划为封闭绿化的保护区，所发掘者，只为两个国君墓葬和陪葬的车马坑。就战车的尺寸来看，视觉上，殷墟的战车尺寸更大些。但就车轮来讲，从殷商起，直至近代，其形制似乎没什么变化，足以证明3000多年前中原地区造车（战车）技术的先进与辉煌。如此多的墓葬群处于这里，也说明西周时期，这一带一定是个发达的地区。单就地理位置来看，无论是对于西周王室，还是东周王室，虢国都是很近的藩国，甚或是畿辅地区。

在三门峡虢国博物馆的入口前边，有一尊"阳燧"的雕塑，初以为是日晷，细察之下方见不同，这是一面凹镜，其通过反射太阳光聚焦而取火。此面阳燧，正是根据古文献的记载，通过虢国车马坑挖出的实物而塑造。"阳燧"基座上有这样的话："三千年前，当世界别的地方还在用钻木取火，周人已在用阳燧通过太阳光取火。"凹面镜取火，需要凹面的曲率非常科学，镜面光滑，这样反射的光线才能聚焦于一处，才能引燃材料，显然，这对工艺的要求很高。现在利用太阳能光热资源，同

[①] 三门峡市虢国博物馆编《周风虢韵 虢国历史文化陈列》，科学出版社，2019，第7页。

样利用的是凹面镜反射,同样的科学道理。

在虢国车马坑展室,有一组展柜"铜铁更章,人冶始昌——复合工艺铁器"。我知道,从西周至春秋时期尚为青铜器时代,而虢国车马坑展示的是西周时期的文物,因而当看到"铁器"的展示,感到特别的吃惊。范文澜先生于《中国通史简编》中指出:周初农具,都用金属制造,但是否"铁"制,还没有实物作证。这里出土的铁器,虽属西周晚期,也不是农具,但毕竟是实物,故觉得很有意义。这里,录下展示说明:

> 在人类发展史上,陨铁与人工冶铁共同使用数百年,是世界各文明古国的共性。虢国墓地共出土了12件复合铁器,经冶金专家鉴定分为人工冶铁制品与陨铁制品两大类,这一重大发现为我们提供了极有说服力的实物证据,特别是三件人工冶铁制品的出现,将我国人工冶铁的历史向前推进了近两个世纪,反映了虢国先进的科学技术与生产力水平。

研究认为,中原地区冶铁起源于豫西、关中、晋南一带,西周晚期与春秋早期的铁器也集中于这一地区。[①] 虢国墓地正处于这一区域,且时期也相符。很显然,这一区域是黄河流域冶铁发展史上最为重要的区域,还是属于黄河大拐弯的地带——再次证明黄河大拐弯地带文化的辉煌。黄河流域的冶金技术很早就有,可追溯至中条山一带的铜矿开发(参见本书"第六章 探步河汾")。

> 在人类发展史上,陨铁与人工冶铁共同使用数百年,是世界各文明古国的共性。虢国墓地共出土了12件复合铁器,经冶金专家鉴定分为人工冶铁制品与陨铁制品两大类,这一重大发现为我们提供了极有说服力的实物证据。特别是三件人工冶铁制品的出现,将我国人工冶铁的历史向前推进了近两个世纪,反映了虢国先进的科学技术与生产力水平。

三门峡虢国博物馆展示牌

---

① 魏强兵、李秀辉、王鑫光等:《虢国墓地出土铁刃铜器的科学分析及相关问题》,《文物》2022年第8期,第80-87页。

三门峡虢国博物馆展品丰富，单就其历史久远及所发掘文物展现出的意义来讲，将其列为国家二级博物馆，多少是有些委屈。

虢国车马坑无疑是一处考古学上的大发现，在三门峡，还有一处大发现，那就是庙底沟遗址。庙底沟遗址是全国重点文物保护单位，附近还分布有三里桥遗址、李家窑遗址等较多新石器时代遗址，"1956—1957年，为配合黄河三门峡水利枢纽工程的建设，文化部和中国科学院考古研究所组成的黄河水库考古工作队，对庙底沟遗址开展了第一次大规模的发掘工作"，"发现了仰韶文化庙底沟类型和庙底沟二期文化"。[①] 仰韶文化的中期代表就是庙底沟文化。"中期的庙底沟文化是当时中国文化圈中最强势的文化。"分布范围非常广，而影响范围之大，"差不多遍及半个中国，是任何中国史前文化所不及的"。"庙底沟的彩陶是其标志性器物，在传播的过程中，携带了文化传统，将广大区域居民的精神聚集到了一起，标志着华夏历史上的一次文化大融合，是一个伟大文明的酝酿与准备。"由此可知，庙底沟文化在文明进程中所起的巨大作用。[②]

我来到了三门峡庙底沟博物馆前，但却没能进入，原因是不知道要预约。2021年，仰韶文化发现暨中国现代考古学诞生100周年纪念大会在三门峡召开；庙底沟遗址是入选全国"百年百大考古发现"的重要成果；2023年春节，庙底沟元素登上了春晚，演播厅的顶部装置由庙底沟彩陶"花瓣纹"演化重构而成。这些，都是文化厚重之地的硬证据。可想而知，我感到了遗憾，离开三门峡，也有些恋恋不舍。不过，庙底沟类型的精美彩陶原物我看见过，那是"山西古代文明精粹"在清华大学艺术博物馆展览时看到的，其特殊的器型和几何图案，给我留下了很深的印象，

---

① 樊温泉：《河南三门峡市庙底沟遗址仰韶文化H9发掘简报》，《考古》2011年第12期，第23-46，113，99-104页。
② 杨雪梅：《仰韶文化：生命力最强的中国史前文化》，《人民日报海外版》2017年6月6日第7版。

当时挂在展览大厅的巨大招贴画上的图案就是庙底沟彩陶。

放开了视野看,渑池仰韶文化遗址、三门峡庙底沟文化遗址、西安半坡文化遗址,都位于黄河的中游地带,都位于黄河大拐弯的区域之内。

文物搬迁的典型例子是芮城县的元永乐宫(大纯阳万寿宫),永乐宫处于水库淹没区,系国家重点文物保护单位,永乐宫规模宏大,建筑艺术极高,尤以精美绝伦的壁画闻名,是研究中国画和考究唐、宋、元社会生活的重要资料。[①]永乐宫进行了整体搬迁,非常成功,早年,系里的老先生就给我讲过。搬迁保护是水利水电工程建设中对文物予以保护所采取的办法之一。国际上,阿斯旺水库建设时,对于重要的古迹,也是采取的搬迁办法。

目前,黄河上最大的水利工程小浪底水利枢纽工程正在发挥着巨大的效益,对于小浪底工程,批评者少,这一方面是工程的成功,没有出现设计上的失误,须知小浪底工程之所以成功,是因为逐条、逐方面接受了三门峡工程的教训,三门峡的学费没白交。又岂只是一个小浪底工程呢?中国建设了那么多大型水利水电工程,许多工程技术人员都是从三门峡工地走出去的。另一方面,小浪底能够实现它的开发目标,比如防洪效益,可使下游的防洪标准由60年一遇提高到1000年一遇,则是需要与三门峡水库、支流洛河上的故县水库、支流伊河上的陆浑水库联合运用才能实现的,由此可知,三门峡水库现如今仍是下游防洪体系中重要的组成部分,不是可有可无的工程,更不可轻易言"弃"。

我对三门峡知道很早,早在20世纪60年代的蒙学之初。当时,河南卖有一种香烟,牌子为"三门峡",是河南最昂贵的香烟。烟盒是深绿色的色调,烟盒正中间画的是水电站,当时我并不能看懂烟盒上的图案,因而不知道那是"三门峡工程"。我举这个例子,目的是想借此说明,

---

① 山西省文物管理工作委员会编《永乐宫》,人民美术出版社,1964,第9页。

当时三门峡工程的问题已经出现，但仍能以"三门峡"作为最昂贵的香烟牌子，正说明三门峡的正面效益一直是被社会认可的，并没有因为水库的淤积等问题而否定这个工程。白与黑之间存在着灰度，非白即黑的想法需要摈除，世间万事总存在正负效应，由此构成矛盾的统一体，因而对三门峡工程全盘予以否定的想法要不得，是忘记了建设三门峡工程的初衷，但出现的问题需要正视，三门峡工程的两次改建，正是正视问题的表现。

那么，现在怎么考虑对上游的影响？怎样考虑上游的利益？答案是水库的运行方式，水库采取合适的运行方式，可以减轻给上游带来的不利影响。要尽可能地消除既存的不利影响，还需要有更多的办法，还需要人们持续的努力。办法总比困难多，位于晋陕大峡谷上的古贤水库目前已经开工建设（2024年7月），当其发挥效益时，三门峡水库滞洪运用的水位会降低，相关河道的淤积会改善，潼关高程（见本书"第七章　渭水东流"）有望降低，渭河、汾河倒灌问题会减轻，渭河、汾河下游的洪灾也会减轻。

大型水利工程建设，必定带来淹没，这是不可避免的。但淹没带来的损失和代价，在人文关怀和历史文化的责任下，可以做到尽可能地少。

第九章　三河有证，岁月丰碑

三河者，黄河、蟒河、沁河是也。家乡河山间所要叙述的事情太多，只能浓缩而不脱离自己的钟情：在山、在水。青山不老，绿水长流，山水间留下了泽被后人的丰碑，丰碑永在。

一、82 年豫西洪灾

我的家乡在河南济源。

1982 年夏大学毕业，自己所学专业为水利。当年，家乡遭遇了水灾，这在我，却是第一次经历。家乡所在地为豫西北，接近太行、王屋二山，地势高，水灾少见，因而灾后乡民们不免"集中"谈论了几天这次大水，也因与自己专业有关，所以印象深刻。

鉴于自己目睹了此次的灾情，在后来的职业生涯中，对河道的历史洪水痕迹就多有关注，比如，曾在沁河出山处，以及在伊河山谷中，看到相关部门在山上所标示的水位线①，只是，水位线标示太过于"轻描淡写"，难以让人发现，连简短的说明也没有，即使被人发现，也多不会理解，远不如明成化十八年沁河大水后，老和尚在山西阳城九女台石

---

① 黄河水利委员会官网的记述：（洛河水灾）新中国成立以后的水灾，多以特大暴雨或连续暴雨形成的洪水淹冲形式出现。农田受灾面积超过 50 万亩的有 7 年。其中以 1982 年灾情为重，7 月 29 日至 8 月 4 日，连续 7 天暴雨，暴雨中心在陆浑水库下游附近。http://www.yrcc.gov.cn/hhyl/hhgk/zh/szysz/201108/t20110814_103553.html。

壁上所刻的标示："成化十八年河水至此"①。其实，在石壁上标注水涨位置，古已有之，《水经注·伊水》：

阙左壁有石铭云：黄初四年六月二十四日辛巳，大出水，举高四丈五尺，齐此已下。盖记水之涨减也。

这确实是曹魏时期异乎寻常的一次大水，可与《晋书·五行志》的记载相印证：

魏文帝黄初四年六月，大雨霖，伊洛溢，至津阳城门，漂数千家……

这两处石刻水文记录，都被黄河系统用作古洪水的推算。

于沿河道路旁标示洪水位线，一是"记录"，二是"警示"。我在国外也见到过这种做法。

当年听到了两个传言，一个是邻村的洪水淹没了树梢；另一个是处于上游的济源要爆破下游的白墙水库大坝，大坝所在地的孟县（今孟州）在坝上架设机枪保卫。对于这两个传言，我最初均采取不相信的态度。蟒河一带的村落，基本处于平原，沿河之水怎么可能淹没树梢？灾情后，我来到了受灾严重的村庄，该村临河，有跨河大桥，桥面远低于两岸高程，河谷深，河谷中有树，接近树冠处尚留有行洪时缠绕上去的乱草，我明白了，人言水上树梢，原来是指河谷中的树。至于架机枪传言，太富于传奇色彩，炸坝不具有可能性，我将"传奇"实录于此，只是为了说明当年洪灾情势的严重。防洪期间，对重要的水坝有保卫人员持枪守护，则完全有可能。

但，济源却真真切切爆破了县城南边的蟒河大桥。

洪水过后，我去了一趟县城。

蟒河在县城南边流过，河道宽阔。蟒河古称为"淏（jú）水"，《春

---

① 黄河水利委员会官网的记述：（沁河水灾）沁河最大历史洪水发生在明成化十八年（公元1482年），阳城九女台调查洪水14000立方米每秒。

秋·襄公十六年》有诸侯会于湨梁的记载，湨梁就是堤防。大桥是南入县城的唯一通道，到桥头才发现有许多人聚集，原来都在等待摆渡过河，桥被炸断了，无法通行。摆渡船是一个简易筏，浮体由数个空油箱组成，上边摆放了几块木板。

  洪水时，蟒河水位奇高，桥墩束窄了行洪断面，泄洪不畅，桥梁壅水导致县城进水。为了减少县城损失，济源就爆破了蟒河上的大桥，炸掉的部位是河左岸的边墩，借此扩大过水面积。

  摆渡过河后，我看到了路边建筑物墙面上的水痕，因而能判断出水深，显然，许多的店铺都进了水，财产遭受了损失。

  1958年，蟒河于下游孟县修建了白墙水库。1982年济源受灾严重，一个重要的原因在于下游白墙水库高水位对河道行洪的顶托。洪水不能快速下泄，灾情就转移到了上游。按我现在的推想，当时情况紧急，白墙水库大流量泄洪可能已经来不及，再说，大流量泄洪下游遭受损失可能更大。

  白墙水库本来是一个以防洪为主的平原水库，其保护的是孟县大部，以及沁阳、温县局部。鉴于白墙水库下游地势平旷，一旦开闸大流量泄洪，下游数县有可能成为一片泽国。如此看来，河流防洪，需要以流域来统一管理，需要跨越行政区划，如此才能真正减少损失，这是谁都懂得的道理，但真正实现起来、落实到细处，存在着困难。

  筑坝修水库，坝之上、下游的灾情转换问题，值得水利工作者深入思考，最典型的例子莫过于三门峡水库，三门峡工程之所以长期以来遭人诟病，其主要原因之一就在于"灾情转换"——下游的水患转移到了上游。至于水库淤积，其带来的直接后果就是渭河口的抬升（见本书"第八章　工程视角之外"），仍然是灾情的转换。

  挡水、筑堤防带来的灾情转换问题早在春秋时已经被各诸侯国重视。

"壅防百川、各以自利"是春秋战国时期的做法，当时就受到诟病，齐桓公葵秋会盟中有"无曲防，无遏籴"一条。《孟子》中对"无曲防"有记载，朱熹解之曰："无曲防，不得曲为堤防，壅泉激水，以专小利，病邻国也。"按我的理解，"曲防"就是不顺水势修筑的堤防（只为保护自己）。"壅泉激水"即是壅防川、源（壅高的水位可能淹没邻国）。

水利的问题，最终归结为社会问题，以及人与自然的关系问题。水利工作者，尤其是从事规划的人员应有大的视野。

二、溯河行印象

支流发洪水，干流也发洪水，于是，我想到黄河边看看。

我生活的村庄离黄河不远，可从未在黄河边驻足，少年时代的圈子实在过于狭小。最初见到黄河，还是上大学离家那一年在火车上的隔窗遥视，属于"惊鸿一瞥"。既然现在大学毕业了，有了一定的专业知识，就想借机看一下黄河在这一带的地形、地貌、地质以及河流状况，因为听老乡们说，黄河小浪底工程要上马了。

在此之前，即1981年元月，我在观看完万里长江第一坝葛洲坝的大江截流之后，已经看过了三峡大坝的两个备选坝址：三斗坪与太平溪。那时，三峡工程上马的呼声很高，作为学水利的人，未免心潮澎湃。还记得当时宣传三峡工程上马的用语，说强大的三峡电力可以"东输上海，西送兰州，南达昆明，北抵北京"。

作为一个学水利的学生，能够在工程上马前看到这两个世界级工程坝址的原始地貌，我认为很有意义。

作为后话，1997年我现场观看了黄河小浪底工程的截流，2002年又在现场观看了三峡工程第三期导流明渠的截流，加上现场观看万里长江第一坝——葛洲坝——工程截流，这是职业生涯中难得的经历了。

参加三峡工程导流明渠截流仪式

于是,我在济源轵(zhǐ)城火车站乘开往洛阳的火车,在黄河铁路桥桥头堡处下车,前往未曾开工的小浪底坝址。

参加小浪底工程截流仪式

第九章　三河有证，岁月丰碑

火车在这里停靠，是为了方便老百姓搭乘，但这里却没有站名，列车时刻表上查不到，现场也没有站台，也没见到工作人员，可历史上就是有这样的行车方式。上车前、上车后，我一直都怀有忐忑之心，怕到黄河边不停车。当车真的停下来，当自己从车上跳到路基上站定的时候，那颗悬着的心才算放下来。

站在桥头堡处，居高临下，远近气象尽收眼底，眼前是宽阔的黄河，黄流奔腾，浊浪翻卷，咆哮向前，真是一种"黄河之水天上来"的气势。此生所观河流多矣，在南方、在北国，在异国他乡，唯有黄河怒涛最为雄浑，声势最为浩大，最能让人感到心灵的震撼。

铁路桥所在的位置是地貌变化的"节点"，桥东沿河有连续的窑洞院落，桥西却没有。铁路桥的下游河道中有沙洲，沙洲面积很大，名曰西滩，老百姓于西滩上种庄稼、种西瓜。过去在来往洛阳的列车上，我还看到过西滩岛上破落的房子。事实上，小浪底工程下游的西霞院反调节水库未修之前，西滩岛上有村落，现已搬迁。我曾听说过去有狼夜里泅水进西滩岛将羊叼走。在这里，我看到了单人乘独木舟上西滩岛，那独木舟形状奇特，呈不对称的形状，一侧为平顺的流线形，另一侧则有三角状的凸起，大约是为了在水流的侧向不平衡力作用下便于"抢滩登陆"——河流水速高，一旦上滩失败，不可能逆水行舟，只能在上游再次摆放小舟"抢滩登陆"，真是不易。

黄河在这里形成了大的沙洲，说明河流的坡度明显变缓，河流也变得宽阔，流速降低，河流冲积物得以沉降积聚，因而从河道本身来说，这里也是变化的"节点"。

开始溯河上行。

河边山体土石交错，土质河岸顶部种有庄稼，可视为丘陵地貌；但间隔出现有石质山体，非常破碎，风化严重，上面长着厚厚的青苔。

沿河行，看到了岸边有一个洞，洞不是太大，洞口呈开挖的原始状态，未予以衬砌，洞口附近岩石红色，或是地质探洞。这个洞所在的位置，离后来的小浪底坝址尚远。

记得见到了一个孤零零的小饭馆，紧靠河边，饭馆上锁，上写"河清口饭馆"，可我并未见到"河清口"村子在哪里。多年后才知道，河清口是一个古渡口。历史上曾有河清县，河清口一带属之。河清县于唐代设置，曾属孟州，现今这一带的人仍操孟州口音，而非现今归属地济源的口音，不知是否与历史有关。

河清口再往西，峡谷变窄，河流水速明显增大。当时艳阳高照，河对岸一览无遗，可见南岸宽阔的滩地，印象中也呈现出暗红的色调，滩地大体平坦，有河卵石的存在。滩地接连山体，山虽不算高，但却垂直陡立。与以前看到过的三峡、西陵峡相比，这里的河谷实在是太宽了。

受职业训练的影响，我试图估算流速。眼观水面漂浮物，脑袋却如摇头电扇，眼睛尚未聚焦清楚漂浮目标，漂浮物已随洪流远去。

那时年轻，尚没有工作经验，恐惧心弱，我沿水边前行，在一个上坡的地段，河岸壁立，就在这时，只听"嗵"的一声，不远处一段直立的土岸塌进了河里，吓了一跳。再行，就警惕多了，不再紧靠河边。

所走河段，在伊洛河、沁河、蟒河汇入黄河的上游，河水如此激荡，那么下游汇流后的洪水该如何的波涛汹涌呢？这联想是自然的，我毕竟已经大学毕业。在大学的课堂上，不知道听老师讲过多少次河南驻马店"75·8"特大洪水，还看了纪录片。当年，淮河流域大水冲垮了板桥、石漫滩两座水库，造成极严重的洪灾，电影中的画面真的惨不忍睹！学水利的人都应该看看"75·8"特大洪水的纪录片，这叫"河防教育"。驻马店"75·8"特大洪水之后，全国的重要水库大都经过了水文核验或工程安检、加固，由此看来，小浪底水利枢纽工程的上马，与"75·8"

特大洪水的出现有一定的关系，黄河下游的安全是"国之忧患"，工程的上马具有必要性和急迫性。

记忆中穿过的唯一村庄是蓼坞（其他的村落不在大路边），这是一个大的村庄，也是一个古渡口。出蓼坞村，已完全是高山峡谷地貌，石头的整体性要好，上有薄苔藓，山体植被只是些杂草与低矮的灌木，并不茂密，山上少树木。村西河谷地带种有玉米。路在玉米地与山体之间，没有一丝风，酷热无比。

如今横扼黄流的小浪底坝址位置，就在当年的蓼坞村附近，蓼坞已彻底搬迁。

三、峥嵘岁月

小浪底水利枢纽工程开工以后，单位派我到小浪底工程工地学习，为期一年。联想到20世纪80年代初小浪底工程未开工时的自行考察经历，算是对建坝前后的情况都有所了解。

在小浪底工程工地，我偶然读到了一本32开的小书，书名忘了，书的内容是关于"杜八联"的。"杜八联"是一个地方民兵联防组织，在抗日战争和解放战争中立下了奇功。20世纪70年代曾有连环画书《河防堡垒》，说的就是"杜八联"的故事。小浪底工程所在地域——蓼坞、桥沟一带，就属于"杜八联"的活动区域。"杜八联"的活动直接与黄河发生关系，黄河，是"杜八联"战斗的主战场，连毛主席都知道"杜八联"。

2021年初夏，我到小浪底观看调水调沙，趁机参观了设在泰山村的"杜八联革命纪念馆"，2020年，杜八联革命纪念馆入选第三批国家级抗战纪念设施、遗址名录。我愿在这里介绍一下"杜八联"及"留庄英雄民兵营"。

"杜八联",一个听起来有点"古"的名字。也确实是"古",其名称可追溯到清朝。所谓"杜八联",就是指小浪底建设管理局所在地附近,由蓼坞、桥沟、泰山、大庄、杜年庄、毛岭、马住、留庄所组成的联防。清时称"杜里",民国时实行保甲制,这八个村的"八保"形成一个"联保",故有"杜八联"之名,"联保"处设在泰山村的泰山庙。我在小浪底水利枢纽建设管理局学习期间,每周必经过泰山村,当时的路边立有一个不及人高的石碑,上刻"泰山",饰以红漆。这一带"南通洛阳,北接古轵关,是南下中原,北上晋陕的交通要塞。"(杜八联革命纪念馆展板资料)

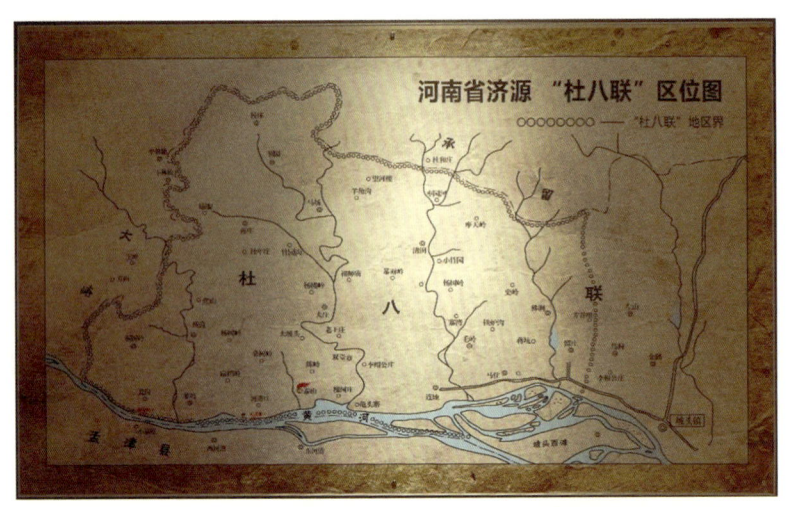

杜八联革命纪念馆展室资料

纪念馆所在的位置,处于泰山村的一块高地之上(称泰山顶)。高地之前是一处宽阔的广场,广场中央有高高的白色雕塑。主展馆的门首,挂有木质大红楹联:"发扬革命传统,争取更大光荣。"字体采用的是毛主席手书。横批是展览馆的名字:"杜八联革命纪念馆"。

"发扬革命传统,争取更大光荣"是我这一代人耳熟能详的毛主席语录,看到这副红色大联,又联想起在小浪底工地看过的小书,忆起这

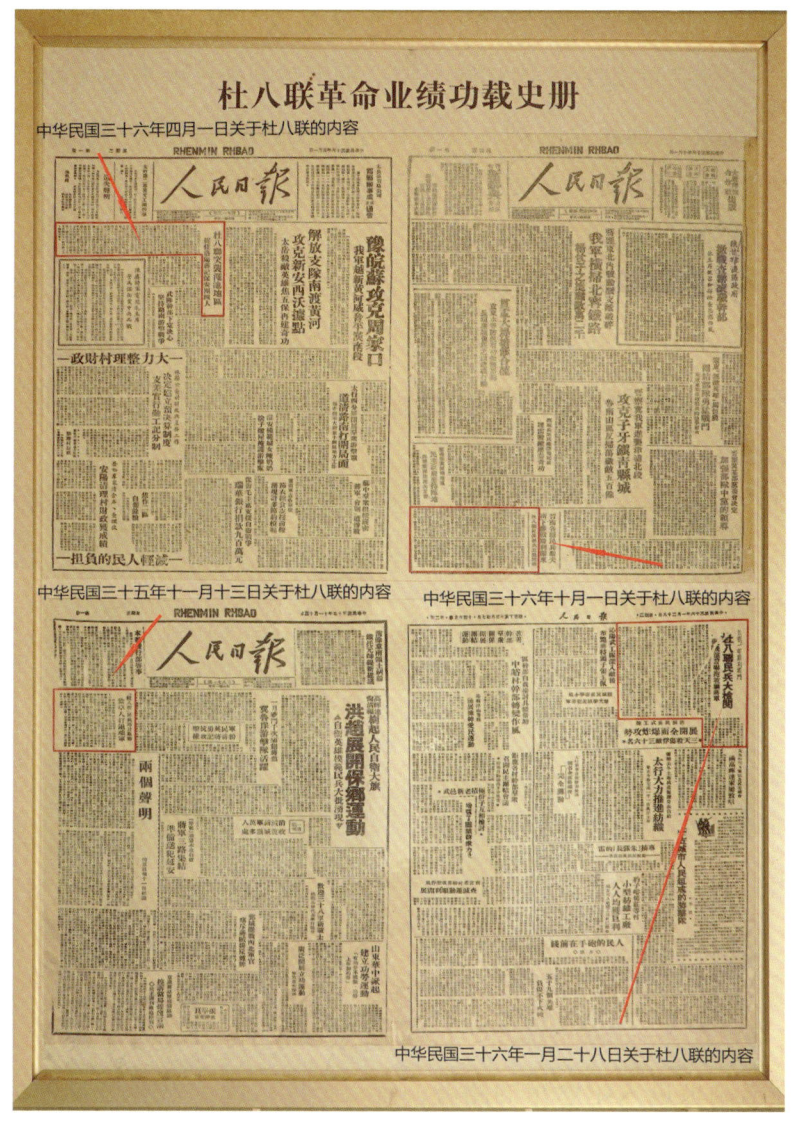

杜八联革命纪念馆展室资料

样的描述：本条语录是毛主席写给"杜八联"匾上的话；"杜八联"的英雄代表曾参加了开国大典。我当时的理解是，这条语录是对"杜八联"的题词，因而着实吃了一惊。

当然这是印象。现在检阅资料，虽然未找出确切证据证明这条语录是给"杜八联"的题词，但理解为写给全国革命老区的当毫无问题，"杜八联"革命根据地正是名副其实的具有光荣传统的老区，泰山村本身就是原中共济源县工委、县委、县南委的办公旧址，办公的窑洞在杜八联革命纪念馆的西侧，挂着标示牌。

纪念馆前有一通碑，概述"杜八联"革命斗争史，碑两侧有一联："忠勇结成'杜八联'，壮烈创建小苏区"。虽说碑文概述性极强，但"史绩"却密密麻麻，铺满整个碑面，细读，让我这个本来知悉"杜八联"历史的人也颇感震撼，用四个字来形容"杜八联"就是：功绩辉煌。要知道，"杜八联"只是一个地方民兵联防组织，但却干了那么多惊天大事。

进馆门，是巨大的浮雕影壁，浮雕颇具视觉冲击力。纪念馆的前言中写道：

"杜八联"革命根据地是太岳区的重要门户和前进基地……面积百余平方公里，万余人口。

这是一片英雄的土地。在抗日战争、解放战争中，"杜八联"人民全民奋起，建炮厂、造地雷、打鬼子、除汉奸、飞渡黄河天堑、护送南下大军，实行联防联战、誓死保家卫国，创造了边沿地区群众武装斗争的光荣范例，被誉为抗日革命的"小苏区"和"攻不破的河防堡垒"。其首创的"联防战"被列为中国民兵三大传统战法之一，护航用的木船、葫芦舟等文物，至今在中国历史、军事博物馆中陈列、珍存。

在沿高坡进入纪念馆的路旁，有一个标示牌："皮徐支队渡河集结处"。在纪念馆内，果然发现了相关的内容：

1944年9月21日，由司令员皮定均、政委徐子荣率领的"豫西抗日先遣支队"，在"杜八联"自卫团和180名水手护送下从河清、蓼坞渡口渡过黄河天险，挺进豫西。

第九章 三河有证，岁月丰碑

"杜八联"革命纪念馆展室资料

关于"豫西抗日先遣支队"渡河挺进豫西的历史事件，还是参看皮定均将军本人的回忆。"豫西抗日先遣支队"是从林县（今林州）誓师出发的。抗日战争时期，八路军太行军区第七军分区司令员皮定均曾在林县领导修建爱民渠[1]。关于"豫西抗日先遣支队"过黄河这一段写得极为精彩，见《皮定均文稿》[2]：

我们决定在洛阳以北、孟津以西的东西蓼坞（坞）作为渡河点……为出奇制胜，保证渡河的绝对成功，我们以神速的急行军，从天明到天黑一下就走完了全部路程——由阳城跳到了蓼坞（坞）渡口。这里，北面是传说中"愚公移山"的王屋山，南岸是邙岭。隔河对峙的两排犬齿

---

[1]《红旗渠志》第一编《红旗渠工程建设》第一章第二节《治山治水的初步成就》，林州市人民政府门户网站，2020年10月30日，http://www.linzhou.gov.cn/sitesources/lzsrmzf/page_pc/zjlz/hqq/hqqz/dybhqqgcjs/dyzhqqbj/article95aa8d6b38de4d2a8eecb4738004719c.html，访问时间：2022年7月7日。

[2] 福建省新四军研究会编《英勇虎将：皮定均纪念文集》，解放军出版社，2007，第443页。

似的山峰，犹如中原古战场上的刀山剑林；黄水滔滔，犹如英雄们沸腾的热血；雾霾苍茫，月色朦胧，更使它加强了悲壮肃穆的气氛。

侦察科长报告说："一切渡河工具已经准备好了。"我和子荣等同志走到了渡河点，观察地形，并命三团立即组织渡河……我们把三只船的两侧系满了大葫芦，以增加船身的浮力，这样可以多载一些人……当朝阳升起的时候，我们全部人马胜利渡过了黄河，踏上了豫西土地。我们"豫西抗日先遣支队"的光荣而艰苦的战斗生活从此开始了。

皮将军这里提到的"三只船的船舷两侧系满了大葫芦"以增加浮力，本身已经足具创新意义，但尚不是上文提到的被中国历史、军事博物馆收藏陈列的"葫芦舟"。葫芦舟由四个"葫芦"联结而成，为水上葫芦队的"神器"。水上葫芦队在解放战争中，尤其是在支援陈谢大军（司令员陈赓、政治委员谢富治）渡河作战中立了奇功。有关史料非常多。

杜八联革命纪念馆展室实物，护送大军渡河的葫芦舟

1946年8月3日，济孟战役爆发，由秦基伟将军指挥太行、太岳部队发起；1947年秦基伟将军指挥九纵渡河，葫芦队均参战支援。

1947年，三路大军挺进中原，一路是陈粟大军，一路是刘邓大军，一路是陈谢大军，这是人所共知的重大历史事件。"陈谢兵团由晋冀鲁豫野战军第四纵队、第九纵队以及第三十八军组成。""渡河南下豫西，开辟豫陕鄂根据地。"①

"1947年8月，太岳陈谢兵团分东西两路，发起渡河作战。在济源人民大力支援下，兵团主力八万余众顺利渡过黄河，挺进中原。"8月23日开始强渡，"杜八联队长葫芦队杨清魁率领35名队员为陈谢大军领渡护航，他们率先抢占滩头，端掉敌人碉堡，为大军顺利渡河铺平了道路。"（展板资料）

在济源境内，在关阳渡口、长泉渡口，协助大军渡河杜八联葫芦队都立下了奇功。

渡河成功之后，陈赓司令员为杜八联葫芦队赠送锦旗一面，上面题诗道："手拨河水脚蹬浪，腰系葫芦肩荷枪。纵横驰骋黄河上，惊涛骇浪任飞翔。"（展板资料）

陈赓将军的诗词生动、形象，更重要的是描述明确，我想，这种发明于战争时期的战法、适用于滔滔洪流的泗水"神器"，大概只有中国有，应当载入世界军事史、战争史。

《北线凯歌》中有一篇《进军中原》，其中记录了强渡黄河的情况，对葫芦队有详细的描写，今摘录一段②：

民兵的葫芦队，乘风破浪，来去无踪，是黄河沿岸的一支轻骑。特别是英雄村庄留庄的民兵葫芦队，受到部队指战员的热情赞扬。在济源县留庄一带，葫芦舟已有三百多年的历史。和平时期，人们背上系着一盘葫芦，经常在黄河里捕鱼；战争年代，民兵葫芦队经常飞渡黄河，袭敌堡、夺敌船，神出鬼没地打击敌人……

---

① 穆欣：《在进军中原的日子里——陈谢大军渡河前后日记摘抄》，《新闻爱好者》2000年第8期，第12-18页。

② 穆欣：《北线凯歌》，湖北人民出版社，1980，第312-313页。

杜八联革命纪念馆展室资料

鉴于小浪底水库的建设,关阳村、长泉村已经搬迁,渡口淹没于水底。后济源下冶镇建立了陈谢大军渡河公园,公园内有巨型雕塑,基座正面镌刻"陈谢大军强渡黄河挺进中原"金色大字,由国防部原部长迟浩田上将书写;在关阳移民新村,本村老百姓则自己集资修建了"关阳新村支援陈谢大军强渡黄河纪念馆"。

我与我的同事介玉新教授谈起小浪底水库的淹没情况,介教授告诉我新安县也有两个渡口被淹没,介教授是新安人。这两个渡口的名字是西沃渡和狂口渡(东沃渡),历史上非常有名。介教授说,日本占领洛阳期间,八路军太岳部队欲过河与日伪作战,先派了侦察部队过河,欲在新安摸清情况,先站稳脚跟。部队有一百多人,就在西沃渡和狂口渡过的河。后侦察部队与日伪发生了一次遭遇战,关于这次战斗,介教授说他听老乡们讲过多次。战斗发生地在新安县北冶乡陈庄村,战斗非常激烈,八路军有九位战士牺牲,忠骨就埋在当地,现在有纪念碑在,每年清明祭扫,都会有学生参加。这是发生在1944年的事。后来介教授又给我找来了一份《洛阳日报》刊登的佐证材料:《激战陈庄村》[1]。

另据《新安县志》载:"抗日战争时期的南下支队、豫西支队,以及解放战争中的陈赓兵团等,都曾由新安北境突破黄河天险,进军豫西或中原。"[2]

如今新安县西沃渡口附近有陈谢大军渡河雕塑,西沃部分移民搬迁至温孟滩。大约15年前,我在黄河滩进行坝岸监测时,曾同这些移民有过接触,他们仍保持着自己家乡新安的语言——这是当然的,乡音于他们这一代不会变,只是若干年后,这些"群聚"的移民还会保留自己的语言吗?这是个有趣的问题。现实中确实存在着这样的现象,历史上各种原因导致移民迁徙,但却保留下了自己的"孤岛"语言。而搬迁至义马的狂口渡村民,则在新家建立起了陈谢大军强渡黄河"狂口渡河纪念馆"——颇似关阳村移民的做法,不忘家乡的历史,很令人赞叹。

顺便提一句,小浪底工程的移民村是整体搬迁,搬迁后的原社会关系仍然存在,因而隐形的社会资源就仍然存在,这对互助、心理关怀都有极大帮助,他们仍沿用过去的村名,失掉家乡的感觉就小多了。我村的旁边就有一个移民村,村内住房条件、道路条件都胜过我村,学生上学也方便,凸显了政府对移民的关心。这是以后水利移民的一条路子,有示范作用。

河清口渡口犹存,但已完成了摆渡的历史使命,现为小浪底水文测验船的停靠码头。水文站办公楼背后高崖顶上立有皮旅渡河纪念碑(碑

---

[1] 石蕴璞:《激战陈庄村》,《洛阳日报》2005年7月21日。
[2] 林志冠:《新安县志》,河南人民出版社,1989,第408页。

的年限并不长),但太过隐蔽,路人没有发现的可能性,我费大力气、几经寻觅才得以见到,是在一块麦田的中间,惜经风雨的侵蚀,字迹已是模糊难辨。

小浪底水库、河清口、泰山村、留庄、西滩岛位置示意图

从杜八联革命纪念馆出来,前往留庄,我要看一下留庄英雄民兵营纪念馆。比之于知道"杜八联",我知道"留庄英雄民兵营"却要早得多,早在小学阶段。

中小学时期,国防教育比较多。"备战、备荒为人民""提高警惕,保卫祖国,要准备打仗!"以标语形式出现在学校、村庄和街道。那时,年年都有民兵训练,因而就不时听到"留庄英雄民兵营"的大名。

"留庄英雄民兵营",由中共中央中南局、武汉军区于1964年命名,其前身就是"杜八联"抗日自卫团第九中队。1947年1月1日,晋冀鲁豫军区通令嘉奖全区模范游击队、武工队、民兵及杀敌英雄(司令员刘伯承、政治委员邓小平等签署),其中"模范民兵队"名单中有"济源杜八联(即留庄连地毛岭六村联防)"[1]。1978年,武汉军区司令员杨得

---

[1] 《军区通令嘉奖 模范游击队武工队民兵杀敌英雄 并号召全区向他们学习多建功劳》,《人民日报》1947年1月9日第1版。

志上将曾亲赴留庄民兵训练场予以指导。

汽车行走在硬化的路面上,今日之路已完全不是我初次前往小浪底所走的土路,路两侧所栽种的树木已经交织在一起,尽管路与黄河平行,离河不远,但树却完全遮挡住了视线,不再能看到黄河一路前行的浪涛。

泰山村往东不远,新建了一座跨河公路桥,大桥位置颇高,需抬头仰望。真的是"一桥飞架南北,天堑变通途。"有了桥,古渡口就彻底消失在了历史中。再往前越过旧时的铁路桥东行,往日印象的模样已完全不存在,沿河窑院村落没有了踪影,临河远景,幢幢高楼拔地而起,完全是现代化城市的风貌,颇使人诧异——我推测前边是到了归属洛阳的吉利区。

此处已是黄河西滩一带,让我再次想起"杜八联"所创造的奇迹,在西滩,"杜八联"烧毁了两架迷途误降的敌机。

因小浪底水库大流量泄洪和下游西霞院水库的挡水作用,眼前河道水位明显抬高,沙洲隐没于水下,滩面隐隐出露,水草青青。远处河道正中,一个孤岛缥缈于水上,岛上树木葱郁,估计是已经搬迁的西滩村的遗迹。这里本是济源河务局管辖的河段,济源河务局因河道生态的改善而颇感自豪,春时,鸥鹭翔集。

进入留庄村的道路呈南北向,接近村庄,路上覆盖"顶棚","顶棚"为葫芦架,结着那种硕大的葫芦。我想,葫芦,是留庄的标识(Logo),留庄在继承这个 Logo。

留庄主街东西向,村内整洁。时在正午,骄阳似火,街内少行人。到留庄英雄民兵营纪念馆大院前,大门落了锁,不无遗憾。经打听,是纪念馆的管理人员回家吃中午饭了。考虑到天实在太热,再加上自己也已饥肠辘辘,就离开了留庄,没再联系管理人员,留下了遗憾。

但留庄连同周边村庄共同创造的史绩我毕竟是知道的,知道这里涌现出了以薛平华为代表的一大批著名的民兵英雄。薛平华的家就在留庄村，薛平华曾作为"杜八联"的代表参加了开国大典，先后受到毛主席四次接见，我在史料中也看到了薛平华老先生与武汉军区司令员杨得志上将亲切交谈的合影。

那天参观泰山村杜八联革命纪念馆，我专门找到负责纪念馆的人员，要了本资料《杜八联儿女英雄传》，资料由济源市人民武装部等单位编印[1]，其中有一篇为《毛主席谈济源杜八联》，内容不但涉及"杜八联"，还涉及济源的历史与水利，资料翔实、难得，极为珍贵，故将相关内容录于此：

毛主席谈济源杜八联

1952年春天，在北京，曾在抗战初期担任毛泽东警卫员的瞿作军受到了毛泽东的接见。毛泽东在与他谈了一会儿工作情况后，忽然像想起什么事情来一样，对瞿作军说：

"你是河南济源人吧，你们济源的北面，有一条河叫沁河，那一带是古战场，战国时候……"

毛泽东谈起战国时期发生在济源沁河一带的战争。

毛泽东关注济源，与王屋山有很大关系。1958年10月31日晚，毛泽东赴郑州参加会议途中，专列到达新乡时作短暂停留，毛泽东在专列上接见了新乡地委主要领导人。与济源县委书记侯树堂谈话时，毛泽东深情地说："济源有个王屋山，是愚公移山的地方。"

1958年12月3日下午，毛泽东在武汉东湖客舍再次接见瞿作军时，谈到济源的历史和现状，又提及王屋山。他说："你们县所以叫济源，这与济水有关系。济水发源于济源县王屋山。王屋山就是我在《愚公移山》

---

[1] 详参《杜八联儿女英雄传》，济源市人民武装部、济源市委党史研究室、济源市坡头镇党委编印，出版年份不详，第101-102页。

一文中引证的'愚公移山'寓言故事的发祥地。沁河也流经你们济源县,源于沁源县太岳山东麓。你们济源附近许多县名都与河水相联系,如沁水、沁源、济源、沁阳等。你们济源近年水利搞得很好,今年小麦丰收了。"还说:"你们济源有一条蟒河,那里水土保持工作搞得很好,水患已经根治了。"

谈到济源民兵,毛泽东说:"你们济源有个民兵杜八联,很有名气,他们仗打得好。解放战争中,他们的葫芦队利用河水与敌人斗争,把敌人引到黄河边上去打,神出鬼没,还把国民党飞机打下来一架。"

毛泽东还谈到济源的古代历史,讲了很多春秋战国时期发生在济源的诸侯之间的战争。

四、"三河"灌区

流经济源的重要河流有黄河、沁河、蟒河,为叙述的方便,这里称为"三河"。

济源境内的名山有太行山、王屋山。

"名山大川,必有神焉主之。"这个神就是人民。

世人尽知愚公移山的故事。在济源城东,有城市雕塑"愚公移山",为城市地标,人称"老愚公";在王屋乡愚公村,山前大道旁有大型雕塑上边镌刻着"愚公移山、改造中国"八个大字,为毛主席手书。

在济源,在我们那代人的记忆里,"愚公移山"不是寓言,而是有具体的内容,是"誓将山河重安排"。说得更明确些,是"引沁济蟒"工程的修建。

我曾写过一文《源远流长·家乡的秦渠》,主要内容是写广利灌区和"引沁济蟒工程",但由于引述了大量史料,文并不好读,难以给人简洁整体的印象。现在,给出一个示意性的"三河灌溉总平面布置图",

其中箭头所指为"引沁济蟒"的供水区域，阴影和"补水区域"为小浪底水库北岸灌区的授水区域水源，广利灌区是古灌区，有2000多年历史了。

三河灌溉总平面布置示意图（据小浪底北岸灌区工程总体布置图改绘）

济源这一块地方，古属河内郡，元末称怀庆路，明改为怀庆府，"府南控虎牢之险，北依太行之固，沁河东流，沇（yǎn）水西带，表里山河，雄跨晋、卫，舟车都会，号称陆海。"（《读史方舆纪要》）老百姓口语交谈中还常使用怀庆府一词，现主要为焦作和济源所辖区域，因为这一带是太行山前平原，故有"怀川"之说。大禹治水时经过这一段，《尚书·禹贡》记述为"覃（tán）怀底（zhǐ）绩"。

河内郡的大部为原河南省新乡地区所辖地域。东汉光武帝刘秀认为，河内是"完富"之地，龙兴汉家大业当因河内"完富"而起，因而命大将寇恂守河内，"使恂缮兵积粟，为河北根本。"东汉末，曹操谋士荀彧曰："昔高祖保关中，光武据河内，皆深固根本以制天下。"（《读史方舆纪要》）这里说得很明确，制天下的"根本"就是"积粟"，"积粟"对民是根本，对军是根本，而广积粟粮的根本又在于修渠。后寇恂也因守河内的主要功劳而位列云台二十八将之第五。

河内郡地方虽然广大，但河内郡最为富庶的地方则是怀庆府所属的济、孟、温、沁、博爱、武陟一带。因而从秦朝起就在沁河上引水浇灌，许多有名的人物因"引水"而名垂史册，如魏之司马孚，隋之卢贲，唐之崔弘礼、温造，明之袁应泰。其引水口古今都在沁河出山处，即今五龙口，足见古人的聪明才智。乾隆《济源县志》所载的旧景"沁口秋风"即指此处。2000多年来，灌区随时间而扩大，秦渠今名广利灌区。

广利灌区授水区域是一片大平原，这是太行山前平原土质最好的区域，土地肥沃，黄土层厚，没有盐碱之害，加上水的持续滋润，理所当然是富庶的区域。

然而这块大平原的西部山区、南部高岭的广大区域，虽然黄土层更厚，却是自古以来的贫困地区。尽管《盐铁论》载："魏之温、轵……富冠海内，皆为天下名都"——我就在轵，又号称"古轵国"的轵城（今镇名）读的高中，但当年粮食不足的感受却是真切的。也因老百姓生活的贫困，20世纪60年代，济源、孟县两县人民修了"引沁济蟒"工程。这是穿太行、越王屋、通高岭的工程，是足以比肩"人工天河"红旗渠的工程。当"引沁济蟒"工程通水的时候，多少人笑了，笑得那么灿烂，伴随着的是很多人家有了纯白面馒头——这是一种少有的奢侈。吃白面馒头属于奢侈行为的心态至今我未有改变。

"引沁济蟒"之水由南向北流抵轵城东，渠道走的是"轵国故城"的城墙正中间——墙宽大且位置高，便于自流灌溉，那时的城墙还非常好。"轵国故城"始建于春秋时期，属东周王畿之地。高中时我每周必经过此城墙，记得城墙下有标牌：战国城墙遗址。那时的人们文物保护意识不及现在，所以才在城墙中间修了渠道，一为节省农田，二为自流。现在又发现了春秋文化层（晋文公伐原示信即春秋时期的事，与轵发生关系,不愿归晋之原国之民移轵)。"轵国故城"的面积非常大,现属全国文物保护单位。

轵是古轵道上的重要城邑,往西北通轵关,即前边"杜八联"简介中出现的"古轵关",轵城在旧县城南十里,轵关在旧县城西十一里。"轵关"者,仅当一车行走之关隘也!"太行八陉","轵关陉"是第一陉,为由晋入豫之要道。轵关当轵道之险,为兵家必争之地。南北朝时,北齐曾于轵关南边筑长城直抵黄河,以防北周入侵。乾隆版县志对此段长城有较详细的记载,如今是关不存,城之残垣也不为人所知。

古轵道为黄河北岸大体呈东西向的陆上通道(南岸的陆上通道则为经函谷关的崤陵道和桃林塞),为古代重要的交通道路,《战国策》:"秦下轵道,则南阳动。"《读史方舆纪要》:"春秋时晋人自太行以南,皆谓之南阳。"对上一句最简单的解释是,秦军东渡黄河入晋,由晋出"轵关陉"即达太行之南,此后地理平旷,再无险可守,即所谓的"大军出轵关,方轨而进",意思是战车可并排前进。

古轵道通过今愚公村,愚公村与"轵关"所在很近(今封门口,有清代"封门天险"刻石存)。看来,古代的时候,愚公村一带的人出行果然困难。

五、水润怀川

社会在飞速发展,豫西北大地上兴起了一座明星城市——济源市。城市的发展,需要一种"物质资源"——水,任何城市均如此。城市的前途也在于水。

秦渠——广利灌区,在沁河引水;引沁济蟒工程在沁河引水;上游也在引水、截水。沁河显得力不从心。一是,"新愚公"们千辛万苦开凿出的"引沁济蟒"工程难以充分发挥出效力;二是,广利灌区的远端也需补水；三是，广利灌区南边缘位置较高，还有大片干涸的土地，自古及今都在渴望着水的滋润。生活在这方土地上的人民，盼望了多少年？盼望了多少代？说是盼望，除了望天收，又何曾想过河流的灌溉？

然而，小浪底水库北岸灌区却伴随着社会的需求应运而生，历代未曾想过的事就活生生地展现在人们面前。

小浪底水库的开发目标之一就是"兼顾供水、灌溉"，工程在规划设计之初就为北岸预留下了取水口——你必须佩服水利工作者们长远的眼光。水利，这个特殊的公益行业，最需要的就是长远的眼光。

小浪底北岸灌区第一期工程已经通水运行，其为蟒河的曲阳水库补水，客观上是沟通了黄河与蟒河；第一期工程同时也为济源城区供水，城东也成为授水区域，补上了近在咫尺的广利灌区的盲区。

目前，第二期工程正在施工，将为广利灌区的远端补水，为焦作开辟新的灌区。这是全新的一片灌区，是一个在规划、设计、施工、管理诸方面都极具现代化理念、现代化水平的灌区。

秦渠以下，历两千多年，一代代水利人，在古河内郡最为富庶的土地上，持续描绘着壮丽的画卷，利当代，泽千秋。如果说，秦渠是"膏流千古"的渠道，那么"引沁济蟒"工程则是引来幸福水的渠道，而小浪底北岸灌区，则是黄河母亲永续哺育"怀川"人民的渠道。所谓永续，则包含着生态的可持续性、农业的可持续性、对城市支持的可持续性、对地下水利用的可持续性，数者间，存在着相互呼应、相互联结的内在机制。

现在让我们看一下灌区总平面示意：三大灌区，即小浪底北岸灌区、引沁济蟒灌区、广利灌区，完全交接在了一起，如果眼光再放远一点，还有一个沁河支流的丹河灌区也连在了一起（图中未显示，在焦作附近），而这一片区域的东面则与南水北调中线相衔接，南水北调中线穿过焦作。"五水"（黄河、蟒河、沁河、丹河、南水北调中线）滋润"怀川"，"五水包围城市"，这一片区域包围的市县有济源市、焦作市、孟州市、沁阳市、博爱县城、温县城、武陟县城。清流普惠，有理由相信，如此的一个区域，将因水的滋润而勃兴出一片高水平的中小城市（县）群，盼望其在不久的将来成为河南省经济起飞的新区域。

怀川因引水将愈加繁荣。

六、覃怀致功

新一代水利人在黄河上继续着大禹的事业。

黄河小浪底水利枢纽工程的开发目标是："以防洪、减淤为主，兼顾供水、灌溉和发电，除害兴利，综合利用。"[1]

1954年的《黄河志·黄河规划志》龙羊峡下游干流有46个梯级，20世纪80年代修订后的干流梯级由46座变为29座[2]。修订规划的原因是实事求是，适应新的情况。

了解黄河的人，都知道黄河是"国之忧患"，原因在于黄河自古及今的灾患，尤其是现在，黄河下游平原人口密集，工农业发达，城市、乡村、工矿、企业、交通道路不可胜计，因此，黄河的防洪问题永远是排在第一位的。虽然以现在黄河的防洪体系，即使碰到超大规模洪水，也不至于导致大灾，但防洪如同国防，不能有一丝的松懈。

但实事求是地看，这些年黄河的来水来沙量减少，再加上进行调水调沙，因而小浪底工程原始设定的50年"减淤期"有希望延长，这将为下游迎来更长的治黄时间。至于发电，则有更多的替代手段。

---

[1] 林秀山：《小浪底水利枢纽的设计思想及设计特点》，《人民黄河》1995年第6期，第1-6页。

[2] 黄河水利委员会勘测规划设计院：《黄河志》卷六《黄河规划志》，河南人民出版社，1991，第212页。

"供水、灌溉"的开发目标属于同一个问题,因为消耗的是水资源。

水资源的问题,如今成为一件大事,政府关心,社会关心,人人关心。

既如此,"供水、灌溉"这一"兼顾"的开发目标就可以升位为主要开发目标。

而水资源有限,又该如何开源节流呢?

这需要专业的思维、专业的研究。一个可行的办法是利用现有经验,即实行"优化的动态汛限水位"储存下更多的水资源。动态汛限水位不属于新理念,国内许多大中型水库都有采用,尤其是密云水库已将原来设定的汛限水位提高[①],因而,蓄积了许多宝贵的水资源。这里强调"优化",如根据全流域来水,可采用逐日汛限水位。这属于精细化的水资源管理,精细化的管理能带来资源利用的优化。

"汛限水位"的设置是为了在汛前腾出防洪库容——将库水位泄放到一定高程,因而蓄在水库中的高于汛限水位的宝贵水资源就会被泄放掉。既然现在对黄河的防洪体系有信心,随着天气预报水平、通信水平提高,设置动态的汛限开始日(在极为干旱的年份更有意义,尤其是对支流水库),设置短期的、随时调整的动态汛限水位,就可以增加宝贵的水资源利用量,这同时也会因为汛限水位的增高而增加发电效益,至于满足下游生态用水,汛期不存在问题。

因为涉及防洪安全,这样做需要一定的担当,而这种担当应由流域委员会承担,有相应的法规作后盾。

小浪底工程调水调沙、泄流观澜,已经向全社会开放,来观澜的人,有组团来的,有散客,有操当地口音的乡亲,也有远道而来的外乡人。

---

① 杜丽惠、曹亮、廖松等:《密云水库动态汛限水位分析》,《水力发电学报》2005年第4期,第42-46页。

我站在"亚洲最大的消力塘"前,看着数股水舌抛射向天空,状如巨龙腾飞,水舌在空中散开、卷入空气、雾化、变成白色,升腾起白色的水雾,然后落入塘中。比之于消力塘巨大的水面,落水点的面积要小得多,因而消力塘内的水体保持着清澈的状态、呈碧绿的色调,并未因力量巨大的白色水流入塘而变浑浊。但毕竟,那入塘水流的力量太大了,激起巨大的波浪,波浪扑向石岸,摔得粉碎,发出哗哗的声响,散碎的水滴或大或小,随风飞溅到脸上,带着明显的凉意,那是由塘面吹过来的风。

忽然,身后传来一阵歌声,回头看,旁边整齐站立了两排学生,穿着鲜亮的校服,在老师的指挥下,在合唱《黄河大合唱》,"风在吼,马在叫……"我猛然想起抗战之时热血青年在壶口瀑布前的歌唱,这分明是在进行爱国主义教育。学生唱得认真,老师指挥得专注,专注中带着亲切,带着感情……他们不仅仅是合唱,还进行二部轮唱,歌声夹杂着浪涛声,随风传向远处。围观者众,我看得如醉如痴。

小浪底工程调水调沙泄流

离开小浪底，回程路上想起毛主席的《七律·到韶山》的诗句"为有牺牲多壮志，敢教日月换新天"，以及《水调歌头·游泳》中的词句"更立西江石壁，截断巫山云雨，高峡出平湖。神女应无恙，当惊世界殊。"后边这几句，说的正是"将来"的世界最大水利枢纽工程——三峡工程，现在黄河上最大的工程——小浪底工程、长江上最大的工程——三峡工程均已是"完成时"。于是结合自己所看、所想，以小浪底为视野之原点，写了几句诗，以彰显三河地带大禹后人所立新功：

襟带桃花[①]通砥柱，气接崤函连王屋。

为有英杰酬壮志，禹后新功惊世殊。

---

① 桃花：桃花峪，黄河中下游分界点。

第十章　沁水清、丹水清

本章的视野是沁水流域。

一路走过去，想到、看到了多种文化现象和历史事件，却原来都与流过的河流有关。这一路走来，不单指最近一次的山西行——沁河流域主要在山西，我对沁河的留意，在30年以上了。河流有意，塑造着地形地貌，是大自然的匠心；河流无言，述说着古往今来事，河流是历史老人。我留意着过去，关心着现在，展望着未来，所祈愿的是，沁水清、丹水清，溥博清流，润泽滋荣。

一、沁丹出山

黄河东流，沿途不择细流而成滔滔之势。在黄河人看来，沁河是黄河有名的一条支流，沁水清；沁河又有支流丹河，丹水清。沁河、丹河水流清澈，在于上游植被的良好，有林、有草，水土流失程度低。

尽管沁河是黄河的一级支流，但毕竟流域小，远没法同渭河、汾河、湟水相比。论名气，也没法与黄河对岸同样为小流域的伊洛河相比。沁河、伊洛河的入黄口近在咫尺，南北隔河相望。

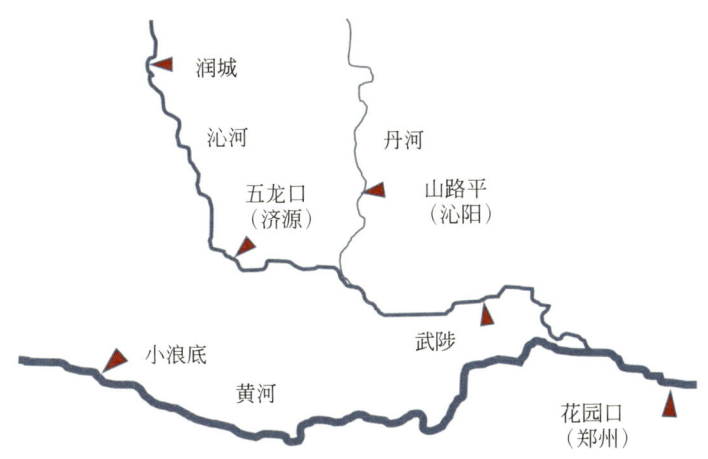

黄河、沁河、丹河位置关系及主要水文站（以三角形标示）

其实，沁河作为三门峡以下黄河北岸最大的支流，其与河患的关系很大，读与黄河水利史有关的书籍，尤其是读河南《武陟县志》，沁河就是"名角"了。当年隋炀帝修大运河"引沁水，南达于河"即此沁水①。为使海晏河清，清雍正修建的"黄淮诸河龙王庙"嘉应观，就在今武陟县，位于沁河的东岸，南面黄河。历史上，黄沁并溢的灾患多，统治者希望借龙王镇水。龙王是否镇得了水，我不知道，但庙内供奉的是大禹，以及由治水人物幻化的"金龙四大王""十大龙王"，他们却是实实在在的治水之人。另外，沁水畔诞生了词牌《沁园春》，其鼎鼎大名，大约是无人不晓，如今沁园遗址存焉，在济源市。元耶律楚材有诗云："昔年曾赏沁园春，今日重来迹已陈。水外无心修竹古，雪中含恨庾梅新。垣颓月榭经兵火，草没诗碑覆劫尘。羞对覃怀昔时月，多情依旧照行人。"沁园初修于汉明帝时，今遗址为河南省文物保护单位。

沁水出山，流经一片大平原，河两岸，土地肥沃，自古及今，都是

---

① "引沁水，南达于河"：引沁水与永济渠连通，从而使永济渠南达于黄河。不是导引沁水与黄河相通，沁水本身是黄河的支流。永济渠就是隋炀帝所修的黄河北的大运河。

黄河流域一个富庶的地方，即所谓的"河内完富"之地。既然土肥水美，就有明载史册的古灌区存在，如秦代修建的秦渠，今曰广利灌区，以及唐代后期修建的丹河灌区，两灌区惠及的地方包括济源、沁阳、孟州、博爱、温县、武陟、修武等县市（见本书"第九章　三河有证，岁月丰碑"）。如今广利灌区与丹河灌区（包括丹东灌区、丹西灌区）仍是河南省非常重要的灌区。这一片区域，即古河内郡最中心的地域（黄河下游之黄河北古时称河内）。

再往前钩沉一点历史。《尚书·禹贡》曰："覃怀厎绩，至于衡漳（漳水）。""覃怀厎绩"，是说流经"覃怀"之地的黄河得到了治理（当然也包括流入黄河的支流）。"覃怀"之地，其实就是沁水出山后的流域，地面为上述各县，属怀庆路（府）。如今武陟县有覃怀公园。

作为水利专业的从业人员，我首先就想到生长在这一带的水利史上的贤人。三国时，魏"河内典农"司马孚在野王（今沁阳市）屯田，其留下的史迹是在沁河出山处修复了枋口堰（秦渠），今广利灌区渠首是也。"太行以西，王屋以东，层岩高峻，天时霖雨，众口走水，小石漂迸，木门朽败，稻田泛滥，岁功不成。请夹岸累石，结以为门，蓄泄以时，用代枋木。"[①] 这是当年司马孚为修枋口堰上表之言。司马孚，河内温（今温县）人，司马懿之弟。"舞榭歌台，风流总被雨打风吹去。"我往来司马故里次数多矣，但不知有何古迹在。我敬服司马孚，不仅因为其在水利上的贡献，是水利上古代的"老前辈"，还在于其人格。其临死遗言："有魏贞士河内温县司马孚，字叔达，不伊不周，不夷不惠，立身行道，终始若一。当以素棺单椁，敛以时服。"以"贞士"自诩，足见其人格。这些话，真使人感叹，盖因其自谓为"固大魏之纯臣也"[②]。当时大

[①] 顾祖禹：《读史方舆纪要》卷四十九《河南四》，中华书局，2005，第2293页。
[②] 《晋书》卷三十七《安平献王孚列传》，中华书局，1974，第1084页。

魏不存，已是晋朝。司马孚活了九十三岁。司马光为司马孚的后人，记载见《宋史·司马池传》。水利人多与山水打交道，高寿者多。当然不能忘了温造，温造为唐朝的河阳怀州节度观察使，其在广利灌区上的作为尤大。每至沁口，我总会想起一副对联中的半句话："只此江堤寸寸，亦可雄视千秋"。这是立于灵渠畔的勒石，移用至沁口，当无不妥之处。在这里青史留名的治水先贤良多，不列举了，游人到此观赏山水佳处——"沁口秋风"，别忘了凭吊一番治水先贤。"沁口秋风"为济源旧景，载于乾隆版县志。

因为承担课题，需要在沁河流域调研，但 2021 年实在是个灾年，水灾多，先是沁河、丹河大水，一周后郑州"7·20"大水，再后来豫北大水、10·5 山西暴雨。"伊洛河、沁河发生 1950 年有实测资料以来同期最大洪水"；"山西出现了有气象记录以来最强秋汛"，这些见诸新闻媒体的报道、描述，就是 2021 年有关伊洛河流域、沁水流域的水文与气象的实情。有鉴于此，出行计划只能一次次往后推。

黄河大洪水，分三门峡之上大洪水和三门峡之下大洪水（分别简称为"上大洪水"和"下大洪水"），"下大洪水"主要就来自黄河干流、沁河流域、伊洛河流域。"下大洪水"出现，相关河流往往同时暴涨。鉴于此，在有控制性手段（防洪水库）之前，人们寄希望于神灵的保佑就可以理解了。清雍正之所以将"黄淮诸河龙王庙"修建于郑州桃花峪对岸、武陟的平旷之野，就在于此处是防洪的关键节点，沁河也在此入黄。雍正曾在此修御坝堵塞黄流，如今御坝、御坝碑存。

终于有了合适的时段，出发考察。

二、"华西秋雨"带来的汛情与山洪致灾

沁河出山流经的诸县市，我算很熟悉了，沁河，也是我最熟悉的河

流,但也只限于下游。因而我邀请了两位"老黄河""老沁河"同我一起前往山西,一位是黄河流域生态环境监督管理局原局长张柏山先生,另一位是河南黄河河务局的原副总工温小国先生,他们一生的工作精力先是献给了沁河,后是献给了黄河。如今他们都已退休,虽然不废所学,仍努力工作,所谓壮心不已是也,但毕竟时间安排灵活,于是接受邀请,热情襄赞。

早晨从郑州出发,目标山西晋城。晋城市下辖各县主要分布于沁水流域。路况良好,天气晴朗,放眼望去,村社一片祥和,沿途看不到有受灾的痕迹。历史上频现的大水之后村庄被夷为废墟,人民背井离乡之惨象,永远被中国人民扫进了历史的垃圾堆,只此一点,就做到了前无古人,能不有所感慨乎?

车上闲聊,三句话不离本行。鉴于本年的雨水期偏长,张局长首先将话题聊到了"华西秋雨"。张局长谈到了2003年华西秋雨给黄河带来的汛情。华西秋雨主要发生在西南地区,让我想起李商隐的"爱情"诗:

君问归期未有期,巴山夜雨涨秋池。何当共剪西窗烛,却话巴山夜雨时。

莫非,客居巴山的李商隐早在千年之前就受到了华西秋雨的影响?巴山夜雨,雨打芭蕉,拨动心田,触动千里之思,于是设想出剪烛夜话的场景,此千古浪漫之思也,更胜却朝朝暮暮。

李商隐,怀州河内(今沁阳)人。他对家乡怀有深情,有以家乡为名的长诗《河内》《河阳》。他有名的诗句"夕阳无限好,只是近黄昏"以摩崖石刻的形式存在于济源盘谷寺后的山谷中。盘谷寺有太多的人文痕迹,宋四朝元老文彦博曾从沁水舍舟踏雪游览之,不知当时是否晴雪之景。"盘谷烟晴"是济源旧景,史上有名。想烟晴于雪后,大野雪原,山高地旷,雪压青松,红装素裹,图景壮丽,定使文潞公心旷神怡。我曾于炎夏赴盘谷，虽说是看到了"歌盘合契"（即乾隆亲书的韩愈《送李愿归盘谷序》一诗及其步韩愈韵的七言诗刻在碑之两面），但却没看到李商隐诗的摩崖石刻，原因是本人没有"驴友"的资本和决心，远看谷口，中间一片玉米地，烈日当头，禾叶焦曲，再想想盘谷寺一片破败，正不知谷内荆棘几重，或有狐兔奔走，也未可知，心生畏惧，说起来也算"到此一游"了，于是驱车转回。

20年前由焦作回家乡济源，李商隐的塑像就竖立在道路之右。

"华西秋雨"对黄河防汛的影响，黄河人早有研究[1]，"基于对1662年秋季发生在黄河中游和1679年秋季发生在长江上游的特大暴雨洪水的研究"，认为"可将其分为一般华西秋雨和特大华西秋雨两种类型，其中特大华西秋雨形成的洪水要远远大于历史上在夏季曾经发生过的特大暴雨洪水，故其对长江、黄河的防洪及生态环境安全威胁最大，万万不可小觑！"划重点：秋季特大洪水大于夏季特大洪水！这就该使人警惕了，不能过了七、八月的黄河主汛期而有所松懈。而今年"黄河支流渭河、伊洛河、沁河等多条河流发生有实测资料以来同期最大洪水"正是受到了华西秋雨的影响[2]，也证实了前人的研究结论，山西本年秋后的洪灾也是受华西秋雨的影响。气象的尺度足够远。

本次调研回来以后，我曾详细整理沁河、丹河1999—2020年的年径流量，果然发现2003年的年径流量数倍于其他年份，初以为算错了，几经校核无误。原来，2003年遭受的"华西秋雨"是几十年来最强者。

---

[1] 王国安、李保国、李荣容等：《从水文与气象相结合的视野新论华西秋雨》，《人民黄河》2015年第8期，第1-6页。

[2] 谭老师地理工作室：《反常的华西秋雨究竟是怎么回事？巴山夜雨呢？》，2021年11月20日，详参 https://new.qq.com/rain/a/20211120A03TNF00，访问时间：2022年10月16日。

看来，防洪，不但要有小流域的眼光、全流域的眼光，还要有气象尺度的眼光——这应当成为从业人员的宝贵经验，有大用。今年发生在沁河等小流域的洪灾，恰恰超越了既有的经验——洪水来得太快！这也是张局长、温总有兴趣调研的原因之一，这充分反映了他们的业务意识、从业感情。

温总开聊，说话极富幽默感：远亲不如对门，对门不如近邻。原来他的一个朋友回老家荥阳汜水镇，不想突遇暴雨，从自家房顶越墙进到邻居家方才脱险，可想暴雨之大。汜水镇很有名，西部有虎牢关、成皋故城，《三国演义》所描写的三英战吕布就发生在这里。

比"老友逾墙走"更为出人意料的，是"干部出门巡"而被洪水冲走，一时间，人们为之愕然。古人择丘陵而处之，目的在于躲避水灾。汜水镇、巩义市都属于地势高的地方，南部为高岭或高山，平原地区邻接黄河，尤其是巩义，比荥阳更偏西，总体地势更高，有伊洛河穿境而过，赵宋皇家陵寝在此——皇陵总不会选择易被水淹的地方，偶有小水灾也就算了，怎么会遭遇如此强暴雨，以致地面洪流如"建瓴而下"？

这些都是值得思考、值得重视的问题，这已成了防洪的历史教训。曾有哲人说过如下的话："人类从历史中吸取的唯一教训，就是人类不会从历史中吸取教训。"这与杜牧的话有异曲同工之妙，"后人哀之而不鉴之，亦使后人而复哀后人也。"教训，太容易被忘记。

其实，我与张、温二位，在电话中已多次讨论过比郑州"7·20"大水要早的沁河、丹河洪水，我每天都通过济源河务局了解周边河流的水情——出于对家乡的关心。更多的关心，则是小流域洪水问题，小流域周边，尽是人家。

丹河是沁河的支流，丹河又有更小的支流白水河，白水河突发洪水汇入丹河后，造成了2021年丹河下游成熟旅游区内人、财、物的巨大损失。温总感慨，自己在焦作河务局服务 20 余年，丹河本在自己的辖区，可对白水河这条小之又小的丹河支流，原是熟视而无睹，何期其突发洪水如此之迅猛！与此同时期，沁河于山西、河南交界处的局部洪水，也在极短的时间内从不足 30 立方米每秒的流量暴增至 3800 立方米每秒，汇流如此之迅速，该不会有极端事件发生吧？比如有山间小水库垮塌？我们已经核定过了上游不远的润城水文站的流量，那里根本没有任何汛情，这岂不令人产生怀疑？

小流域内有数量说不清、服役几十年的小型、微型库坝，其建设也未必尽规范，这些小型库坝的安全不但影响防洪安全，也影响生态。洪灾，是影响生态的洪荒之力，所谓"横扫千军如卷席"，此所以令人担心者也！

在我们到达山西，与晋城市水务部门交流后得知，晋城也已对白水河、沁河上的突发洪灾进行了实地调查，他们同样对上述两处小流域局部洪水极为关心。事实是不存在任何极端事件，完全是局部区域的暴雨汇流。国务院灾害调查组《河南郑州"7·20"特大暴雨灾害调查报告》[1]显示的情况更为严重，荥阳市崔庙镇王宗店村山洪沟 15 分钟涨水 2.4 米，下游 6 公里处的崔庙村海沟寨水位涨幅 11.2 米，"因灾死亡失踪 251 人（占郑州市死亡失踪人口的 66.1%）"。也因此，前述调查报告有一条结论是"山丘区洪水峰高流急涨势迅猛，造成大量人员伤亡"。看来，在气候变化的当下，小流域局部突发洪灾，其汇流速度之快、暴虐程度之甚，真的超乎想象！

我再次想起太史公之论：

甚矣，水之为利害也！

---

[1] 国务院灾害调查组：《河南郑州"7·20"特大暴雨灾害调查报告》，2022 年 1 月，详参 https://www.mem.gov.cn/gk/sgcc/tbzdsgdcbg/202201/P020220121639049697767.pdf，第 6 页。

赞曰：古人有言："微禹之功，吾其鱼乎！"中国川原以百数，莫著于四渎，而河为宗。孔子曰："多闻而志之，知之次也。"国之利害，故备论其事。

防洪，当如国防，不可一日而有所松懈！

三、艰哉巍巍，晋豫通途

车行路线为晋新高速公路。道路不时地穿越隧洞，"冀州之南、河阳之北"的大山，于今人面前已构不成道路阻碍。从隧洞钻出来，又可见一道又一道的深壑。有的深壑底部，铺满白色的鹅卵石，非常白，大约是近期行洪，鹅卵石被磨出了更为新鲜的表面。虽是雨水刚过，可也没见到有流水，这可能是季节性河流的特征。沟深，山就显得更为巍峨。晚秋的天气，山上植被出现了一抹红色，山上的树木，或立于危崖，或突兀于山巅。挺拔于山之上的树木，因山的威严使树本身也威严起来，那树叶略显得稀疏，因而虬枝更显得苍劲。

车速飞快，景物瞬息间掠向后方。

感佩于旧时晋豫道路的艰难，话题提到太行八陉。陉者，山形连延中断处。太行八陉，可理解为贯通于太行山东西侧的孔道——由太行山山前平原进入山西的孔道（或反之），是古人凝练出的地理交通知识。

温总说，他去过井陉，道路狭窄处，两山相对，石质路面刻出深深的车辙沟。时光远去，物是人非，岁月不掩历史！

苏秦纵论天下大势，曾曰"秦下轵道则南阳动"，轵关陉在济源城西不远，约十一华里之遥，为太行第一陉。轵关陉虽曰为太行第一陉，其实位于沁河之西，是处在王屋山中了。沁河为太行、王屋二山的分界。以"太行八陉"之说，王屋山该属于太行山脉；从地理上，沁河切穿了出山孔道，王屋山也该归属于太行山。

第十章　沁水清、丹水清

沿太行东行，可抵太行第二陉——太行陉。太行陉即是由南阳地区（太行山南）通往上党郡的道路，即今日河南沁阳市通往山西晋城、长治的通道。陉之南口即起始于现在的沁阳县常平乡（村）。常平乡紧邻丹河西岸，2021年丹河大水即殃及常平乡。我们的车行路线——晋新高速——则位于丹河东岸。

太行陉乃是由山西通往中原地区的大道，《读史方舆纪要》：

自晋阳趣河内入洛阳，必经太行，太行在怀、泽间，实据南北之喉隘。①

"此陉山势陡峭，道路险窄，宽仅五步。"② 从常平乡北上至山西碗城村称为太行羊肠坂，道路曲折似羊肠，在很短的距离内高差急剧增大，几乎是天梯。李太白曾上王屋山，其所去的阳台宫在轵道旁，惜未曾翻越此"难于上青天"之太行道——堪与蜀道难比个高低吧？今有"古羊肠坂"摩崖石刻存。坂，长坡之意，常见于陕西、山西之地名用字，但在河南我仅知此一处，或者就是山西一方为之命名。

东汉末建安十一年（公元206年），曹操率军征讨并州刺史高干，"曹操自将击高干"（《资治通鉴》），赋《苦寒行》长诗，从诗的内容看，大军经过了羊肠坂。"北上太行山，艰哉何巍巍！羊肠坂诘屈，车轮为之摧。树木何萧瑟！北风声正悲。熊罴对我蹲，虎豹夹路啼。溪谷少人民，雪落何霏霏……"真难行也！

敲下"雪落何霏霏"字后，脑子里突然蹦出朱总司令的诗句"仗马太行侧，十月雪飞白。战士仍衣单，夜夜杀倭贼。"随后，雄浑的抗战歌曲《在太行山上》"千山万壑，铜壁铁墙！抗日的烽火，燃烧在太行山上"在耳畔回荡。我是个易动感情的人，想着这雄浑的旋律，想着当年

---

① 顾祖禹：《读史方舆纪要》卷四十六《河南一》，中华书局，2005，第2095页。
② 小林：《巍巍太行八陉》，《科学大观园》2011年第4期，第4-9页。

的抗日烽火，想着中华民族优秀子孙的顽强不屈，禁不住眼眶湿润——感情随文字而涌动，感动了自己，望您理解。

1940年朱总司令由晋城经济源出太行，赴洛阳与第一战区司令长官卫立煌谈判，共商团结抗日之大计①。此行，朱总司令写下雄浑诗作《出太行》："群峰壁立太行头，天险黄河一望收。两岸烽烟红似火，此行当可慰同仇。"无产阶级革命家董必武有诗《次韵和朱总司令出太行》，其一曰："元戎策马太行头，伐北燕南次第收。箪食壶浆迎道左，欢呼甘与子同仇。"如今在沁水东岸济源五龙口，有朱德总司令出太行纪念馆。

我相信以太行八陉作道路，虽是古人极艰难情况下找出的通途，但必经过人力之修整、开凿、拓宽。太行陉极可能就是隋炀帝拓宽的，《读史方舆纪要》：

大业三年北巡，发河北丁男，凿太行达于并州以通驰道，继而自太原还，上太行，开直道数十里至济源……

此指隋炀帝北巡榆林事。北巡榆林对隋炀帝来讲是一件大事，窃以为是颇具战略家眼光而行的外交事，其本人亲至启民可汗（突厥可汗）大帐，加强与启民可汗本来就友好的关系（突利内附，隋文帝封其为启民可汗，并以宗女妻之②），这样可以预先扫除吐谷浑可能联络的外部势力。两年后的大业五年（公元609年），隋炀帝经临津关（今甘肃积石山县）过黄河，兵发西域，击败吐谷浑，西域纳入隋家版图，同年，置河源郡，刘全镇之，大开屯田（见本书"第三章 从西宁到积石"），并为唐之陇右之富打下了基础。

古羊肠坂道路艰难，石头上同样留下有深深的车辙与马蹄印痕，足

---

① 郭谨栋：《朱总司令出太行》，《中州统战》1996年第3期，第32-33页。
② 张文生：《突厥启民可汗、隋炀帝与内蒙古》，《内蒙古师大学报》（哲学社会科学版）2000年第5期，第79-84页。

第十章　沁水清、丹水清

使今人震撼，它承载的记忆是中国人的坚韧！想温总在井陉之所见，也与此类似吧！

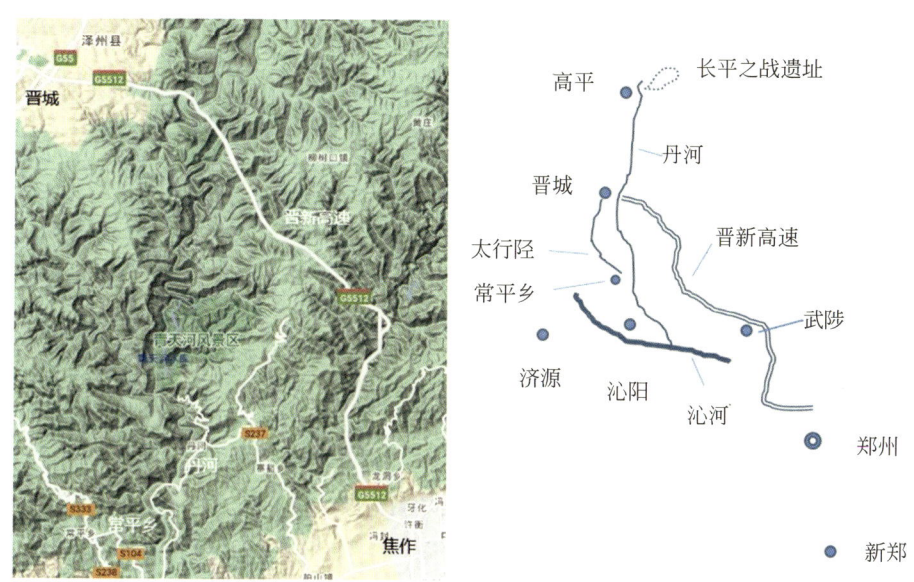

郑州至晋城交通地理及相关地点示意图

十多年前我到过常平乡，当时的村口路旁写着"长平"，今地图上为"常平"，或为避免名称上的混乱而致人"不解"？我就曾经"不解"。

人们知道，"长平之战"是中国战争史上最为惨烈的一次，历时三年，坑杀赵卒40万（计及前期的战役，总计45万赵卒死于战争），地点在今日山西晋城的高平市。

但历史告诉我们，地处河南的"常平乡"与发生在山西的"长平之战"确实大有关系。

四十四年，白起攻南阳太行道，绝之。四十五年，伐韩之野王。野王降秦，上党道绝。①

---

① 《史记》卷七十三《白起王翦列传》，中华书局，1982，第2331页。

451

这一段历史告诉我们，秦国大将武安君白起占领了太行陉、野王，原属韩国的上党被分割到太行之北，就是说，白起切断了上党与中原之间的联系——韩国都河南新郑。鉴于孤立无援，上党归降了赵国。于是，影响中国历史进程的秦赵大战在上党爆发（现在的上党区隶属于山西省长治市。秦置上党郡，上党郡辖区大得多）。

大战在丹水东岸一带展开，《水经注》中所述战场范围很大，"南北五十许里，东西二十余里，悉秦赵故垒，遗壁犹存焉。"当比较符合事实。

秦赵大战还未来得及聊，车已经进入晋城市，晋城市的同志已经等待在路旁……时间未到正午时分。

昔日艰哉巍巍，现今晋豫通途，何其便捷！

我喜欢听豫剧，尤喜《朝阳沟》。唱词曰：

祖国的大建设一日千里……

不是吗？

"'百年重塑山河，建设改变中国'，这两句话使我感动。自1840年起，中国山河破碎，风雨飘摇。而近100年的建设，是中国人民谱写在祖国这片土地上的美丽画卷。建设包罗万象，有纤细的雕刻，有山河的重塑，而这本书，展现的是高光。"

这几句话，是我为《这里是中国》第二部所写的推荐语，我将其用在这里。

回头看了一下，身后的高速公路似直接天际线，眼前，是晋东南地区洁净而现代化的都市。建设的成就处处在，祖国日新月异！

四、会馆与四大怀药

20世纪60—70年代，我的家乡在冬闲的时候会做粉条，那里产极好的粉条，卖粉条是当时农村换钱的重要途径。那时，每到年节临近，晋城人就会开着绿色的解放牌大卡车到村里来收粉条，晋城煤矿多，煤矿人有钱，所以，我对晋城的名字知道很早。

因是初到晋城，就有意识地浏览了一下街景，但也只限于进市区和开会途中的车窗视野：城市似乎很新，高楼林立，道路平直，不像是一个古城。山西属晋，"晋城"之称，即知其为城之古，然如今的中国城市"千人一面"，"焕然一新"也属正常。

晚上与接待方进行了小讨论，细化了调研内容，待送走客人，拉开窗帘，夜色已经很深。唯其很深的夜色，衬托出远处一道道放射状的彩光，并有鼓乐声传来。晋城是不夜城。

我没有多余的时间，来前就想好，晚饭后散步，顺便看看"怀覃会馆"的夜景，拍张照片。设想着会馆门前有一对大大的石狮子，挂着牌子，石狮子前有小广场，有不多的几个人散步遛弯，灯光不明不暗，可衬托出夜景。凭空去想象一个场景，不知别人是否也有过。但当我真正询问会馆所在何处时，当地被询者居然满脸发懵，不知我之所云。

我告诉温总，这里真的有"怀覃会馆"，武陟的"覃怀"到这里变成了"怀覃"。

本以为温总会产生疑问，不想他不紧不慢，说："一样，一样。"

以前，我只知道有山陕会馆。

温总说这里有怀庆府生意人的会馆，别的地方也有，到这里卖药材，这里的语言与怀庆府一带是一个语系……温总在焦作河务局工作的经历，使其对晋城一带了解颇多。

我恍然大悟。沁水出山，所流经的地域主要为旧时怀庆府辖地，所谓怀川平原是也。沁水滋润，产"四大怀药"：山药、牛膝、地黄、菊花。"四大怀药"声名远播。中国人养生讲究食药同源，如今人们广为知晓的是温县的铁棍山药,山药是补气的上品,补气功效仅次于人参。菊花则被做成了饮品,品类繁多。据相关研究,明清怀药贸易规模非常大,"怀庆药铺南到湖广,北达京津,东通冀鲁,西抵川陕,并远销国外"。① "中国有影响的城市和有影响的药材集散地,都有怀药商人设立的办事处——怀帮会馆、怀庆会馆、怀药会馆或覃怀会馆"。② 晋城市的会馆正是实物证据,现在是全国重点文物保护单位。

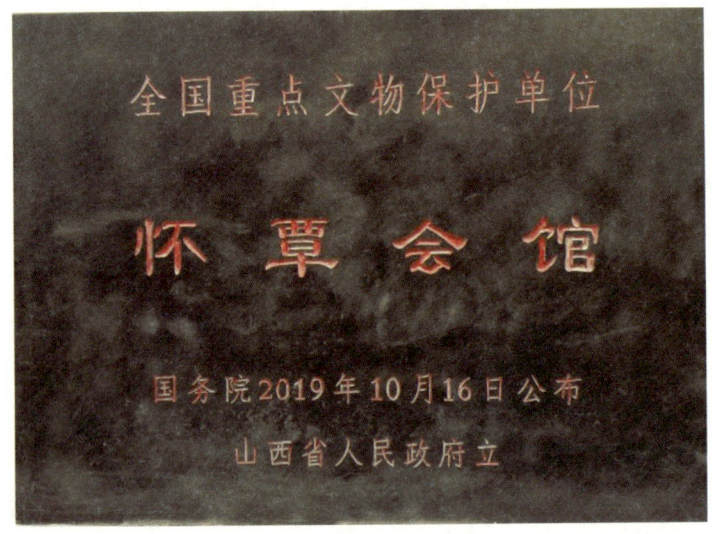

晋城市的怀覃会馆

虽如此说,可羊肠坂上的车辙马痕,不由得让人感叹,当年生意人所受交通之艰难,确如地处"冀州之南,河阳之北"的愚公一家的境遇,需要耗费多大的精力才能将怀川的怀药运抵晋东南啊!愚公移山是寓言故事,可其实是自然地理的反映。愚公移山的积极意义对中国人有很大影响,毛主席说:"愚公移山,改造中国。"如今,这句话就刻在济源愚公村愚公移山群雕的基座上,古轵道近在咫尺。

---

① 程峰:《怀药经济的历史考察》,《焦作大学学报》2006 年第 1 期,第 11-13 页。
② 同上。

确如温总所言，怀川语言属于晋语系（孟州话除外），在我听来，家乡话与晋城话确有相似之处——与人们常听到的河南话相差甚远，相似主要表现在声调，特别是说话的尾音上。尽管家乡话与晋城话是一个语言家族，可我听晋城话却有困难，听"中原官话"倒没任何问题。看来，语系只是语言学上的划分，是否能听得懂，语系不是绝对的决定因素。大约语汇和发音是很重要的因素，语汇多受行政区划、生活地域的影响，比如济、孟地理上相连，孟州方言属中原官话，孟州话的每一个音符我都听得清，任何土语都听得懂，因为每个字的发音都相同，句式结构和语汇都相同，只是"味道"略不一样而已。晋语的重要特征是有入声字，我却不知道家乡话哪些字的发音为入声，入声是什么"韵味"。

常有人说，语言与水土有关，如此说来，怀川平原一带的话，是沁水浇灌的结果。

五、生态絮语与祈雨的源头

第二天早饭毕，离开晋城市，前往沁水县。

周末。宽敞整洁的街道上并没有太多的行人车辆，这与平日见到的喧闹街道不同，让人感到这是个宜居的城市，人们生活节奏不是那么的匆忙。途经一个小广场，场内有不多的人在晨练，广场四周种有银杏，银杏叶已经泛黄，但树下却没有飘落的秋叶，西风未起，北雁未来，气候宜人。树径不算大，当是近年来美化市容时所植。曾经属于树中贵族的银杏已进入城市街道，变成了绿化树，中国的城市是越来越美了。

车很快驶出市区。道路似乎更加平整洁净，天气晴朗，空气清新。不多时，路右侧出现了一座低矮的山，山距公路不远，山顶树木茂盛，有别于路途上所见的山。树种看起来单一，高矮一致，当是人工林。总体来说，开阔的视野前推出一座小山，算是不错的景色，不协调之处是山体朝向公路的一侧是裸露的土表，既无树、也无草，山坡偏陡，没有自然的形状，土表发红。莫非修公路时在此取土，而取土后未进行修复工作？来不及细看细想，汽车已经转了一个慢弯，山与汽车的距离逐渐增大。山仍在连绵，山上树，普遍有了红色，但绿色仍是主调，红色限于树冠顶部，像彩笔浅浅掠过的一抹。晚秋的天气，连绵雨刚不过数天，绿也显得新，红也显得新，与夏天深绿的浓稠完全不同，看来，树叶已经遭受过低温了。温度高时的浓绿会给人一种"壮实"感，是一种生机，但不给人以"新"的感觉，若您观察过稍微经霜并有些许遮盖下的青草，对那种"新"与"柔"的认识就会更为具体了，对的，不是枯萎，我一个出身农家的人，割草、打柴是必有的经历，请相信我的观察足够仔细，全然不会有错。此处的山，坡面完全呈现出自然的状态，虽然草不多，但却不是裸露的新土，土表色白，没有断崖的粗糙与不平整，因而就没有明显的水土流失痕迹。大约是已经进入了山区，感觉空气清凉湿润。

  我常出差山西，对山西的地形、地貌以及植被景观还算熟悉，已经形成的印象是干旱缺水，沟壑纵横，水土流失严重，山上少有树木，沟崖绿草稀疏，特别是偏北的地区。但晋东南腹地却是第一次来（以前到过晋豫相连的阳城、泽州边界一带），正是在此处，因此行，才打破了我对山西既有的地理景观印象，事实上，2018 年晋城全市的森林覆盖率平均已达到 34.83%[1]，远远高于 22.96% 的全国森林覆盖率水平[2]。

  大约 1 小时后，我们抵达了沁水县的参观地点——淤地坝，沁水县

---

[1] 光明网：《全省森林覆盖率达到 22.79%，晋城居全省之首》，详参 https://page.om.qq.com/page/O7Zx5VlMGEMBfI3PLpUhDYSg0，访问时间：2022 年 10 月 17 日。

[2] 光明网：《我国森林覆盖率达 22.96%》，详参 https://m.gmw.cn/2020-03/11/content_1301039814.htm，访问时间：2022 年 10 月 17 日。

水务局的同志已经等在现场。

山西的地貌，总体说来沟壑众多，淤地坝能够拦水拦泥，淤地造田[1]，因而山西的淤地坝是比较多的。作为小型的坝工，初看的淤地坝足够讲究，浆砌石坝体，有完备的泄洪设施——经历过一次暴发性山洪，后进行了除险加固。

在坝上，沁水县水务局的负责同志讲了他的亲身经历与体会：几年前，当地遭遇突发暴雨袭击，不到1小时水库即行蓄满，开始溢流，洪水咆哮而下，惊心动魄！如今想起当年事，其犹心有余悸。

淤地坝，总有淤满的一天，从道理上讲，其与尾矿坝是一样的（尾矿库内淤积的是矿石尾料——磨碎的矿石粉提出有用成分后的矿浆沉淀物）。在我国，淤地坝的建设历史长久，情况复杂[2]，有的规范，有的则是乡民自行修建的，不规范，没有溢洪道。可想而知，淤满的淤地坝漫水有多危险，一旦溃坝，多年的淤积成效将尽毁于一时，且滚滚泥石流奔涌而下，不仅带来生态灾难，更会带来安全问题。随着气候变化导致的极端天气频发，西北黄土高原地区淤地坝的防洪安全问题需要更加被重视，特别是没有排洪设施的土质淤地坝。

我站在坝上思索、观望，目光由近及远，近坝处水深，岸边树木，主干已完全淹没在水下；远山，层林尽染。

---

[1] 淤地坝为在黄土高原水土流失区干、支、毛沟内，为控制侵蚀、滞洪拦泥、淤地造田、减少入黄泥沙而修建的水土保持沟道治理工程，其主要建筑物包括坝体、放水建筑物和泄洪建筑物，以及与之相关的配套工程。见中华人民共和国水利部：《淤地坝技术规范》，中国水利水电出版社，2020年。

[2] 艾开开、杨乙丹：《明至民国时期黄土高原淤地坝的发展变迁——以陕晋为中心》，《农业考古》2018年第6期，第134-141页，第2页。

淤地坝水库

  我们调研了若干个淤地坝,其中一个淤地坝左右两坝肩的山体上没有植被,而超越坝体所在位置,即坝的上游或下游,植被完整。

  为何会这样?

  我们调研当地村民后得出结论:这里原来准备修高坝,但因故没修。没有植被的地方,当是施工初期清理坝基所致,植被与岩石表层的土体被一并清理掉了。

  这里的着眼点,将由坝体转向宝贵的山体植被与"稀缺"的山表土层,我谓之"生态元素"。

  这个小坝是1958年修的,距今已是60余年。60多年过去了,光秃秃的石质表面仍然是光秃秃的,没有草,不见土。土壤是地球的表皮,这是达尔文所开启的现代认知[1],这层表皮之薄,按比例,比人体的皮肤还薄。而石质山体表面的土层尤薄,山表之土,是在大自然不知道多少年的物理、化学作用下才得以生成。要保存住山表的土层资源本身

---

① 戴维·R.蒙哥马利:《泥土:文明的侵蚀》,陆小璇译,译林出版社,2017,第8-25页。

就不容易，冲蚀、溶蚀、风蚀等各种侵蚀营力，一刻不停地在刻蚀着地表，幸而有了植被的保护，而青山绿水之存在，皆因为有了未流失的水土，有了不知名的小草，有了"立根原在破岩中"的低矮灌木、高大乔木。我们对自然之力诚然没有办法，但提高生态保护意识却是可以做到的。我之所以刻意费笔墨描述初出晋城市公路边的地貌，刻意突出显眼的裸露土表，其实是"醉翁之意不在酒"，在乎的是生态。所行公路一定是修成若干年了，但靠自然力量路两侧至今也没长出草来。晋城的年降雨量并不少，属于半湿润地区[①]，生态相对容易修复。至于干旱和半干旱地区，生态无疑更加脆弱，脆弱的生态一经破坏，不是那么容易修复的。管中窥豹，可见一斑，坝肩处的秃斑我们看到了，也看到了秃斑旁的翁郁树木，一言以蔽之，北方地区，如果山表的土层很薄，一定要珍惜之，其为生长绿色的基底，基底不存，绿色焉附？这层"基底"，是影响生态的重要因素。

坝基清理导致的植被与土层的缺失

---

① 我国半湿润地区的降水量一般为 400~800 毫米。晋城地区的降雨量在这个范围之内。

我想起了《水经注疏》所写沁水的有关内容，其描写的河段就在我们参观的附近一带，有如下的几句话：

（析城）山甚高峻，上平坦，下有二泉，东浊西清，左右不生草木，数十步外多细竹。

（沁水）又南，五十余里，沿流上下，步径裁通，小竹细笋，被于山渚，蒙茏茂密，奇为翳（yì）荟也。①

第一段引文，是在描写"生态"，写明泉周无草木；第二段引文，同样是在描写"生态"。两段都写到了竹子，第二段的竹子尤其多，但却未见草木。

竹子喜温暖气候，对温度敏感。隋唐时期气候温暖，河内（今博爱县）设有管理竹园的特别官府衙门竹监司②，现在博爱县的竹子依然长得好，是重要的经济植物。

《水经注》描述的地点与博爱县几乎在同一纬度，距离不算远，尽管高程有差，二地点温度相差不多。有细竹（而不是现在博爱县高大粗壮的竹），不见草木，推测是南北朝时期生态环境破坏所致，郦道元正是北魏时期人。追踪得更深一些，可能山表浅薄的土层产生了流失，故而，有"野火烧不尽，春风吹又生"特性的野草失去了生长的基本条件——"基底土层"。或问，古人还破坏生态？古人缺乏生态的观念，不经意的破坏也就产生了。据史念海先生的研究，北魏为了营建洛阳，取材已远至吕梁山，西魏时洛阳附近的山区森林已经遭到破坏③。沁水流域距离洛阳

---

① 杨守敬、熊会贞疏，杨甦宏、杨世灿、杨未冬补：《水经注疏补》上编卷九《沁水》，中华书局，2014，第833页。

② 竺可桢：《中国近五千年来气候变迁的初步研究》，《考古学报》1972年第1期，第15-38页。

③ 史念海：《历史时期黄河中游的森林》，收入《河山集》二集，生活·读书·新知三联书店，1981，第258-260页。

更近，推测森林一样遭到破坏，从而造成水土流失，继则连草也难以长起来了——即或是现在，也不难发现这一带的太行山土层很薄，焦枝线沿太行山南侧东西行，山表少见树木，野草稀疏，我乘焦枝线次数多矣，感官印象深刻。沿陇海线过洛阳西行，则又是一番景象，车行左侧黄土大山高耸，独不见林木，恐怕不是水土不适宜林木生长，推测是与历代营建洛阳有关，营建洛阳城，使得附近山表林木资源最终枯竭。推测类比了北京城，即金中都、元大都的营建对永定河流域的林木资源造成的极大破坏。永定河河患，金元之后始多，原因就在于伐木采石，导致上游植被的破坏。若进一步延拓，则又有隋唐营建大兴城、长安城对渭北高原植被的破坏。何以黄河粗泥沙主要来源于中游地段？何以康熙以前永定河被称为浑河？何以民谚描述的"泾水清清渭水浑"现象会发生转换？何以宋明以后汾河航运能力逐渐走低？所有这些问题一并思考，答案都趋于一致。

令人感到欣喜的是，如今，面积不算大的沁水流域有四处高山草甸或草原，它们是：历山舜王坪高山草甸，历山即《墨子》所谓"舜耕于历山，渔于濩（huò）泽"之处，濩泽为阳城的古称；析城山圣王坪亚高山草甸，析城山即《禹贡》所谓"砥柱、析城至于王屋"之析城，乃商汤祈雨之地；沁水县国家草原自然公园；沁源县国家草原自然公园。谁能相信，在晋东南毗邻中原之地，居然有如此良好的草甸或草原？不止于此，还有原始森林，有多种珍稀的动植物，足证这里有良好的生态条件。

既言及商汤祈雨，作为水利人，这里就不妨多费一点笔墨，其与沁水流域大有关系。

相关地理位置示意图

在中国历史上，旱灾给国家、社会及人民带来的灾难远比其他灾害严重，所谓赤地千里、卖儿鬻女不能形容其惨烈，以至于"大饥、人相食"之用语频现于地方史志。近代最厉害的天灾是1942年、1943年的旱灾加蝗灾（现武陟县有蝗虫地面应急防治站），有电影《1942》描写此次灾害。我在农村时节，则听了太多的民国三十二年的故事，看来家乡一带1943年的灾害尤重。

既然有旱魃作怪为害人间，就要祈雨，要神灵来眷顾保佑，事实上，祈雨不但是中国农业社会中最具有民意基础的民俗文化，同时也是历史上王朝治理的重要内容，如沁水县"山药蛋派"作家代表人物赵树理，有名篇《求雨》，反映的就是民间的祈雨文化，而"先秦以后，以祈雨抗旱为核心的'雩礼'之说及其制度相沿不绝"[①]，至于先秦之前，由于

---

① 李光伟、陈思翰：《康熙朝京师祈雨与王朝治理》，《中国高校社会科学》2020年第5期，第128-143页。

生产力水平低下，尚处于雨养农业阶段，祈雨的意义则更为重要，如在殷墟发现的甲骨中，有数千件与祈雨求雪有关[①]。至今，民间仍有祈雨行为。

祈雨历史长，究其源，可将商汤桑林祈雨作为源头，有众多的古文献记载此事。王国维《今本竹书纪年疏证》卷上载：

二十一年大旱……二十二年大旱。二十三年大旱。二十四年大旱，王祷于桑林，雨。[②]

《吕氏春秋·顺民》则多加了些圣王的行为，以表虔诚敬神之心、赤诚爱民之意：

昔者汤克夏而正天下，天大旱，五年不收，汤乃以身祷于桑林，曰："余一人有罪，无及万夫；万夫有罪，在余一人。无以一人之不敏，使上帝鬼神伤民之命。"……以身为牺牲，用祈福于上帝，民乃甚说，雨乃大至。则汤达乎鬼神之化、人事之传也。[③]

商汤为上古圣王，何以"天大旱、五年不收"？古人最重视天降灾异，至今未看到有人在思想史上对此予以解读，也许，圣王商汤已经"罪己"，就无须后人再"发挥"了。但"天大旱、五年不收"毕竟是重要的气象记录，连续大旱的存在，成为对祈雨的现实需要，汤王祈雨可算作祈雨的源头，中国古文献，再未见更为古老的祈雨记载。祈雨强大的生命力还存在于今天的民间，故而，水利之于农业，永远都是支撑力，"水利是农业的命脉"永远都是颠扑不破的真理。

"桑林，桑山之林也，能兴云作雨也。"桑林水在今阳城，清光绪《山

---

① 竺可桢：《中国近五千年来气候变迁的初步研究》，《考古学报》1972年第1期，第15-38页。
② 王国维：《古本竹书纪年辑校 今本竹书纪年疏证》，黄永年点校，辽宁教育出版社，1997，第62-63页。
③ 《吕氏春秋集释》卷九《季秋纪·顺民》，中华书局，2009，第200-201页。

西通志》载:"桑林水,出析城山东麓……"① 桑林水注入沁河。

或因为商汤"身为牺牲,用祈福于上帝,民乃甚说"感动了百姓,于是,就有了汤帝信仰。在山西晋城地区、河南古怀庆府一带,广有汤帝庙,"形成了一个地域相对集中、民俗活动传承悠久的商汤祭祀文化体系","商汤崇拜在晋东南的民俗信仰体系中已成为一个独具特色的文化体系"。② 桑林水所出的析城山,为山西阳城与河南济源的分界,今济源城西有汤帝庙存。

六、引水式电站、等高耕作与山区河道防洪

张局长最为关心河道断流问题,强调必须到现场,眼观为实。

我们向武安水电站进发。武安水电站是沁河干流上的一个小型引水式水电站。

20多年来,小型引水式电站确实发展很快,但无序开发和无序引水导致河道断流现象确实也多。这不是引水式电站的问题,而是人走了极端,为何要将河水全部引走发电呢？人们诟病引水式电站是搞错了对象,该受诘问的是人,引水式电站才是所有水电站类型中最具环保效益、最尊重自然的水电站（比如无坝引水的小型引水式电站）,只看人怎么设计、采取怎样的方案,"惟精惟一,允执厥中",做事精微,不可走极端,这种哲学层面的总结及其包含的养分,工程师应当汲取。

武安水电站厂房位置紧邻河旁,尾水③可方便地回归河道。电站虽小、显得老旧,以我教授"水电站"30来年的经验,认为电站的总体布置是不错的,但直观上判断,其水头偏低,故而效益不会太高。

---

① 光绪《山西通志》卷四二《山川考·沁水》,三晋出版社,2015,第2271页。
② 朱向东、姚晓:《商汤文化对晋东南宋金祭祀建筑的影响——以下交汤帝庙为例》,《华中建筑》2011年第1期,第157-161页。
③ 发过电的水称为尾水。

第十章 沁水清、丹水清

在看到武安水电站招牌的那一刻，我多少是有点迷惑的。这是"三晋"之地，莫非这"武安"两字与2000多年前的大战——长平大战有关系？回来检阅县志，《沁水县志·地名考》载："武安城即今武安村。长平之战时，秦将武安君白起，屯兵于此，故名。村中有地道可通村北寨堡。今尚存。"① 果然是与秦赵长平大战有关。与长平大战相关的村名尚不止一处。

河道中水流仍然很大，但流速不算高。紧邻电站的河旁有一棵老树，树冠开始分叉处挂有乱草，是洪水过后的遗留物。下游100米开外，有一座钢筋混凝土的老桥，更远处有一座新桥，老桥虽也是钢筋铁骨，但无奈洪水的洪荒之力，桥之大部被冲塌了，只剩下与岸边相连的一孔。很显然，洪水期间，洪水充满了宽阔的河道空间，河水之高，已"触及"树梢。

水电站旁被冲垮的桥梁

只有看到引水口的设施，才能判断出枯水季节河道内是否会有水流下泄，于是来到电站引水口所在的位置：窦庄。

河中有一道低矮的坝，坝之中央有一个长长的缺口，也是洪水肆虐

---

① 《沁水县志》编纂办公室：《沁水县志》，山西人民出版社，1987，第35、685页。

后的结果。

河道泄水闸是提起来的,且升降装置已被焊死,这真是保证不断流的"铁的措施",张局长放心了。

就在此地,我看到了路旁一个碑楼状建筑,上面是地名标牌,看标牌,才知道自己走到了名字早已熟悉,但以前并不知晓地点的地方。

街心碑楼

首先是沁水嘉峰的字样。

10多年前的秋天,我曾坐洛阳开往嘉峰的绿皮火车,前往山西阳城县的一个小村,其名曰磨滩,位于沁河边,火车在此停靠。嘉峰是这趟车的终点站,这是知嘉峰之初。去磨滩,就要到山谷中的沁河畔走走,半天来回的出省游,没有目的。时在晚秋,草叶已经干枯,叶子掉光的柿树上挂有几个红红的被鸟儿啄食半拉的柿子,麦叶已变得深绿,但看起来稀疏。

这里是名副其实的山中河畔村，沁河深切，两岸高峻，村庄处于接近河岸的山凹中，村旁层层梯田盘绕增高。

我对梯田非常熟悉，家乡一带岭地全是梯田。我之所以要提到梯田，是因为想说明，构筑梯田是一种"等高耕作"方法，是避免水土流失的一种"很先进"的方法，说"很先进"，是以中国历史的纵深，对比于美国人对"等高耕作"的认识。"等高耕作"可以增加入渗，提高保蓄能力，从而能够调控径流，减少水土流失。在黄河流域，在我国广袤的土地上，梯田早已具有千百年的历史了。我下面引证一条证据，借此证明我国耕作农业的先进性。证据是声名远播的美国国父杰裴逊所写的信，在信中，他盛赞"等高耕作"这种"新"的耕作方法的好处，他原是这种耕作方法的怀疑者。

*我国有着多丘陵的地貌，而我们一直习惯直线耕作，不管是上山还是下山，无论是斜向还是沿直线所形成的任何样子；我们的土壤迅速流失，进入河流。我们现在沿水平方向耕作，我们沿着丘陵和洼地的曲线，不管线条怎样弯曲都保持完全的水平。这样，每一条垄沟都可充当储水库来接收和储蓄水分，这些水可为植物生长作出贡献，且不会直接流到河里。几乎没有一盎司*①*的土壤能从一片水平深耕的农地上流失。*②

也就是说，迟至19世纪初年，"等高耕作"在美国还是新生事物，如果杰裴逊看到过我国广西的龙脊梯田、云南的哈尼梯田，看到那人与大自然合作绘就的画作有多么的壮丽，不知会作何惊叹！反过来，当您了解了并不遥远的北美的"直线耕作"方式后，会不会哑然失笑呢？

---

① 英美制重量单位，1盎司=28.3495克。
② 戴维·R.蒙哥马利:《泥土：文明的侵蚀》，陆小璇译，译林出版社，2017，第129页。

沁河河谷与岸边梯田

  沁河在磨滩一带来了个 180 度的大转弯,切割下令人叹为观止的地貌奇观,只是当时我并不知晓有这奇观在,也未看到这道河弯——未能登高观望河道全景,只注意了脚下、眼前。如今,沁河大拐弯已成为摄影爱好者探访的胜地,我看到过不知多少张这里的照片。这里原是太行第一陉——轵关陉——的经行之地。好在机会多,从家乡济源通往山西晋城有两条高速公路,实在是便捷,至山西阳城皇城相府,每 15 分钟一班车,5 元的车程,看来"太行八陉"之谓,只存在历史意义了。

  再就是标牌上的小字,表示公共汽车起点站的"端氏"。

《水经注·沁水》:

  (沁水)又西南,经端氏县故城东,昔韩、赵、魏分晋,迁晋君于端氏县,即此是也。

  这就是中国历史上的大事了,三家分晋,《资治通鉴》就是从这里写起的。三家分晋前的"水灌晋阳",产生了中国历史上流淌 2000 多年的智伯渠,这是一个有坝引水系统①,比都江堰早 200 年左右。战争消弭之后,原智伯渠并没有毁去,而是进一步开发用于农田灌溉,后世还用于城市供水。山西晋祠之水,即后世智伯渠的水源,20 世纪 90 年代,智伯渠、渠上的豫让桥都被填埋,如今旧迹难觅,晋祠之水也枯竭了。晋祠远比平遥古城在历史上的影响大,晋祠、平遥古城均申遗,晋祠受挫,平遥却成功了。设若晋祠之水还如旧时,还如著名散文家吴伯箫《难老泉》和梁衡《晋祠》中所写,当地无须费那么多的周折,只需将此二文翻译成英文,再带领联合国教科文组织负责申遗的官员"按图索骥",我想足可打动他们。那流淌了 2000 多年"泽洽桐封"的晋水,完全可以担当起世界遗产的名号了,何况还有周柏、唐碑、足以使人震撼的规模庞大的古建筑群!然而没有水,园林就没了灵魂,何况是一条河流的源泉处呢?该反思啊!前些年山西开展了晋源复流工程,但不知现在结果如何。

  标牌的重点当然是本处的"坐标点"名称:窦庄村。村名下面的小字写着:中国重点文物保护单位、中国历史文化名村、中国传统古村落。

  实在没想到自己来到了如此有历史的一个地方,一个村庄是"中国重点文物保护单位"我还是第一次听说。我没有在此停留,没法进行具体描述,只知道其有 1000 余年的历史,是一个城防堡垒,文化积淀厚重。这些年,自媒体发达,图文并茂描述古村落俨然成为一时之风尚,回去后找资料看看吧,毕竟是到过。"左手一指太行山,右手一指是吕梁",藏在"深闺"人不识,藏在山西的历史文化名村,正不知有多少呢!

  沁水需要说的东西太多,最古可上溯到下川文化遗址,所以必须提及。这是一处我国重要的旧石器时代遗址。但凡古人类文化遗址,总能找到其与水文地理上的联系。下川文化遗址分布在盆地的二级阶地上,

---

① 郭涛:《中国古代水利科学技术史》,中国建筑工业出版社,2013,第 112-119 页。

是古人"择丘陵而处之"以避水害的例证,当然也是必然的选择,尽管远至旧石器时代。而盆地底部必有用水的方便性,这是"盆地"的地势决定的。下川遗址于20世纪70年代被发现,此遗址出土了很多的石器,其中就包括3个研磨盘[1],可能与食品加工有关。有学者指出,"下川遗址不仅是中国最早的细石器遗存,其出土的石磨盘也与农业起源有着密切关系"[2]。下川遗址分布范围比较广,涉及垣曲、沁水与阳城相邻的一大片区域,中心区域在沁水县下川乡[3]。相邻的垣曲县有旧石器早期的一处洞穴遗址。如此看来,这一带在旧石器时代即为古人类宜居之地。垣曲县距离黄河近,水系直接流入了黄河。黄河文化,密布于黄河的支流上。"下川文化系统遗存是在我国有规律地成长和发展起来的,并启迪了中国北方农业文化。"[4]

划重点:下川遗址与中国北方的农业文化有关,涉及农业文明的起源及其进程。照此来理解,那意义就大了。

古老的下川文化系统遗存,同本书其他篇目提到过的西侯度遗址、匼河遗址、蓝田遗址、丁村遗址,以及难以尽述的其他文化遗址,按时间顺序,在诉说着黄河流域人类前进的步伐。

我们赶往沁河上最大的水库——张峰水库。张峰水库是沁河上第一座大型水库,也是库容最大的水库。在此了解到,张峰水库2021年度接连迎接了三场大洪水,调洪过程惊心动魄。

---

[1] 王建、王向前、陈哲英:《下川文化——山西下川遗址调查报告》,《考古学报》1978年第3期,第259-288、388-395页。

[2] 杜水生:《下川遗址新发现对北方细石器体系研究的意义——〈北方细石器技术体系与下川遗址考古新发现〉学术研讨会综述》,《史学史研究》2017年第4期,第121-123页。

[3] 《沁水县志》编纂办公室:《沁水县志》,山西人民出版社,1987,第417页。

[4] 中国社会科学院考古研究所、山西省考古研究所:《下川——旧石器时代晚期文化遗址发掘报告》,科学出版社,2016,第316页。

大抵河川防洪，可分山区地带的防洪和出峡谷后平原地带的防洪。平原地带富庶、面积大，国民经济占比较大，故而人们对平原地带的防洪，认识较多，也比较重视。比如，著名的长江三峡工程，其第一任务就是防洪，也就是为了保护长江中下游平原的安全；黄河上最大的工程小浪底枢纽工程，其第一任务也是防洪，是为了保护下游黄淮海平原的安全。其实，河流的上游区段，比如山区，其防洪任务也是很重的。我们在前往张峰水库的路上，经过了平川地带，也经过了山谷地区，河流在河谷中间穿过，两岸是繁华的村镇。尽管是上游河段，位置高，但由于山谷的宽度有限——不能极目远望，视线会受到山体的遮挡，河道尤窄，因而碰见大水，河岸两边的村镇也极易受淹。如1987年出版的《沁水县志》大事记中记载："（1982年）8月2日，连降暴雨，总降雨量达411.4毫米，全城被淹。县河水深13米，最大洪峰流量2920立方米/秒，相当于历史最大流量1918年的三倍……这是三百多年来罕见的洪水。"[①] 县志中附有1982年县城受灾的照片，几乎是一片狼藉。[②] 关于黄河及其支流1982年的洪水，在本书"第九章 三河有证，岁月丰碑"中有较多叙述。

离开张峰水库时已经夕阳西下，汽车行走在高高的河岸上，远处的河谷地带出现一大片紫红林带，经夕阳余晖的浴洒显得十分漂亮，两旁的山已经发暗，愈显得那一片红抢眼，山谷河道中有如此鲜艳的色彩我还是第一次见到，虽然景物一掠而过，但却留下了十分难忘的印象。应当说，随着经济的发展，全社会对美的追求，普遍都上了一个新台阶。

七、丹河，长平之战，贾鲁

第三天早饭毕，晋城市的同志说，计划去的河流源头，道路被洪水

---

① 《沁水县志》编纂办公室：《沁水县志》，山西人民出版社，1987，第625页。
② 2021年郑州"7·20"大水，郑州市西部山丘区的洪灾非常严重，洪灾主要发生在山洪沟谷地带与中小河流上，涉及巩义、荥阳、新密、登封。

冲断，无法通行。我们按调研大纲在一起开了个小会，认为收集到了不少有用的资料，特别感谢晋城市相关部门的帮助，既然道路被冲毁，且调研的大部分目的已经达到，决定返程。

从沁水县回程，仍然是高速公路。上车后，大伙简单总结了一下所得，交换了一下各自的看法，接着就聊到了丹河——此次我们没能去丹河，觉得很遗憾。幸而对有关丹河的问题，与晋城市多个部门的同志已经交流，我们主要关心的是丹河的水文过程和生态问题。

丹河沿岸，从发源处高平市一直至河南交界，处处煤矿，丹河的支流地带也遍布煤矿。这真的让人嫉妒，老天何以独厚山西，在地下埋藏了如此丰厚的资源？可也就是因为煤矿的开采，破坏了地下水文结构，这连带影响了地面水文过程，给生态环境也带来了负面影响，于是影响到丹河水的"产出"，平常时节，丹河干流在山西境内的水量已变得非常小。

丹河发源于山西省晋城高平市丹朱岭，丹河因之而得名。《高平县志》："丹朱岭……以尧封其子丹朱得名。"上古圣王尧驾崩前未将天下授予其子，而是禅位给了大舜，"尧曰：'终不以天下之病而利一人。'而卒授舜以天下"。（《史记·五帝本纪》）丹河之得名，也有因长平之战，秦坑杀赵卒40万，河水被血染红，而称丹河之说。

接下来，就聊到了来时路上提及但尚未来得及说的长平之战。

我表示有些怀疑，何以会坑杀那么多人、何以能坑杀那么多人。温总说，他去过那里，真是白骨堆积，层层累累。这就打消了我的怀疑，不是零星的散落白骨，既尸积如山，则死人无算就是事实。《水经注·沁水》："秦坑赵众，收头颅筑台于垒中，因山为台。"唐玄宗开元年间幸潞，曾为冤魂致祭，改"杀谷"为"省冤谷"，今高平市谷口村有骷髅庙，为古迹①。战争太残酷！发生在丹河岸边的这场战争尤其残酷。

《史记·白起王翦列传》中对长平之战有较为详细的描写，《东周列国志》所写基本与《史记》相同，只不过"加了些料"，却多少与"水工程"有关，并有多位战国名将出场。

初，秦以王龁（hé）为将，赵国以廉颇为帅。"王龁进攻甚急，廉颇坚壁以待秦，秦数挑战，赵兵不出。"（《史记》）这与三国时代魏蜀两国渭水边的对垒何其相似，估计司马懿就是学的廉颇战法。

廉颇不出战，却整日在营垒旁挖坑，又引杨谷水（又名绝水）灌之。后王龁遏断杨谷水，堵塞了赵军的汲水之道，却无奈赵军何，因为廉颇早引杨谷水备下了水源。此杨谷水又名绝水之由来。杨谷水为丹水支流，郦学大家杨守敬以为，"今以出高平东北之长河当之"（《水经注疏》）②。我在高平北未查出长河之名，可能是河太小，地图上未标示，也或许是干涸了。如今干涸的毛细河流实在是太多了，恰如人体坏死之神经末梢，如此，不但谈不上健康的河流生命，更谈不上扇形分布的流域上有健康的生态了。

后秦国以反间计离间赵国君臣，赵国以赵括代廉颇；秦国则暗中以白起为帅换王龁。双方同步换帅。

秦国出场人物：白起、王龁、司马错、蒙骜、王翦、王容、王贲、王陵。

赵国出场人物：赵括，不知名赵将两人，以及原韩国降将一人。

熟悉战国史的人，看到双边战将的名字，就能预料到长平之战的结局了，两国战将的档次悬殊，也无须再对人物予以介绍。有军事爱好者

---

① 王福才：《高平市谷口村骷髅庙考述》，《山西师大学报》（社会科学版）2003年第4期，第38-42页。

② 今晋城市泽州有长河，为沁河支流。杨守敬所言长河为丹水支流。二者并不是一回事。

给中国历史上的名将排座次，无论是古人排还是今人排，无论是长名单还是短名单，总有白起，白起的名字总是靠前。

在到达长平之前，白起已经胜韩、克魏、攻取鄢（yān）郢（yǐng），功封武安君。郢为楚国都城，鄢为陪都。因为鄢难攻，这位嗜杀的将军一改旧风格，挖百里长渠引蛮河（汉水支流）灌鄢，久困后城破，惨绝人寰，比"水灌晋阳"尤甚。这是一场典型的水战。随即克郢，并火焚了宜昌西的楚国历代王陵。此后楚国迁都河南淮阳（今周口淮阳区，淮阳古城建在巨大的湖中，湖之大，约有杭州西湖的两倍），后再迁安徽寿县，那里有个为经济提供支撑的灌区：芍陂（今称安丰塘），是中国最早的蓄水灌溉工程（2015年被确认为世界灌溉工程遗产）。

百里长渠为战争服务是一时性的，后长渠成为灌溉渠道。以善于咏史出名的唐代诗人胡曾有诗曰："武安南伐勒秦兵，疏凿功将大禹并。谁谓长渠千载后，水流犹入故宜城。"功也？罪也？咏史诗歌已经说得清楚了，后人完全泯灭了恩仇，而将着眼点放在了是否造福人类这个关键点上。今湖北宜城有武安镇。百里长渠首创长藤结瓜式的灌溉模式，在中国水利史上占有重要的一席之地，2018年被确认为世界灌溉工程遗产。

关于赵国阵亡人数，基于信史而写就的《东周列国志》这么总结："四十万军，一夜俱尽。血流淙淙有声，杨谷之水，皆变为丹，至今号为丹水。……通计长平之战，前后斩虏首共四十五万人，连王龁先前投下降卒，并皆诛戮。止存年少者二百四十人未杀，放归邯郸，使宣扬秦国之威。"

后白起被赐自尽，虽死非其罪，但自谓杀戮太重，死固其宜矣。"后至大唐末年，有天雷震死牛一只，牛腹有白起二字。论者谓白起杀人太多，故数百年后，尚受畜生雷震之报。杀业之重如此，为将者不可不戒哉！"（《东周列国志》）

刚聊完长平之战，温总说前边是丹河大桥，话音刚落就到了桥头，只见对岸一座巍峨大山，高高耸立，河谷宽阔，大桥似在半空中搭在山腰之上，桥下隐约有氤氲升腾。丹河大桥是世界上最大跨径的石拱桥，已被列入吉尼斯世界纪录，上桥前的道路与桥面纵轴呈一角度，上桥前能看到它半个巨大的孔径。这样一个宽阔的河谷，水流本该不小！

抵达郑州，已过正午，我们来到一个烩面馆。来郑州吃烩面，胜过山珍海味。

饭店内的顾客不多，可能吃饭高峰期已过。或因为师傅人手少，我们还是等了一会儿。等待过程中又谈到郑州"7·20"大水，谈到郑州北面的贾鲁河大水。

贾鲁河，一条名不见经传的河流，30余年前我常在其旁经过，已几乎浅得看不出河床，当时尚是流过郊区的一条河流。一场大洪水，贾鲁河一夜蜚声全国。贾鲁河虽在黄河旁边流过，却属淮河水系，入沙颍河，所以郑州抗洪期间，沙颍河沿岸乃至淮河干流都非常紧张。

于是，又聊到贾鲁。

贾鲁是晋城高平人，元代治河专家，正是从沁水流域走出的治河人。《元史》中有多处提到贾鲁[①]，对其治河事叙述甚详：

在"命鲁以工部尚书为总治河防使，进秩二品，授以银印"之前，贾鲁有众多的历练，不但有过治水的体验，而且，其现任官职为"都漕运使"，这是最接近"总治河防使"的官职。

对于已经决口泛滥若干年的黄河来说，治与不治朝堂内意见并不一致。丞相脱脱急于建立"事功"，"乃命集群臣议廷中，而言人人殊，唯都漕运使昌言必治"。此后，贾鲁就奉旨对黄河泛滥情况进行了巡查调研，此后拿出了两套方案："一议修筑北堤以制横溃，其用功省；一议疏

---

① 《元史》卷六十六《河渠志·黄河》，中华书局，1976，第1646页。

塞并举，挽河使东行以复故道。"

水利工程，涉及方案一般都需要比选，根据条件择优选取。朝廷最终选择的是方案二。由于方案得当，施工过程合理，此次治河非常顺利，黄河很快恢复故道。朝廷高兴，又是祭河神，又是为贾鲁加官晋爵，"论功超拜荣禄大夫，集贤大学士"。

有感于司马迁、班固记录水利事太过简略，或为使后人有所借鉴，朝廷命翰林学士作《至正河防记》，除旌表贾鲁劳绩之外，还详细记录了贾鲁的治河方法，这是将治河工程"论文"写进了正史。在这里，贾鲁明确提出了治理河道的三种方法：疏、浚、塞。至今，这也是治河的常用方法。至于修筑堤防、堵塞河道等细节，均有记述。譬如合龙之法，临堤抢险，即使现在，也极为实用。当年万里长江第一坝葛洲坝截流，江水咆哮，难以合龙，此世界瞩目之大事，真令人焦急难耐！紧急之中，采用钢索将截流抛投物——混凝土四面体（25吨重）串联起来[①]，有的置于岸上，有的推下龙口，互相牵扯，以抗巨流冲击，果然奏效！我当时在现场，旧景历历在目。今细读《元史·河渠志》，才知道，从道理上讲，类似的裹护与锚定方法贾鲁早已用过了[②]。可见，古老的治黄技术，尤其是其思想，能与现代技术结合起来最为理想，技术会过时，思想不会过时，将思想总结出来，就"升华"为理论，可指导实践。写完这一句，想起曾听到的一句话，说现在有的水利人，临堤抢险而束手无策。这我相信。不是所有的水利人都会抢险，也没必要，但却说明了水利学科实践的重要性。将水利学科按理科来培养，将水利研究人员按理科来要求，或有悖于这个学科的性质。

贾鲁治河过程中，汝、颖一带发生了红巾起义，后元朝灭亡。议者

---

① 杨慎勤：《饮马黄河 鏖战长江》，《中国三峡建设》2006年第5期，第3、89-91页。
② 贾鲁的方法，在宁夏水利博物馆内以实物的形式展出，所用材料为秫秸。

第十章 沁水清、丹水清

以为贾鲁治河"劳民动众"所致。窃以为,所谓志者,记其事,不一定需要评价;而史者,为后人鉴,必有评论,譬如"太史公曰""臣光曰"。《元史》评论曰:"殊不知元之所以亡者,实基于上下因循……其致乱之阶,非一朝一夕之故,所由来久矣。不此之察,乃独归咎于是役,是徒以成败论事,非通论也。设使贾鲁不兴是役,天下之乱,讵(jù)无从而起乎?"言治河一役"劳民动众"而使天下亡,非也!

河防,国家事;河患,国家治。黄水四溢而放任之,民不聊生久矣,又岂在治河一事?家国既无,加之民族矛盾尖锐,烽火四起也就在所难免了。后贾鲁死于镇压红巾军的战争中。

"贾鲁治黄河,恩多怨亦多。百年千载后,恩在怨消磨。"所谓怨者,当是其治河"不恤民力",所谓恩者,当是其挽河恢复正流,治河功成。今有以贾鲁命名的贾鲁河,就是后人对贾鲁的盖棺论定。

贾鲁河身世非常复杂,依据清《嘉庆重修一统志》:"按元贾鲁所开河,在仪封厅黄陵岗南,故道埋没。今所云贾鲁河,盖即宋时之蔡河故道,本名孙家渡河。"①即今天所言的贾鲁河并非贾鲁所开。贾鲁修河过程中,正是在黄陵岗挖出了石人。"石人一只眼,挑动黄河天下反。"这成为元末农民起义的导火索。

按民国年间的《郑县志》,贾鲁河即为汴河所改,曾经贾鲁的浚治:"汴河一名小黄河,元臣贾鲁尝浚之,故名贾鲁河,北与黄河相表里,受西南诸山谷之水,为中州一巨川。"②

贾鲁河由中州"巨川"变为一细流,充分说明了近代以来河流萎缩的严重情况,此非贾鲁河所独有,其于北方河流已是司空见惯的现象。

---

① 《嘉庆重修一统志》卷一百八十六《河南统部·开封府一》,清史馆进呈钞本,收入《四部丛刊续编》"史部",第26页。
② 刘瑞璘:《郑县志》卷之二《舆地志·山川》,民国二十年重印本,第7页。

八、微小河流的生命健康

初见丹河,大约是 20 年前了,在沁阳。丹河在沁阳入沁河。

时在仲秋,青纱帐密不透风,两块玉米地之间有不宽的通道,荒草没膝,没长庄稼。越荒草而行,才发现荒草底下,有尺余宽的小水沟,内有涓涓清流,于是我判断出所见荒草通道该是一条河流,于是问同行的焦作河务局朋友,此河姓甚名谁,答曰丹河。朋友所答,让我大感意外,也颇感失望,何以沁河的第一大支流居然如此纤细?

前已述及,此次山西出差回来后,我详细分析了丹河的水资源总量、历年的入黄流量,居然发现,近 20 年丹河对沁河的贡献非常小,2017 年对沁河的贡献为零,滴水没有流进沁河,倘其他支流对沁河的贡献也如丹河一般,则沁河的生命就命悬一线了。

为保证黄河的生态,国家对比较重要支流的入黄流量是有要求的,比如,沁河就有。但这个要求难以满足,于是再人为地降低标准,以求满足。那么,降低后的标准能满足规定的标准吗?我不知道。

到此,人们不禁要问,那沁河水哪里去了?丹河水哪里去了?

我想问,从首都北京坐火车到郑州,所经河道多矣,大多的河道都是干涸的,河床是裸露的,风起尘扬,水哪去了?

在北方地区,这是个普遍的问题。

这个问题回答起来太难,也回答不清楚。

我在哲学书上看到这么一句话,我觉得有启发:

如果我们不反思自己究竟想生活在何种社会,以及我们对彼此、后代和环境负有怎样的责任,那么科学发现的意义何在便无从可知了。[①]

过去,听到过这么一句话:我们要用尽黄河的每一滴水资源。初,

---

① 菲利普·斯托克斯:《西方哲学常识》,吴叶韵译,中国友谊出版公司,2018,引言第Ⅱ页。

未觉得这有什么不妥,人言物尽其用,何况资源白白"流走"呢?那么递推,我们是否也要用尽每一条支流上的水资源?如此,干流的水何来呢?如果反思一下,我们是否要生活在没有河流的环境中?能否接受许多河流的干涸?

据说沁河流域有超过1500座的蓄水工程,这已是2010年的数据,当然包括大、中、小型水库,塘堰坝,其中有超过1400座是塘堰坝。水库对国民经济的重要性是毋庸置疑的,但对于沁河流域,这样一个植被状况还算好的小流域,如此多的小微型库坝存在,对流域产水会带来什么影响呢?如此多的树枝状细小支脉被阻断,又会给流域生态带来什么影响呢?如果是生态状况本来就脆弱的小流域,又会向什么方向发展呢?

元任仁发《水利集》[①]曰:"夫水利之在天下,犹人之血气,然一息之不通,则四体非复吾有。大而江河川泽,微而沟洫畎浍(quǎn kuài),其大小虽不同,而其疏通导达,不可使一日之壅阏则可也。"既然干流防洪、水资源利用以及引水发电建坝不可免,那么,微小支脉之疏通导达则完全可以做得更好,有优化的空间存在,比如,微小河流上存在的低矮拦水设施的功用就该正确评估,如果没有效益,徒增加蒸发,又影响产流,特别是存在着安全隐患,则就应当废弃,国家对此类"水工建筑物"应当尽早建立退出机制。

至于河旁引水,无论是引水式水电站,还是大的灌区,都不可以做到"极端",即将河水全部引走,引起下游河道断流或区间断流。至于大中型拦河大坝,反倒无须担心,因为大中型水库一般都在坝上或坝旁设置有水电站,或设置有泄流底孔,水电站并不耗水,下游还会建反调节水库予以调节向下游河道泄放的流量,再加上运行规则的限制和管理的规范,一般不会有断流问题。对大型灌区,也应当像水电站一样引入

---

① 任仁发:《水利集》卷九《辑古论》,《续修四库全书》史部"政书类",旧抄本。

反调节的思想，即不能拦河引水用于灌溉而使下游间歇性断流，更不用说让全年彻底断流，旧时代引水灌溉先下游后上游的思想有借鉴之处。

我在《源远流长·秋思永定河》中有过一段文字，与这里想表达的文字相似，照搬过来：

古时候，"有水不能用"，在于技术手段的缺乏，即，白白浪费掉了水资源。但反过来，如果过分地使用技术手段，过分地榨取自然，或者，上下游不能统筹兼顾，上游修水库，无节制用水、拦蓄水，也会带来下游"无水可用"的问题，如此，何以滋润长河两岸的万物？包括人。永定河的问题，非仅仅永定河所独有。

《水经注》原序中引用了这样几句话：

"天下之多者，水也，浮天载地，高下无所不至，万物无所不润。"

"大川相间，小川相属，东归于海。"

但现在不是这样了，至少，河道有了常年的断流，就不完全是这样了。既然不是这样了，该怎样面对有限的水资源呢？

再补充几句，作为本章的结尾：

在偏微分方程理论中有所谓解的适定性问题，方程的解依赖于定解条件，如果将河流视作一个系统，在数学上有一组偏微分方程来表征河流，自然的河流视为方程的初始条件，加上人为的闸坝（或挡水，或引水，或泄水）作为边界条件，那么，在此定解条件下（初条件、边条件），河流方程组的解该是什么？作为特解，水资源匮乏情况下，该怎样对待河道生态问题？而人的主观能动性，表现在可以通过修改定解条件——特别是边界条件，以使方程组的解能够被我们所接受，即河流是健康的。

之所以从数学的角度进行叙述，其良苦用心在于用不一样的语言进行再次强调，或受理工专业训练的水利人更容易接受这样的表述。归结为一句话：人为修改边界条件，使河流健康。

第十一章　嵩岳之下，河洛之间

以"嵩岳之下，河洛之间"为题目，其视点就放在了中原最核心的区域。嵩洛连称，非本人之发明，古人已言之，明人李东阳有云："盖古之称名都者有三：长安之河华，东京之嵩洛，金陵之钟山，皆有所据以为胜。"嵩洛处天下之中，其特有的山水土地，加上适宜的气候，成为孕育黄河灿烂文化的一块宝地。

一、河洛：老家与文化记忆

河洛是一个地理名词，并无官方的定义。按字面来理解，当指伊河、洛河流域，也就是洛阳盆地，因而河洛也可被认为是洛阳的代称。但这个范围偏于狭隘。个人认为，河洛地区应包括潼关之东，汴郑之西，伏牛山之北，跨越黄河抵晋南与晋东南。这个范围与今学术界持有的看法大部分重合。这个范围，就是本文叙述的定义域了。

河洛更是一个文化名词，其上所承载的历史文化过于厚重，中华五千年文明史，河洛地区是最为重要的一处源流，更何况有很多比五千年历史还要长得多的考古发现。

写到此，动笔前的畏惧再度出现，"嵩岳之下，河洛之间"，该从何处入手呢？我是用"秃笔"在做一件"不自量力"的事，因为，既要关心所谓"文化"的东西，而前贤早已"曰过"文化包含吾人之一切，那么，该怎么选材？何为重，何为轻？声闻天下的洛阳水席说不说？谁没口腹之欲？登封少林说不说？天下武功出少林，有世界级的声誉，更何况是禅宗祖庭！流光溢彩的唐三彩说不说？"天子驾六"说不说？这可是涉及长达1800多年的有关天子"礼制"的大争论，直至21世纪初期，洛阳轰动一时的东周"天子驾六"车马坑的出土，方有"定谳"之论——文之初即絮叨于困难之多，实是由"河洛"的历史荣耀与色彩斑斓所决定的。

有鉴于上述原因，我只能在时空的坐标系中选几处自己留意的"斑点"予以说明，能稍及管中窥豹之意，也算不负自己"一指禅"码字之艰难。当然，围绕着"文化"的话题，文之重点，还在于水。

还是从自己的经历写起吧！这免却了从"故纸堆"中寻找开门路径的艰难，述说生活中的事，行文总会轻松些！

那还是小时候，我常醉心于街头一些老年人的闲聊，这些闲聊多属于他们个人的经历，因而也颇有可听之处，特点是真实而生动。记得有一位站在村街十字处，谈他于数千里之外如何徒步往家赶，自然那是兵荒马乱时代的事了。对于不太开窍的我来说，很好奇于其怎么识路、问路，他说：就说家是洛阳的，往洛阳一条大路，好走。

自此之后，我心里边就认为洛阳是广义的家乡了。按现在的行政区划，家乡济源与洛阳在地理上相连，现在，洛阳的管理范围已经跨越黄河，洛阳的吉利区就是由济源、孟州"割地"而形成的。随着时间的推移，洛阳、济源、孟州呈鼎足之势跨黄河两岸大发展，有水，有矿，有工业基础，农业基础好，处中西结合部，有朝一日成为豫西一处重要的经济区域，也不是不可能。

何以洛阳的区域会跨越黄河？这是个有趣的问题。

20世纪70年代初期，当时济源、孟县尚属新乡地区管辖，国家要在现今的吉利区一带建炼油厂——如今是我国中西部地区最大的石油化工

第十一章 嵩岳之下，河洛之间

基地。当时是"以粮为刚"的时代，济、孟两县的土壤肥沃，粮食产量高，建石油化工企业会占去不少土地资源，据称新乡地区有不同意见，况且，还多了不少吃商品粮的人，更增加了粮食供应的负担。为避开协调中的困难，国家就将这一块土地划归了洛阳。事实上现在的洛阳吉利区确实是由原孟县的吉利公社和济源坡头公社的若干大队组成。时间过去几十年，当地语言明显发生了变化，口音已偏于洛阳。设想旧时代，语言产生变化不会有这么快。由此可见现代社会人群间交流频度的增加，同时也说明了行政区划对语言的影响。由今而观古，历史上的行政区域未随"山川形便"而呈"犬牙交错"状态，都该有具体的原因。不过，济、孟也确有归属河南府（洛阳）管辖的历史。给出结论性的一句话：洛阳、济源、孟州呈跨黄河两岸发展，有其历史上的根基，有山川地理上的优势。

那年我到台湾，在新竹的台湾交通大学与一位教授畅谈，由于是两岸初开交流，一切都显得新鲜，相谈甚欢。他说台湾大部分人讲的是"河洛"话。我怔了一下，以为听错了，他再言"河洛话"。由此，我知道了"河洛"在远离中原的中国人心目中所具有的地位。

还是在大学的时候，同室好友张新民同学告诉我他的家乡福建惠安有洛阳桥，初以为是开玩笑，后才知道这是一座名闻天下的伟大桥梁，可张同学却没告诉我有关这座桥的"掌故"与历史背景。30余年后，我去他那里公干，他在桑梓的一个水利部门任职，公干完毕恰是周末，于是就顺便看了一下洛阳桥，在桥上，张同学又讲了一句不做解释而我又不太理解的话：这条江叫"洛阳江"。行至桥之正中间，见桥面上有几个字："晋惠分界"。我一下子明白过来，所谓的"河洛话""洛阳江""洛阳桥""晋江"，包括遍布天下的"客家人"，等等，都是"衣冠南渡"的产物，所有这些称呼都代表着对河洛老家、中原故里的思念。"河洛话"是写在明面上的，包含着一种自豪；而"客家"的自称，显示出一种自谦，同时也有着不忘故里的隐意，其相对坐标就是"中原老家"，否则"客家"何谓？

前文我已经写了"河洛话""洛阳江""客家人"等称呼上的例子，可视为世事巨变衍生出来的社会语言，那官家的表现又如何？官家的"雅言"如何记录呢？

"晋自元帝渡江以后，诸城门皆用洛阳旧名，宋、齐、梁陈皆因而不改。"①

由此可知，无论从历史的纵深，还是从空间的广度来考虑，"河洛"所代表的文化意义着实不一般！

二、渑池：仰韶文化遗址初发现

渑（miǎn）池这个地名在蒙学之前就知道了，当时听到的发音为渑（niǎn）池。确实，当地以及周边县，都是渑（niǎn）池的发音，至今未变。

观"渑池"二字，其为名，必与水有关。

"渑池"原有古黾（miǎn）池，《读史方舆纪要》引《水经注》：熊耳山际有池，池水东南流入洛，水侧有一池，世谓之黾池。

渑池县位于三门峡与洛阳之间，北边是黄河，南边是洛河，是标准的河洛包裹地区，中间尚有数条河流流入黄河。渑池县的北边是崤山，南边有嵩县，嵩县即因"中岳嵩山"在此起脉而得名，嵩山东延而入登封，上古阳城之地是也。嵩县境内有伊河、汝河、白河，分属黄河、淮河和长江水系，境内白云山即地跨三大流域，山有一峰，集三大流域分水岭于一身，这在中原地区大约是唯一能找到的地方。我写出这些山川河流的名字，目的在于更好地理解，中华民族的先民为什么会选择在这一带活动：有适宜的水文地理条件。

---

① 顾祖禹：《读史方舆纪要》卷二十《南直二》，中华书局，2005，第925页。

我相信，您初看到"渑池"这个词时，或许会稍微有生疏之感，但马上就会想到"渑池之会""完璧归赵""负荆请罪"等词语。对的，它们都出自《史记·廉颇蔺相如列传》：

> 秦王使使者告赵王，欲与王为好会于西河外渑池……遂与秦王会渑池。秦王饮酒酣，曰："寡人窃闻赵王好音，请奏瑟。"赵王鼓瑟。秦御史前书曰"某年月日，秦王与赵王会饮，令赵王鼓瑟。"蔺相如前曰："赵王窃闻秦王善为秦声，请奏盆缻秦王，以相娱乐。"秦王怒，不许……相如曰："五步之内，相如请得以颈血溅大王矣！"

读之，紧张的场面就出现在面前。

这个恃强凌弱的秦王就是秦惠文王，就是他听了司马迁的八世祖司马错的建议，攻取巴蜀之地，此后才有了蜀守李冰创修都江堰事，才有了"秦益强富厚，轻诸侯"（《司马错论伐蜀》）。

为何要选"渑池"作为会盟之地？我愿从心理、水文地理的角度予以解读："国际"会盟，选第三国为好。秦强赵弱，当时的渑池属韩，韩、赵、魏呼为三晋，在韩地相会，赵国的"恐惧感"会少些。此处离秦地近，西过函谷关即是秦地。秦王来此，由渭水入黄河，顺流而下，方便。桃林崤陵道狭，陆上通道艰难，战国时的水上交通已经相当成熟可靠（如春秋秦穆公时的"泛舟之役"，后秦始皇南方巡游也多乘舟船），乘船的舒适度高。秦王至三门峡一带舍舟上岸，距会盟地已是一望之遥。至于赵王，则只能不辞辛苦了。

如今"秦赵会盟遗址"尚存，离"仰韶遗址""仰韶文化博物馆"只在咫尺之间。

让我们把眼光放到 20 世纪早期。

1914 年 5 月，阳春的北京街头，迎来了一位从"天边"来的人，他叫 J. G. 安特生（J. G. Andersson），来自瑞典乌普萨拉大学。

乌普萨拉大学,地处北欧,距中国太远,多少会让人感到陌生,事实上乌普萨拉大学却是所世界名校,也是北欧建立最早的大学,举两个例子可知该校所具有的不凡的地位及其相当高的研究水平:曾为诺贝尔奖的设立者诺贝尔颁发过荣誉博士学位;最早测出了中国第一颗原子弹爆炸的地震冲击波。

当我经过乌普萨拉附近时,那向地平线延伸的公路和低垂的天幕,让我想起了中国的敕勒歌:"天似穹庐,笼盖四野"。真的,那空旷的原野和似乎不太高的苍穹与我在"敕勒川"看到的太相似了,如果说有什么不同,那就是我没看到山。我于此时想到,西方世界因为乌普萨拉大学向世界公布的数据,确信东方大国已具有核威慑力;我想到了安特生,这个具有国际声誉的乌普萨拉大学地质调查所的所长。

安特生走进了北洋政府农商部的办公楼,他受聘在北洋政府农商部担任矿政顾问,成了中国政府的雇员。他极为珍视、极为欣喜获得了中国政府所提供的这一职位,因为,他虽然是个地质专家,但却有个天然的癖好,那就是考古。对于中国这个东方大国来讲,考古基本上还是一块处女地,那该有多大的吸引力啊,更何况,他的同胞、同行斯文赫定,已在十余年前在中国的新疆发现了楼兰古城。"黄沙百战穿金甲,不破楼兰终不还",爱读唐诗的中国人,对楼兰这个名词并不陌生。

一晃几年过去,安特生为中国探矿的工作取得了骄人的成绩。时光来到1920年,他的助手刘长山在仰韶村收集到的数百件"石器"和陶片,引起了他的注意。注意,安特生在中国的本职工作是找矿,矿的沉积与生物化石相关,也就是说,找生物化石与其本职工作直接相关,但"石器"与矿物沉积本身不发生关系,一个是人类行为的产物,另一个是大自然的产物。另外,刘长山所带回的不是鸡血石、寿山石等花花绿绿的"石头",而是他以专业眼光初选出的"石器"(包括陶片)。何谓石器？是能够制造工具且使用工具的人所造出的石质工具，这本身已与人类文明发生了关系。刘长山的工作不止于此，他前往石器发现的地点进行了调研，准确记下了地址。我写这些，是要说明，刘长山所做的属于专业性的工作，是一个震惊世界的发现的前奏。

1921年，在获得中国政府的同意后，在当地政府的帮助下，在自己的任职期内，拿着中国政府所发的薪水，安特生带领中国地质调查所的人员，前往渑池县发掘。划重点：安特生的工作已成为中国政府安排的工作，是找矿工作以外的另一项工作。历史注定要记住这一年，注定要记住安特生，注定要记住刘长山及其他共同工作的成员，他们的发掘有了石破天惊的发现：将中国新石器时代的史前文明展现在了世界面前。

请让我引用权威文献的说法：[1]

"1920年他的助手刘长山在仰韶村收集到数百件石器，安特生据此认定在仰韶村一带肯定存在一处史前时代遗址。"

"参与这次发掘的还有中国地质调查所的5位工作人员，他们共发掘了17个地点，获得了大批文化遗物。安特生主持在仰韶村遗址的发掘，是中国第一次以学术研究为目的的正式发掘，对中国新石器时代考古学的建立和中国近代田野考古学的发展，具有开拓性的意义。"

"以仰韶村遗址的发现为标志，确认中国有发达的新石器时代文化，命名了仰韶文化。"

这后一条的引文，考古学家陈星灿先生说得更明白：

1921年，安特生在考古学上发现并发掘了中国第一个史前村落遗址，肯定了仰韶文化是中国的史前文化，推翻了中国无石器时代的论断。[2]

---

[1] 中国社会科学院考古研究所：《中国考古学·新石器时代卷》，中国社会科学出版社，2010，第206-207页。

[2] 陈星灿：《安特生与中国史前考古学的早期研究——为纪念仰韶文化发现七十周年而作》，《华夏考古》1992年第1期，第83-95页。

从这里我们可以看出，中国人没有忘记安特生的贡献，对于他在中国新石器考古上的学术贡献给予了肯定的评价。

不得不提到，在没有获得证据的情况下，安特生根据出土陶器的彩绘，提出了所谓的"中国文化西来说"——严格来说，只是彩陶"这一种文化因子"，并不涉及其他方面，"安氏从来也没提及整个中国史前文化从西亚传播的看法"①。但安氏的说法致使谬种流传。这里需要说明，安特生最初的认知，只是一种假说，他自己并没有认定它。但这一假说提出得太匆忙，他知道这一点，所以才有了以后的西行考察，有了后来西宁有名的朱家寨遗址的发现，他的人生轨迹从此发生转变。事实上，"20世纪30年代以后……仰韶文化西来说日渐失去考古学方面的证据支持。迄20世纪40年代，随着齐家文化得到确认，仰韶文化西来说在学术界的普遍质疑与批判声中，不攻自破"②。作为一个学者，根据所占有的资料，安特生也在不断修正他的结论，也就是说，他自行否定了自己以前的错误认知。"1943年，安特生的认识发生了根本性变化。通过比较，他得出仰韶期彩陶同近东无关的结论，至于仰韶彩陶的源头，他也并没有追溯到西方。""……他甚至认为在某种程度上讲中国是彩陶的给予者而西方是接受者。"这里需要特别明确的是："经过半个世纪的工作，特别是前仰韶文化的发现，我们在中国史前文化源流的认识上已经远远超过安特生的时代。中国文化是一支独立起源和发展的文化的看法得到了学界的公认。"③

---

① 陈星灿：《安特生与中国史前考古学的早期研究——为纪念仰韶文化发现七十周年而作》，《华夏考古》1992年第1期，第83-95页。

② 周书灿：《仰韶文化西来说的形成及论争——学术史视野下的考察》，《河北师范大学学报》（哲学社会科学版），2016年第4期，第5-12页。

③ 陈星灿：《安特生与中国史前考古学的早期研究——为纪念仰韶文化发现七十周年而作》，《华夏考古》1991年第4期，第39-50页。

我们不妨插入一段分析，何以我们的先民选择了仰韶这块风水宝地？

那就设想一下渑池仰韶村先民们的生活环境，着眼点：气候、水文、地理。

仰韶文化遗址周边河流与地形

当时的气候条件比现在温和湿润，宜于植物的生长，茂盛的植物条件也为野生动物的大量繁衍提供了条件。遗址所在处是高地，高地的北边是山区，山脊线形成一道分水岭，隔开了黄河的滔天巨浪，民居没有波涛之险。峰之南，就成为黄河的小流域，因降水丰沛，不免有小冲沟的存在，小冲沟的崖面和沟底，为渗流成泉和细小溪流的存在提供了条件。高地往北是山区地貌，高山峡谷，森林茂密，是狩猎的好地方。往南黄土丰厚，可种庄稼，可放牧，再进一步往南，平旷的土地接近东西向的河流，更为肥沃。台地东西两侧，有较为宽阔的冲沟，集溪流、泉流形成河流，于是，台地形成三面环水一面靠山的宝地。环水，相当于有"护城河"，安全；近河，有渔猎的条件，更为用水带来了方便性，甚或于刳木为舟，有航运之利也有可能；而较高的台地，也避开了水患。这是古人"择丘陵而处之"的绝好例证。

随着历史的进程，人们将进一步向平原地带迁徙、前进，但终是傍河生活，河流是当时人们的生活、生产的依靠。

"在中国新石器时代考古研究中，以仰韶文化发现时间最早，发现遗址最多，研究最为深入，影响也最广泛。"[1] 新中国成立以后，中国的考古工作者，先后在仰韶遗址进行了两次发掘，进行了广泛、深入的研究，"发现这里有4层文化层相叠压，自下而上是仰韶文化中期、仰韶文化晚期、龙山文化早期、龙山文化中期"[2]。2020年8月进行了距今最近的发掘（即该遗址的第四次发掘），"仰韶村遗址第四次考古发掘所见遗存的年代分属仰韶文化中期、仰韶文化晚期、庙底沟二期文化和龙山文化时期"[3]。

仰韶文化在全国分布非常广泛，"主要分布在陕西、河南、山西这三个省区内，此外在甘肃、湖北、河北和内蒙古邻近中原的边缘地区也有分布"[4]。仰韶文化在河洛周边的分布更是星罗棋布，难以罗列。灿烂的黄河文明，是来自黄河流域中华民族先民的创造，地下有证，史籍有征，辐射于周边，在中华大地上盛开出文明之花。从远古走来的古老文明，已化作我们民族的皮肤、化作我们民族的血脉、化作我们民族的魂魄，黄河文明，薪火相传，代代不息，于今，更闪现出熠熠光华。

---

[1] 中国社会科学院考古研究所：《中国考古学·新石器时代卷》，中国社会科学出版社，2010，第207页。

[2] 安志敏：《仰韶文化》，《新编历史——文明史话系列》，北京出版社（Kindle版本），第1286页。

[3] 刘社刚：《仰韶村遗址的四次考古发掘》，2022年6月20日，https://wwj.henan.gov.cn/2022/06-20/2471213.html，访问时间：2023年7月23日。

[4] 中国社会科学院考古研究所：《中国考古学·新石器时代卷》，中国社会科学出版社，2010，第208页。

三、河出图，洛出书，圣人则之

中国文化的特征之一是感怀先人，即所谓的"慎终追远"。这其实是一种"宗教"，本之于人的宗教。"国之大事，在祀与戎"，"慎终追远"，即是"祀"，其传承既久，光大流长，表征的是中华民族的子孙对先人的无尽缅怀。

中华民族的后代子孙将其先祖追溯到三皇五帝，伏羲居其一。"河出图，洛出书，圣人则之。"这就跟水发生了关系，圣人者，伏羲是也。

时间回溯到20世纪90年代中期。

细节已经忘记，但印象深刻的东西却驻留在了脑子里，也算是一种沉淀吧，那就写下主要印象。至于在文化方面的关注点，我是不会忘记的，因为随着自己年岁的增长，思考的增多，不自觉地会有回忆，有些地方，印象反而加深了。

时在春节期间，大约是年初五，去郑州走访朋友。从济源越过黄河桥，进入孟津地界，车向正南方向行进。这是一处平川的地带，往来多次，周边熟悉。附近有汉光武帝的陵寝，与之差不多南北对照的黄河岸边，有一处抗御黄河洪水冲击的工程措施，称为"铁谢险工"，是黄河下游游荡性河道的起始段（黄河下游有孟津以下或桃花峪以下两种说法；紧邻铁谢险工上首，还有白鹤、白坡两处控导工程），再往上游，黄河进入河谷地带，河道中已经没有控制河势的工程措施了——若干年后，我曾于此处上船，顺流而下，参加黄河的河势查勘工作，已是后话。在车行方向的西侧，看到了一处陌生的古建筑，灰瓦红墙，好生奇怪，以前往来多次，怎么就没见过此建筑呢？我决定看看。

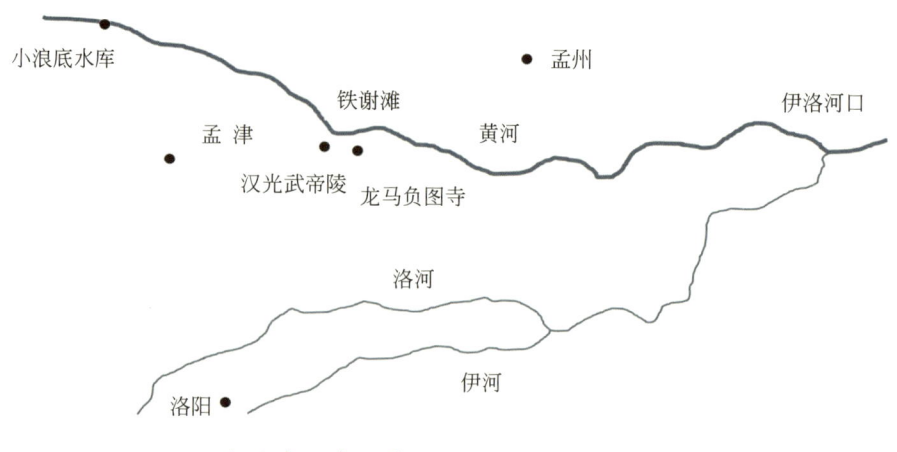

龙马负图寺、黄河、洛河位置关系示意

门前，撒落很多燃放后的鞭炮纸，渲染着春节的气氛；门首，高悬大匾："人文始祖"。

看到这个匾额，我愈发地吃惊了，我知道陕西黄陵有黄帝的衣冠冢，那里挂有"人文初祖"的匾额，这里供奉的是哪位先圣，能够用这么大的名号？

进得庙来，疑窦顿消，原来是伏羲庙，名曰"龙马负图寺"。

中国的"三皇五帝"之说，有多种的版本，比如"天皇、地皇、人皇"，此称谓，多属神性；再比如，"伏羲，女娲，神农"，此称谓，则带着人性，已涉及男女之合，纺织与稼穑等。伏羲是传说中比黄帝更为古老的上古圣王，曰"人文始祖"，当然恰如其分。

庙内游人不多，显得有些空荡。上午十点左右，太阳灰蒙蒙，给人以没睡醒的感觉。没风，也就不太冷。家乡一带的冬天，灰蒙蒙的时候居多，天上有睡眼蒙眬的太阳，已是少见，因而那空旷的院落就显得很敞亮。院中黄土地，没有硬化，院西侧尚在施工，可以说是既新又旧。所谓新，只在围墙，紫红的色调——这就是我发现其突现于平川地带的原因，很可能过去是黄土墙，未曾粉刷成红色，故而不惹眼。所谓旧，是说供奉伏羲的正殿，为明代建筑。既古，木结构就显得斑驳，不止于此，连房顶的琉璃瓦也现出斑驳。其初创年代为东晋，那就太久远了。正殿为单檐歇山的建筑风格，上覆绿色琉璃瓦，与一般的神殿并无二致。院内有不少的碑刻，"龙马负图处""图河故道"的古碑高大挺拔，有一丈多高，字迹古朴苍劲；有伏羲、禹王、周公、孔子及其弟子的石碑线刻像；有程颐、邵雍、朱熹等重量级理学家的题刻，真让人大感意外。而来此游览的，更不乏名人，其中就有蒋介石。

原来是个很值得看的地方！

院内一块巨大的石刻"一画开天"和一通新碑，印象深刻。其中的"一画开天"昭示着伏羲创立八卦、启肇文明、推演宇宙万物变化规律的功业；另一通则是新碑，上刻："根在河洛"，魏碑风格，是台湾同胞竖立的。真是一语道尽根本，现在，我走到了台湾同胞所说的"河洛话"的根源之地。常说华夏文明的主体是黄河文明，而华夏文明的中心地带，就在河洛文化圈内，这里，伏羲庙所在，显然就是民族人文之根的地方了。

龙马负图寺的发源，据说是为了纪念"龙马负图"之处。

此处有黄河，有图河（又曰孟河），今孟河村存焉。图河是黄河的一条小支流——支流虽小，却处于高地之处，可与人方便，按钱穆先生的观点，在黄河的支流上，文明的集中程度更高，这当然是可以理解的，支流可得水利，但却规避了波涛汹涌之害。

传说是丰富多彩的，剔除故事性的描述，简之曰：龙马现于黄河或图河，负图而出。

那么，到底出于黄河呢，还是图河？

图河太小，尽管孟河村犹存，但地理稍远则近乎无人知道，流传更广的则是龙马现于黄河，我偏于此说——不是"事实上"的认定，因为传说本身富于神话色彩，不可能获得"唯一解"，而是"文化上"的认定。

偏向的缘由在于，古籍记述多的是龙马出于"河"，"河"在中国的古籍中，是黄河的专称，《水经注》中称"河水"，这具有"唯一性"，"黄河"作为河流的名称只是今人的说法，是语言发生变迁的结果；况且，图河本身也是黄河的毛细支流，神兽"龙马"畅游于干流与支流都是合理的，都属于黄河文化，认定龙马出于黄河，便于文化的传播。

"图""书"之说，卷帙浩繁，不胜枚举，影响深远。现举一例《水经注》之所载：

> 黄帝东巡河过洛……受《龙图》于河，《龟书》于洛……尧帝又修坛河洛……

我们可以做这样的设想：

在黄河与洛水间这片狭长的黄土高地上，生活着一群先民，这里，土地肥沃，森林繁茂，河流密布，密布的河流都流向了黄河，这给予了先民们渔猎的方便，少有洪水的侵袭。于是，氏族兴旺，子孙繁盛，在明亮的阳光下，先民们过着伊甸园一般的生活……

或有疑问，这里的叙述与仰韶文化遗址发现地不类似吗？

是的，类似，这里本来就与渑池仰韶文化遗址相距不远啊！都属河洛地带，气候、土地、水文、地理条件大体类似，这才是星罗棋布的人类文化遗址发现于这一区域的基础条件。

虽然如此，但难免夏冒酷暑，冬受严寒。渔猎的不确定性，又带来了果腹的不确定性……作为先民的首领，伏羲徜徉于黄河边，祈求上苍的恩庇，祈求上苍垂像明示。于是，"龙马"荷图出于河，"神龟"背书出于洛，受到神的启示的伏羲，"一画开天"，于是，人们结束结绳记事，学会耕稼与纺织，伏羲成为"伏羲上皇"。

我所想表达的是：贤哲的先民受到了某种大自然的启示，而大自然的启示，是文明的重要源头。即便是今天，来自大自然的启示、对大自然的观察，也是获取灵感或知识的重要途径。

当伏羲在黄河边画下"一横道"的时候，历史从此改变了，虽然这并不是盘古的开天辟地、混沌初分，但却真正意味着文明之始，"始制文字，乃服衣裳"。或以为，不是仓颉造字吗？是的，仓颉是黄帝时期的造字官，而我们这里谈的，是比黄帝早得多的伏羲上皇时期。

这简单的一横道，构成古代天字的基本元素，是谓"开天"，而三横叠放，就构成了完备的古"天"字，可视为文字之初创，于是，民智因之而开启，文明之光因之而肇始。

"易之为书，本于八卦。八卦之用，盖为古代之文字"，钱穆先生在《国学概论》中如是说，有何疑哉？原来八卦（符号）就是文字。

《易经·系辞下》："古者包牺氏（伏羲）之王天下也，仰以观象于天，俯则观法于地，观鸟兽之文，与地之宜，近取诸身，远取诸物，于是始作八卦，以通神明之德，以类万物之情。"

这段话，很重要的信息仍是自然的启示，我以为，中国的文字，肇始于自然的启示（图、书符号是自然的启示，或其他我们未知的符号，同样是自然的启示）。自然的启示，构成文明的重要渊源。

不止于此，将这简单的一横道"一刀截断"，就成了另一种基本符号"— —"。符号的发明是不简单的，其本身无意义而可代表任何意义。两种基本符号的三次排列，穷尽所有变化，共计八种。注意，这里是在谈"数"，而不是在谈文字了，文字可认为是"象"，由"象"走向了"数"，这是质的变化。

"伏羲之易，初无文字，只以一图以寓其象数，而天地万物之理，阴阳始终之变具焉"，宋代理学家邵雍如是说。即是说，伏羲发明了"易"，而易之八卦，不但包含万物之理，还能够推演宇宙万物的变化规律，上至宇宙星辰的运行，下至人间万事的兴衰。之所以如是，还是那句话，"八卦"之"象数",已穷尽所有的排列,宇宙万物无非是"象"的呈现。

易之发明,载于正史:"余闻之先人曰,伏羲至纯厚,作《易》八卦。"(《史记·太史公自序》)。此外,伏羲"发明网罟(gǔ),用以捕鱼猎兽。又发明饲养家畜,开始有牧畜业"①。

历史演进到春秋末年,一个在洛阳为周室管理图书的老头,一个爱骑青牛闲逛的老头,写下了这样一句话:

"道生一,一生二,二生三,三生万物。"(《道德经》)三者,多也。老子的叙述是哲学的抽象,先秦时期,抽象的哲学表述并不多,老子是个例外,很难认为后人在抽象方面超过了他。

如果将道看成自然规律,则"一"就是产生"实体"的开始,是"第一推动力",有理由认为周敦颐的"无极而太极"来自《道德经》,无极是道的表述,太极是"一"的映射。由数而生象,象即可感知的物质。既有物质,便有运动,物质与运动同时产生而不可分。

于是,一画开天地,混沌初分,阴阳生焉,万物生焉,这是典型的一元论。

如今的大爆炸理论假定宇宙诞生于奇点,也是一元论。

不只是中国人这么想,古希腊著名哲学家说得更为直接:现实的终极本质便是数②。

类似地,在前苏格拉底时期的哲学家中,一位叫赫拉克利特的哲学家认为:

"一切产生于一,而一产生于一切。"③这几乎与老子在《道德经》中的叙述如出一辙。但这里应当看到差别,差别在于,赫拉克利特进行了

---

① 范文澜:《中国通史简编》(上册),商务印书馆,2010,第10页。
② 菲利普·斯托克斯:《西方哲学常识》,吴叶韵译,中国友谊出版公司,2018,第5页。
③ 罗素:《西方哲学史》,何兆武、李约瑟译,商务印书馆,1963,第69页。

第十一章 嵩岳之下，河洛之间

逆推，也可以说是双向思维，其表述的过程是"可逆"的。

我们似乎是在对混沌初分之"一画开天"进行更深层次的思考，囿于"字"，限于"数"，这些思考还都是具体的、有穷的，这是不够的，其更为丰富的内涵，恐怕还在于高度的"抽象"之中，因而对老子"道"的深究还未穷尽。

或以为，"八卦"属于妄说。人之观点不同，尽管可以这么认为，但却不能认为"抽象"的方法与"抽象力"是妄说，抽象乃是自然科学研究中的重要方法、途径，要超越具体的对象予以思考，给出高度理想化的初始条件与边界条件，也要超越诸如地域的、民族的等文化现象予以思考，如此，才能得出具有普遍意义的"理论"。毛主席在《实践论》中说得更清楚：

> 要完全地反映整个的事物，反映事物的本质，反映事物的内部规律性，就必须经过思考作用，将丰富的感觉材料加以去粗取精、去伪存真、由此及彼、由表及里的改造制作工夫，造成概念和理论的系统，就必须从感性认识跃进到理性认识。[①]

这就是"抽象"的过程，经此"技术路线"，则感性认识上升为理论。

凡抽象出的"纯理论"，都会脱离"具体"的对象，"具体"的对象属于"枚举"出的事实，"枚举"是无穷的，因而不能称其为理论。

小浪底水利枢纽工程就在此附近。黄河流过小浪底，出山后进入下游，那种一泻千里的气势顿消，改为静静地流淌，这静静地流淌，饱含着伟大的造陆运动。

尽管是静静地流淌，但不改黄色的本性。

伊洛河入黄，被干流接纳，其为下游右岸最大一支清流。伊洛河清，"清浊异流，皦（jiǎo，同皎）焉殊别"，为《水经注》语。

---

① 毛泽东：《毛泽东选集》第一册，人民出版社，1991，第291页。

二水相遇，清浊异流互不掺混，颜色分明，偶有的条件改变或扰动，形成所谓的湍流——其机理至今也难以说清楚，方程也无理论解。人在大自然的复杂面前，无论手段还是能力，还都过于渺小，那就细细地观察吧。继而我们看到了，两色分明的大团旋涡在旋转，继而交融，消失，再形成……有人说，这是太极图的起源。用黑白二色表征由"清浊异流"所形成的神秘图案，就形成今日我们所看到的太极图。

既然方程解释不清楚，那就是混沌态吧，混沌态之初，就是太极。

莫非，伏羲上皇在此观澜？

莫非，太上老子在此静想？

莫非，沉迷于"先天""后天""太极图""象数"的北宋理学家们诸如周敦颐、邵雍在此思忖？

我想说，从大自然中获得启示，将永不过时。

四、从新郑，到豫西，至晋南

从郑州往东南行不足一个小时，可达新郑国际机场。新郑国际机场是目前中原地区最大的航空港，已经实现高速公路、地铁、高铁等多种交通方式的无缝衔接，是名副其实的综合交通换乘中心。沿途，坦荡如砥的大平原，远达天际。这一片大平原，虽然现在属于淮河水系，但平原的形成却有赖黄河母亲的塑造。极目西望，嵩岳巍巍，峻极于天。

往西越过京广铁路，新郑境内有双洎（jì）河，古洧（wěi）水；有黄水河，古溱（zhēn）水。黄水河是双洎河的支流，《诗经·郑风》中有以二河为题的爱情诗《溱洧》，写得朴实而生动。更令人注目的、更富于浪漫主义色彩的，则是一渠清流南北向纵贯新郑全境，那是中原腹地美丽画卷上新添的一条彩带——南水北调中线干渠。从东往西，地貌由平原过渡到岗地、丘陵、山地。嵩山延及市境的中西部，山脉的东西走

第十一章 嵩岳之下，河洛之间

向，也使得中部隆起的南北两侧有不高的岗地，有丰厚的黄土层。明确的"水文地理信息"：嵩山之北，为狭隘、原始意义上的河洛区域，伊河、洛河相交后汇入黄河。嵩山之南是颖水。颖水，历史上有名的人杰地灵的地方，颖水之得名即与郑国贤大夫颖考叔有关。而嵩山的东部，就流出了本段初描述出的几条河。我之所以啰唆于"水文地理"，当然是受了英国哲学家罗素的影响，个人认为，秉持于唯物主义的视点，"水文地理"是最"底层"的基础，是载体，考虑问题从"水文地理"出发有其合理性。鉴于黄淮间的地理条件，处于中原腹地，雨水丰沛，气候适宜，因此，中华民族的先民早就繁衍生息在这一水草丰美之地了。

我同"新郑"的第一次近距离接触却是在我国台湾。

台湾有个历史博物馆，主要展示中原地区的文物，尤以"郑公大墓"的出土文物为多。那天参观，由于讲解员与同行的老师有亲戚关系，所以专门给我们俩讲授，特殊的关照，使我对郑公大墓的器物特征就多了些感观印象。多年之后参观河南省博物馆（河南博物院之前身），我一眼就看出一尊青铜重器是郑公大墓的东西，不经意地脱口而出，却不想"惊讶"了一旁的工作人员，以为我是专家。后工作人员给我讲了一个"花边"：河南博物馆的这尊青铜重器乃是镇馆之宝，当年起运台湾前被拦下，河南博物馆之建设，初即为此镇馆之宝……新郑西周时为郐国，作为诸侯国的都城，远在春秋时期。郑伯长期为周天王卿士，执政于周室。郑伯克段于鄢、郑庄公掘地见母（与颖考叔有关）、子产不毁乡校等故事脍炙人口；新郑有数不胜数的名人先贤，如申不害、张良、白居易，有在关中修了郑国渠的韩国水利工程师郑国[①]……

我们将时光回溯，由新郑为郑国都城的时间点再回溯两千余年，视点放在"轩辕丘"，中华上古帝王黄帝诞生。黄帝诞生于"轩辕丘"，关

---

① 战国时，郑国为韩国所灭。

于他的故里的记载有很多，新郑亦有黄帝故里之说①。总之，新郑的历史足够久远。

新郑境内有黄水、黄沟等，《水经注》："黄水出太山南黄泉，东南流经华城西。至郑城东北与黄沟合，注于洧水。"

钱穆先生《黄帝》一书中，认为黄帝之得名，或与黄水、黄沟有关。个人看法，或有可能反过来，因为黄帝的"名号"太过久远了，虽然河流属"自然"，但其得名却属"人文"。今新郑境内，与黄帝"史迹"有关的地点很多，河流也可能因人而得名。

黄帝故里在新郑。相传，黄帝诞辰是农历三月三，三月三有祭拜黄帝的古老传统，尤其是在新郑，对黄帝的祭拜可追溯至春秋时期。进入21世纪，祭祀黄帝的大典初由新郑市主办；后由郑州市人民政府以及多家单位主办；再后来由河南省政府及国务院侨办等多家单位参与主办。自2006年始，在新郑举行"黄帝故里拜祖大典"已成为全世界炎黄子孙的盛事，有中外各类媒体参与。2008年6月7日，新郑黄帝拜祖祭典经国务院批准列入第一批国家级非物质文化遗产扩展项目名录。

黄帝号为"人文初祖"，在中华上古帝王中，居于第一的地位。范文澜先生认为：

> 现代的中华民族，是吸收无数民族，在一定文化一定民族的基础上，经四五千年的长期斗争和融化，才逐渐形成起来。这里所谓民族基础，无疑地应该说是从黄帝传下的华族（周代称华族，汉以后称汉族）。②

据称，新郑同时也是黄帝的都邑所在地，故新郑又有"第一古都"之称。新郑即《诗经》中的郑国，皇甫谧曰："（新郑），古有熊国，黄帝

---

① 黄帝故里说有多处，如河南新郑、陕西宝鸡、陕西黄陵、甘肃天水、山东曲阜等。见庞进的《黄帝故里多处说》，来源：《西安晚报》。

② 范文澜：《中国通史简编》（上册），商务印书馆，2010，第12页。

之所都。"此为正史《后汉书·郡国一》所载。① 其他相关记载尚多。

"轩辕丘"既为部族生活之区域，则部族统治中心"都城"也在此，当是合理的推测。

于是，地下文物的发现就成了现实的需要，需要对古籍记载与地下发现进行双重校验。

1997年夏季，河南省文物考古研究所的田野考古人员与新密市黄帝历史文化研究会一起，经三年努力，确认了一处规模宏大的历史文化遗存：新密古城寨遗址。此处建筑基址，是目前我国已知规模最大、最早的建筑遗址，因而有人认为，这就是黄帝所都，就是轩辕丘。因古城寨地处新密，又不免引起新密与新郑的口水之争。其实新密、新郑地理上相连，轩辕丘当以地域来看待②，是部族之领地，非一"丘"也，如此，则新郑、新密均属轩辕丘范围，原为一体，不宜以今日行政区划之眼光回看上古之时。我所关注者，其实在其文化影响，暂且不管遗址是否能够确认为黄帝的都城，因这本不是一件容易的事。从文化层看，此处城建遗址涵盖仰韶、龙山、二里头、二里岗、殷墟、战国、汉③，这为丰富黄帝传说的内涵，为黄河文化的建设，为中华文明探源，提供了弥足珍贵的地下资料。注意这里涵盖有"龙山"文化层，"古城寨龙山文化城址，归属于中原龙山文化城址群"④。夏文化正属于龙山文化时代，因而古城寨遗址的发现，其巨大的意义不仅仅为黄帝族的传说提供佐证，更在

---

① 《后汉书》志第十九《郡国一》，中华书局，1965，第3395页。
② 徐日辉：《钱穆所论黄帝政治中心的考古印证》，《浙江工商大学学报》2008年第6期，第69-72页。
③ 蔡全法：《河南新密古城寨龙山文化城址发现记》，《河南文史资料》2010年第4期，第72-85页。
④ 蔡全法：《古城寨龙山城址与中原文明的形成》，《中原文物》2002年第6期，第27-32页。

为历史由黄帝时代逐渐过渡到夏侯氏时代作佐证,即鲧禹的时代作佐证。

必须提到一个"雏形城市",1995年发现于郑州西山,是仰韶文化晚期的城址,"是在黄河流域发现的年代最早的史前城址"。因为规模小,"还不是一个真正统治一方的政治中心"①。这一带的黄河文化遗址实在是太密集了。

创造出灿烂文明的中华民族总会受到上天的眷顾,其"文明的密码"常常会在最需要的时候打开神秘的宝库,1977年于新郑裴李岗,有了考古学上的重大发现——裴李岗文化,遗址在今双洎河与黄水河相交后的河湾东部。西边,台地渐升,冈阜渐高,嵩山遥望,东部为平坦的河流冲积平原。这是黄河中游的一种新石器时代文化,在河南省广有分布并向周边发展。裴李岗文化是早于仰韶文化的新文化类型,请看考古学领域的描述:"裴李岗遗址及其一批同类遗址……加上碳-14标志物测定的年代,为距今7000余年,认识到它是早于仰韶文化的新的文化类型……这是中国确切认识新石器时代中期考古学文化的肇始。""总之,裴李岗文化应是当地仰韶文化的先驱,仰韶文化是它的发展和继续。"②这给出了当地仰韶文化的来源,在中华文化源流学说方面,无疑是对"中国文化西来说"的有力回击,具有非凡的意义!

作为伟大的中华先民的代表,"相传黄帝发明弓箭衣裳。仰韶遗物有石镞、骨镞,又有纺织器具,传说也许可信。"③"黄帝采首山之铜,铸鼎荆山之阳"(《史记》),这是对冶金上的贡献。黄帝还发明指南车,这是在科学方面的贡献。更重要的是,黄帝"修德振兵","抚万民,度四方"。

---

① 中国社会科学院考古研究所:《中国考古学·新石器时代卷》,中国社会科学出版社,2010,第232页。
② 同上书,第141页。
③ 范文澜:《中国通史简编》(上册),商务印书馆,2010,第13页。

这几个词语，可理解为形成了部落联盟或统一了部落，以中华文化大一统的观点而视之，此为黄帝具有至高无上地位的重要原因。

黄帝的部族可能是游牧的部落，这从司马迁《史记》的叙述中可看出端倪，"迁徙往来无常处，以师兵为营卫"。"无常处"就是游牧，游牧，必然受水草的影响，本质上是受气候、降水的影响。在黄帝的时代，新郑以东"薮泽无数"（钱穆语），距海尚近。这"无数"薮泽，周边必定水草丰美，于是为牧业提供了良好的条件。但如果遇到水偏多的年份，或因为嵩山区域发源的河流泛滥，或因为黄河的泛滥，平常年份所赖以存在的放牧条件就会消失——被水淹没掉，于是西迁就成为部族的必然选择，西边地势高。我们可以假定，风调雨顺的适宜年份，黄帝部族生活的根据地就在冈阜与平原的交界地带，可东进，可西退。

西迁就会与别的部族发生冲突，至少是与炎帝部族发生了利益冲突。据说，黄帝与炎帝都是少典的后代，但因炎、黄生活在不同地域，鉴于生活环境的不同，生活习性相差很大，一如两个部族。炎帝这一部族是生活在豫西群山与晋南的[①]，是农业区，农业技术手段要高于其他部族。炎帝在农业上的贡献是很大的，因而炎帝又称神农氏，神农氏又称烈山氏，当含有刀耕火种的意思。这一部族既然从事农业生产，以植物"医病"，从而衍生出神农尝百草的故事。之所以称炎黄子孙，就因为这两个部族在远古时期在与生活相关的诸方面创设良多，贡献巨大。

既然有利益冲突，部族间的战争就不可避免。我们可以引证一下史学家的资料，范文澜先生认为：

> 中国中部黄河南北，是平原肥沃的地区。住在周围的各民族，都想迁徙进来，因此成了各种族斗争的舞台，也成了不同文化相互影响的场

[①] 钱穆：《黄帝》，生活·读书·新知三联书店，2021，第7-8页。

所……可以想见远古种族间文化间的斗争状况。①

参阅各种版本的史学著作，可以知道黄帝、炎帝间是有过战争的，更为强悍的黄帝游牧部族战胜了习于农耕的炎帝部族。黄帝部族北向越过黄河、穿越王屋山后——这为黄帝在王屋天坛山祭天提供了路径上的支持（后述及），与炎帝联手在晋南盐湖一带与蚩尤族打了一仗②，而战争正是部族间融合的催化剂和黏合剂。这一带的战事，表征着中华民族的主要先民部族，已经行走在统一的道路上。

至于黄帝故事遍天下，钱穆先生在《国史大纲》中认为：

然则黄帝故事，最先传说只在河南、山西两省，黄河西部一隈（wēi）之圈子里，与舜、禹故事相差不远。司马迁自以秦汉大一统以后之目光视之，遂若黄帝足迹遍天下耳。③

大约是20世纪80年代初，黄河水利委员会一位专家在清华大学的主楼后厅做了一场大型的公开讲座，讲黄河文化，讲者语速很快，讲了一个多小时，听者如云。20世纪90年代前后，我在郑州参加一场会议，会议主办方为黄河水利委员会。会议期间，组织与会者参观了黄河游览区，那时的游览区刚开始建设。在现场，我又见到了这位专家，他带大家参观了炎黄二帝雕塑的泥稿。虽然已经在创作泥稿，但他还是邀请大家在现场开了个座谈会，征询大家对雕塑创作的意见，我猜想这位专家是黄河游览区有关黄河文化建设的负责人。如今，炎黄二帝的塑像就高高矗立在郑州的黄河边、邙山头，塑像威严高大。从远古走来的炎黄二帝，正看着奔腾不息从天而来的黄河，以其甘甜的乳汁哺育着中华民族的优秀子孙，浇灌着中华民族的伟大先民开垦出的子孙繁衍生息之地。

---

① 范文澜：《中国通史简编》（上册），商务印书馆，2010，第7页。
② 阪泉、涿鹿二地名，钱穆先生认为在山西盐湖周边。
③ 钱穆：《国史大纲》修订本（上册），商务印书馆，1994，第5-6页。

如今，中华民族的优秀子孙正以不屈的精神，顽强的斗志，英勇的气概，自立于世界民族之林的能力，阔步行进在中华民族伟大复兴的道路上。

五、大禹，结庐嵩山下

我们需要给栉风沐雨、劈山导河的大禹找个家。

有禹生西羌说，禹生石纽说，禹生阳城说（河南登封告城镇王城岗一带），还有禹生山西、陕西、山东诸说。[①] 禹"生"何处，是故里之争，今避之而谈"家"。

家何谓？以中国人的语境，有原生的家，有自己娶妻后所成之家。

禹部落与涂山氏部落联合，禹娶涂山氏之女为妻。妻在工地为禹送饭、生子启，后"石化"为太室山。由这些古史故事，可理解禹之家室在太室山下，妻早亡，身后被神化为太室山——与青山同在。

禹妻亡故之后，启由姨母抚养成人，姨母为少夫人，结庐于少室山。

或云送饭是工地，不是家，那就是以工地为家。夫人在工地，当然就是家。《吕氏春秋》记曰："禹娶涂山氏女，不以私害公，自辛至甲四日，复往治水。故江淮之俗，以辛壬癸甲为嫁娶日也。"按天干顺序计算天数，辛、壬、癸、甲计四天，即禹大婚四天，即复往工地治水，完全可能携妻前往。这更彰显了大禹"不以私害公"而如孔子所云的"尽力乎沟洫"。以辛壬癸甲为嫁娶的民俗吉期，说明了禹的文化影响，深深地存在于民众之中——这是2000多年前的记述，可见禹的文化影响，由来已久。

去掉神话成分，我们得到的是禹长期活动区域的地理信息，即中原核心区。太室、少室二峰是嵩山的两个主峰，是地标。太室山、少室山在登封，自古及今无异议。

上面是以"世俗"对家进行"定义"，且看史籍的记载：

[①] 廖名春：《大禹故里说文献考辨》，《中原文化研究》2018年第6期，第25-29页。

《水经注》曰:"颖水又东,五渡水注之……其水东南流,迳阳城西,昔舜禅禹、禹避商均、伯益避启,并于此也。"

上古禅让制,须避三年。舜去世后,禹避舜之子商均。既然离开了朝堂,躲避三年,时间并不算短。那么,合理的栖身之所自然是在家,家在阳城西。阳城者,今日登封是也!

登封之得名在于武则天"登"嵩山,"封"中岳,大功"告成",于是将原嵩阳县改为登封县,改阳城县为告成县,时在唐天册万岁二年(公元696年);二县合并为登封是在金代。"中岳"之封则早在西汉,汉武帝于元封元年(公元前110年)封嵩山为嵩高山,称"中岳",自此,五岳并称。

嵩山之下有三处极为重要的文物:汉三阙。

汉三阙指太室阙、启母阙和少室阙。所谓阙,就是置于庙堂或墓冢之前、对称布置于路两侧的石墩式建筑物,站在上面可以瞭望,最简单的理解就是建筑物前的"瞭望塔"。"阙"这种建筑形式早在西周时代就有了,《诗经·子衿》中有"城阙"的用语,后人诗文中常见。阙还有标识的作用,表示到达了核心区域。

"西风残照,汉家陵阙。"汉三阙是我国硕果仅存的古老庙阙,是石雕建筑艺术中的极品[1],由于太过于珍贵(太室阙、少室阙、启母阙分别是中国古建筑国家级文物类1号、2号、3号文物保护单位),民国年间曾专门为汉三阙盖了房子,将汉三阙置于屋宇之下。到后来,这些保护房濒临倒塌,只好将保护房也保护了起来,保护房也成了文物。

汉三阙上有画像、有铭文,铭文主要"铭刻"的内容是大禹以及大禹治水的公事、私事。汉阙有极高的文物价值、艺术价值和学术价值,

---

[1] 汤众、路杨:《汉三阙文物保护监测体系构建研究》,《建筑与文化》2009年第9期,第63-65页。

宋以降，有不少的金石学家、文字学家以及其他学者从不同的角度对其予以研究，著名人物如赵明诚、顾炎武、翁方纲、翁同龢……我注意到了书法大家对汉三阙铭文在书法史上的价值论述（以下引文均源于《清人视野中的嵩山汉三阙》①），涉及篆、隶，如清末《水经注》研究大家、著名书法家杨守敬先生论曰：

汉隶之存于今者，多砖瓦之文，碑碣皆零星断石，惟《太室》《少室》《开母》三阙字数稍多，且雄劲古雅，自《琅邪台》漫漶不得其下笔之迹，应推此为篆书科律。

康有为论曰：

茂密浑劲，莫如《少室》《开母》，汉人篆碑，只存二种，可谓世之鸿宝，篆书之上仪也。

书法大家何绍基原没见过汉三阙，为追求古意，获取养分，曾踏上寻阙之旅……其有诗曰：

东京造石阙……奇篆渐损剥，古意仍包缠。摩挲不忍去，日落生紫烟。

对"汉三阙"进行研究的早期外国学者，有著名的法国汉学家埃玛纽埃尔-爱德华·沙畹（Emmanuel-Édouard Chavannes）。沙畹于19世纪末即开始进行汉学研究，1907年3月至1908年2月再次来华做考古调查时，曾对汉三阙进行仔细的测量、拓片、图影、释文，所进行的研究工作在中国及外国均颇有影响。②

太室阙是太室祠的外大门，当时的太室阙尚暴露于田野之中，任人漠视，任凭风吹雨打。太室阙建于公元118年，其上残留的文字显示太

---

① 景滋本：《清人视野中的嵩山汉三阙》，《艺术百家》2012年第S2期，第305-307、388页。
② 埃玛纽埃尔-爱德华·沙畹：《华北考古记》第一卷，袁俊生译，中国画报出版社，2020，第42-43、66、71页。

室祠原是祭祀嵩山山神的场所，太室祠始建于秦代[1]——当时道教尚未产生，可见中国的山水之神的祭祀要早于道教的产生。这是显然的事，神、神话传说要早于成熟的宗教，也会被宗教所吸收，如河伯转化为道教的神（河伯的神话传说甚早，如广为人知的西门豹治邺中的河伯娶妻是战国故事），掌管天下的河川源流。后太室祠变身为规模宏大的中岳庙。中岳庙是道教圣地，20世纪80年代初年火遍神州的电影《少林寺》，其取景大多在中岳庙。

启母阙是启母庙前的门阙，启母庙建在生启的"圣石"旁。启母阙建于公元123年。在沙畹的书中，称为"开母庙"，石刻上的用字确实是"开母"。开与启同含义，用"开"字是为了避汉景帝刘启之名讳。启是上古圣王夏禹之子，司马迁写《史记》在汉武帝年间，司马迁未避汉武帝之父刘启之名讳，何以到东汉，人反不得名"启"而延及上古之人耶？"秦初避讳，其法尚疏。汉因之……汉时近古，宜尚自由"[2]，后世自我绳之，愈后愈严，看似文字上的避讳，实则成为思想上的桎梏，贻害不浅，可叹！

上已言及启母阙、少室阙上的篆刻铭文，其实这些铭文为"最古老的篆体字样板"。中国文字按说一脉相承，秦始皇统一天下后李斯制定了规范的小篆，即所谓的"书同文"，但启母阙上仍有不规范的篆体字存在，古奥难懂，沙畹认为是"错别字"。沙畹"错别字"的说法未必对，当按异体字或非规范字来理解，由此可理解许慎《说文》之重要性，其不仅仅是在"解构"字，更是一部规范汉字的"标准"。在这么重要的建筑上用"异体字"，很可能是为了彰显"古"。当时的作者采用了汉朝已经不通行的篆书，而不是用汉隶，也是为了彰显"古"。说古故事用古字，

---

[1] 李晓、古川:《中华艺术史年表》，广西师范大学出版社，2020，第44页。
[2] 陈垣:《史讳举例》，中华书局，2016，第189页。

艺术与形式的统一，似无不妥，断不会是写错了字。我们可以进行一个合理的推测，西周礼器上已铸有禹崇拜的铭刻，此处神阙刻石选用古字，有"崇古"之意。"崇古"是我国的文化现象，国人有崇古的嗜好，这种现象如今犹存，如甾（shí，时之意）字之用，常见于屋宇、桥梁等记事的时间标注，通常是行文的第一个字，几十年前中原一带农村盖瓦房，脊檩通常于上梁架之前写下记事，第一个字必然是甾。异体字的存在是符合历史事实的，现在的字典上也收录有异体字。

前铭

□□□□[29]，范防百川。柏鲧称遂，□□□原。洪泉浩浩，[30]下民震惊。□□功，疏河写元。九山甄旅，□□□文，爰纳涂山，辛癸之间。[31]三□□入，[32]实勤斯民。同心济阮，[33]□□□正。杞缯渐替，[34]又遭乱秦。圣汉福亨，于兹冯神。翩彼飞雉，□□其庭。原祥符瑞，灵枝挺生。[35]□□□化，阴阳穆清。兴云降雨，□□□宁。守一不歇，[36]比性乾坤。福禄来返，相肩我君。千秋万祀，子子孙孙。表碣铭功，昭视后昆。□□□□，延光二年（123）。[37]

启母阙上前铭①

启母阙前铭文斑驳不全，但不妨碍看出是在赞颂大禹治水，并述及禹之父鲧、禹之妻涂山氏。

沙畹《华北考古记》上选有若干幅"汉三阙"的浮雕画，有的是讲故事，有的是动物图案。一幅为玉兔于月宫中捣药的浮雕画，让人甚感兴趣，说明有关月宫的民间故事至少流传两千年了；另一幅浮雕画则为女子鞠球浮雕画，这成为足球起源于中国的实证②，只不过这里是女士的"运动"。

少室阙后边为少室庙，其为祭祀涂山氏之妹的庙宇，唐杨炯有《少

---

① 埃玛纽埃尔-爱德华·沙畹：《华北考古记》第一卷，袁俊生译，中国画报出版社（Kindle 版本），2020，第 1011 页。
② 2004 年国际足联确认：足球起源于中国古代的蹴鞠，有规则的蹴鞠运动起源于春秋时期的齐国故都临淄，如今临淄建有足球博物馆。

姨庙碑铭》可为证,其铭云:"臣谨按少姨庙者",则《汉书·地理志》:"嵩高少室之庙也。其神为妇人像者,则古老相传,云启母涂山之妹也。""臣谨按"三字说明极可能是奉旨作文。

嵩山下,除了对禹的崇拜与祭祀,对涂山氏二姐妹的崇拜与祭祀也日渐趋盛,最终走向皇家。公元696年(武周万岁登封二年,万岁通天元年),大周皇帝武则天"封启母神为玉京太后,少室阿姨神为金阙夫人"①。作为中国历史上唯一的女皇,加封上古女圣人,武则天或有自古"巾帼不让须眉"的心理因素在。

启母阙

启母阙,立于太室山万岁峰下启母庙前,为东汉延光二年(123年)颍川太守朱宠所建。启母阙北有一处开裂巨石,即"启母石",寓意启母化石、破石生启的神话。汉武帝游嵩山时,为启母石建庙,即启母庙,今庙已不存。两阙间距6.8米,东阙高3.18米,西阙高3.17米,各长2.13米,厚0.7米。阙身还浮雕有"夏禹化熊""启母化石"的画像。

大禹陵大禹纪念馆关于启母阙的说明,摄于大禹纪念馆

对禹的祭祀文物、典章制度(如《禹贡》所述之贡赋与五服区划)备矣,有卷帙浩繁的古文献。那么,有无地下文物支持与佐证?

此非易事也!比如,如何将远古时期的出土文物归属于某人。但我们应当看到很积极的一面,即逐渐多的考古发现,借数学语言,这是一

---

① 《旧唐书》卷二十三《礼仪志三》,中华书局,1975,第891页。

种"逼近"。

1979年河南密县（今新密市）发掘了新砦遗址，1999年，北京大学联合郑州市文物考古研究所对新砦遗址再次进行了发掘，研究者提出了"新砦文化"的观点[1]，认为"新砦文化形成于龙山时代末期，曾与洛阳盆地、豫西和晋南南部、豫西南、豫东等地区（当然还有其他地区）的龙山文化共存过一段时间，最后在洛阳盆地发展成为二里头文化"。更进一步的研究则认为，新砦城拥有外壕、城壕、内壕，是具有军事性质的三重防御设施，具有宗庙结构，有居民区与手工业作坊区，"从聚落规模与功能布局、聚落群形态结构、社会经济发展等各个方面来看，新砦城址具有国都的性质，极有可能是夏代启之都城"[2]。"新砦城址的位置完全符合《水经注》所云夏启之居的地望，城址的始建年代落入夏代早期年代范围之内……依照遗迹遗物的规格，它本身具备王都的特征。"[3] 新砦城址的建筑年代在公元前2000年至公元前1900年，这与夏商周断代工程所确定的禹建夏朝的时间公元前2070年已经相当接近。

新砦遗址的发掘为二里头文化找到了源头，二里头文化的存在时间目前基本认定为夏文化，也就是说，已发现的地下文物，基本上就是按编年在书写历史了，这不是"逼近"吗？

让我们把视线再转向王城岗遗址。

王城岗遗址在登封。

1977年发现了王城岗小城，2002年、2004年又发现了王城岗大城。王城岗遗址一经发现，就引起了专业学者的热烈讨论[4]，有人认为小城为夏部族建国之前的建筑遗址；有人认为小城是鲧的都城，而大城为禹的

---

[1] 魏继印：《论新砦文化的源流及性质》，《考古学报》2018年第1期，第1-24页。
[2] 李龙：《新砦城址的聚落性质探析》，《中州学刊》2013年第6期，第118-121页。
[3] 赵春青：《新密新砦城址与夏启之居》，《中原文物》2004年第3期，第12-16页。
[4] 程平山：《登封王城岗遗址性质分析》，《考古与文物》2009年第5期，第52-56页。

都城；还有人认为小城只是村邑，规模小，而大城是鲧之都。虽说莫衷一是，但我们可以看到他们的共同之处，即话题不离鲧禹的夏族。

河洛嵩山一带著名文化遗址位置示意图

从古城寨遗址、新砦遗址到王城岗遗址……不能尽述的考古发现告诉我们，黄帝部族与鲧禹部族，都在嵩山一带生活（似也不必明确是在新郑、新密或登封），这一带是黄帝部落和后来的鲧禹部落发祥之地，因而嵩山之下是这两部族的共同地望，尤为需要强调的是，这一带可能是夏王朝活动的重点区域，因为这与中华文明探源的关系极大。

我们思维稍微跳跃一下，至今华北平原腹地没发现上古人类文化遗址，古文献也不曾记载过华北平原腹地是先民们活动的区域，而古文献记载的先民们发祥的地方如嵩山豫西一带，正好就发现了这么多的人类文化遗址，这已可认为是夏文化研究方面所取得的相当不错的成果了。对照起来进行"推测"：上古的文献记载当包含有相当一部分可信的成分，因而"层累地造成上古史"确实不能完全令人信服，当然，"疑古派"所具有的科学求实精神是令人钦佩的。曾任德国总统的赫尔佐克在《古代的国家——起源和统治形式》中曾说："没有主观的推测和思辨也就没有科学"；"在已经不可能获得确凿证明的情况下，一个立论有据的推测，总比那种装腔作势、以科学自诩、处处要求完满的证明而结果却只能炮制出一堆空话连篇的文字的'科学',要来得更有价值些。"①话说得直白、生硬,但合理,不能理解为不赞成对古史进行科学研究,我们应当明白该论述的合理成分,上古之事确实难以做到"科学",完全做到"物"与"人"的准确照应根本不可能,以何为标准进行判断?标准之不存或难定,则决定了结论的"非科学性",现在的"推测"已经建立在碳-14标志物测年和文献研究的基础上,一定程度上说,已具有"准科学"的属性,故我认为已经是不错的成绩了,至于将来有进一步的发现,则是进一步的证伪,正符合科学的性质。

至此,我们可以给出一个"逼近"的结论:禹的家在嵩山之下。

六、从洛阳到郑州:华夏第一王都与商城

河洛之间的洛阳是天下名都、中国著名的古都,人尽知。

既然有那么多的建都史,且涉及史前,那么,有天下第一王都称号的洛阳,其时间从何时算起?具体的地点在哪里呢?

考古学界给出的答案是:二里头。②

二里头在现今的洛阳市偃师区,靠近今日的洛河南岸。偃师,是家喻户晓的唐玄奘的故乡。

先民们钟情于这里,我想有下列诸条水文地理因素:

一是因为有水的滋润,这里河流纵横,有伊洛河、汜河、汝河以及众多地图上不曾标示的细小河流,能够为生活、渔猎、农耕、交通提供方便与保障。

---

① 罗曼·赫尔佐克:《古代的国家——起源和统治形式》,赵蓉恒译,北京大学出版社,1998,第3-4页。
② 郭泳:《中华文明的开端:夏》,上海人民出版社,2018,"导语"第3页。

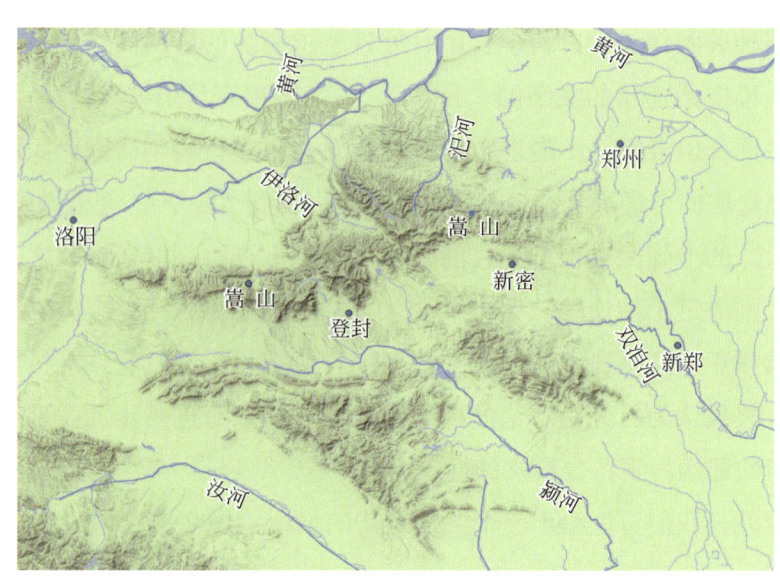

洛阳盆地与嵩山两侧的文化名河示意图

二是安全，领地的安全是任何植物、动物都努力争取、努力寻求的，先民们一样需要有安全的地带繁衍生息。细察二里头所在的盆地，除了河谷的方向，几乎无路可通内外。西部是高山河源地带，也就是华山以东的秦岭山脉，南部则为高大的嵩山，横亘的嵩山成为东西走向的天然屏障。北部邙山（邙岭）虽构不成屏障，但却是保障粮食安全的所在地，邙山是缓坡土岭，有耕稼之利，无水患之忧，而邙山北侧就是黄河天堑，显然，洛阳盆地是以山河为城了。即或是可通行的河谷出口或隘口，后人又设置了洛阳八大关。由此看来，洛阳盆地，河山拱卫，真乃金城之地。

三是这里的土质好。还是在初中阶段，我就知道了偃师的农业育种工作非常出名，试验田中的小麦产量非常高，那时的课程如《农业基础知识》，涉及与农业相关的一些知识，如农药配比、农作物病虫害、盐碱地治理等。1952年起，偃师（肖村）就建起了农业科学实验站，"先后培育出 14 个具有高产、稳产、品质好、抗逆性强、适应性广等优良性状的小麦新品种，亩产最高达 1270 斤"。产量这么高，土质一定好。这些培育出的优良品种"被全国二十多个省、市、自治区引进和试验种植"①。毛主席曾提出农业八字宪法：土、肥、水、种、密、保、管、工。土居第一的位置。二里头遗址约为夏中期遗址，距今 3000 多年，人类进入食物生产时代已经有很久的历史，先民们选择种植的区域，当然会是土壤肥沃的地带。以今日偃师之土壤，回望 3000 年前，古今当无大的差别：那里的黄土层极为肥厚。

以上水文地理因素，与渑池"仰韶文化"的发现地颇为类似。二里头遗址距离渑池仰韶遗址不足 90 公里。都在黄河南岸，河洛区域。

上述三条，还只是洛阳盆地的"局部视野"，但先民所处的时代，人数很少，对部落先民而言，这已经是足够宽的视野、足够宽的生活地域了。及至西周以后，官方对洛阳有了"天下之中"的定性，则河洛的视野不会再局限于有伊、洛二河冲积出的洛阳盆地，越往后视野会越宽阔，如唐经学家孔颖达所云："洛阳处涧、瀍之中，天地交会，北有太行之险，南有宛、叶之饶，东压江、淮食湖海之利；西驰崤、渑据关、河之胜。"② 由此看出，孔颖达的河洛视野，比本文开篇所给出的河洛区域要大多了，这也是洛阳成为都城的有利条件。洛阳作为都城的地利条件不能只是洛阳盆地的视野。

20 世纪初殷墟被发现，可"夏墟"在哪里？

这是考古学家们的心结。为中华文明探源，是他们的心结，也是他们义不容辞的义务。

追溯起来，对"夏墟"最初产生兴趣的是我国著名的古史学家和考

---

① 李德炎：《为革命努力钻研农业科学技术——学习〈做革命的促进派〉的体会》，《开封师院学报》（哲学社会科学版），1977 年第 3 期，第 48-50 页。
② 顾祖禹：《读史方舆纪要》卷四十八《河南三》，中华书局，2005，第 2216 页。

古学家徐旭生先生。①徐先生在古史传说领域，创立了古代中国有华夏、东夷和苗蛮三大集团的学说，然而当时夏文化的真实器物并未出土，这无疑是夏文化研究中的缺憾。有鉴于此，也为了证实自己的学说，徐先生组织起人马，在豫西、晋南一带调查。虽艰辛异常，然所获甚少。后再检阅古文献，"伊洛竭而夏亡"的记载让徐先生灵光一现，莫非夏的遗址就在伊洛河畔？正是从古文献中所获得的这一"理论依据"，让考古队进一步缩小了调查范围。

写到此，我暂停一下，中国第一位诺贝尔生理学或医学奖获得者屠呦呦先生在研究抗疟疾药物青蒿素的过程中曾遇到困难，在"山重水复疑无路"之时，也是在古书中获得了灵感，于是"柳暗花明又一村"，这直接导致了青蒿素低温萃取技术的诞生，这是极为关键的一步。我插入这看似无关的一段，意在强调古文献记录的价值，世事纷纭，能够被古文献记录下来，本身就经过了历史的筛选与淘刷。

殷墟的发现，古文献的记载所带来的启发也是重要原因之一（见本书"第十二章　水润殷都，泽洽安阳"）。

1959年，年逾古稀的徐先生所带的考古队来到邙山脚下的一个村庄"二里头"，考古队的行踪为当地一个老农所感兴趣，问明情况，老农将徐先生一行带到了一个水塘边。

水塘，自然是下凹的地形，而其四周土崖边壁上有出露的陶器碎片，似正翘首以待，等待着后人的"发现"，等待后人揭示出其所含的秘密。

我说过，老天总是在关键的时候，将其秘密昭示于人。

这些出露的陶器碎片，昭示的正是中国第一王都！

其距今3500～3800年，属于青铜器时代。②

---

① 张童心、吕建昌、曹骏：《考古发现与华夏文明》，上海大学出版社，2009，第87-88页。
② 赵海涛：《二里头：3700年前的中国第一王都（1959）》，载许宏等《考古中国：15位考古学家说上下五千年》，中信出版集团（Kindle版本），2022，第239页。

王国维在《殷周制度论》①中说:"禹时都邑虽无可考,然夏自太康以后以迄后桀,其都邑及他地名见于经典者,率在东土,与商人错处河济间盖数百岁。"二里头的发现(以及1983年偃师商城的发现),也证实一代学人王国维所言的正确性,即古籍的记载是正确的。这里的"东土"之谓,是相对于周人崛起的"西土"而言的。

历史不该忘记这位老农,历史应该记住这位老先生,他是"二里头"夏文化发现者的关键人物之一,是向导,可惜,我不知他的名字。

对于二里头遗址的性质,现直接引用《考古发现与华夏文明》中的叙述②:

> 经过近半个世纪的发掘与研究,二里头遗址已被发现、揭露了完整的宫殿建筑基址群、宫城城墙、城市道路网络、高等级贵族墓葬,以及为数众多的精美青铜器、玉石器等遗存。这些证据都表明二里头遗址是个高等级的、具有王都性质的早期城址,为进一步接近并向我们展现神秘的夏代文明提供了重要线索和资料。

在这一段的叙述中,我们可抽取出城市、青铜器的要素,只差一个"文字"的要素就能满足国际上所谓的"文明三要素"。这三要素实在值得商榷,即或是现在,也有不少的民族没有自己的文字,难道这些没有文字的民族没有文明?何况,从二里头到殷墟,只数百年的时间,殷墟甲骨文已经是完全成熟的文字,并不是文字之源,文字走向成熟需要时间,由此推测,夏一定有文字。也不好说夏的文字没有被发现,只看专家们如何认定了,山西襄汾陶寺遗址(龙山文化)出土陶器上的"文"字与商甲骨文几乎一样,我们今天也可一眼辨识之,况且,陶寺遗址出现的文字刻画符号不止这一个。陶寺文化的晚期已经进入了夏代纪年之

---

① 王国维:《观堂集林 外二种》,河北教育出版社,2003,第231页。
② 张童心、吕建昌、曹骏:《考古发现与华夏文明》,上海大学出版社,2009,第87-88页。

内①，这是碳 -14 标志物测年后的结论，当然是科学的结论。

这段话，我在别处也说过，对于文明的判断，不该是自然科学式的限定于几种"元素"或几条"准则"，比如良渚文化所发现的规模宏大的史前水坝，就应该是重量级的文明符号、文明象征，因为，那样规模的水坝系统以及筑坝所需要的人力物力，必涉及复杂的组织与管理，复杂的"组织与管理"属于文明的软性"要素"，比硬性的"要素"具有更高的层级，可是，水坝并未被列为文明的要素，也未见到将"软性要素"列为文明的"要素"。

"诸多的考古学现象表明，二里头文化已经进入了文明社会，存在着国家。"这是称洛阳偃师二里头为第一王都的考古学依据。

"二里头文化曾经对周围文化产生过强烈的影响，有力地推动了中国青铜文明的发展。"②

2019 年建成的二里头夏都遗址博物馆，在系统地展示着夏文化的成果。

商族在黄河下游发展起来，即"有夏之居"的东部一带。

作为一块"风水宝地"，二里头为后崛起的商人所觊觎。

偃师商城距二里头王都只在 6 公里左右，完全是在夏的王畿区域之内。

于是，就有了考古学家们的"改朝换代"的合理推测③：

这座商代早期都城出现于原夏王朝辅畿之内的事实本身，只能是发生于夏商之际的一次重大历史事变——夏、商王朝更替——的标志，即偃师商城是商汤灭夏以后所建都城，这座商城的出现，成为商王朝取代

---

① 中国社会科学院考古研究所：《中国考古学·夏商卷》，中国社会科学出版社，2003，第 59 页。

② 同上。

③ 同上。

夏王朝的历史坐标。

"殷革夏命",后者取代了前者,商族成为统治者。但这不是简单的统治权更替,考古研究揭示,在本族文化的基础上,商族融合了夏文化。中华民族在历史的发展进程中,从来就有广阔的胸襟,从来都以开放的胸怀融合优秀的文化,这是中华民族拥有灿烂文化的重要原因之一。

"殷革夏命"取得成功,离不开一个人,伊尹。伊尹出生在伊水河畔,是帮助商汤灭夏桀的贤相,"尹"即相的意思。商汤曾三聘之,今嵩县有一平顶小山包,传为"三聘台"。《水经注》中有伊尹出身的记载。老子《道德经》曰:"治大国若烹小鲜。"既治大国又烹小鲜者,伊尹是也。伊尹被誉为中华厨师之祖。何以一代名相而为庖人之祖?盖因伊尹由庖人养大,故必有杰出庖厨之技。切不可小看庖厨之技,伊尹以鼎调羹"调和五味",是将做菜的道理用来治理天下了。羹之美者,五味必恰如其分,故而调和五味,可理解为使社会和谐,如此,则有利于理解"治大国若烹小鲜"的道理。"汤之于伊尹,学焉而后臣之。"(《孟子》)商汤把伊尹当成了老师。伊尹从奴隶到宰相,为商朝开国功臣,历仕五朝,期颐之寿一百岁。甲骨文中有商汤与伊尹并祀的记载。

毛主席对伊尹评价很高:

伊尹之道德、学问、经济、事功俱全,可法。伊尹生专制之代,其心实大公也。伊识力大,气势雄,故能抉破五六百年君臣之义,首倡革命。[1]

话题转回偃师商城。偃师商城已有"池苑水系"[2],包括城内供排水系统和城外护城河及相关的自然水系。水道系统采用的建筑结构有石质结构、木石混合结构以及简易的浅沟。在二里头遗址也发现有排水陶管。

---

[1] 毛泽东:《毛泽东早期文稿:1912.6—1920.11》,中共中央文献研究室、中共湖南省委《毛泽东早期文稿》编辑组整理,湖南出版社,1995,第425页。

[2] 中国社会科学院考古研究所:《中国考古学·夏商卷》,中国社会科学出版社,2003,第59页。

二里头遗址发现的排水陶管（摄于中国水利博物馆）

河洛再东行，抵荥阳。

这里有太多的历史名词，制邑、成皋、虎牢关、汜水关，让人感觉穿梭在历史的隧道中。

越过关隘，通过荥阳，抵郑州。

黄河边、邙山下、嵩山麓，商人建了一个很大的城市，即1955年秋发现的郑州商城，遗址之大达25平方公里。

尽管古人"择丘陵而处之"，但至商，中华民族的先民已经进入高度文明的时代，自然会选择更为适宜的地带繁衍生息。山前平原，无疑是肥沃的地带，有河流泛滥留下的肥沃冲积物，有从山上冲积下来的更为肥沃的腐殖质。郑州商城所处地带正是这一位置，进可攻，退可守，那个时候，西南山岭为狩猎之地，东部平原河湖密布，有渔猎之利，平原广阔，更是耕稼与游牧的理想地带，有两条河流（金水河、熊耳河）可为城市提供可靠的水源。这里，还有一重地理区位上的优势：襟黄淮，望太行，靠嵩邙，扼南北交通、东西往来之要冲。看来，郑州作为交通运输中心的地位在商早期已经体现出来了,处于黄河下游的商人选择在如此重要、便利的地方建都也就不难理解。有学者更是将郑州的交通枢纽地位提早到夏初,当时夏启与有扈氏之间爆发了多次的战争,并总结指出:"如果从地理角度来考察,这个时代(指夏、商、西周)的战争特点之一,就是逐渐形成了近代军事地理学所谓的'枢纽地区',即位于交通要冲的兵家必争之地。"① 郑州在夏、商、西周三代,就处于这个战争中的枢纽地位。

郑州商城与偃师商城被考古界认定为商早期的城市遗址,因而商有"两京"之说②。

截至目前,考古工作者已发掘了 5 座王都级别的商城遗址,嵩岳下河洛间计有 3 处,分别为郑州商城遗址、偃师商城遗址和小双桥隞(áo)都商城遗址(郑州西北 20 公里处),另两处为安阳殷墟商城遗址、洹北商城遗址。

要之,水文地理条件决定了先民们繁衍生息所选择的风水宝地,嵩山下、河洛间许多重要的人类文化遗址,诸如新密古城寨遗址、新密新砦遗址、偃师二里头夏文化遗址、偃师商城遗址、郑州商城遗址、小双桥隞都商城遗址,等等,无不说明了这一点。

七、天下之中与九鼎

洛阳,其实是在山川河流大格局下,以水为核心元素建立起来的城市。

周人崛起于岐沣之地。武王伐纣,商亡。

---

① 宋杰:《中国古代战争的地理枢纽》,北京科学技术出版社(Kindle 版本),2022,第 53 页。

② 许顺湛:《中国最早的"两京制"——郑亳与西亳》,《中原文物》1996 年第 2 期,第 1-3、8 页。

西周的统治中心在沣水畔的镐京（今陕西西安市长安区），这对崤山之东的广大地区来说实在是太远了，显然不利于统治，因而武王谋划在今洛阳一带营建新都城。武王的谋划之说在后来出土的西周重器何尊上有记载，并能与《尚书》的记载相照应，《史记》《逸周书》等也都有记载。其大意是[①]：

新都城应当在洛水入黄河的西面，到伊水入洛的北面一块平原上，那是夏人的故地。南面看到三塗山，北面望到太行和霍山南麓。东面和北面有大河，南有伊水、洛水，西去就是我们的旧都。

这段话有近景，有远景，视野足够辽远，山水地理之方位正确无误，让我们不得不得出这样一个结论，生活在约3300年的周武王，已经有了"禹迹图"（即地图），周人是对中原核心区的形胜及区位优势已经非常了解。

《日下旧闻考》卷八十曾言及建都："自古建都之地，上得天时，下得地利，中得人心。"以斯言视洛阳，再回溯武王三千多年前之谋划，禁不住感叹：河洛之间，其建都也，完全是天造地设！尽管南宋后洛阳失去了它的高光时刻，尽管汉魏洛阳城"湮没无存"[②]，尽管《洛阳伽蓝记》的作者杨衒之"《麦秀》之感，非独殷墟;《黍离》之悲，信哉周室"饱含无奈，但回望洛阳，毕竟是那样的辉煌！

兴衰轮替，原本正常，将洛阳作为一本历史书读即可。只是，这本书偏厚了些，"若问古今兴废事，请君只看洛阳城"（司马光）。之所以兴废重复，在于山势不移，河洛长流，每一次的劫难之后，洛阳都能浴火重生。

[①] 钱穆:《黄帝》，生活·读书·新知三联书店，2021，第7-8页。
[②] 唐克扬:《洛阳在最后的时光里》，广西师范大学出版社（Kindle版本），2018，第12页。

具体的洛阳"城址"是以山水为考量因素勾勒确定的,水也许是中国城市中可见的灵魂和脉络,而山则是支撑的骨骼和构架。武王的眼光长远,同时也是一种高度,这其实是一种驾驭巨大空间范围的"势",有了都城的要件,就构成了"势能"。我们应以武王的眼光来理解"河洛"的地理概念。后人应有这个眼光,不该局促于狭小的洛阳盆地。

武王不久亡故,惜其谋划未来得及实施,但思想却被继承。

成王继位,周公辅政。周公赞成武王、成王的意见("成王……如武王之意"),即建都洛阳,周公认为"此天下之中,四方入贡道里均"(《史记·周本纪第四》)。

于是,周公接受成王安排,开始营建雒邑。

其实,营建雒邑,不只是"四方入贡道里均",更大的意义在于便于对殷民予以监管,包括对后来造反的武王兄弟们都有"控制"作用,这其实是在洛阳建立了中央军区。

古人做大事总要占卜。

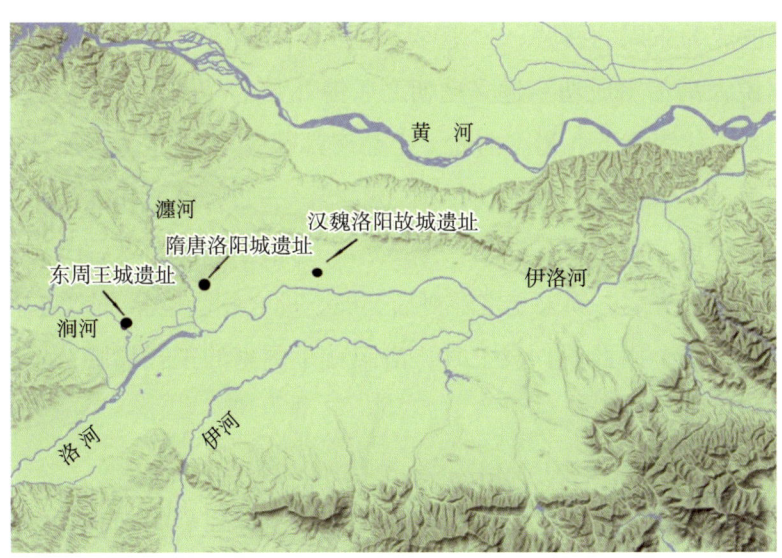

洛阳平原地形、河流、都城遗址位置示意图

关于占卜选定洛阳为东都一事，《尚书·洛诰》这样记载：

我卜河朔（大河北岸）黎水，我乃卜涧水东，瀍水西，惟洛食；我又卜瀍水东，亦惟洛食。

也就是说，周公占卜了三个地方，所得结果都以"洛"为理想之地，"惟洛食"的意义，可理解为利用洛水作为饮水之源、灌溉之源，因而就是饭食之源。

周公占卜相地，着重标注的是"水"，可见，"水"在"风水地理"的视野中是很重要的因素，更是"民生"要素。

的确，如今的"城市规划"、村庄聚落建设，都会选择"风水宝地"。

于是，"成王定鼎于郏鄏（jiá rǔ），卜世三十，卜年七百，天所命也。"（《左传·宣公三年》）

郏鄏，地理坐标，可简单理解成雒邑。至战国，雒邑称雒阳，曹魏时改称洛阳①，盖因城在洛水之阳。因雒邑为成王时所营建，所以称成周，镐京则称为宗周。烽火戏诸侯，犬戎攻破镐京，平王东迁，西周亡。此后，雒邑成为东周的都城。

据说大禹治水成功、建立夏朝之后铸九鼎，"禹收九牧之金铸九鼎"（《史记》），代表天下九州。前述"定鼎于郏鄏"，就是把大禹所铸九鼎放在了郏鄏。三代时期，九鼎为传国之重器，一如后世由和氏璧所刻的传国玉玺，是国家权力的象征。《墨子》言九鼎之传国："夏后氏失之，殷人受之。殷人失之，周人受之。夏后、殷、周之相受也。"② "定鼎"，相当于定都建国，由此看，成王时，洛阳就是国家的正式都城，因而西周也是"两京"制。

---

① 傅崇兰、白晨曦、曹文明等：《中国城市发展史》，社会科学文献出版社，2009，第45页。

② 吴毓江、孙启治：《墨子校注》卷之十一《耕柱》，中华书局，2006，第656页。

第十一章 嵩岳之下，河洛之间

成周是政权确立之后，第一个由国家层面进行规划（武王），勘测选点（召公、周公），详细规划（周公），获得官方批准（成王），然后再予以营建（周公）的都城。瀍水、涧水之间建设的城区大，是行政中心，为周之东都，后来叫王城；瀍水之东所建城面积小，为东都之下都，安置殷遗民，并置军队监视，当然就是军营所在地。二者合称成周①。

洛阳，在西周时被赋予了"中国"的概念。

西周何尊于1963年出土于陕西省宝鸡，其上刻有铭文：

唯武王既克大邑商，则廷告于天，曰："余其宅兹中或（国），自之乂民。"

这几句话的大意是：武王灭商之后，在王室举行祭祀仪式，祭天祝词曰：此地（洛阳）为天下的中心，要在此统治民众。

由此可以明白，"中国"最初的含义是天下的中心，所指的地方是今天洛阳，主要是地理的概念（也应当有"帝都"的概念）。在历史的进程中，"中国"演变为中原诸侯国的代称，后代指全中国，因而"中国"由最初的地理概念，逐渐被赋予了"政治学"的概念。但追踪起来，之所以有天下"中心"的概念，当是来自描述禹迹的《禹贡》，其中的"五服"说，各服围绕的中心就是"帝都"，这成为"文化中国"的源头。其实，"五服"说的核心就是大一统的思想。尽管在不同时期"中国"所代表的范围有所不同，但"其核心则恒定不易"②。五服说不但在中国学者所编写的有关政治学的著作中可以看到，其在研究古代地理学思想史的外国学者中也广有影响。

---

① 钱穆：《黄帝》，生活·读书·新知三联书店，2021，第7-8页。
② 唐晓峰：《从混沌到秩序：中国上古地理思想史述论》，中华书局，2010，第224-233页。

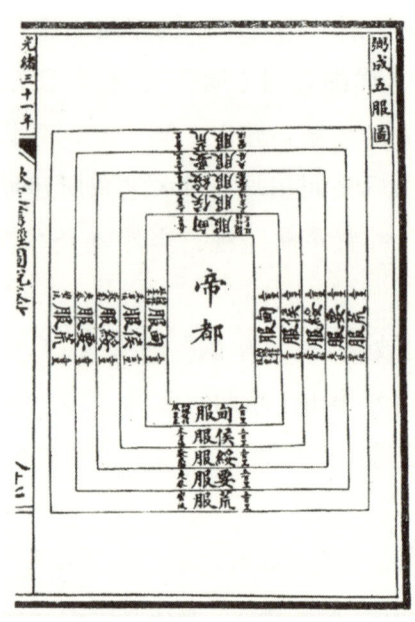

五服图 ①

关于河洛为天下中心的概念,除了典籍、青铜重器的记载,还有地上文物的"继承"。登封告城镇有现存中国最早的天文台。所谓"继承",是因为据《周礼》记载,周公在当初营建雒邑时曾在这里测量日影,从而定出了二十四节气。现在登封的观星台建于元代,由著名科学家、水利学家郭守敬主持建立。告城镇一带正是古代阳城所在地——崇伯鲧这一族生活的区域,说得更直白,就是大禹的家乡,附近就有著名的阳城遗址、王城岗遗址。我曾于十余年前到过那里,时在阳春五月初,接近正午,阳光晴好,观星台下,并无太多的游人,想着这里是中华民族先祖的故里,有中华民族先祖、先贤的足迹,一种无比的崇敬之感立时充满全身,只觉得周围一片肃穆,北望嵩岳,树木葱郁,高山仰止,一切都变得神圣起来。

---

① 唐晓峰:《华夏文明地理新谈》,收入《新编历史–文明史话系列》(Kindle 版本),第 1268 页。

那么，九鼎后来哪里去了？这成了千古之谜。

大禹之时，铜石并用，似无须过分拘泥于大禹是否真的铸了九鼎，但作为镇国重器的九鼎却是存在的，后人追溯于禹，认为是政权的源头，作为文化现象是可以理解的，世间万事万物均需溯源，追溯于禹，还使政权具有"神性"。《古文观止·王孙满对楚子》(《左传》)，写的是楚庄王伐陆浑之戎、耀兵于周疆的故事，后衍生出"问鼎中原"的成语。楚子（楚庄王）"问鼎之大小轻重焉"，周大夫王孙满对曰："在德不在鼎。"这是一个大命题，后孔子有言："为政以德，譬如北辰，居其所而众星共之。"(《论语》)

春秋年间的中国历史，已经记录的非常明确，无须存疑。楚庄王伐陆浑之戎一事发生在公元前606年（鲁宣公三年，周定王元年）。定王五年（公元前602年），河决宿胥口，黄河发生了历史上的第一次大改道。"陆浑"作为地名今存，在洛阳市嵩县东北有陆浑镇。20世纪60年代国家在伊河上修建了具有很大社会效益与经济效益的陆浑水库，有这样一个名字，就知道了其承载的历史。陆浑水库库容之大，洛阳境内位列第二，仅次于黄河上最大的工程小浪底水库，一碧万顷下，留存有太多的历史人文记忆，古国旧地，箭矢锈斑，唐人吟唱，宋儒遗迹……文化史迹太多，不可尽述。抚今追昔，高峡平湖，渔歌唱晚，更胜却宋之问"浩歌清潭曲"、程伊川"归路逐樵歌"。后来修建刘家峡水库的队伍中，许多人都是来自陆浑水库。

伊河上的陆浑水库，洛河上的故县水库，沁河最下游的河口村水库，黄河干流上的三门峡水库、小浪底水库、西霞院水库，共同构成了黄河中下游防洪体系中最重要的水库群。是的，防洪讲究的是体系，水库是防洪体系中最重要的组成部分，防洪需要有流域的眼光。不止于此，河流梯级开发，工程开发目标的实现往往需要联合调度（不只是防洪才需要联合调度），统一管理，这在将来，尤其对于水资源、生态、环境诸方面，具有重要意义，如此，则行政区划的局限性就要服从于流域机构的意志，相对于地方法规，流域机构的法规当是上位法规。

基于史实写就的《东周列国志》中曾有数处写到九鼎，其中秦武王举雍州之鼎绝胫殒命一节，对九鼎有细致的描写：

见九位宝鼎一字排列，果然整齐。那九鼎是禹王收取九州的贡金，各铸成一鼎，载其本州山川人物，及贡赋田土之数，足耳俱有龙文，又谓之"九龙神鼎"。

看似小说的描写，实受到《禹贡》的影响，因为山川、贡赋、田土分级，正是《禹贡》述及的内容。

《史记·封禅书》《史记·秦始皇本纪》对九鼎都有记载，说明确有九鼎。但无须追踪九鼎是否大禹所铸，这没有意义。《史记》同时记载鼎没于泗水彭城（今徐州）下。

……秦灭周，周之九鼎入于秦。或曰宋太丘社亡，而鼎没于泗水彭城下。其后百一十五年而秦并天下。（《史记·封禅书》）

前一句，肯定九鼎已经被搬运到了秦国。后一句有"或曰"，说明，太史公对九鼎的下落存有疑问。

始皇还，过彭城，斋戒祷祠，欲出周鼎泗水。使千人没水求之，弗得。（《史记·秦始皇本纪》）

这是肯定的记载，点明了泗水彭城，但却不能令人信服，彭城（商丘）在洛阳东300公里。但却说明，至秦始皇时期，九鼎已经没有了去向。

九鼎原在洛阳，秦人从洛阳运九鼎至咸阳，《东周列国志》的描述中也是走"泗水"，洛阳附近没有泗水，只有汜（sì）水。《东周列国志》是明冯梦龙编，清蔡元放点校，时代距今并不遥远，仍犯同样的地理知识错误，殊是难以理解。从洛阳乘舟楫，该走洛河才是正理。由伊洛河入黄，再入渭，全程水路达咸阳——即或是这样，宝鼎西运，洛水东流，也单向走了百里许的弯路，只因为水路方便，这样走是可以理解的。

洛阳东面有汜水关，即大名鼎鼎的虎牢关。由东而西攻取洛阳者必走汜水关，《三国演义》中有著名的"虎牢关三英战吕布"[①]，历史上，发生在这里的战事不知凡几。汜水关在汜水西岸，汜水北流入黄。今日之汜水镇在伊洛河口东十多公里处。莫非运九鼎先通过陆路运抵汜水关，然后装船改走水路（走汜水以入黄河），而一鼎（豫州之鼎）落入汜水？这意味着，"汜水"被误为"泗水"。此系妄拟，不必认真。即使选择此路线，也是西运而东行，没有必要。

《东周列国志》中的描写"及运至泗水，一鼎（豫州之鼎）忽从舟中飞沉于水底"显然是小说家言，即或认可之，那其余八个鼎呢？不愿作猜测，只能等待考古发现了。

大禹铸九鼎在文化上的影响是很深远的，《新唐书》载武则天曾自铸九鼎，这显然是为自己的统治配置硬件上的法理依据，"置九鼎于通天宫"[②]；《宋史》载宋徽宗崇宁四月，"铸九鼎，用金甚厚，取九州水土内鼎中"[③]。宋徽宗安置九鼎祭拜过程中，至北方宝鼎前忽漏水，大臣解释说所取之水不是燕山（代表正北方）的水，不正宗，不可用。"其后竟以北方致乱"，当是指金兵南犯了。这是《宋史》记述的故事，不是野史。

鼎及"禹铸九鼎"在中国历史上均具有重要的文化意义，如今，在青铜峡大禹文化园，就安放有体形硕大的九鼎重器（见本书"第五章　贺兰山下阴山前"），其以"神性"描述着中华山水，描述着厚重的中华历史和文化。

历代所建洛阳城，周代洛阳城处于最西边，地势最高，依洛水而建，居洛水之阳，更有利于城市防洪。后世洛阳城偏东，大约是考虑了城市

[①] 《三国演义》的描写中，出现了汜水关、虎牢关两关。
[②] 《新唐书》卷四《则天皇后本纪》，中华书局，1975，第97页。
[③] 《宋史》卷六十六《五行志四》，中华书局，1985，第1437页。

发展所需要的规模，地理位置更偏东，盆地平原面积更宽阔。总之，成周城的营建，为以后洛阳城的长久繁盛，打下了基础。

著名学者唐晓峰指出："古代有三大最值得注意的人文群体，他们是华夏文明的实践引领者、代表者，这就是夏人、商人和周人。"[1] 这三大人文群体，荟萃融合于河洛一带，以现在的考古发现为依据，夏商周三代留下痕迹最多、最典型的地区，无疑是河洛地带了，正所谓的"其有夏之居"（《史记·周本纪第四》），这是实证。其实，司马迁已经说得非常明确："昔三代之居，皆在河洛之间。"（《史记·封禅书第六》）

三代之居水好，土好，相对来说，防洪压力小些，适宜于人类的繁衍和文化的滋荣。

八、水流迳通洛阳城

诗赋并称。

虽说诗言志，但比之于唐诗，汉赋之用语显得更为古奥，气魄更为宏大，铺陈更多，更显得绚丽。或因为此吧，尽管赋在文学史中是重要的内容，但赋难写，写赋的人少。既为赋，就要有赋的难度、深度、高度。写进文学史中的赋并不多，但汉赋代表作中，居然有数篇写到洛阳，如张衡《二京赋·东京赋》，班固《两都赋·东都赋》，曹植《洛神赋》。

张衡《二京赋·东京赋》中对东京之奢华壮丽极尽铺陈之能事，原以为这只是文学性的夸张，后来见到了一幅汉代东京城市图，见城中渠流纵横，池苑比邻，2000 年前的城市中有如此多的水景观，多少让我有些吃惊，始相信"赋"也可以纪实。

---

[1] 唐晓峰：《华夏文明地理新谈》，收入《新编历史－文明史话系列》（Kindle 版本），第 1206 页。

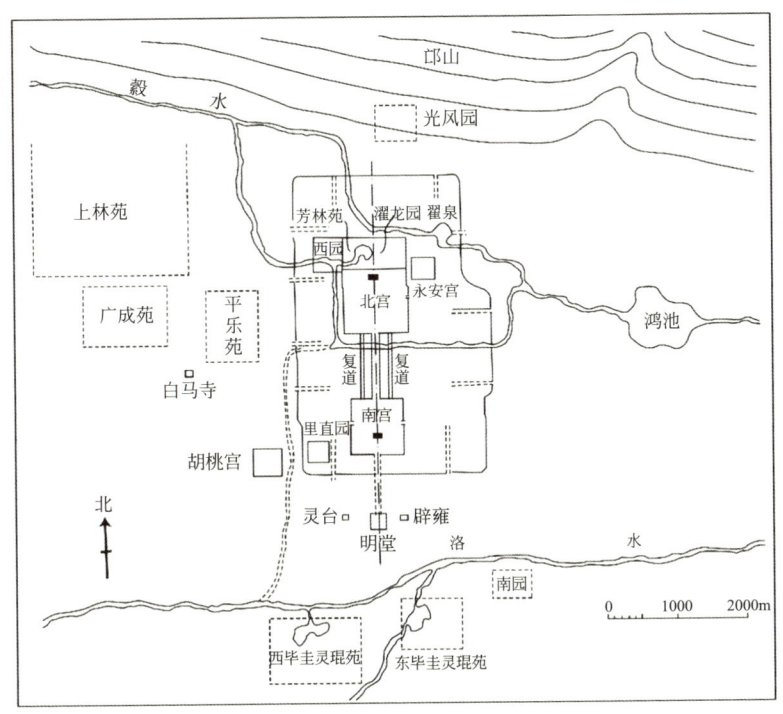

东汉洛阳主要宫苑分布及水系示意图[①]

从这张图上可以明显看出,引谷水于城北东流,分出枝津于城西南行,利用西高东低、北高南低的天然地形,可实现全城的自流供水。这极具聪明才智的水系规划,成为维持这座城市运行的生命线,是这座都城"光汉京于诸夏,总八方而为之极"(班固)的基础。

东汉时期最大的皇家园林是濯林园、永安宫[②],另有名园芳林园(苑)。张衡《二京赋·东京赋》:"濯龙芳林,九谷八溪。芙蓉覆水,秋兰被涯。渚戏跃鱼,渊游龟蠵(xī,大龟)。永安离宫,修竹冬青。阴池幽流,玄泉洌清。"可见都是以水见长的园林。后芳林园改名华林园,其

[①] 张甜甜:《东汉园林史研究》,硕士学位论文,福建农林大学风景园林规划设计与理论,2015,第36页。
[②] 周维权:《中国古典园林史》(第三版),清华大学出版社,2008,第99页。

建筑时间最长,从东汉至北魏,达200余年,有蔚为大观之势,在中国园林史上占有一席之地,后毁于东魏年间。除皇家御苑外,东汉还有众多的私家园林,城外也有泉池水苑,"因原野以作苑,填流泉而为沼……"(班固)。从此我们也可看出,是水盘活了东汉洛阳城。事实上,古代园林水利一直是城市水利的重要内容,特别是都城地区。①

东汉引谷水滋润洛阳的水系中有一关键工程是千金堨(è),实际上是滚水坝,有一定的调蓄作用,东汉时初建,曹魏时复建,西晋时坝体进一步加高。② 千金堨的拦水,除了调蓄为漕运渠道补水,还为舂米的器械水碓供水。汉魏洛阳城(东汉、曹魏、西晋、北魏)的城址有继承性,西晋因战争决破千金堨,"水碓皆涸"③,由此可知,洛阳城当有不少的水碓为市民加工粮食。后修复并加高之,说明需要更多的库容,以增大调蓄作用,增加供水能力,为更多的水碓提供动力。千金堨又名千金堰,"计其水利,日益千金,因以为名……令备夫一千,岁恒修之",《洛阳伽蓝记》如是记载。日本学者五井直弘认为,备夫一千,可能是虚数,但却说明了它对阳渠的重要性。④ 由此我们知道千金堨为利甚溥,岁修带来了恒利,恒利之缘由,在于千金堨能够为水碓供水,向漕运补水,以及向城市供水。

由上叙述找出关键词:岁修。著名的都江堰至少在宋代即有岁修制度,看来,中国水利工程的岁修制度起源更早。看到今日水毁工程或岁久日毁之沟渠,未曾修缮而任其毁坏,能不忧乎?水利工程的维修,有赖于制度,须培养一些专业工作者,其技术可靠,也有责任心。生活、生产、生态以及社会财富的增加,甚关乎清流的恒久利用,关乎水利的可持续发展,尤为重要的是对保持我国农业丰产和农村的社会稳定起着

---

① 详参刘海龙:《中国古代园林水利》第二章,中国建筑工业出版社,2020。
② 郭涛:《中国古代水利科学技术史》,中国建筑工业出版社,2012,第259-260页。
③ 姚汉源:《中国水利发展史》,上海人民出版社,2005,第136页。
④ 五井直弘:《古代中国的漕运——汉魏洛阳城的阳渠》,载《中国古代史论稿》姜镇庆、李德龙译,北京大学出版社,2001,第172页。

决定性的作用。客观来说,对于农村农业水利,似乎更重视建设,而对于维修,则未达到该有的重视程度,宜多下一份力气。

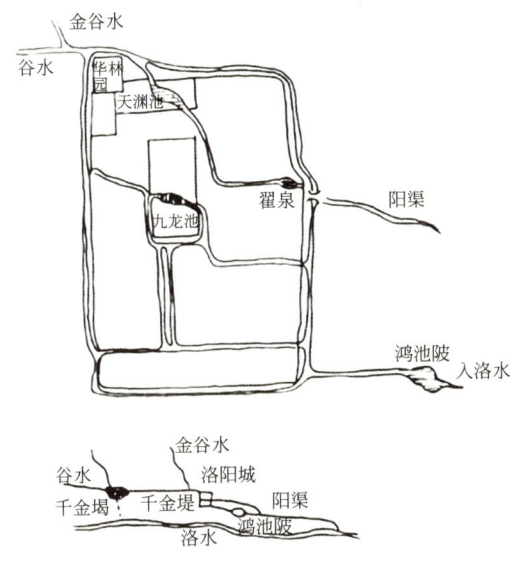

东汉洛阳城及周边水系示意图(据郭涛图改绘)①

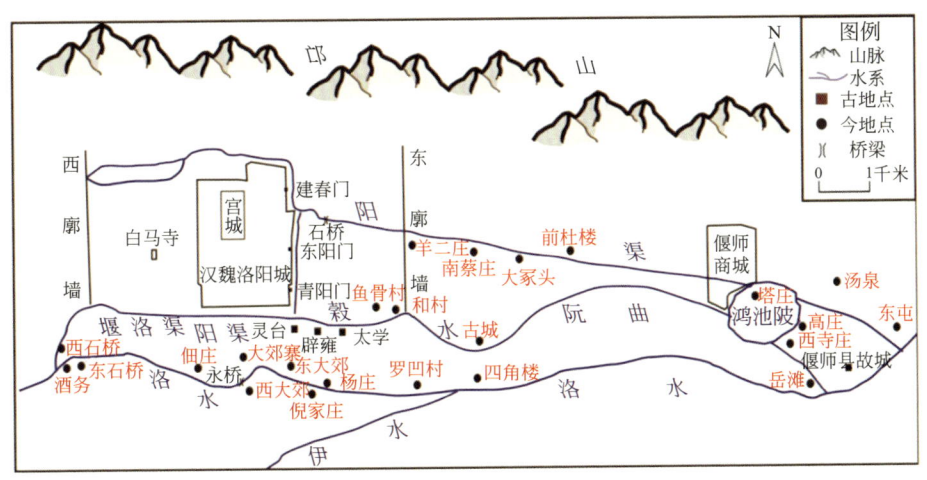

汉魏时期洛阳水道与鸿池陂位置示意图②

---

① 郭涛:《中国古代水利科学技术史》,中国建筑工业出版社,2012,第259-260页。
② 梁克敏:《中古时期鸿池陂的变迁与洛阳水运的兴衰》,《中国历史地理论丛》2022年第3期,第5-15页。

汉魏洛阳城东有鸿池陂，这是一处非常重要的湖泊，其生、其亡给我们很多启示。鸿池陂本是一处天然的湖泊，东注于洛水。历史时期的伊河、洛河下游有诸多的湖沼。汉魏时期，鸿池陂面积广大，"池东西千步，南北千一百步，四周有塘池，中又有东西横塘，水溜迳通"（《水经注·谷水》）。为管理鸿池陂，设有"丞一人，二百石"。鸿池陂对城市生活、农业灌溉起着非常重要的作用，其尤为重要的作用体现在水运方面，为洛阳水运的"中转枢纽"，具有调节池的"吞吐"作用，河道水浅补不足，河道水多纳洪流。至隋唐前期，虽然鸿池陂已经萎缩，但仍在航运中起着重要的作用。唐宋之际，鸿池陂彻底堙废，成了历史地理中的名词。鸿池陂的堙废，原因很多，但最重要的原因是上游生态环境变化导致的水土流失，由此导致的泥沙淤积不但淤废了鸿池陂，也使得伊洛河河道萎缩，航运条件变差，间接影响了洛阳成为北宋的都城。[①]生态环境何以变差？除却自然的因素外，就是人为的"破坏"，当然，这种破坏是无意识产生的，即取材于林，取柴于山，洛阳周边是这样，长安附近的渭北高原是这样，北京的西山及永定河上游也是这样。

至于汉末三国时期曹植的名篇《洛神赋》，则是一篇"爱情赋"，其写人对"神"的思慕。人神相恋，滥觞于屈原，屈原创下宓（fú）妃美的雏形；两汉辞赋，因袭屈原，宓妃形象渐为具体，一步大的跨越是由"神"而变为"人"。至曹植，复而为"神"，推测曹植必有寄托，否则，尽可以山水直抒情怀，无须以水引出洛神。赋之用力最深处，是对洛神宓妃"形体美"的描写。"其形也，翩若惊鸿，婉若游龙"这就是洛水灵动的形态吧！其以轻盈的身躯激越向前，蜿蜒曲折，恰如游龙一般，比之于淑女的娴静，是更富于生命的激情。用现代的词语，洛神或为曹植心中的"女神吧"！

---

① 梁克敏：《中古时期鸿池陂的变迁与洛阳水运的兴衰》，《中国历史地理论丛》2022年第3期，第5-15页。

下笔至此，不免又"自忖"："宓妃"者，或确为赞洛川之美，只不过曹子建采用了"比兴"手法而已。设若今日洛水复如是，我亦当"浮长川而忘返，思绵绵而增慕"。我的意思是，"醉翁之意不在酒，在乎山水之间也！"若有山水可寄情，眼前即是水墨丹青，何其快乐！无奈乎清流渐少，河道日蹙，既不见洛水"惊鸿"之貌，也难有"游龙"之躯，水浅难行舟，"载不动，许多愁！"

建安文学是黄河水浇灌出的中国文学史中的一朵奇葩，以三曹和建安七子为代表。建安文学，以诗歌成就最高。大多中国人都能吟诵曹操的诗，其厚重自不待言；国人也大都知道曹植的七步诗。建安时期的诗歌，其写实尤为感人，能够反映出社会实况，不但使情景跃然纸上，画面几乎呈现于眼前，而且充满真情。

白骨露于野，千里无鸡鸣。生民百遗一，念之断人肠。（曹操《蒿里行》）

出门无所见，白骨蔽平原。路有饥妇人，抱子弃草间……驱马弃之去……喟然伤心肝。（王粲《七哀诗》）

汉光武帝定都城于洛阳。

汉光武帝刘秀定都洛阳之时，关中尚不在其控制范围之内，其定都洛阳，有三个好处。

第一大优点是这里离他的老家南阳近。

宛洛地理上相连，将都城设在洛阳，就算将政权设在家乡了，这要安全得多。我查过光武帝的云台二十八将的籍贯，除少数几人外，几乎都是"山东"人，尤以南阳和颍川人为多，这些一同起兵的"老伙计"，哪个没有家乡观念呢？因而立都城于家门口，很有助于政权的稳定，会得到"众将官"的支持。顺便说一句，汉光武的云台二十八将，没一人属于"狡兔死走狗烹"之列，除几例早薨、早卒外，都属于善终，这在中国的帝王历史上，算是难得了。

东汉都洛阳的第二大优点是有利于对河内郡的统治。河内郡，大体相当于现在的河南省北部，因在黄河北而得名。在当时，河内是中国最为富庶的地方了，汉光武帝因河内而龙兴，"河内完富，吾将因是而起"（《后汉书·寇恂传》）。寇恂，"云台二十八将"位列第五位，寇恂为刘秀守住了河内这个大后方，并为前方转运军粮，军无乏食，类似于西汉萧何的角色。东汉立国后，河内一带成为国家依靠的基本经济区①，中国历史上基本经济区的形成，与水利事业的发展直接相关，这是著名经济学家冀朝鼎先生的发现。河内地区，属于中原核心地带，土地平旷肥沃，车挽便利，有良好的水利灌溉以及航运条件。

东汉都城洛阳的第三大优点，是漕运避开了古代洛阳至陕州间三百里极为艰难的运道（陆路更难行，花费极多）。人言：蜀道之难，难于上青天。这一段水道可与蜀道作类比，看看三门峡绝壁上的拉纤遗迹，再读相关史料就会对此有所理解。今录几句史料如下，《太平广记》对此有节录：

> 唐杨务廉……奏开陕州三门。凿山烧石。岩侧施栈道牵船。河流湍急……苟牵绳一断，栈梁一绝，则扑杀数十人……落栈着石，百无一存。道路悲号，声动山谷，皆称杨务廉为人妖，天生此妖，以破残百姓。②

相对来说，东汉都城洛阳漕运要容易得多，从黄河入洛水即可到达偃师。由偃师走"阳渠"，粮食即通过漕运进京。"阳渠"为人工渠道，可追溯至周公时期，"城之西面有阳渠，周公制之也"（《水经注·谷水》）。后代又拓宽之。根据考古发掘，文献记载，以及专家研究，可确信周公

---

① 冀朝鼎：《中国历史上的基本经济区》，商务印书馆，2016，第88页。
② 李昉等编《太平广记》卷第二百六十八《酷暴二·杨务廉》，中华书局，1961，第2107页。

挖沟渠为成周城之必备的基础设施①，因而阳渠之源于西周城建时期也就可信。"阳渠"同时具有城市供水的功能②，这种功能被最新的考古发现所证实，2022年汉魏洛阳城发现三条大型水道，石器暗渠，其规模宏大，加工精细，"在汉魏洛阳故城的发掘历史上尚属首次"。"这些水道是从宫城外的阳渠向宫城北部引水的渠道，或与宫城北部西游园等园林景观引水有关。"③

建都洛阳的东汉，在黄河治理方面做了一件中国水利史上的大事：王景治河。

王莽始建国三年（公元11年）河决魏郡（今河北大名以东）——是谓黄河第二大徙，之后黄河一直乱流，未有固定的河道，也未予治理。东汉初，黄泛、汴水、济水连成一片，甚不利于国计民生。东汉永平十二年（公元69年），鉴于"天下安平，人无徭役，岁比登稔，百姓殷富，粟斛三十，牛羊被野"④，汉明帝决定治理黄河。

汉明帝于洛阳召见了一代治河大家王景，赐其以《山海经》《河渠书》及《禹贡》。这些"理论书籍"诚然不是用于"技术层面"的，但却代表着汉明帝对王景的信任，同时也可能隐含着一层意思，即历史上有关治水的"成说"属于哲学层面的，当是汉明帝对王景的顶层指导。王景治河，一年功成。这次治河，河道流经的路线较短，"自荥阳（今荥阳东北）东至千乘海口（千乘县，今高青东北），千余里"（《后汉书·王景

---

① 陈华州、郭宏涛：《汉魏洛阳城阳渠、鸿池陂考略》，http://www.dtgcbh.cn/dtgcbhxfyjh/dtgdwd/201702/e4a86a40809f42e7b9bfc180340fd13f.shtml，访问时间：2023年7月16日。
② 姚汉源：《中国水利发展史》，上海人民出版社，2005，第86页。
③ 桂娟、袁月明：《河南汉魏洛阳故城发现魏晋时期大型水利设施》，2022年6月13日，http://www.xinhuanet.com/shuhua/20220613/29ff4449148d4c01be9ee4bf252550f9/c.html，访问时间：2023年7月16日。
④ 《后汉书》卷二《显宗孝明帝纪》，中华书局，1965，第115页。

传》),距离海较近,因而河床坡度一定较大,利于行洪,这是流路上的优越性;另一项重要的措施是将汴、黄分开,在引黄口设立节制闸。"汴黄分开"的措施为后来的曹操所继承,作过江南河道总督的清人康基田对此极为赞赏,在《河渠纪闻》中不惜用溢美之词对此予以评述。王景治河后,历东汉、三国、南北朝、隋、唐、五代,水患见诸史籍者少,故有东汉后黄河八百年安流之说。可以肯定,王景治河所带来的良好效果,但冷静的分析,一次治河,单凭工程技术,难以取得功迈禹功的成绩,因而为后人留下了诸多思考的空间。著名历史地理学家谭其骧先生针对于此曾写下了著名的论文《何以黄河在东汉以后会出现一个长期安流的局面——从历史上论证黄河中游的土地合理利用是消弭下游水害的决定性因素》①,题目即是结论,谭先生使人眼前一亮的结论跃然于纸上。

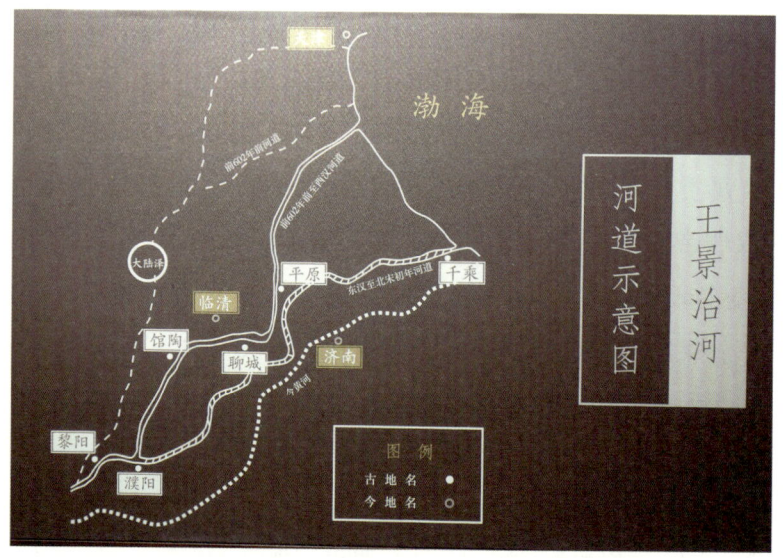

王景治河河道示意图(摄于中国水利博物馆)

---

① 谭其骧:《何以黄河在东汉以后会出现一个长期安流的局面——从历史上论证黄河中游的土地合理利用是消弭下游水害的决定性因素》,《学术月刊》1962年第2期,第23-35页。

读杜牧，发现杜牧善于咏史，典型的如《阿房宫赋》。其《金谷园》云："繁华事散逐香尘，流水无情草自春。"至西晋，洛阳则留下了金谷园中斗富的俗不可耐的故事，我不喜欢这种故事，觉得应该在历史中过滤掉。初见"金谷园"三字是在20世纪70年代末的洛阳火车站，但却不曾看到过美丽的"园景"，或是在多个招牌上见到了此三字，就留下了深刻的印象。还应当有一条街吧？与"金谷园"大有关系，以卖吃为主。

据称"金谷春晴"是洛阳八大景之一，无疑是山水佳处，尤以水见长。

写到此，不免发出一番历史的感慨。池苑山水虽好，奈何历史的规律？方塘曲水，反倒是一面镜子，能照出奢靡，诚如唐人李商隐在《咏史》中所说："历览前贤国与家，成由勤俭破由奢。"至东汉末，"白骨露於野，千里无鸡鸣"（曹操），这事实性的描写成为中国历史上最为悲惨的一段；西晋短暂的统一，虽说有所谓的"太康之治"，但昙花一现，司马氏集团无节制的奢靡，旋即带来中原丧乱。敲字间，脑子里蹦出白石道人的《扬州慢》，虽与洛阳无关，但总可进行一番类比，且借白石道人的句子，诉说心中的感慨，当然，且做一些必要的"修改"，表明是在说洛阳：天下之中，山东名都，自胡马窥洛去后，废池荒苑，草掩春城。渐黄昏，石阙汉陵，残照西风。千金碣废，忆当年，阳渠鸿池，舳舻相继帆蔽空。华林园仍在，波心荡、冷月无声。念洛阳花好，年年知为谁生？如此看来，真有"黍离"之悲！

作为本节的尾段，我愿提一下杜诗。

1979年，洛阳考古队在黄河北岸的吉利区发现的汉墓中有坩埚，其中粘了一块钢，年代测定为东汉。这是我国发现的第一块也是仅见的"铸态过共析钢"[①]，炼这种钢，必要的条件是温度高，要有维持这种温度的设备，这在冶铁史上有重要意义。要获得这样的高温，必有鼓风系统，即

---

① 何堂坤、林育炼、叶万松、余扶危：《洛阳坩埚附着钢的初步研究》，《自然科学史研究》1985年第1期，第59-63+100页。

"排"。根据动力来源的不同,有所谓的"人排""马排""水排"之分。战国时的鼓风皮囊,东汉的"水排"都曾是领先世界的技术。"水排"就是以水为动力的鼓风系统,其效率远高于前二者,可视为成套的水力机械,"具有发动机(水轮),传动机(转轴、拐木等)和工作机(风箱)"[1]。早于欧洲1000多年,元《王祯农书》中对水排的结构有详细介绍。水排的发明人是杜诗,若干年前,中国国家博物馆曾展出过杜诗的"水排"模型。曹魏时期,南阳人韩暨对"水排"进行了改进,《三国志·魏书》中对此有记述:"暨乃因长流为水排,计其利益,三倍于前。"[2] 韩暨创设了"马排"。

中国国家博物馆展览水排

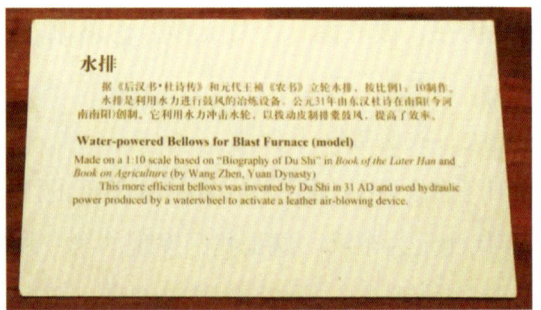

中国国家博物馆展览水排说明

---

[1] 刘善龄:《中国古代冶铁史答问》,《历史教学问题》1988年第4期,第51-53页。
[2] 《三国志》卷二十四《魏书·韩暨传》,中华书局,1982,第677页。

杜诗不仅是水力机械专家，准确说应该是我国古代著名的水利专家，水利的业务范围要比水力机械宽泛。建武七年（公元 31 年），光武帝派杜诗去南阳做了太守。《后汉书·杜诗传》：

> 七年，迁南阳太守。性节俭而政治清平，以诛暴立威，善于计略，省爱民役。造作水排，铸为农器，用力少，见功多，百姓便之。又修治陂池，广拓土田，郡内比室殷足。时人方于召信臣，故南阳为之语曰："前有召父，后有杜母。"①

可见，是发展水利事业，修治陂池，广拓土田，为南阳郡"比室殷足"提供了条件。成语"召父杜母"即源于此段记载，其实也是尊称地方官为"父母官"的由来。

九、朔风吹袭

大约是 20 世纪 80 年代中期，我去了一趟龙门，游览洛阳龙门石窟。之所以叫龙门，与神禹有关。是的，龙门不止一处。

龙门即龙门山，也称伊阙山。昔神禹治水至此，伊水被山阻隔，其水不通，大禹举起神斧，劈山导河，为水流开辟了通道，似开启了一扇门户，故有龙门之谓。"伊阙"可理解为伊水之门阙。《水经注》曰：

> 伊水又北入伊阙，昔大禹疏以通水。两山相对，望之若阙，伊水历其间北流，故谓之伊阙矣。②

阙之解释、图像见前述汉阙。伊阙是春秋所立关隘，是洛阳一处重要的所在。洛阳周边有伊阙关、虎牢关、旋门关、轘辕（huán yuán）关、大谷关、广成关、汉函谷关、小平津关、孟津关等关隘。关隘之设立，河山为之控，京城为之固。

游览龙门石窟，我的印象是极度的震撼！后来又去过，还是同样的

---

① 《后汉书》卷三十一《杜诗传》，中华书局，1965，第 1094 页。
② 郦道元：《水经注校证》卷十五《伊水》，陈桥驿校证，中华书局，2007，第 377-378 页。

震撼!

第一次对伊水(伊河)的印象,是一条缓缓流淌的自然河流,虽在山间,并未见奔腾之势。当时的伊水极度清澈,给我留下了美好的印象,由伊水而"伊人",想起《诗经》中优美的诗句:"蒹葭苍苍,白露为霜。所谓伊人,在水一方……蒹葭凄凄,白露未晞。所谓伊人,在水之湄。"对于3000年前的古诗,任您遐思吧!

再去龙门,伊水河面宽阔了许多,静水,是下游橡皮坝聚集起来的"准湖泊",对营造景观来说,这不无可取之处,橡皮坝并不影响行洪。第二次游览龙门石窟约在十年之后了,不经意间看到了刻在山崖上的1982年大水水位痕迹及其高程,字迹依稀可辨。1982年我大学毕业,伊、洛、沁、黄同时暴涨,印象深刻。对于有代表性的大洪水,或在山上,或立标牌专门标出水位高程,为中外"惯例",不只是警示,还在于告诉人们"历史知识"。

伊水山崖刻画下水位标识,远在曹魏时期。黄初四年(公元223年),伊、洛、黄暴涨大溢,为历史上一次特大洪水,《水经注·伊水》:"阙左壁有石铭云:黄初四年六月二十四日辛巳,大出水,举高四丈五尺,齐此已下。盖记水之涨灭也。"

洛阳龙门石窟是北魏时代开凿的。北魏,是由鲜卑族拓跋氏建立的政权,由平城(今大同)迁都洛阳。我去过大同云冈石窟两次,同样是震撼。个人看法,与其说拓跋氏进军中原是主动汉化,倒不如说,北魏把其特有的民族文化,连同强劲的力量一起带到了中原。

我同意一种观点,即不同的文化间并无优劣之分。相互间的差异正是取长补短的基础,当以平等的眼光彼此欣赏。

拓跋宏的汉化政策是需要魄力的,需要克服难以置信的巨大阻力,阻力来自生活方式、社会习惯、文化习惯,更来自权贵阶层。诚然,佛教在东汉已经传到了华夏,洛阳的白马寺是历史的见证,但中原地区似并没有平城一般的佛教石窟造像，以此为出发点，则伊河两岸巨大的石窟造像，完全可认为是中原地区接受的游牧文化，是汉族的"胡化"。这是彼此都有的开放胸襟对世人的展示，展示给当时，展示给未来，在这种展示中，可看出文化上的融合，艺术上的互补。

写到此，容我多啰唆几句，隋唐称盛，大唐律广为人知。由唐及清千余年，律本诸于隋。而隋律本诸于北齐，北朝诸系，又本诸于拓跋焘所定之律①。再溯源，则袭自汉、曹魏、晋。中原与游牧间早就在互相学习。即拿"文"为例，南朝骈俪，彩丽竞繁，而北朝则是一股带着朔漠味道的劲风，带着一股大气，是一种本真和朴实，没有过分的堆砌和华丽，至今，人们大都知道来自北朝的《敕勒歌》，知道《木兰辞》，二者都用的是平实的语言，甚至，前者连韵文都没有，但不影响其超过千年的传诵。就在朔风吹袭中原约一个半世纪之后，自称弘农杨氏而本身具有鲜卑血统的隋炀帝杨广，吟出了清新的小调，写的是洛阳的池前春色，河边美景：

洛阳城边朝日晖，天渊池前春燕归。含露桃花开未飞，临风杨柳自依依。小苑花红洛水绿，清歌宛转繁弦促。长袖逶迤动珠玉，千年万岁阳春曲。②（《东宫春》，杨广）

但他的眼光是辽远的，视野是宽阔的，足迹则跟着视野走，远及塞外边关，正如开运河的视野，由江南，到燕蓟：

千乘万骑动，饮马长城窟。秋昏塞外云，雾暗关山月。③（《饮马长城窟行》，杨广）

杨广的表侄，辞赋颇有南人骈俪风格，自称老子之后而本身同样具有

---

① 钱穆：《国史大纲》修订本（上册），商务印书馆，1940，第292页。
② 张文欣主编《河洛水韵：洛阳历代咏水诗辑注》，河南人民出版社，2018，第90页。
③ 刘含含：《浅析杨广的诗歌》，《文艺生活》（中旬刊）2011年第10期，第40页。

鲜卑血统的唐太宗李世民，在咏物时也不免带出"比兴"的本真与朴实：

华林满芳景，洛阳遍阳春。朱颜含远日，翠色影长津。乔柯啭娇鸟，低枝映美人。昔作园中实，今来席上珍。(《赋得樱桃》[①]，春字韵，李世民)

唐太宗李世民同样也有《饮马长城窟行》，想是要与他昔日的君主、表叔隋炀帝一比高下。《饮马长城窟行》本是汉代乐府诗，所以也可见到其他作者。比较其《大唐三藏圣教序》与《晋祠铭》，唐太宗这首诗要朴实得多：

塞外悲风切，交河冰已结。瀚海百重波，阴山千里雪……寒沙连骑迹，朔吹断边声……

数百年后，出身拓跋皇族的元好问，写出了侠骨柔情的《摸鱼儿·恨人间情是何物》，词前有前言，比词本身还感人：

乙丑岁赴试并州，道逢捕雁者云："今旦获一雁，杀之矣。其脱网者悲鸣不能去，竟自投于地而死。"予因买得之，葬之汾水之上，垒石为识，号曰"雁丘"……

恨人间、情是何物？直教生死相许。天南地北双飞客，老翅几回寒暑？欢乐趣，离别苦，是中更有痴儿女。君应有语：渺万里层云，千山暮雪，只影向谁去。

……

历史的进程中，中华各民族，正是在这开放的胸襟下融合、前行，才使我们的文化闪现出熠熠光华。

于是，带着大军南征的拓跋宏不再回平城，中原大地上有了一座规模前无古人的北魏洛阳城。这是一座令人瞠目结舌的城市，据称，它是"近代以前全球所见范围最大的城市"。"那个洛阳拥有中国古代最高的木构建筑（永宁寺塔），拥有数目惊人的佛寺和佛塔，从葱岭以西到大海之

---

① 周振甫主编《唐诗宋词元曲全集 全唐诗》第1册，黄山书社，1999，第8页。

东,都有络绎不绝的访客。"① 请原谅我的孤陋寡闻,原来以为,只是"南朝四百八十寺,多少楼台烟雨中"——我对此诗的深刻理解,还是在游览了镇江规模巨大的金山寺之后,现在知道,北朝同样有"四百八十寺",或许,永宁寺比金山寺更为宏大也未可知。

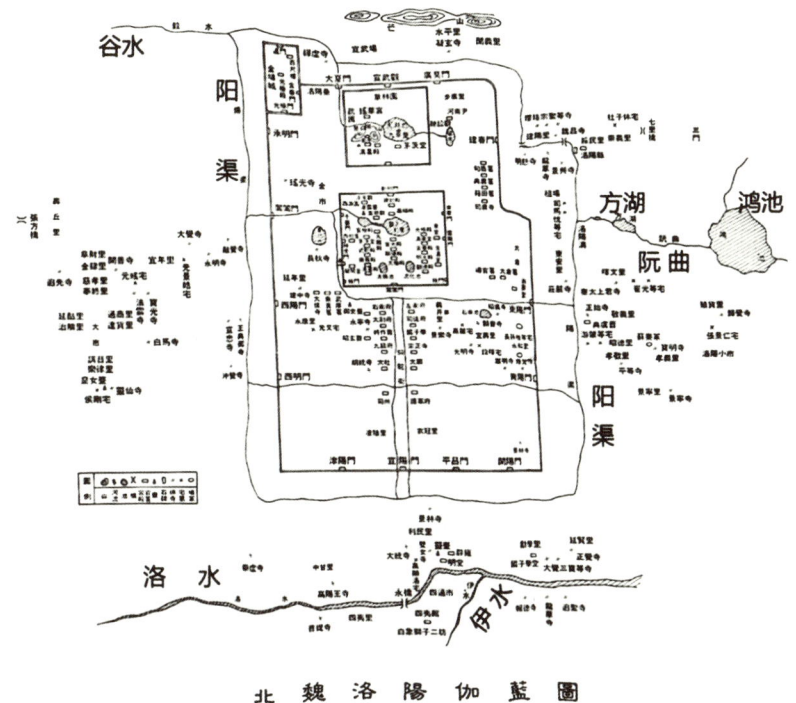

北魏洛阳水系、佛塔、寺院位置示意图(据《新译洛阳伽蓝记》改绘)②

西晋灭亡,洛阳城破,殃及"千金堨",北魏孝文帝循其旧迹复修之,增其旧制,北引洛入谷水,增大城市供水能力,《魏书》载,孝文帝太和二十年(公元496年)九月,"丁亥,将通洛水入谷,帝亲临观"③,可

---

① 张文欣主编《河洛水韵:洛阳历代咏水诗辑注》,河南人民出版社,2018,第90页。
② 杨衒之:《新译洛阳伽蓝记》(第二版),刘九洲译注,侯迺慧阅校,三民书局,1998。
③ 《魏书》卷七《高祖纪》,中华书局,1974,第180页。

见孝文帝对城市供水的重视。

对于北魏洛阳城，著名学者、建筑设计师唐克扬在《洛阳在最后的时光里》写道：

> 本朝太和十九年（公元495年）孝文帝迁都洛阳后，对汉魏故城进行了改造与扩建，基于旧汉北宫建造了整一的宫城，在宣武帝时期加建巨大的外郭城后，其面积甚至远远超过了初期的现代洛阳城，至宣武帝时初见规模，也为后来的中国都城规划开创了新的传统。①

划重点：为后来的中国城市规划开启了新传统。这是民族融合带来的新篇章。北魏之所以将洛阳城建得那么大（无论是否完工），可能是驰骋于草原的民族，习惯了草原和大漠的辽远，住进内地城市后视野上的局促，会让他们感到憋屈，故而城市的规划才有恢宏的格局，人家未进军中原之前的平城就大着呢！《魏书》载：

> 筑平城外郭，周回三十二里。②

写到此，我忍不住要写下《魏书》中本段的下一句话："幸桥山，遣使者祠黄帝、唐尧庙。"这不同于迁都之后因生活在一起才开始的不自觉融合，而是迁都前营建平城时就开始对中华民族的先祖进行主动的祭奠，因而文化的融合早就开始了，可以说，中华民族优秀文化的融合在历史上从来就没断过。

北魏拓跋氏花了那么大力量营建平城，为什么还要将都城从平城迁往中原洛阳呢？复杂宫斗、占领更多的地盘、有利于统治等都是现成的理由。但如果平城一带水草肥美，也未必会刺激草原民族的野心，游牧民族的首领也需要考虑老百姓的生活。据竺可桢先生的研究，从东汉时

---

① 唐克扬：《洛阳在最后的时光里》，广西师范大学出版社（Kindle版本），2018，第7页。

② 《魏书》卷三《太宗纪》，中华书局，1974，第62页。

代的公元初年直至南北朝，我国的气候是偏冷的①，偏冷的气候对植物的生长影响太大了，这就可以从气候的角度解释为何从汉末直至隋朝统一前的数百年间是乱世，偏冷的气候导致大面积的农业产量降低，干冷的草原水草不足以支撑游牧部族的生活，那么，三国的混乱就有了必然的理由（除却官府的极端腐败和内乱），游牧民族的南下（包括西晋五胡乱华、东晋淝水之战、南北朝北魏南迁洛阳，等等）就成了必然的选择。

但是，掌握了中原政权的游牧民族一时难以理解、掌握农业与水利，于是在北魏初，黄河下游两岸千里的地方被改成了牧场②，这使得北方的农业经济格局发生了大的变化③，水利失修，土地盐碱化，农业遭到破坏，水旱灾害频仍，这就动了国家的根基。于是，无法获得足够食物的饥民起来造反也就成了必然。

北魏的灭亡诚然是由于各种事变和民变，但在广大的华北地区，农业的破坏直接影响了社会的稳定性，社会的不稳，势必转化为压垮北魏政权的荷载。

历史是无奈的，洛阳这座令人瞠目结舌的城市，在北魏灭亡十余年后永远地消失了。构成这个城市骨架的巨大石材、梁木，通过水路运到了邺城，又成为东魏都城的骨架。东魏政权，接着又在黄河禹河故道经过的大伾山开凿了据称是北方最大的石雕佛像。无疑，力量巨大无比的佛，限制了黄河的北滚（见本书"第十二章　水润殷都，泽冶安阳"）。

北魏灭亡了，但人间有《洛阳伽蓝记》，透过它，我们知道，这座巨大城市的经纬仍是水道。除了《洛阳伽蓝记》，北魏还留下了《水经注》。

---

① 竺可桢：《中国近五千年来气候变迁的初步研究》，《考古学报》1972年第1期，第15-38页。
② 邹逸麟：《中国历史地理概述》，上海教育出版社，2007，第23页。
③ 陈梧桐、陈名杰：《万里入胸怀：黄河史传》，华东师范大学出版社，2019，第187-189页。

让我为北魏孝文帝拓跋宏补写几句。孝文帝是个有作为的人，可惜天不假年。太和二十三年（公元499年）幸邺已染重疾，仍拜谒西门豹祠，巡查漳水，"幸西门豹祠，遂历漳水而还"（《魏书》）。这是对水利先贤的礼敬。孝文帝的庙号被冠以高祖。《魏书》对其评价极高，史官用词不唯有"雄才大略"，还有"焕乎其有文章"。这是引用孔子在《论语》中赞颂上古圣王尧的话来褒扬孝文帝，对其礼赞，可谓无以复加。

北魏迁都洛阳后，郦道元深得魏孝文帝的信任，曾任尚书郎，相当于皇帝秘书班子中的人员，后随魏孝文帝巡游北方，任过河南尹，相当于当过洛阳市市长。郦道元的《水经注》是世界级的地理学著作，更是划时代的地理学著作，在其生活的年代，欧洲刚进入中世纪黑暗时期。《水经注》也是前无古人的水利学著作，它基本上综述了公元6世纪前中国水利的成就。[1]《水经注》巧妙地沿河流路径将历史上发生的大事记录下来，并辅以山川地理风貌的描写，不但可使今人了解社会历史，还能旁及自然生态与环境，是可贵的"自然实录"，其价值远远超越了地理与水利学科。《水经注》更是优美的散文著作，与南朝彩丽竞繁的文风全然不同，其记述可认为是照相术发明前的语言摹写，中学语文曾有《三峡》一文，正是选自《水经注》，其用文字展现出了一幅山水画，使人有身临其境之感。如果以艺术的眼光审视《水经注》，那山水画的长卷实在太多了，因为《水经注》中有山水画廊的河流太多了。我说这些，意在说北魏给文学上所带来的养分，南北文学"杂交"后，正为有唐一代的推陈出新和迎来全新的局面，打下基础。

龙门石窟附近有白居易墓（1961年全国重点文物保护单位），我数次去龙门石窟，都因为看水、看山、玩味石窟艺术而忘了白居易墓，只是在返程时才因为看到标牌而觉得遗憾。相信做过河南尹的白居易，是

---

[1] 姚汉源：《中国水利发展史》，上海人民出版社，2005，第94页。

因为迷恋龙门一带的山水而将身后安息的地方选在了这里。白居易《修香山寺记》曰：

> 洛阳四野，山水之胜，龙门首焉。龙门十寺，游观之胜，香山首焉……

看来，北魏的统治者，将洛阳的山水之胜留给了他们笃信的佛，河南府尹白居易，曾以施主身份修缮香山寺。

在唐朝灿如星汉的大诗人中，白居易的诗无疑是最亲民的，"卖炭翁，伐薪烧炭南山中。满面尘灰烟火色，两鬓苍苍十指黑……"于今读起来也无费解之处。或因为此，在当时的诗人中，白居易无疑是最有影响力的一位，他的痴迷者与拥趸者众，包括了唐朝的皇帝。唐宣宗李忱有《吊白居易》诗：

> 缀玉联珠六十年，谁教冥路作诗仙。
> 浮云不系名居易，造化无为字乐天。
> 童子解吟长恨曲，胡儿能唱琵琶篇。
> 文章已满行人耳，一度思卿一怆然。

白居易在日本也是流传最广的大唐诗人，看《源氏物语》，你会发现其中有很多白居易的诗。在今天的白居易墓园，有日本人立的碑，称白居易为日本文化的恩人。

伊水，是由南进入洛阳的重要水上通道。龙门的山水之圣，石窟的香火之盛，更使得伊水之中楫船不息，想春水初生之时，伊水两岸少不了看花人，落霞与孤鹜齐飞之时，伊水之上少不了渔舟晚唱。

十、运河、仓储与分段运输法，皇都洛桥

前边所说姜夔的《扬州慢》与洛阳没有关系，但扬州却与洛阳有关系，将扬州与洛阳联系起来的是大运河，修大运河的是隋炀帝。

我游览过扬州的琼花观，隋炀帝的恶名与此观有很大关系。如今的

琼花是扬州的市花，琼花观早已不是道观，虽然也是收门票的游览场所，但却是扬州市文化部门的一个办公场地，其中一个亮点是屋廊下的"图说隋炀帝故事"，其以图文的形式简述了隋炀帝的一生，重点突出，看后难忘。很深的一个印象是结论中对隋炀帝的"翻案"，即是说，在不否认隋炀帝荒淫无道的前提下，认为加在隋炀帝头上的许多恶名是后来统治者的抹黑。这类现象在史书中并不鲜见，后代修史，抹黑前朝，以褒扬本朝的名正言顺，奉天承运，如此而已。书不可尽信，史尤不可尽信，辨别真伪的能力，对读史尤为重要。单凭扬州的市花和这个结论，我觉得扬州人对隋炀帝并无恶感，这反映了扬州人宽广的胸襟和实事求是的精神。今引一段《洛阳伽蓝记》中一位隐士的话，虽与隋炀帝无关，但却可发人深思。这位隐士当时号称已经两百多岁了，他是在评述洛阳城，其实也是评史：

自永嘉已来二百余年，建国称王者十有六君，吾皆游其都邑，目见其事。国灭之后，观其史书，皆非实录，莫不推过于人，引善自向。苻生虽好勇嗜酒，亦仁而不杀。观其治典，未为凶暴。及详其史，天下之恶皆归焉。苻坚自是贤主，贼君取位，妄书君恶。凡诸史官，皆是类也。①

此位隐士，活了二百多岁未必为真，这段史评却能实事求是。

我其实很同意扬州"图说隋炀帝故事"中的看法，就文治武功来说，中国历史上很少有皇帝能与隋炀帝相比。隋炀帝之父隋文帝的"开皇之治"，有很大一部分是隋炀帝的功劳，平陈统一南朝，他是行军元帅，后来任扬州总管，他是事实上的南方统治者，隋朝的赋税很大程度上依赖南方；深深影响中国历史的科举考试，也就是为西人所艳羡的中国文官制的选才制度，是在他手中完成的；他有很大的拓土开疆之功，平定西域，"又平林邑（今越南南部顺化），更置三州"，版图相当辽阔，"东西九千三百里，南北万四千八百一十五里，东南皆至于海，西至且末，

---

① 杨衒之：《洛阳伽蓝记校释》卷第二《城东》，周祖谟校释，中华书局，2010，第65-66页。

北至五原"。①海南岛也是在隋炀帝时代重新归属于中原政权②；他开创了"大业盛世"，户口数远超前代，国家殷实。很难说中国古代历史上哪一段的富裕程度能超越大业年间，唐太宗"贞观年间"国家还是穷兮兮的——这当然与修复创伤有关，至盛唐，充其量能达到隋的程度。

隋炀帝即位后，即将隋朝的都城由大兴城迁到了洛阳（洛阳也称为东都），他命城市规划师、水利专家宇文恺为之营建了东都。隋文帝时期，宇文恺负责营建了隋大兴城，即后来的唐长安，还负责开凿了广通渠。于是，洛阳再次从北朝末年的瓦砾中繁盛起来，"大业盛世"与洛阳绑定在了一起。

当然，和隋炀帝的名字绑定最结实的是大运河，隋炀帝修了永济渠、通济渠、邗沟、江南运河，大运河沟通了钱塘江、长江、淮河、黄河、海河流域五大水系，洛阳当时是大运河的中枢，如此，洛阳也成了水陆两条丝绸之路的原点，成了天下交通的中心。而大运河的作用不仅仅体现在沟通了水系，使得水径周通，还体现在它穿越了中国最为重要的区域，使运河所经区域在经济与王朝治理方面连为一体。对于大运河的远景、全景叙述，以前有《源远流长·吴城邗，千里赖通波》一文，今不再详述。但我想引述唐朝诗人皮日休的《汴河怀古二首》来一点补充：

（其一）

万艘龙舸绿丝间，载到扬州尽不还。
应是天教开汴水，一千余里地无山。

（其二）

尽道隋亡为此河，至今千里赖通波。
若无水殿龙舟事，共禹论功不较多。

第二首完全可看作咏史诗。个人看法，作者并不同意隋亡于大运河的"众口一词"，"尽道"一词用于句首，无疑是对"成说"的挑战，带

---

① 《隋书》卷二十九《地理志上》，第 808 页。
② 邹逸麟：《中国历史地理概述》，上海教育出版社，2007，第 23 页。

有设问的意思，第二句即给出了设问的答案；第三句"若无水殿龙舟事"给出了"抹黑"隋炀帝的原因，就是因为隋炀帝坐的船太过高大华丽，如果去掉此"负面因素"，则隋炀帝无疑是建立起了禹功。从第一首诗中"应是天教开汴水"看，作者认为开汴渠（大运河）是顺应"天意"的。

  我之所以补充这一点，在于看到了太多的因袭之说，即隋开大运河是为了炀帝"游幸江都"，按水利专业的术语来说就是大运河工程的"开发目标"是让皇帝"游幸江都"。这万难成立！在封建专制架构下也不能成立。别忘了，"三省六部制"正是隋朝确立的，该制度有效地确立了制衡制度。隋炀帝曾经当过十年扬州总管，他熟悉扬州的一山一水，也没必要为了"旅游"而开这么一条运河，那样的"投入""产出"比太低。隋朝灭亡的直接原因是御林军的造反，借用地质学名词就是"灾变"，何况隋亡在"千里赖通波"的大运河完成之后，而不是开河期间（治河也的确激起过民变，那是在元末）。当然，修大运河的残暴、不恤民力是事实，否则不会有《开河记》《隋唐演义》《说唐》等街头演义小说对"开河"污名化的描写。"开河"不必污名化，"开河过程"的残暴是事实，不是污名化，其中的极端虚妄描写也只是小说的"传奇手法"而已。大运河的开发目标当是构建骨干水路交通线，类似于其修驰道，是一种服务于国家军事战略（如远征高丽）、政治战略（如便于统治江南）下的交通战略。

  欣见洛阳修建了隋唐大运河文化博物馆。博物馆的造型设计十分别致。我并不知道设计者的思想，以我的眼光看，河、桥、船成为其建筑设计的基本元素。博物馆除内容丰富外，其展示手法也十分别致，比如，沉浸式的动态展示，可让参观者来一次运河之旅，体验一下"千里赖通波"的伟大；发掘实物的展示，则可让人充分体验到当年洛阳的繁华。

  再看一下运河近景，也就是沿运河布置的粮仓。由于国家在其他地方的粮仓较少，沿运河布置的粮仓基本可称为隋唐的"天下粮仓"，也就是漕运的仓库。

隋唐沿运河布置的国家粮仓位置示意图（据郭绍林改绘）①

隋炀帝循春秋邗沟旧迹开了山阳渎（今淮安扬州间），当然渠线、渠道经过了大的修整。鉴于粮食由江南运来，近在咫尺，淮安所置山阳仓一座，估计只是转运的功能，不是积贮的作用。永济渠上置有黎阳仓一座，黎阳为水陆交通中心，黎阳仓与洛口仓曾是隋炀帝远征高丽时的重要后勤补给基地（《资治通鉴·隋纪五》）。黎阳仓遗址为2014年十大考古新发现之一。渭河口附近、广通渠旁有广通仓，近于京师长安。大量的粮仓则汇聚于洛阳附近，除供给关中京师、东都洛阳外，也便于向全国调拨，这又是由洛阳"天下之中"的地理位置所决定的，具有战略意义。

这些仓储的规模随时代而变化，隋文帝时期河阳仓最大，隋炀帝时期洛口仓最大，而到唐代，含嘉仓最大②，含嘉仓为唐代所置。这些仓储的容积非常大，以洛口仓为例，"置洛口仓于巩东南原上。筑仓城，周回二十余里，穿三千窖，窖容八千石以还，置监官及镇兵千人"③。一个

---

① 郭绍林：《洛阳隋唐五代史》，社会科学文献出版社，2019，第36页。
② 曾谦：《隋唐洛阳运河体系与漕粮运输》，《农业考古》2013年第1期，第74-78页。
③ 《资治通鉴》卷第一百八十《隋纪四》，中华书局，1956，第5626页。

窖的容积就达八千石，这也太大了！由此可见隋朝的国家富裕程度。

隋末瓦岗起义军攻打洛阳，占领了洛口仓，义军领袖李密开仓放粮，一时间，近百万人蜂拥而至，取之无度，"密开洛口仓散米，无防守典当者，又无文券，取之者随意多少；或离仓之后，力不能致，委弃衢路，自仓城至郭门，米厚数寸，为车马所轥（lìn）践；群盗来就食者并家属近百万口……"① 除洛口仓外，瓦岗军也曾打开黎阳仓放粮。

通过黄河漕运西给关中京师，航运艰难。

漕运供京师，远在西汉。关中虽号为沃野，无奈地狭人众，京城仰给，在于黄河漕运，为克服峡谷段水运的艰难，也是想尽了办法，如曾试图通过汉水漕运长安，因需翻越秦岭，费力不小，终究无功。遇到灾荒之年，京城军民生活更加困难，于是就有了隋唐两朝皇帝带领朝廷班子"就食"洛阳之事，即所谓的"逐食天子"。

其实，就食的，不惟是朝廷官员。

开创"开皇之治"、出身北朝军事贵族的隋文帝是第一位就食洛阳的皇帝。读史书，不免有疑问，《资治通鉴》有唐太宗的这么一段话：

> 开皇十四年大旱，隋文帝不许赈给，而令百姓就食山东，比至末年，天下储积可供五十年。炀帝恃其富饶，侈心无厌，卒亡天下。但使仓廪之积足以备凶年，其余何用哉！②

这是皇帝令百姓集体就食了。贾谊曰："夫积贮者，天下之大命也。"天下大饥而不用积贮，何谓大命？积之何用？唐太宗的话简单明了，何况"储积可供五十年"乎？一个关陇集团的首领，得了天下的隋文帝竟然如此吝啬。

前言隋朝富足，但恃富而亡天下，岂不讽刺？人言唐太宗英明，大约能汲取历史教训也属于英明的重要内容。

---

① 《资治通鉴》卷第一百八十六《唐纪二》，中华书局，1956，第5808页。
② 《资治通鉴》卷第一百九十二《唐纪八》，中华书局，1956，第6047-6048页。

开元二十二年（公元734年），唐玄宗李隆基第五次东巡洛阳，是统治的需要，也是事实上的就食（"陛下数幸东都，以就贮积"，《旧唐书》），其间还率群臣专门在洛阳割麦，以体味耕稼的艰难，有表率作用。注意这是开元年间，唐朝已进入了全盛期，杜甫所谓"忆昔开元全盛日，小邑犹藏万家室。稻米流脂粟米白，公私仓廪俱丰实"。那非全盛期呢？由此可以看出，即或是盛唐，其政权中心与经济中心也是分离的，如对江南的依靠（当然还有陇右），而维系政权中心与经济中心的大动脉就是水运，就是大运河，大运河的重要性由此可体现出来，这与后来的元明清三朝情形大体相似。

这次东巡之前，唐玄宗专门找京兆尹裴耀卿谈了京师长安的供应问题，裴耀卿提出了漕运分段转运的建议，这就是著名的开元年间的"分段运输法"。后裴耀卿由侍中充任江淮、河南转运使，相当于漕运总督。同时任命张九龄在许、豫、陈、亳州等地专门置"水屯"，也就是水利屯田、种稻，为的是扩大粮食产量，这其实是三国时司马懿、邓艾积贮灭吴的办法，成例也！所以，"成例"有价值，"成例"者，历史是也。

《新唐书》载此分段运输法：

江船不入汴，汴船不入河，河船不入渭；江南之运积扬州，汴河之运积河阴，河船之运积渭口，渭船之运入太仓。岁转粟百一十万石，无升斗溺者。[1]

分段运输法不但使得运力大增，且使支出大为减少。我初估了一下，运力至少增大十倍，实为一良策。

隋唐的洛阳城布局相当规整，以洛水为轴布置为南城与北城，皇宫与宫城在河北"洛阳"。城内水网密布，从北、西、南三个方向为城内供水，水源有保障。"上阳花木不曾秋，洛水穿宫处处流。"花木繁盛、壮丽的宫苑有赖于潺潺流水。漕渠东流出城后，与洛水合。

---

[1] 《新唐书》卷五十三《食货志三》，中华书局，1975，第1368页。

开元十四年（公元726年），洛阳城内遭遇了少见的暴雨，漂没人家财产无算，只是诸州输来之租米即达"一十七万二千八百九十六石"①。城市洪水自古有之，本也正常，但令人警醒的是此次大水的来源是瀍河。瀍河只是流程短、流域面积不大的洛河支流，如今的瀍河大体上处于干涸状态，但此记录告诉我们，瀍河有历史大洪水。我想说的是，但凡有历史大洪水的河流都不能掉以轻心，因为水文有重现期。联想起2021年的郑州大水，当时电视里多是城市交通隧道和地铁被淹没的画面，没看到的，却是小河流、山洪沟道带来的灾害，由小河流、山洪沟道引发的人员损失更大。②一次次的历史惨痛教训告诉人们，只要是河流，尤其是山区河流，短距离内由山区汇入城市的河流，其汇流速度非常快，由洪灾造成的损失非常大，千万大意不得！

洛阳隋唐皇城外有一道桥，名曰天津桥，架于洛水之上。洛水北岸是皇宫，越过桥，就是天街，天津桥之谓，或就与这特殊的地理位置有关。天街长达七里。韩文公有诗："天街小雨润如酥，草色遥看近却无。最是一年春好处，绝胜烟柳满皇都。"诗中点明的"天街"莫非就是天津桥所在的天街？洛阳就是"皇都"啊，二重的证据。

天津桥初为浮桥，后为石柱桥，其命运多舛，被烧毁，被一次次大水冲坏……当我读到有关天津桥的唐诗时，觉得它不该消逝于历史的烟尘中。这是一座相会桥，一座送别桥，一座行吟桥，一座独酌桥……我甚至设想，诗仙李白与诗圣杜甫的初相会就在这里吧？我想象不出哪里比这里更为合适；任河南尹的白居易是在这里体察民情吧？因体察民情，民众才肯与长官亲近，他要将他的诗读给引车卖浆者听，要普通老百姓

---

① 《旧唐书》卷三十七《五行志》，中华书局，1975，第1358页。
② 国务院灾害调查组：《河南郑州"7·20"特大暴雨灾害调查报告》，2022年1月，https://www.mem.gov.cn/gk/sgcc/tbzdsgdcbg/202201/P020220121639049697767.pdf，访问时间：2022年11月26日。

听得懂,他写过太多关于天津桥的诗。阳春折柳,隆冬看雪,雨霁望嵩,明月吹箫……来到东都洛阳的唐朝大诗人们,或都为这别样的景致留下了美妙的诗篇吧?有关天津桥的唐诗,简直可用蔚为大观来形容。

官桥晴雪晓峨峨,老尹行吟独一过……犹赖洛中饶醉客,时时昵我唤笙歌。(白居易《雪后早过天津桥偶呈诸客》)

天津桥下冰初结,洛阳陌上人行绝。榆柳萧疏楼阁闲,月明直见嵩山雪。(孟郊《洛桥晚望》)

天津三月时,千门桃与李。……新人非旧人,年年桥上游。(李白《古风》第十八首)

遥爱南桥秋日晚,雨边杨柳映天津。(张籍《寄洛阳孙明府》)

如今的洛阳城还有天津桥遗迹,洛阳的朋友告诉我。

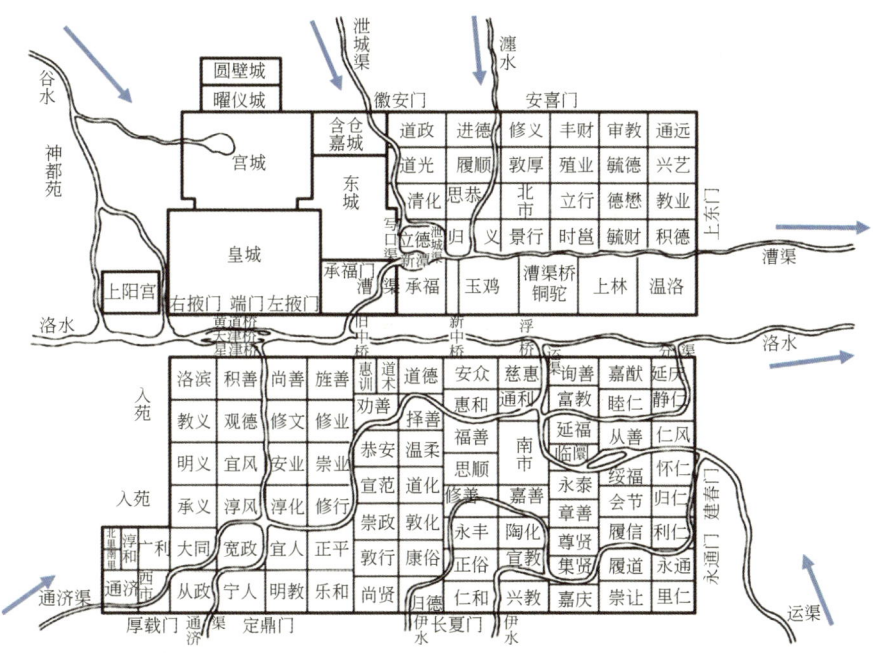

洛阳水系及街区示意图(改绘自《增订唐两京城坊考》,东都外郭城图)①

---

① 徐松:《增订唐两京城坊考》,李健超增订,三秦出版社,2006,第23页。

十一、王屋山：天下第一洞天

王屋曾属洛州（唐），曾属河南府（唐、宋）。显然，将王屋山文化归属河洛文化，有"史载"的依据，不是盲目的"扩展"。

《禹贡》："壶口、雷首（中条山）至于太岳；砥柱、析城至于王屋；太行、恒山（常山）至于碣石，入于海。"

这看起来不太好理解的句子，实际上都是些地名，是大禹为治水"逢山开路"所劈开的山——可理解为黄河经行线路上的山脉，也就是地理标志。

《读史方舆纪要》说得清楚：

黄河自塞外东北流，至废东胜州（今托克托县），西北折而南，凡千七百里。至蒲州河津县之龙门山，又南历雷首山（中条山西南端），折而东。河之南，即华阴也。又东至垣曲县之王屋山南，而入河南怀庆府境。①

我以为，凡是《禹贡》中出现的山水，都属于名山名水，都能在历史地理中占得一席之地。引文"析城山"（包括鳌背山）在山西阳城，其与河南济源的王屋山均属王屋山系，是人在不同的地点，给山以不同的名称而已。"青山一道同云雨，明月何曾是两乡。"是的，一条山脉，同一个地方。

析城山、鳌背山有很多人文故事，最出名的是析城山汤王祈雨，为众多古籍所记载，大约与后来形成的汤帝信仰有关（见本书"第十章　沁水清、丹水清"）。汤王析城山祈雨当然就是王屋山祈雨，不宜以今日之行政区划而地域"独占"，若果真以行政区划作认定，则均属大禹所定九州之冀州范围，王屋山在冀州之南，河阳之北（黄河之北）。冀

---

① 顾祖禹：《读史方舆纪要》卷三十九《山西一》，中华书局，2005，第1783页。

州者,帝王之所都,大禹在冀州领受治水任务,治水踪迹遍布天下,"芒(茫)芒禹迹,画为九州"。

祈雨能形成信仰,在于雨养对农业社会的重要性,有了风调雨顺,农业丰收就有了希望。雨养农业虽然是靠天吃饭,但未必比灌溉农业的重要性逊色,所以人们年年祈愿风调雨顺,五谷丰登。时至今天,祈雨在乡村仍存在。天大旱,仍然是百姓所忧;不惟如是,枯水年,还影响到人畜饮水,城市供水。旱灾,比之一场洪水带来的影响,虽无那么暴烈,但时间更长,范围更大,对此须有清醒的认识。由此看来,国家重视水利,也是一项长期的任务。

正是由于丘陵地区、无灌溉条件的地区靠天吃饭艰难,所以20世纪60年代,济源、孟县(孟州)两县人民,在极艰难的条件下,修了可以同红旗渠比肩的引沁济蟒工程。我去过引沁济蟒的渠首,站在半山腰的总干渠旁浮想联翩,感叹着工程的伟大,我有理由感叹其伟大,因为,我是水利从业者,有一种职业自豪感,知道其艰难,最主要的在于因引沁济蟒工程我才吃上了白馍。按家乡俗语,"人老几辈",从没想到过北山上的沁河水,能南绕到黄河左岸的高岭上,再回过头来北流,北向流入我所生活的小村庄,以至于高高的岭脊上能用上河水自流浇灌,对此,我有《源远流长·家乡的秦渠》专述,不赘言了。

作为《禹贡》名山,王屋山是黄帝祭天之所,是道教"天下第一洞天";是世界地质公园;王屋山愚公移山的故事,是中国人取之不尽的精神财富;王屋山天坛峰西侧有太乙池(太一池),就是《尚书》中所记古水系济水的坐标原点,于是,王屋山文化又与江、河、淮、济四渎文化联系在一起。

在黄河文化中,宗教无疑是重要的组成部分,道教是创生于本土的宗教,王屋山在道教发展史上占有很重要的地位,下面之述略,只着眼于王屋山道教的"高光"。

在道观寺院,常见到高挺的银杏,如陕西宗圣宫有陕西关中最大的一棵银杏,树龄 2600 年,相传唐高祖李渊因尊道祖老子为远祖而修建了宗圣宫①;道教发祥地之一,号称"道教天下第五名山"的青城山三清殿旁,有古银杏一棵,树龄 2000 余年②;作为道教名山,王屋山下也有古银杏一棵。

先插一句,银杏,这种名贵的植物,如今已经成为美化城市的普通植物,说明了我国城市建设在"园林化"方面的高质量发展。曾经,有多少人将其秋叶珍藏于书中,为书带来清香。我欣赏银杏树的挺拔,我欣赏银杏叶子造型的美丽,我欣赏银杏叶子筋脉的独具匠心。秋来之时,银杏为多少城市、街道、庭院增添了一抹鲜黄,为多少人带来视觉的盛宴。银杏为我国特产,是第四纪冰川运动后在中国幸存下来的物种,"是现存种子植物中最古老的孑遗……在中国部分地区因独特生境得以保存,因此有'活化石'之称"③。我在英国期间,同事曾带我到单位的园林中,指着一株小树说,这是来自中国的赠予。我看着那株树,大约只有拇指般粗细。尽管银杏在我国已经普遍化,但在国外,仍属名贵花木。

我先知道王屋山银杏树的大名,慕其名而见到树却要晚十来年。此树植于西汉时,树高 45.7 米,"胸围" 9.4 米,需八人才能合抱,当地有"七搂八拐棍"之称(7 个人合围,另加一拐杖)④,占地亩余。我立于此树下,惊叹得合不拢嘴。我惊异其身躯的硕大,惊异其枝叶的繁茂,而最令人惊异的,还是满树繁密的果实。2000 多岁了,古树如此的茂盛健硕,

---

① 吴圣地:《"宗圣宫"银杏枯木逢春》,《绿化与生活》1996 年第 4 期,第 34 页。
② 凌纯阶:《青城山古树常青人长寿》,《国土绿化》2004 年第 10 期,第 44 页。
③ 黄宝康:《家庭百草园系列之三十八 银杏》,《园林》2012 年第 9 期,第 78-79 页。
④ 李伟波、张亚敏:《王屋山下古银杏》,《国土绿化》2015 年第 8 期,第 40 页。

必与其旁的"不老泉"有关。王屋山"不老泉"同样名声在外，也属历史名泉，从古至今，泉水叮咚，细流涓涓。可想而知，古银杏巨大的根系吸收了不老泉之水，使得自己年岁虽古老而青春常在——视觉上的青春勃发而不是老态龙钟，却不影响其成为人们心中的神灵，树旁香烟缭绕，树身红绳缠绕，至于祈愿符，更是挂满枝头。

屈指算来，初到此处至今，时光越过了30余年，只在转瞬之间。

30多年前，我初上王屋山天坛顶。坛顶一块平地，谓之天坛峰，这就是传说中的黄帝祭天的地方。绝顶遥望，有"一览众山小"之感，唯北面远处，重峦叠嶂，似无尽头。有人告诉我，北边山里有洞，路有点远，且道路艰难。果然也！《读史方舆纪要》："又北为天坛山，峰峦特兀，岩壑奇胜，东峰为日精，西为月华，北有洞天为天下第一。"时在仲夏，临近正午，又热又冷，热是太阳的直射，冷则是那偶然袭来的山风，忽大忽小的风，带来了谷底的凉。虽然有风，总算柔和，林木茂密，山色葱郁，未闻林涛之声。坛上置有两面大鼓，为演出用。鼓的直径大约有一米半，我一时兴起，拿起两根二尺长的鼓槌，猛劲敲击下去，真是声震四方。我随手写来这些文字，有一阵回忆上的轻松，但是现在，却再也没有"众目睽睽"之下猛敲"威风锣鼓"的勇气了，忆及青少年时期，参与过多少这样的活动啊，那美好的时光！

黄帝于王屋山祭天，见之于唐人杜光庭《天坛王屋山圣迹叙》[①]：

黄帝于元年正月甲子，列席于王屋山，清斋三日，登山至顶，于琼林台祷上帝破蚩尤，遂敕王母降于天坛。

另一篇《天坛王屋山圣迹记》则曰[②]：

有王屋山者，在洛阳京北百余里，黄河之北，势雄气壮，岗阜相连，

[①] 杜光庭：《天坛王屋山圣迹记》，中华书局，2013，第407页。
[②] 同上书，第411页。

> 高耸太虚，倚悬列宿，西接于昆丘，东连于沧海……最高者，首名天坛山也，黄帝内传云"为之琼林台"。

我注意到了这里的"昆丘"两字，"昆丘"者，昆仑是也。昆仑山为万山之祖，在中国神话体系中居于核心的地位（见本书"第一章　河出昆仑"），杜光庭这样叙述，就把王屋山的神秘与昆仑山联系在了一起。这不是独创，与昆仑山联系在一起的最早是泰山，正因为此，汉武帝才封禅泰山。杜光庭这样做，无疑是要借重于昆仑山，来进一步提高王屋山的地位。这在很大程度上有利于道教的发展，即在唐朝官家对王屋山道教活动肯定的基础上再提高一个层次——理论上的提高，以增加其神秘色彩。杜光庭为晚唐五代时期的道士，在整理道藏方面有很大贡献。

引文有"祷上帝破蚩尤"，或有疑问，黄帝战蚩尤之"涿鹿之战"不是在今怀来县一带吗？何以在这里祭天？这只是一个说法，这个说法流传最广。另一个说法是，生活在今新郑一带的黄帝部族，向西进入豫西群山，越过了黄河。这样，黄帝在王屋山祭天于地理上就有了可能，因为按钱穆先生之说，黄帝战蚩尤的地点在今山西运城盐湖一带的晋南。盐业，对古人、对今人，都很重要，为生命之必需，控制了盐湖就控制了盐业资源。晋南在地理上与济源相接近，这就为黄帝在此处祭天找出了理由，比如说是路过——黄帝族渡过黄河后越过王屋山进入晋东南，再西行抵达晋南。之后，同炎帝族联合，与蚩尤部族打了一仗，即上面所说的"涿鹿之战"。豫晋陕相邻处同属中原核心区，可以理解，各部族为争夺生活空间、争夺生活资源而发生战争是不可避免的。

"涿鹿之战"到底在怀来一带，还是在晋南，这里不存在哪个说法正确的问题，都有支撑的理由，这不是数学解，不必要追求唯一性，要看到其内涵，即文化的认同，这才是意义所在，而不是说谁家独自占有祖先的故事。大禹神迹遍天下，鲁班作品遍神州，可能吗？这是不需要较真的，文化属于精神层面，超越物理上的认知。我们从"记事"的角度认识沉淀下的这一历史事件即可，即先祖们相互之间有过互相征战，最终是融合在了一起，历史事件转化成了精神食粮，即部族、民族间的融合。

王屋山是道教"天下第一洞天"的说法来自著名道士司马承祯，这不是简单的一种称呼，而是属于道教理论。

有唐一代，道教受到重视，缘由是李唐统治者自认为是老子的后代。道教尊老子为道祖，自然道教也就获得了官方的庇护和厚爱，从而获得了蓬勃发展的机会。但王屋山于道教中的名气，却是早在司马承祯之前已经蜚声在外了，南朝时期，著名道士陶弘景在著述中已提及王屋山。武则天也笃信道教，曾委托著名道士于五岳四渎"投龙"，见《金台观主马元贞投龙记》的记载[①]："天授二年……金台观主奉敕，大周革命为圣神皇帝五岳四渎投龙，作功德于此济渎，为国章醮。"既是在济渎投龙（即现今济源市区济渎庙），就不在王屋山。由于济水初源于王屋山太乙池，故而可归属于王屋山道教文化系统，如今元人所书"天下第一洞天"的大字碑刻就放置在济渎庙。武则天中岳之"投龙"实物已于1982年发现，即现藏于河南省博物院的"投龙金简"，被视为镇馆之宝。唐玄宗李隆基则是在王屋山玉阳洞投龙，只是至今尚未发现实物。

司马承祯是温县司马氏家族的后人，他的先祖与司马懿是堂兄弟，自己是陶弘景的四传弟子，在修炼王屋山之前，曾在嵩山下的中岳庙学道，这是嵩山与王屋山在宗教上的关系。不止于此，据说道教中的神仙人物王子晋（即王子乔，王姓始祖）是在中岳庙升仙的，据称他曾在济水东源济渎庙附近修炼剑术。司马承祯与武则天、唐睿宗、唐玄宗有过

---

① 张泽洪：《唐代道教的投龙仪式》，《陕西师范大学学报》（哲学社会科学版）2007年第1期，第27-32页。

交往，曾在朝堂受到过垂询。唐玄宗之胞妹玉真公主也曾在王屋山修真。如今济源愚公村附近有阳台宫，又叫阳台观，就是当年唐玄宗为司马承祯敕建的道观，唐玄宗亲自为之题额，"十五年（公元727年）又召至都，并令其于山自选形胜，为之建'阳台观'以居，观建成后，玄宗亲笔题额遣使送之……"①

司马承祯文名很大，与贺知章、李贺等许多的文士有交往。李白唯一存世墨迹为《上阳台帖》，其曰："山高水长，物象千万，非有老笔，清壮何穷。"并附有日期、签名。这四句话，是李白对司马承祯画作的赞赏，原来司马承祯还是一个丹青画手。顺便说一句，此稀世珍宝由张伯驹先生捐献给故宫博物院，在张伯驹先生诞辰120周年纪念展上曾展出过。如今的阳台宫前有一条形石雕，其上镌刻《上阳台帖》，首端题曰：青莲逸翰，为乾隆手书；尾部则为有序传承的印章和题签。石雕设计风格古朴典雅，也为阳台宫之前世作了佐证。

由此看来，司马承祯的家世、出身、社会网络、自己的修为都为道教在王屋山的发展提供了良好的条件。

鉴于司马承祯积极利用与朝廷的关系弘扬道教，其本人又在王屋山建观、修真、传道，从而迎来了王屋山道教的兴盛期。他系统提出了"洞天福地"的理论，王屋山"天下第一洞天"就属于此套理论中重要的内容；他提出的静修正心的"主静"理论，对宋儒如周敦颐有较大影响②。周敦颐虽被称为宋儒，但其思想与道家思想确有相当接近之处。周敦颐为宋理学的开山祖师，程朱理学的实际创始人二程都是周敦颐的学生，因而二程的理学思想不可能不受到周敦颐的影响。由司马承祯之道教而周敦颐濂学，由濂学而二程洛学，由嵩山（中岳庙）而王屋山（阳台宫），

---

① 谢路军：《中国道教源流》，九州出版社，2004，第74页。
② 同上。

这是文化上的联系。

由上简述可见王屋山在道教中的地位。

前文中提到王子晋,他本是东周的王子,话题虽与王屋山有点远,但毕竟是道家人物,有关他的文献记载曾涉及城市防洪与对洪水的态度,也是道家顺应自然思想的反映,具有文化意义,现简短引证一点史料。其背景是洛水与谷水同时暴涨,对东周王宫构成威胁,该如何应对。

王子晋的主要观点是:山岭不可破坏,川源不可阻遏,湖薮不可填平,渊泽不可决开,以顺应自然,导天地之气,最后延伸到以民为本,上下和谐,这又与社会治理、国家治理有关了。简短的引文如下:

> 灵王二十二年,谷、洛斗,将毁王宫。王欲壅之,太子晋谏曰:"不可。晋闻古之长民者,不堕山,不崇薮,不防川,不窦泽。夫山,土之聚也;薮,物之归也;川,气之导也;泽,水之钟也。夫天地成而聚于高,归物于下,疏为川谷,以导其气。……"

王屋山有"天下第一洞天"的名号,地位崇高,而王屋山下的平原地带有一小庙,与元代王屋山的全真派产生了联系,这里将其一并归属于王屋山道教文化。庙虽小,名头却不能算小,号曰"长春观"。道教名人丘处机道号"长春子",丘处机创立了全真龙门派,因而此小庙就与丘处机产生了关系。

还是在20世纪80年代中期,我随集体参观了北京的白云观。白云观是我见过的最大道观,事实上也是全真龙门派最大的丛林(庙宇)。参观过程中,有一年过七旬的老神仙负责给我们讲解,老神仙戴着紫阳巾,操着标准的北京话,记得他说,二进制就源于八卦。通过他的讲解,我才知道白云观主要供奉全真七子中的丘处机,所以观中有丘祖殿,为白云观建筑群中的核心建筑。参观时,我略有点震撼,原因是我读过乾隆版的《济源县志》,其中记录丘处机在济源修真。我有点疑问,何以帝都之庞大的道教丛林能与家乡县志所载人物发生关系？其实，当年我读《济源县志》时也有点震撼，其原因是，那个小庙"长春观"离我生活的小村只有5里之遥，何以穷乡僻壤的一个小庙能与县志发生关系？当时，我尚缺乏丘处机在道教发展史上重要地位的背景知识。

县志曰：（元）丘处机，字通密，山东人，寓济源长春观学道于灵都真君王志祐[①]，昌明元教，多著述，世祖召见于雪山上，言：为治在敬天勤民，长生在清心寡欲，世祖命左右铭之……[②]

丘处机真的在此学道吗？真难想象，宋元之交，天下混乱，四海鼎沸，百姓逃难，于人烟稀少的一条土岭荒沟中修炼，其偏僻该使人感到多么孤独啊！

后来有研究者认为，金元以降，王屋山道教已由唐代司马承祯为代表的上清派转而变成全真派的重镇，丘处机到过该小庙当无问题，但却并不是其本人修真处。[③]如今家乡全域，却只有此一小庙名曰"长春观"，另，此处尚有全真教二代宗师马丹阳（马钰）之墓茔。丘处机或真在此处栖身修行？存疑吧。这些道教人物出现于金庸《射雕英雄传》中，爱金庸者应当很熟悉。

那个小庙紧挨路边，说是其地望呈"北斗星斗柄指寅天下春"之状，确实如此。那个小庙紧邻一条深沟，处于沟之北，深沟在庙前拐了个大弯，由南而东北，即所谓"寅"的方向了。"北斗东指天下春"，是常用春联，指明了天象，那么，真人栖息于此处，兼以修炼导引，似可长春了，地望与其"长春子"的道号颇为贴合。

但那个庙实在是太小了，似不比民房高大，破败，这是我早年的印

[①] 文献《王屋山与全真道》指出疑县志有错，当为王重阳。
[②] 萧应植：《济源县志》卷十一《人物·仙释》，乾隆二十六年刻本，本卷第13页。
[③] 葛荣晋：《王屋山与全真道》，《商丘师范学院学报》2012年第8期，第1-5页。

象。但此处道观，历史上曾重修多次，现有重修古碑在，证实历史上的长春观有一定规模，远不是我看到的模样。

沟内有水，故又名金线河[①]，其水流真的如线般纤细，沟两岸，沿下游方向散居着三个自然村，村民鲜有知道河名者，沟在不同段即以村名冠之曰"某某沟"。沟既宽且深，居民院落处于沟两岸的二级阶地上，不存在洪水侵袭之忧，民居皆为窑洞。数里外地貌变为平原，却有了稍微宽阔的河道，是为水留下的空间，并有一座不能算小的石拱桥。我这里所述，是20世纪60—70年代的景象。如今河身日蹙，几不可见，聊可成为记忆的佐证，却是眼见的"沧海桑田"，桥也没有了踪影，如今消失的毛细河流实在是太多了。窑洞院落已全部被废弃，民居搬迁，人们普遍住上了自盖的楼房，这标志着社会所发生的巨大变迁。

十二、高山仰止：嵩阳书院

菩提达摩一苇渡江，来到嵩山下，面壁九年，少林寺成了中国禅宗的祖庭。随着电影《少林寺》的热映，原本有"天下第一名刹"之称的少林寺变得妇孺皆知，成为旅游胜地。

我自不能免俗，与几个朋友一起来到少林寺。无奈人流熙攘，摩肩接踵，只能走马观花。随人流转了一圈后，离开了少林寺。

接下来，我们到了一处院前广场。时在仲春，阳光明媚，草木丰茂，叶色清新。广场前不远，溪流淙淙，院落后侧，高山叠翠；广场左右两边，整齐排列着卖饮料的摊位。游人适中，没有嘈杂和喧闹。来到景点门首——我原不知这是什么地方，抬眼望，"嵩阳书院"四个金色大字映入眼帘。

---

① 经详细比对《水经注》，此金线河当是《水经注》中的"天浆涧水"。今金线河出沟后水流经天浆村，入蟒河（古溴水）。

我立马表现出异乎寻常的兴趣，嵩阳书院原来在这里！中国四大书院（岳麓书院、白鹿洞书院、应天府书院、嵩阳书院）耳熟能详，除岳麓书院外，其他书院尚未有机会涉足，朋友的导引，给了我一份意外的惊喜，只是书院的名头，就吊足了我的胃口。

于是，马上去看挂于门首的长联：

近四旁惟中央统泰华衡恒四塞关河拱神岳
历九朝为都会包伊洛瀍涧三台风雨作高山

对联的眼界足够高远，气魄宏大，带着历史，带着沧桑，写明了本处坐标——嵩阳书院，与洛阳、嵩山之间的关系。

多年以后，我再次游览了嵩阳书院，并特意在书院门前的大平台上俯视了一番远处的登封县城，县城的平面延展，更衬托得书院"高高在上"。清人于《嵩阳书院记》中曰[①]："其地负嵩面颖，左右少室、箕山，诸峰秀矗云表，中天清淑之气，于是焉萃"，真是风水宝地。

第二次在书院门首品对联，却发现了"不太协调"的字体风格，联之上首写有"乾隆庚午"的字样，联之末尾则有御笔的落款，照此说来，这副对联该是乾隆所书了。以我对乾隆字的熟悉，只觉得，除了"御笔"两字，联之书体却并非乾隆的风格，尽管结字稳固，但却没有乾隆的流畅与潇洒。山水绝佳处，乾隆的题刻较多，其字容易辨识。至于书院横匾——相当于横批了，则又别是一番风格。因有此疑问而检阅资料，果然是有不同说法，有言是乾隆写的，有言是清朝的督学写的，匾额则是现代书法家仿苏轼写的。由苏东坡而乾隆，由督学再到现代书法家，时间跨度如此之大，由门联可推知，书院有着复杂的前世今生。

书院是一个方正的五进院落，对于一个古代读书的地方来说，其面积是足够大了。原址建筑，初创于北魏年间，由寺院而道观，由道观而

[①] 《嵩阳书院记》，汤子遗书，卷四记，清文渊阁四库全书本，第60页。

行宫，再变身为书院，由书院而小学，而中学，直到现在的世界文化遗产、文物保护单位。书院之身，不可避免地与时代的风雨交织在一起。有关书院的建筑布局与风景特色，述之多矣，简略之，今只以局部的视角，写点自己的观感。

从大门进去，迎面就是仪门，其斗拱的样式，带来了"威仪"之感，上有四个烫金大字："高山仰止"。仪门的孑然孤立，更显得牌匾高昂，从而将书院浓重的崇儒气氛高调地烘托了出来。

"高山仰止，景行行止"原是出于《诗经》的话，后被司马迁拿来赞颂孔子："虽不能至，然心向往之。"用于书院仪门，除了赞颂孔子，恐怕还有一层意思，就是对读书"行为和环境"的赞颂，也就是对学校的赞颂，对读书的赞颂，说句俗气的话，其内涵则是"惟有读书高"。在中国历史上，读书人约等于"儒"。"谈笑有鸿儒，往来无白丁"，《陋室铭》如是说。

初到嵩阳书院，在一个展室中看到了简单的介绍，印象中的"教员"有范仲淹、文彦博、司马光、程颐、程颢、李刚、朱熹……最近的资料检阅，则看到了更多的"名教员"和卓越"毕业生"，比如，滕子京、张载曾为"学生"身份。滕子京、张载都是北宋的"学生"，朱熹却是南宋"先生"。这不奇怪，五代以后这里已成书院，成为儒学活动中心，因而"学生"完全有可能辈分更老，甚或是前代（朝）中人。

"教员"也好，"学生"也罢，我想，当任何一个参观者看到这些人的姓名时，嵩阳书院处于什么样的水平，在社会上有什么样的地位，已是不言自明，单从教员的历史声望，就可以判定书院相当于现今的"高等研究院"。

书院首先是读书的地方，因而其环境的设计，必须要贴合读书的需要，符合"书生"的心理需求。我发现了书院中有两个景观"小品"符合这样的要求，首先就是"泮池"。

所谓"泮池",就是半月形的水池,池上置桥,以供行走。"泮池"置于"道统祠"前,很具有寓意。古之学宫(官办学校)、文庙必引水辟池,营造一种临水的环境,以追寻孔子的史迹。文庙之泮池,位于棂星门与大成门之间。据称孔子少年时常在水畔读书,如此,则提示终日往来"泮池"的学子们,不可忘了先师。来日有了功名,尚需行绕池仪式,谢先师,展现出一片感恩之心。此处"泮池"置于"道统祠"之前,依附于"硬件"的有形,可使学子们于无声中获得"道统"之教,"天地君亲师"秩序之教。"泮池"实际上是文庙的标准配置。

再就是"杏坛"了,传说孔子于"杏坛"下教书授徒,故我想,在"杏坛"的华盖下,无论是讲授者,还是读书的生徒,都会有一种庄严感、荣誉感,其于不自觉中,自认为是圣人门下,会有一种道德的约束在。有声之讲授,无声之环境,同样起着教育、浸润的作用。

"泮池"与"杏坛"在嵩阳书院的建筑格局中虽属景观小品,但由于是零距离的接触,对"孔门"氛围的渲染,作用应当不小。

书院中有"先圣殿",门联为:"至圣无域浑天下;盛极有范垂人间"。"先圣殿"是书院中一处重要的建筑,可认为是"儒学圣祠"。殿中央是孔圣人实体立像,两侧则有陪祀的颜回、子思、曾子、孟子线刻画。此外,尚有孔门七十二贤人的极简传略。当年书院的读书人,无疑是在此处为孔子举行叩拜大礼,叩拜完毕,或许立马就有了"及门"之感,是那种远远的承续,是实实在在的书院"及门"。按对联,圣人思想充斥天下,圣人有范垂于后世,那一群生众,或暗下律己之心:当以圣人立下的准则行事。《礼记·学记》曰:"凡学之道,严师为难。师严然后道尊,道尊然后民知敬学。"窃以为,这种"仪式感"很强的活动,或对"师道尊严"有一份助力。

"先圣殿"有儒学发展脉络的简介,是了解儒家、儒学的好地方。

书院中原有《程朱祠》，专祀二程、朱熹三人。程朱有别于其他先贤，在于"书院宜重道统，故专祀焉。"如此，则可使学子体悟到"居其地、论其世、读其书、想见其人，以一身为古今大道有赖之身，在学者之自勉焉耳矣"。①

《道统祠》中供奉帝尧、大禹、周公。帝尧、大禹、周公都与登封有关，帝尧在登封巡狩治水，登封是大禹的家，周公在登封测日景（影）。"道统"一词，其言"承续和系统"，意义在于强调传承的正统，或正统的思想，有董仲舒"罢黜百家、独尊儒术"的思想色彩，只是说法上"柔和"些，不具有"排除异己"的字面表达。我们不必拘泥"道统"一词出自何人，也不必追究"道统思想"究竟出自荀子还是朱熹，但我们知道韩愈有文《原道》，其中曰：

尧以是传之舜，舜以是传之禹，禹以是传之汤，汤以是传之文、武、周公，文、武、周公传之孔子，孔子传之孟轲，轲之死，不得其传焉。

这就是道统。

韩文公之文，首先在于批评时弊，有时代背景；其次则在于以"道统"承续者自居。虽说"自居"一词属于心理活动，但观其另一文，则不得不承认韩文公的磊落光明。韩愈《与孟尚书书》：

韩愈之贤不及孟子。孟子不能救之于未亡之前，而韩愈乃欲全之于已坏之后。

这不是自谓承续道统的明证嘛！

韩愈之《原道》《与孟尚书书》以及《谏迎佛骨表》三篇应当结合起来看，才能弄懂韩愈何以会指出儒家正统思想的承续问题，何以韩愈会"勇敢"而上，而不是"退之"。当时，社会上佛老思想盛行，唐宪宗更是要迎佛骨到宫中供养三日。在这种情况下，韩文公"欲为圣明除

---

① 宫嵩涛：《嵩阳书院》，湖南大学出版社，2014，第162页。

弊事",写出了《谏迎佛骨表》,上书唐宪宗。无奈"一封朝奏九重天,夕贬潮州路八千",贬谪的路上,韩愈写出了《与孟尚书书》,是为与孟尚书间的通信。

我写这么多韩愈,扯得甚远,却关乎想表达的主题:后世续"道统"者,"程朱理学"也!他们都是嵩阳书院的老师。南宋以降,科举考试以朱熹所著《四书集注》为标准,正因为此,"道统祠"之设立,于嵩阳书院有着非凡的意义,算是用心良苦。如此看来,嵩阳书院的"高光"乃是二程与程子之学,"山不在高,有仙则名",况"高山仰止"乎?

多写几句话。塞翁失马焉知非福,如果说,称韩文公为"百代文宗"是因为苏轼有"文起八代之衰,而道济天下之溺"之定评,那么,韩文公被贬到潮州,因其办教育、兴水利,则成就了其"不虚南谪八千里,赢得江山都姓韩"(赵朴初)的"千秋伟业"。是的,在如今的潮州,有韩江、韩堤、韩山、昌黎路、昌黎路小学、韩文公祠……我想起了灵渠畔对联中的用语:"仅此江堤寸寸,亦可雄视千秋。"潮州江山姓韩就是此对联的最好诠释。

书院内有古柏两棵,说是汉封将军柏,并附会有生动的故事,略之。初见此二古柏,我的感受是震撼,所见古柏多矣,如家乡济源济渎庙中的汉柏,山西晋祠中的周柏,北京中山公园、天坛公园数不清的古柏,但唯此处所见古柏最大,胸围近13米。再看树下标示的树龄,更是震撼:4500年!中华文明上下五千年,老树几乎尽阅!

现存有明代柏图碑3品,其一记曰:"嵩之麓有三柏焉,始不可考。汉武帝封禅时,爵为将军。迄今大者围三十五尺,苍干盘曲,势若游龙;次围二十五尺,文理细腻,润枯相半;三围二十尺,枝叶森秀,体貌独今。"[①]

---

① 宫嵩涛:《嵩阳书院》,湖南大学出版社,2014,第162页。

乾隆十五年（公元 1750 年），乾隆皇帝巡行中原，祭拜嵩山，到了嵩阳书院，并亲手绘制了《嵩阳汉柏图》，今藏故宫博物院①。

乾隆帝《嵩阳汉柏图》（藏故宫博物院）②

树龄为林学家于 1958 年进行的测定，"说是原始森林的遗物，树龄最低不能小于 4000～4500 岁"③。既是林学家的结论，必有科学依据。

可以说，嵩阳书院，连同她的前世，都是旁依古柏而建。站在如此高龄的古树下，仰视其虬髯老枝，我相信，每个人都会心存敬畏。

参观完书院后，我曾有过思考，书院到底是什么性质的"学校"呢？古代士子读书多是为了参加科举考试，博取功名求官，书院对此有帮助

---

① 李文君：《乾隆帝的河南之行》，《寻根》2019 年第 5 期，第 98-105 页。
② 同上。
③ 宫嵩涛：《嵩阳书院》，湖南大学出版社，2014，第 162 页。

吗？书院何以兴、何以废？这本可以写得很长，但因下段要写一下书院的大牌"教授"二程、朱熹及其他方面，不宜发挥太多，只能简单写一点认识。

　　大多数文献资料将书院归为私学，这是相对于官学来说的。我对这种解释不能满意，不完全同意，主要在于这些书院多由地方官员或社会名流主持创办，书院接受朝廷的赏赐，如田产、书籍，甚至接受官方委任、选聘的管理人员，书院同时也接受地方官、贤达人士的捐赠；在书院任教的讲员，其名头也实在是太大，出将入相者不乏其人，如范仲淹、文彦博、李刚等，更有如北宋五子这类名扬天下的大儒，他们绝不同于家族学堂中的"西席"，书院也与"三味书屋"类的识字学堂不同；不但教员来源广，读书人的来源也很广，或"学生"本身就是修养丰厚的学者，他们来书院读书更可能是为了交流，其实也是一种社会活动。因而书院当属有别于"官学"与"私学"之外的"社会办学"，层次则相当于现今的"高等研究院"，功能上除为读书提供条件外，也为传道、著书立说提供条件。至于与科举的关系，书院既有助于科举考试，也与科举考试产生矛盾。因为，通过书院的教诲可以提高水平，为高中提供条件，但科举考试只是一种"标准化"的考试模式，模式设置的目的在于降低主考官判卷的"主观性"、增加客观性，恰如英语标准化考试的画钩，因而有水平也未必能考出来，需要通过不断的"刷题"来提高八股文技巧，书院在这方面能给予多少帮助，也实在是难说。至于兴废，则完全在于官方需要的程度以及书院与社会间的契合度，当官方需要书院传播某种思想，需要书院来扶持传播某种学术流派，而官方也需要借助于书院发声时，其自然有兴旺的条件。但当社会的需要减少时，书院式微也是自然，比如，在新式学堂出现以后，囿于其学科的设置，书院已经落后于时代，消亡也就是必然了。

十三、那些大先生，旁及水元素

既在嵩阳书院看到了程朱的重要影响，则继续谈点相关的"大先生"，属延拓性话题。

北宋熙宁年间，最重要的事乃是王安石变法，对于持不同政见者，有遭贬斥的，有免官的，司马光、二程，就属此列。从仕途来讲，他们是不顺的，但对人生来讲，未必不是幸事，对文化发展来说，确乎是幸事。司马光《资治通鉴》的一部分，就是在嵩阳书院编纂的。《资治通鉴》的编纂不必要像《史记》那样，准备"藏之名山"，其中的"臣光曰"写明了是对赵宋皇帝的，也获得了赵宋皇帝的认可。就史而言，《资治通鉴》绝对够得上"成一家之言"了，司马光因《资治通鉴》而永垂史册。对程氏来讲，幸运程度更大，"洛学"因他们而产生，北宋五子中，二程于后世的影响最为昭彰，他们因此而成为历史上的"圣贤"。

二程是河南洛阳人，长兄程颢，世称明道先生；弟弟程颐，世称伊川先生——北宋"五子"，有四人的"自号"与水有关，濂溪先生周敦颐，伊川先生程颐，横渠先生张载，百源先生邵雍。编纂《资治通鉴》的司马光则称"涑水先生"。"上善若水"，上善者，水也，因而能成为"先生"的"世称"。程颢虽无水的别称，但却"明道"，"水善利万物而不争。处众人之所恶，故几于道"。这是从修为上与水发生了关系。

说二程是"圣贤"，在于二人不但都创立了自己的学派，还都陪祀于孔庙。

按著名哲学家冯友兰先生的总结[①]，程颢的主要哲学主张是"人与万物之间存在着形而上的内在关系"；"人所需要的是记起与万物原是一体，真诚用心地照着去做，这将使人逐渐恢复与万物一体的意识"。这莫非

---

① 冯友兰：《中国哲学简史》，新世界出版社，2004，第244页。

就是我们常说的"天人合一"？程颢的主张被南宋的陆九渊和明代的王阳明继承和发扬，形成了理学中一个重要的派别，即所谓的"陆王心学"。

《千家诗》中选有程颢的诗，其一曰《春日偶成》：

云淡风轻近午天，傍花随柳过前川。时人不识余心乐，将谓偷闲学少年。

其二曰《题淮南寺》：

南去北来休便休，白蘋吹尽楚江秋。道人不是悲秋客，一任晚山相对愁。

很难想象，被明李贽嘲笑的"高展大履，长袖阔带，纲常之冠，人伦之衣"的道学先生，能写出如此轻松愉快、随遇而安的诗句来，李贽岂不太刻薄乎？猜测李贽所谓的"有一道学"一定是排除了比他早生五百年的明道先生。《中庸》有言："天命之谓性，率性之谓道，修道之谓教"，明道先生的"南去北来休便休"，分明是率性的注脚，是一场"说走就走的旅行"，这一点，放在今天也颇能被年轻人接受。也难怪，既然明道先生遥开"心学"一脉，则"心性"自当光明，闲适恬淡。

程颐的主要哲学主张，是"认为世上的事物，其所以能存在，必须有一个理"。"如果有一物，必有一理。但如有一理，可能有，也可能没有与它相应的物。"

有成语"程门立雪"一词，表示尊师重道。成语的来源是说有两个弟子去拜见程颐，适逢程颐睡着了，由于不忍打扰老师，二人就立在雪地等待。故事不长，生动而精彩，常见到这一故事的插画。但由此我觉得，程颐先生可能格外的"严肃"，不如明道先生"可爱"。

程颢有言"识得此理（即万物一体），以诚敬存之"；程颐曰"涵养须用敬，进学则在致知"。哥俩都强调"敬"，而乃师周敦颐强调的是"静"，这有着大的不同，"正表明更新的儒学在精神修养方法上的进一步分道扬镳"。①

再延伸到嵩阳书院历史上另一位重要人物朱熹。朱熹为程颐的四传弟子,讲学于庐山白鹿洞书院,后集理学之大成,从此后世有了"程朱理学"。比之于二程的"阳春白雪、和者盖寡",朱熹更为"亲民",原因就在于朱熹的《四书集注》成为科举时代的标准课本,朱注为标准答案。我曾于婺源游览某祠堂,祠堂内有家族历代宗亲所获功名一览表,有众多的匾额,其中一块格外醒目,赫然大书:"程朱一脉"。由此可管窥到"程朱理学"对世家的巨大影响。其实,在今日的徽州文化博物馆中,彰显徽州文化的重点乃是"程朱"。

"半亩方塘一鉴开,天光云影共徘徊。问渠那得清如许?为有源头活水来。"这是朱熹的一首诗,其题曰《观书有感》。由此可知,朱熹的诗并不是一幅静物画,而是一首哲理诗,借水之"清"而探"理"之本,"问渠(它)"是探究,尾句给出了答案。

朱熹曾与陆九渊有过一场著名的辩论,称为"鹅湖之会"(江西省铅山县鹅湖寺),个人认为,这是学术史上一美谈。陆九渊是事实上的"心学"开山祖师,其思想"接近于"程颢,其实,程陆二人思想都受孟子思想影响。还是在大学时候,我读到过"鹅湖之会"的一篇随笔,写得轻松愉快,其将复杂的哲学问题表述得亲和而易于理解,依稀的印象是二人划船于鹅湖之上,欸乃之声伴随着一声高一声低的学术争论,他们争论了三天,似乎谁也没说服谁。这场争论即所谓的"理学"和"心学"之争,三天的争论不算长,后人却将这场争论的观点延续了上千年,如今还在争论,这大概就是哲学问题的特质吧。2015年,上饶师范学院主持召开了"纪念朱陆鹅湖之会840周年学术研讨会",在一篇综述文章

---

① 冯友兰:《中国哲学简史》,新世界出版社,2004,第244页。

中[①]，我看到了解光宇先生以明了的语言讲清楚了二人的异同："朱子理学与象山心学在对理本体的理解上，二者同植纲常、同扶名教、同宗孔孟，是绝对的一致。朱陆的分歧在于认识理的方法上，即朱熹主张泛观博览、格物致知，陆象山主张先立其大、发明本心。"

在嵩阳书院，挂有程氏集萃的展板，分为《立志篇》《论学篇》《论证篇》等，今摘两句，发挥一下：

读书将以穷理，将以致用，今或滞心于章句之末，则无所用也，此学者之大患。

这几句话，其强调的主要意思可缩减为四个字："学以致用"。这无疑是正确的，我挑不出它的毛病。但这是不全面的，只能算"局部"真理。我们的文化，太强调"致用"。"有用"，其实也是一种"功利"，"功利"之心太强，太追求"致用"，则"无用之学"就被有意无意地忽略了。太强调"致用"，不免沦为"器"。《易经·系辞》："形而上者谓之道，形而下者谓之器。"二程"理"的来源当本于此。一个民族，总要有"仰望星空"的人，二程本身就是仰望星空的人，但也有局限性，即因没有设置参考基准面，而不知自身的高度，他们忘了自己所创立的理学，本身就是形而上之学，本身就"无用"。古希腊有一帮专门研究无用之学的哲学家，这是我们需要借鉴的地方，但他们同样不全面，即"纯理论派"对实用的摈斥，"言必称希腊"也无必要。总之，无用与有用，需要兼收并蓄。

二程的家在洛阳伊川县，除了在嵩阳书院的讲学，他们还在伊川讲学——程颐在伊川县老家的伊水边创立了"伊皋书院"，后人更名为"伊川书院"。书院环境，有山有水，有嵩阳书院之妙。程颢有《秋月》诗："清溪流过碧山头，空水澄鲜一色秋。隔断红尘三十里，白云红叶两悠

[①] 吴勇：《纪念朱陆鹅湖之会 840 周年学术研讨会综述》，《江淮论坛》2015 年第 6 期，第 130-132 页。

悠。"莫非就是对此处山水的描摹？是对士子静心读书，心中无所挂碍的期许？读程颢诗，总觉得明道先生喜欢水，澄明洁净的水，不仅能洗却世间尘土，更能洗涤心灵。相对而言，不苟言笑的程颐可能更喜欢一人观水，是那种"智者乐水"，他说"东郊渐微绿，驱马欣独往。舟萦野渡时，水乐春山响……"

当时，在洛阳生活着许多致仕的高官，声名远播的鸿儒，其中就包括邵雍。

邵雍将其生活的地方命名为"安乐窝"。初知安乐窝是在40余年前的洛阳，那里有"安乐窝"的公交车站名，我觉得安乐窝的地名实在是有点特别，也就记下了，并由安乐窝而知道了邵雍。

邵雍谥康节，故后人多以邵康节称之。比之于二程，邵康节在民间的名气更大，因为邵康节（或称邵夫子）有命理预测方面的书在民间流传。

那年去辉县百泉，在百泉池的西边见一庙宇，其面朝百泉池，正是邵夫子庙，内有邵夫子塑像。庙前有亭，悬挂匾额，其一曰"驾风鞭霆"，为曾任民国大总统的徐世昌所题，这本是朱熹赞颂邵雍诗中的话。徐世昌的字极为工稳浑厚，非有大气势不能为之，因而留下了极为深刻的印象。

百泉池是卫源，紧靠苏门山，靠山临水向阳处，看到一处门楼，上写：安乐窝。无疑，这是邵夫子于苏门山的结庐处，邵夫子居然有两处安乐窝。后人称邵雍为"百源先生"，大约就源于其曾"结庐在百源"。

邵雍有诗《尧夫何所有》："夏住长生洞，冬居安乐窝。莺花供放适，风月助吟哦。窃料人间乐，无如我最多。"写得怡然自得，活得也怡然自得，其另一首诗《七律·插花吟》可做旁证：

头上花枝照酒卮，酒卮中有好花枝。身经两世太平日，眼见四朝全盛时。况复筋骸粗康健，那堪时节正芳菲。酒涵花影红光溜，争忍花前不醉归。

稍微注意一下就知道这是非完全遵守格律的格律诗，近乎口语，前两句用了顶真格，酒字重复了三次，花字重复了四次，中间还换了韵，这对于"律诗"，算是少有。但其能流传下来，经得起历史的淘刷，并能被《千家诗》选中，可能还在于其真性情、自我满足的表达，真性情最难得，诗之格律就该让位于情真意切。

邵雍由《易经》发展出自己的宇宙论[1]，他用数、图像（卦象）推演天地宇宙和万物的演化规律。邵雍说："太极一也，不动；生二，二则神也。神生数，数生象，象生器。"（《皇极经世·观物外篇》）由此我们可以看到邵雍对"数"情有独钟，这也是北宋五子中最具特色的地方。用数来研究哲学问题，西方也有，最著名的就是毕达哥拉斯了，毕达哥拉斯认为，"万物都是数"[2]，组成万物的风、火、水、土都是由数演化而来的；"现实的终极本质便是数"[3]。冯友兰先生认为其有与黑格尔相似的"看法"，就是"认为一切事物都包含有对它自身的否定"。这不就是老子的"反者道之动"吗？不就是"矛盾"吗？或可这样理解：矛盾总向自己的反面转化。

邵雍在洛阳的住所、物业都来自朋友的捐赠襄助，这一方面说明其名高，另一方面也说明了当时文化人之间交流的融洽。邵雍患病期间，程颢、程颐、张载对邵雍多有关照。张载是"关学"创始人，是二程的表叔，是长辈，但"关中张子"却因邵雍、二程在洛阳而常来造访——切磋学术，殊是可贵。我写出这些"花边"，意在说明，时在北宋，"为天地立心，为生民立命，为往圣继绝学，为万世开太平"（张载语）的顶级哲学家之间，居然有那么多的人间温情，哲人也未必孤独啊！其孤独也，只在俗人的眼睛里。南宋"鹅湖之会"是打破孤独多么美好的方

---

[1] 冯友兰:《中国哲学简史》，新世界出版社，2004，第244页。
[2] 罗素:《西方哲学史》，何兆武、李约瑟译，商务印书馆，1963，第69页。
[3] 菲利普·斯托克斯:《西方哲学常识》，吴叶韵译，中国友谊出版公司，2018，第5页。

式啊！那种打破孤独的电光石火居然震荡了上千年，试问世间争论可有如此之长者？

显然，北宋时代的洛阳，为以二程为代表的两宋理学的发展提供了丰厚的土壤，以至于有所谓"数真儒萃处一时，则斯地乃得与洙泗并称为道学渊源之所，所谓西邹鲁也"①的说法。两宋理学比之于先秦哲学，更多了些抽象的成分，所谓的无极、太极、理、气、象、数等概念或思想，可看成抽象出的基本元素，它们不针对具体的对象，因而脱离了就事论事，这是极大的进步，无论说这些抽象的概念（或元素）是用来构建宇宙本体，或者用来说明万事万物的本质，都可说是在用来回答哲学的基本问题，这些问题也许近乎"无解"或不可能有"定解"——不同的人有不同的说法、不同的认识，但却会诱发持续的哲学思考，支撑哲学的发展，这大概就是"哲学"爱智慧的意思吧。

十四、洛阳，高光渐隐与水运

北宋，洛阳失却了都城的地位，但古都的光环还在，隋唐的余荫还在，有西京的官称，因而对文化人有着强烈的吸引力，即便是宋朝皇帝，也还有迁都洛阳的想法，所以，一些退休官员或文人雅士愿意"结庐"于洛阳也就可以理解了。

沈括于《梦溪笔谈》②里记载了元丰五年（公元 1082 年），文潞公文彦博守洛期间所组织的"耆英会"，计十三人，包括退休的和未退休的官员，年龄最小的就是司马光了，年六十四，其他都是七十以上的"耆英"。组织者文彦博当时的职务是守太尉判河南府、潞国公，年

---

① 河南《洛阳县志》卷十五，清乾隆十年刊本，转引自陈谷嘉、邓洪波主编《中国书院史资料》上册，浙江教育出版社，1998，第 474 页。
② 详参沈括:《梦溪笔谈》，上海书店出版社，2003。

七十七，尚未退休，其年龄位列第二；守司徒致仕、韩国公富弼，年七十九，年龄位列第一。虽然高官的生活条件好，但毕竟远在宋代，人生七十古来稀，耆英之称，真是名副其实。

除"耆英会"之外，还有欧阳修、梅尧臣、张先等参与的"七友""八老"联谊会。这些活动，原本学的是白居易，白居易居洛期间曾组织"九老会"。从"九老会"到"耆英会"，虽然说是文人雅士的聚会娱乐、诗酒唱和，可也是一种文化活动，往往会留下传世的作品，如欧阳修的《七交七首》。王羲之的《兰亭集序》也是这么来的。

北宋的都城在开封，但北宋的洛阳同样是文化高地，因而，认为北宋沿黄河有两处文化高峰地带，完全成立。

南宋偏安，"衣冠"再次南渡，"洛阳城里春光好，洛阳才子他乡老"。洛阳无可奈何地越过了其文化高光的极值点，无可奈何走进了旧时高光的回望里。

至明中叶，社会的残破已经修复。阳明心学一时大盛，不甘寂寞的洛阳大儒们，仰慕前贤，难以忘记旧时的辉煌，于是，欲图再次振作，"他们将阳明学与河洛理学传统加以调和，兴办讲会、聚徒讲学，使得洛阳成为心学在北方传播的中心之一"[①]。虽也熠熠闪耀于一时，但在历史的进程中，终趋于黯淡。

沧海变桑田，文化高地的变迁也一样。

元明清三代，河洛地区就是普通的内陆地区，既不是政治军事中心，也不是经济中心。元京杭大运河的改线，也使河洛地区失去了水网交通中心的地位。大运河入北京改线山东，使得沿线一批新的市镇成长起来。

---

① 户华为:《今古之间：明代洛阳士人对文化传统的接续与建构》，《光明日报》2022年02月14日14版，https://epaper.gmw.cn/gmrb/html/2022-02/14/nw.D110000gmrb_20220214_1-14.htm，访问时间：2022年11月26日。

而长期的核心区域——河洛地区，逐渐沦为边缘区域。[1] 政治中心的区位，对经济、文化的影响实在是太大了。河洛地区文化高地的衰落，同时伴随着经济地位的衰落，应当说，"软件"依附于"硬件"，后者起着支撑的作用。说起开封，其衰落的一个重要原因是汴渠的淤积与水运地位的下降，洛阳何尝没有这方面的原因呢？由此也可以看出（水运）交通对一个地区繁荣的影响，在现代化的交通诞生之前，水运交通的影响实在是太大了。

河洛地区的经济再复苏，其重要因素之一，其实有赖于1949年以后交通的建设，包括铁路、公路和航空港。改革开放后，沿海有很多开放的城市，东部沿海地区经济发达；国家也提出了西部大开发战略。作为天平支点即平衡支撑点的中部地区，经济必定需要崛起，交通条件就是这种崛起的重要支撑。继陆上交通、航空交通之外，河南进一步开始重视水上交通的重要性、重视港口的建设、重视通海——这一点尤为重要。按照《河南省内河航道与港口布局规划（2022—2035年）》，将"完善航道与港口布局，延伸通江达海水运大通道"，构建与河南省"产业布局和经济发展相适应的现代化内河航运体系"[2]，其中就包含了河洛地区。

我对河南省所做的航运规划抱着极为欣赏的态度，原因在于其有"古为今用"的思想，有借鉴古代河洛地区水运交通通淮的味道。河洛地区能通海，则意义更大。通海，利用集装箱运输，意味着同世界接轨更为

---

[1] 彭慕兰：《腹地的构建：华北内地的国家、社会和经济（1853—1937）》，马俊亚译，上海人民出版社，2017，第5-13页。

[2] 《一纵三横九支！河南打造通江达海水运大通道》，2022年6月17日，https://www.henan.gov.cn/2022/06-17/2470530.html，访问日期：2022年9月6日。

便捷。对于黄河航运，新规划似没有直接入海通道。① 对通过黄河达海，不妨大胆设想一下（见本书"第十三章　大三角洲——千里大平原"）。

十五、洛郑之间：掠影几处

让我们从洛阳沿黄河走到郑州，沿程进行一番文化回望。这条路我走过多少次，实在是难以计数。只拣其要者叙述，以前有文叙述过的，则一概免之。

首先就是汉光武帝陵，老百姓称之为刘秀坟，在铁谢村。作为一座时间久远的汉墓，一座独立的坟茔，刘秀陵园不算小了，有神道，有石雕，有柏园，有祠堂，有高高的封土。这里不打算描写其园林特色，如对拍掌有回音的"鸟鸣柏"等。只说一个民间故事，从中"抽象"出一点与黄河游荡有关的"信息"，这一带，有关王莽与刘秀的故事，在民间广为流传。

故事说刘秀的儿子一生不听父言，总与父亲的意见相左。在即将告别人世之际，刘秀想到自己入土之事应该给儿子交代清楚。他本意将自己的陵寝安放到高处，但考虑到儿子一生与自己作对，就故意说死后当葬于黄河腹中，这样，与自己作对一生的儿子，就自然会将陵寝置于高地，自己死后就可"高枕无忧"了。孰料儿子想到自己一生不听父言，对于父亲的身后大事一定要"慎终追远"，谨慎为之，再不能有所违背了。于是，在刘秀驾崩后，就遵照遗命将其葬在了黄河中流。按迷信的说法，皇帝陵寝处于河道中间，皇帝职位远高于河伯，河伯甚是恐惧，于是一夜之间让黄河向北流去，这样刘秀坟就处在了黄河南岸。事实上，光武帝的陵寝也确实孤零零地处于黄河南岸的平川之地。

---

① 《河南省内河航道与港口布局规划（2022—2035年）》，2022年6月27日，https://www.henan.gov.cn/2022/06-27/2475833.html，访问日期：2022年9月6日。

我初听这则故事是在小学阶段。后听河务局的同志也说过。

刘秀陵园内有一通碑,其上有一孔洞,孔径与人耳轮廓相当。因被游人抚摸太久,孔洞既亮又黑,贴耳上去可听见呼呼声响,人说是黄河涛声,并以此来证明刘秀坟茔确实是当年的河底。

再说一则故事:放羊的老头上午在河南岸牧羊,下午准备回家时却发现自己处在了河北岸。这则故事是听研究黄河的前辈老教授张仁先生所说。

我以为,上边两则故事的共同指向是黄河的游荡,后一故事带有强调的意思。

黄河"善徙",其游荡,在上游、中游、下游的平原地带都会发生。黄河水流含沙率高,在平原地带,随流速的降低,水流挟沙能力降低,沉积必然发生。随着河床的抬升以及横向坡度的出现,游荡必然发生,只是游荡的程度有所差别而已。上游宁夏嵬城(今惠农区东南)建于西夏时期,位于黄河的东岸,现处于黄河西岸15里的地方。[①]

前边提到的铁谢险工与光武帝陵的距离不及千米,黄河土质岸坡遇水顶冲的坍塌速度极快,可以想见,铁谢险工对于保护黄河右岸、阻止岸坡的进一步坍塌起着非常重要的作用,否则,刘秀坟茔真有塌进黄河里的危险——汉晋以来黄河向刘秀坟方向的侧蚀进度当在两公里上下。从此处再往下游,受黄河侧蚀的影响,历史上有不少的村社都塌进黄河里了,甚至孟津古城、孟州古城也都塌进黄河里了[②],历史上有名的"河阳三城"连踪影都没了,今日的孟州城实际上修建于金时[③](孟州城

[①] 辛德勇:《黄河史话》,中国大百科全书出版社,1998,第18-19页。
[②] 史念海:《黄河流域诸河流的演变与治理》,陕西人民出版社,1999,第83-88页。
[③] 同上。

1992 年经过了扩建①。孟州老城区我去过多次,属商业区)。

"河阳三城"地处古孟津渡口处,历史上非常有名,分别位于河北岸、河道沙洲之中以及河南岸,中间以浮桥相连。称"河阳三城",是因为三城均处于河阳(今孟州)辖区地面(《元和郡县图志》中对南城的描述在河阳县下),但今日的孟州所辖行政区域都在河北岸②。"此桥规制宏壮,为当时第一大桥,连锁三城,为南北交通之枢纽。""而河阳为最近洛阳之大津渡处,故常置河阳节度使,统重兵以镇之。"③河阳节度或河阳军统辖地方较大。④ 韩愈《韩愈送温处士赴河阳军序》之河阳,该是此处。大河东去,淘尽的不只是千古风流人物,还有沙洲中的军镇、近岸的市镇。

黄河的游荡自古有之,《史记·河渠书》在记述西汉时期引河灌溉的一则史实时曾这样写:"数岁,河移徙,渠不利,则田者不能偿种。"地段在今山西万荣、永济一带,即黄河大拐弯的东岸。黄河西移,东岸的引水渠不再能取到水,种田的人得不偿失,连种子钱都收不回。河徙的原因就在于此段为游荡性河道。这可能是对黄河游荡最早、最为明确的记载。

从孟津沿公路东行,在路的左边,不时能见到高大的封土堆,曰冢。冢就是古墓,冢之大,人在上边种粮食,也就是说,那冢已经被改造为棱台的形状。初见之,真是吃了一惊,何以有这么多的大冢,人言"生在苏杭,死在北邙",果真也!从汉至今,邙山古墓葬有数十万之多,包括皇家陵寝,达官贵人的坟茔……中国人最重视丧葬文化,洛阳邙山就

---

① 刘韶军:《河南省孟州市老城传统空间格局构成分析》,《华中建筑》2011 年第 12 期,第 186-190 页。
② 孟州也有隔河种地现象。
③ 严耕望:《唐代交通图考》,上海古籍出版社,2007,第 131-132 页。
④ 宋杰:《中国古代战争的地理枢纽》,北京科学技术出版社(Kindle 版本)2022,第 610-644 页。

是真实的写照；中国丧葬文化的"理论成果"更是影响深远，早在两晋，郭璞就写出了《葬经》，其书主要讲风水和术数问题，当是对之前时代丧葬文化的总结。西晋的都城在洛阳，皇家及达官贵人对"地理"的重视，要远胜于平民百姓。

少年时代在农村干活，听到过一句话：洛阳没有卧牛之地。这句话我不太懂，推测是说洛阳古墓之多，连卧下一头牛的空地方都没有。于洛阳之所见，正应了这句话。也因为洛阳古墓葬多，所以洛阳有"洛阳铲"的发明，专为盗墓用，现在却成了地质调查不可缺少的工具。

后来再经行这里，看见道路施工，也或许是修高速路吧，部分土冢遭受了破坏，或许是为了取土的方便，或者是土冢有碍于道路取线？这是印象，时间久远了，不能肯定。但有一点却是肯定的，就是现在的高速公路旁，已经不再有古冢接连不断的景象。

行至巩义市地面，道路北侧田野中，有不少的石人、石兽，有的已经没有了脑袋，这些石人、石兽守望这里的麦田已有1000余年。这里是赵宋皇帝的陵寝所在地。南边，是黄土高岭。陵寝地面平旷，再向北，不太遥远的地方就是东去的黄河。黄河成了北宋皇陵的护城河。

北宋计9个皇帝，靖康之耻，徽钦二帝北掳，其余皇帝均安葬于此，人称"七帝八陵"，多的一个陵就是宋太祖的父亲。贤臣诸如寇准、包拯等安葬于此，杨家将人物三关元帅杨六郎也安葬于此。宋陵经过160多年的经营，规模庞大，按说该是一个有名气的地方，但知道宋陵的人却不多。

赵匡胤黄袍加身，江山来得突然。作为后周的臣子，在后周的都城开封当皇帝，不免觉得卧榻之侧不安稳，或者内心深处有着不为人知的恐惧也未可知，因此赵匡胤有迁都洛阳的打算，"欲据山河之胜而去冗兵，循周、汉故事，以安天下也"。但遭到了一些大臣及晋王赵光义等的强烈反对，认为定都洛阳，未见其便，晋王切谏，并言曰"在德不在险"（《续资治通鉴长编·太祖·开宝九年》）。

以战略眼光看，洛阳作为都城要安全得多，且不说八大关之险，单从西部的纵深来考虑，洛阳也有开封无法比拟的优越性，且不受黄河的威胁。然而，赵匡胤没能实现自己的想法，除了晋王等人的反对，还有客观的因素在：一方面开封作为五代的都城，硬件条件要好于洛阳，洛阳经过太多的战火已经残破，定都洛阳需花费过多的公帑支出；另一方面，定都洛阳，当下的首都开封城必然成为军事重镇，那样，又有藩镇割据的忧虑，唐安史之乱及以后的藩镇割据，教训太深刻了；第三方面，他以及他的继任者都必须承认开封相对于洛阳所具有的无可比拟的优势，即水上交通。北宋，驻屯中央的军队达几十万人[①]——这个数字太大了，加上居民，吃喝所需要的物资供应真是海量，而定都开封，即不必忧虑开封至洛阳之间汴河运输的艰难问题，有关汴河水多、水少、水浑对漕运的影响，就有了相当程度的减轻。

然而，政治与其他诸方面相比，须居于统治地位，首都的安全对于政权确实重要，而历史不能假设，设若北宋定都洛阳，以洛阳之险固，会有靖康之耻吗？会有南宋吗？

地理之大势必以山、水为基础，此外，尚需加上时代的大潮，如此，构成大势的三维坐标。开封，总体上势不及洛阳。

赵匡胤死后葬在洛阳邙山边，也算了却了一桩心愿。

宋陵附近皆有冲沟，史念海先生特别注意到宋真宗永定陵北侧有大深沟，从沟头至出口，直线距离5公里，沟之高差140米，坡度很缓[②]。宋真宗，就是那位签下"澶渊之盟"的皇帝，此后宋辽和议，双方以白

---

① 全汉昇：《唐宋帝国与运河》，重庆出版社，2020，第170-175页。
② 史念海：《黄河流域诸河流的演变与治理》，陕西人民出版社，1999，第273-274页。

沟河为界，长久无战事。北宋的皇家，对皇帝的陵寝断不敢稍有疏忽。史先生认为，宋陵周边的沟壑形成当在于靖康之耻之后，南宋偏安，"然巩县陵寝长期掩覆于荒烟败草中，听任水土流失，形成新的沟壑"。"这里的土壤属于河流冲积层，更易于被侵蚀。"这提示我们，土壤属于河流冲积层的地区，以及生态脆弱区，为减少水土流失，不可能完全依靠自然修复，在本书"第五章 贺兰山下阴山前"一篇中，已经表述了抛荒所带来的生态恶化状况，尽管二者情形有所不同，但有相似之处。这对于目前所重视的生态修复来说，应有启发作用，即人不干预，水土流失与生态状况有可能还会趋于恶化，单凭自然修复，未必能恢复到良好的状态。

千年过去，纵是皇家陵寝，也难免荒冢秋风，"可惜草连天，晴郊狐兔眠"，无所谓生前是皇家贵胄还是庶民百姓。

象棋棋盘的中间写有四个字：楚河、汉界，俗称"河"，这就是棋盘上的鸿沟了。

继续沿洛阳至郑州的高速公路东行，在接近郑州的地方，路旁赫然标记：鸿沟古战场，这就是地理上的鸿沟了。

鸿沟处于郑州荥阳市广武镇境内，北通黄河，南望嵩山。楚汉相争时期，鸿沟东面是楚王城，西面是汉王城。城之谓，我的理解就是军营。

楚汉相争的故事中国人大都清楚，《史记》中对鸿沟对垒描写得极为精彩，且看几幕2000多年前的刀光剑影：

（楚）与汉俱临广武而军，相守数月……绝楚粮食。项王患之，为高俎（俎：案板），置太公（刘邦的父亲）其上，告汉王曰："今不急下，吾烹太公。"汉王曰："吾与项羽俱北面受命怀王，曰'约为兄弟'，吾翁即若翁。必欲烹而翁，则幸分我一杯羹"。

项王谓汉王曰:"天下匈匈数岁者,徒以吾两人耳。愿与汉王挑战决雌雄,毋徒苦天下之民父子为也"。汉王笑谢曰:"吾宁斗智,不能斗力"。

楼烦(汉将)欲射之(项王),项王瞋目斥之,楼烦目不敢视,手不敢发,遂走还入壁(营垒),不敢复出。汉王使人间问之,乃项王也。汉王大惊。

汉王复使侯公往说项王,项王乃与汉约,中分天下。割鸿沟以西者为汉,鸿沟而东者为楚。项王许之。

项王践约之后就罢兵东归了,可汉王却爽约了,他约淮阴侯韩信、建成侯彭越共同出兵追击项羽至垓下,上演了一幕霸王别姬的千古绝唱。千年之后,女诗人李清照有感而发:"至今思项羽,不肯过江东。"京剧有梅派代表剧目《霸王别姬》,虞姬持双股剑的大段西皮唱腔如泣如诉、委婉哀怜,感人至深:

劝君王饮酒听虞歌,解君忧闷舞婆娑。嬴秦无道把江山破,英雄四路起干戈。自古常言不欺我,富贵穷困一刹那。宽心饮酒宝帐坐,且听军情报如何。

作为古战场的鸿沟,想来人们是熟知的了;如今的"鸿沟"一词已经被口语化,但有其来源,原来是一处水利工程:

荥阳下引河,东南为鸿沟,以通宋、郑、陈、蔡、曹、卫,与济、汝、淮、泗会(《史记·河渠书》)。

所谓"引河",就是"引黄河水",以黄河水为通航之源。

引文告诉了我们非常重要的一件事,鸿沟是人工开凿的一条运河——推测利用了自然的古鸿沟水系,否则工程量就太大了。

鸿沟由魏惠王所开,魏惠王,即《孟子》中的梁惠王是也。

鸿沟,后世演变为汴渠(汴河)的上游段,"渠"之谓,就包含有人力挖掘的意思。汴河通航,对河道和水量有要求。向汴河引水,不是一件容易的事，怎么处理水大、水小、淤积等问题，既现实，又无一劳永逸之法，各方面的经验教训都有。至北宋元丰年间，引洛水助汴，以避淤积，是谓清汴。然熙宁变法后的新旧党之争，牵连到引黄、引洛的工程方案选择，引黄、引洛曾在短时间内有过数次的方案轮替。[1] 影响大的水利工程，从来都包含政治，其往往会成为权力博弈中的抓手或着力点，工程是经济行为，必定受制于政治。汴河的航运对北宋都城是如此的重要，以至于新旧两党都会根据工程方案的优劣，即当下取得的效果，来作为战胜对方的有力手段。顺便延拓一下，明清两朝，以河务成败来扳倒政敌的事例太多了，总河一职更是矛盾的焦点，就连潘季驯、靳辅这些治河名臣都不能置身事外。

鸿沟之开凿，在我国的河流交通史上和水利史上都占据重要地位，其重要意义在于沟通了黄河与淮河水系。缘此，中原地区与长江流域联系更方便，因为很早之前，邗沟（吴王夫差北上争霸时所开）已将长江、淮河相沟通，史载："吴城邗，沟通江淮。"（《左传·哀公九年》）

古代，由于没有动力，水系交通比今天更具意义。鸿沟开凿后，黄、淮、江三大水系交往更为频繁，主体的黄河文化也得以通过水上交通在更大的范围内传播，反过来中原文化也受到域外文化的影响，二者相得益彰。

如今，国家正在开展大水网的构建工作，历史上沟通水系的工程必能对今天的大水网构建有所启发，比如，要尽量利用天然河道。在我们有强力手段挖山开渠的今天，尤其需要注意利用自然，在人们的肢体手段尚不发达的古代，渠线的选择往往"最优"，对此，以前已经论述过，因为利用了自然。

---

[1] 姚汉源：《中国水利发展史》，上海人民出版社，2005，第259-260页。

十六、河洛花开

洛阳的文化符号是什么?

是古都,水席,牡丹,白马寺,唐三彩,龙门石窟,还是小浪底水库?

这些都是。

那要选一个呢?

就选牡丹吧!雍容华贵,国色天香。

我少年时代读过与洛阳有关的宋诗,是欧阳修写的:

春风疑不到天涯,二月山城未见花。……曾是洛阳花下客,野芳虽晚不须嗟。

我尚记得此诗的写作背景,欧阳修由西京(洛阳)推官被贬谪到夷陵(今宜昌)充任县令。欧阳修,有太多的水利情怀,见本书"第十三章 大三角洲——千里大平原"。

因为三峡水电站的缘故,我常去宜昌,春夏秋冬,各个季节都去过。宜昌是南方,山青水阔,满眼秀色。早春二月,山野必定遍开鲜花,一丛丛的烂漫,挂于山崖,我因记得欧阳修这首诗,故而对宜昌的花特别留意。

欧阳修利用了比兴的手法,触景而生情:自己曾经饱看了洛阳的牡丹,不必对山城迟开的花有所伤感吧,更不必抱怨野芳!

其实呢?南方的宜昌,花开怎会比洛阳的晚呢?或因为诗人写的是一种"心境",说到底是忘不了洛阳。唐朝的孟浩然有诗:"洛阳访才子,江岭作流人。闻说梅花早,何如北地春。"这不是一种"心境"的描述吗?即使岭南梅早,也没有洛阳花好啊,岭南的春天怎能与洛阳相比呢?

在中国历史上,河是黄河的专有名称。

在洛阳,花是牡丹的专有名称。

洛阳花好,在于河洛的浇灌。

河洛,浇灌出了灿烂的中华文化之花。

第十二章　水润殷都，泽洽安阳

"古都安阳，令人向往"，是宣传片中的用语。令人向往者，不惟是那优美的豫剧唱腔，四处飘香的道口烧鸡，更在于令世人瞠目的人文历史：殷墟和甲骨文的发现，不仅证实了中国有商，还可"延拓"而知有夏，这在考古学上的意义，无论怎么强调都不过分，殷地为都，经历八代十二王，作为青铜重器，后母戊大方鼎更是傲视全球；战国以降，邺城实是华北一带的政治经济中心，这与水利的开发利用有关。这里有大伾山的禹迹，是《易经》的发祥地，是民族英雄岳飞的故乡，有金堤古渡、运河古镇……而最能振奋人精神的，则是人工天河——红旗渠。

一、安阳印象

我有若干个理由再去安阳，可工作繁忙，只能一次次往后推。当年，中国文字博物馆在安阳开馆伊始，就很想去看看，那可是甲骨文的发现地啊！我想去博物馆系统地看看文字的演变过程，听听专家的讲解，那会比看书更有感觉，会获得更多的感悟，体味到祖国文字的音、形、意是如何完美体现的。几千年过去，一脉相承至当代的文字，世界上大概也只有汉字了。可转眼十多年过去，终未再成行，类似的遗憾又何止一例呢？好在以前去过安阳三次，就按印象行文吧。

能忆起的第一幅画面，是一个百货商店的招牌，大约是"相州百货商店"之类,竖向的招牌,白底红字,其实是个灯箱。看到"相州"两字时,我知道,我来到了岳飞的故乡。

　　岳飞的故事儿时就入迷,父亲给我讲《岳飞枪挑小梁王》的故事,后知道此文来自中国通俗小说钱彩所著的《说岳全传》。父亲存有《文学》一书,里边节选了此文。印象中还看过一个残本的连环画书《岳飞传》,其中有图像。岳飞坐在木盆里随洪水漂流,为北宋崇宁二年(公元1103年)的事。《宋史·岳飞传》:"未弥月,河决内黄,水暴至,母姚抱飞坐瓮中,冲涛及岸得免,人异之。"① 于是才有了岳飞"生在汤阴,长在内黄"的经历。只是当年有个疑问:黄河不是靠近洛阳吗?洛阳在我家的南边,怎么会"跑"到地理位置很偏北边的安阳发大水呢?孩童之时,怎会有那么多的地理知识,更不会知道黄河"善决、善淤、善徙"啊!昔日的北向黄泛,本是大河北决所致,况且,岳飞时代的黄河,与现在的流路并不一致。不想千年之后,大河安澜的今天,2021年的一场大水,不但使郑州、郑州南边的淮河流域饱受洪水之苦,也使黄河北边的洪流从新乡始,向北汇流(这一带属海河流域),况且,暴雨最大的地方也在这一带,霎时间,一片水茫茫,不知何处为河、何处为田,惟见水天一色,处处触目惊心。须说明,这洪流,不是黄河水,而是降雨形成的洪灾。如此灾象,安阳又岂能独善其身?甚矣,防洪之难也,信乎?断不可因一时之风调雨顺而忘了4000年抗洪之历史,水利人当记之!洪流之下,保国泰民安乃水利人之第一要务。②

---

① 《宋史》卷三百六十五《岳飞传》,中华书局,1985,第11375页。
② 2021年7月17日至23日,河南省遭遇历史罕见特大暴雨,降雨过程17日至18日主要发生在豫北(焦作、新乡、鹤壁、安阳);19日至20日暴雨中心南移至郑州,发生长历时特大暴雨;21日至22日暴雨中心再次北移,23日逐渐减弱结束。过程累计面雨量鹤壁最大589毫米、郑州次之534毫米、新乡第三512毫米;过程点雨量鹤壁科创中心气象站最大1122.6毫米、郑州新密市白寨气象站次之993.1毫米;小时最强点雨量郑州最大。(数据引自《河南郑州"7·20"特大暴雨灾害调查报告》,国务院灾害调查组,2022年1月)

再去安阳，就专程到安阳的下辖县岳武穆故里汤阴去看了一下。实在的缘由是汤阴火车站站台上有"岳忠武王故里"碑，于京广线上坐车，每每看到此碑，即使小时候就知道岳飞的故事，也免不了被吸引。在汤阴岳王庙，我第二次看到了"还我河山"的岳飞手书。第一次看到岳飞手书，是在杭州的岳王庙，庙内大殿，有岳飞英武的坐姿塑像，岳元帅手按着宝剑，身后高悬"还我河山"的大匾。书法的气势，将岳飞"精忠报国"的那份赤心与浩气充分地展现了出来，看着让人动容，自然难忘。

安阳的大街为棋盘式布置，方向容易辨识，与大街相连接的小巷内看到有道口烧鸡的摊位，几个摊位连在一起，都挂着"道口烧鸡"的招牌。新卤制的烧鸡，散发出扑鼻的香味，让人欲罢不能。那时，包烧鸡的纸还是那种粗糙的黄色草纸，并不用塑料袋。如今这种吸油、透气兼环保的粗纸是看不到了。

在安阳市区的徒步过程中，在火车站，在百货楼，在卖烧鸡的摊位前……在不知姓名的街道，于不经意间，就听到了优美圆润曲折动听的豫剧唱腔，是一种说不出的享受感。河南人对豫剧的喜爱外省人是无法理解的，河南人听豫剧，其实是在听曲，听韵味，未必需要听唱词，一曲优美的唱腔，听了多少遍，恐怕自己也数不清，听得多了，反而把唱词忽略了，唱词也记乱了，词也就融化在曲调之中了，变成了曲调的音符。豫剧流派众多，无论哪种流派、哪种风格都非常受欢迎，广有听众。所有的豫剧流派，不限于豫剧，还有河南曲剧、越调等河南戏我都喜欢，若一定要选一种更为喜欢的腔调，那就选安阳人喜欢的豫西调吧。我喜欢豫西调具有更多的音乐元素，表现感情更为丰富、更为细腻，比如《桃花庵》"九尽春回桃花开……"其曲折婉转，可与京剧《贵妃醉酒》"海岛冰轮初转腾……"相比拟，闭目细听，可让人沉醉，演员的情感表达随声腔的抑扬而慢慢流出，那以中音板胡为主音的美妙旋律，更使人觉得那是一种享受!

而真正让我震撼的,却是洹水畔的殷墟,殷墟的发现,也让全世界震撼。若以时间之早、出土器物之重、承载文化之厚来衡量,中国大概没有哪个古都能与安阳比肩了。

二、洹水与殷墟

我总觉得,将洹水改为安阳河,一下子就让这条河失去了上千年的沧桑。洹字本身含有"持续不断的水流"之意,因而洹水本身就意味着源远流长,意味着历史的厚重与久远。尽管安阳之"名讳"在秦统一前已经有了,但怎能与甲骨文的记载相比肩?据董作宾先生的辨识,甲骨文中就有"洹水"两字,"甲骨学家董作宾在《殷墟文字甲编》里说,甲骨文中记有'戊子贞,其姣于洹水泉'"[1]。董作宾先生是"甲骨四堂"之一。其实,洹水于甲骨文的记载中不止此一处。

按现在的研究,"洹水"发源于安阳的林州[2],与《水经注》的描述不尽相同,陈桥驿先生在《水经注校释》采纳了这一成果[3]。《水经注·洹水》:"洹水出山,东经殷墟北。《竹书纪年》曰:盘庚即位,自奄迁于北蒙曰殷。昔者,项羽与章邯盟于此地矣。"[4] 由水引出史、引出事。"奄"在现今的曲阜一带(采用《中国史稿》解释[5])。盘庚之所都,即北蒙,即殷。这样就将殷墟与洹水的关系交代清楚了。所交代的历史事件发生之地——项羽与章邯的盟誓之地,后来成为殷墟发现的文献线索之一,此语出自《史记·项羽本纪》。我之所以想再去安阳,原因之一

---

[1] 陈凯东:《洹水名源考辨》,《殷都学刊》2000年第1期,第9-11页。
[2] 同上。
[3] 陈桥驿:《水经注校释》,杭州大学出版社,1999,第174-175页。
[4] 同上书,第169页。
[5] 郭沫若:《中国史稿》第二册,人民出版社,1979,第162页。

就是想在安阳河（洹水）边走一走，感受一下地气，感受一下水气，感受一下何以殷商迁都于此之后不再"游荡"而安居下来。我知道，这几乎是"矫情"，但我学水利，总愿从自然或工程的角度去观察一下河流的走势、水流的快慢、冲刷与淤积的趋势、洪水漫溢可能带来的后果等，我确信，城市的选址一定会"趋水利，避水害"。

我们可以推测一下商人为何选择了洹水环绕的殷墟这一带作为王朝的"风水宝地"。

商人是居于黄河下游的民族，"它的统治中心位于现今的河南北部、河北南部、山东西部"[①]，渔猎条件与耕作条件都会好于黄河中上游高地的其他氏族。但也有其天然的不利条件，那就是太近水：近于大海，近于黄河。因而商人是一个迁徙比较多的民族。尽管如此，但总不离黄河左右，可理解为，黄河是"衣食父母"。黄河发大水导致田舍冲毁需要迁徙，为追逐河水淤出的良田也需要迁徙，后者与古埃及人所依赖的"尼罗河的赠礼"颇有相似性。那时，生产力低下，说人们生活飘忽不定也不为过。约公元前1600年，商朝建立，在"盘庚迁殷"以前的300年间，商的都城就迁徙过5次。但盘庚迁都殷地之后就未再徙迁，窃以为是商人找到了洹水这块地势偏高、安全系数也偏高的山前平原。首先是洹水的洪水灾害不会太多，即或是有，其灾害也不能与黄河相比，其西侧就是现在的林州，地势又上了一个台阶。换句话说，生活在太行山前的冲积平原，有洹水作为生活、生产用水，比生活在黄河边更为方便，这其实是文明进程中"择丘陵而处之"的进步或"改良版"。我这种解释有古籍的支持，《尚书·盘庚》"盘庚作，惟涉河以民迁"，"古我先王，将多于前功，适于山……"对这种古奥的文字，宋人有进一步的解释："依山，地高水下，则无河圯（yí）之患。"（《尚书注》：河水所毁曰"圯"，

---

① 海河志编纂委员会编《海河志》第 1 卷，中国水利水电出版社，1997，第 363 页。

"河"指黄河）①。除水患少外，太行山前的平原更为肥沃，因为近山具有更多的腐殖质，耕作、渔猎、游牧都具有更多的优越性。

殷墟地理形象图（拍于殷墟博物馆）

殷墟地形图

我们今天翻看一下《尚书》，翻看一下《史记》，似乎感觉不到有什么疑问存在，一切都记载得很清楚，一切都很自然，岁月静好啊！那

---

① 武汉水利电力学院、水利水电科学研究院《中国水利史稿》编写组：《中国水利史稿》（上册），水利电力出版社，1979，第47页。

只是站在今天的时间轴上。可您想过在殷墟被发现之前是什么情形吗？如果问一句，中国有商吗？商在哪里？再进一步，中国有夏吗？夏在哪里？有什么实物证据？听到这样的疑问，您会作何感想，怎么会有这样的问题呢？

当时间回溯至 20 世纪初的时候，就是这样的情形。进入近代，中国的积贫积弱，使我们连自己的文明都怀疑起来，更不用说以船坚炮利为特色的西方文明在东方文明面前表现的傲慢了。

让我们看看现代考古学的奠基人李济先生在《中国文明的开始》一书中是怎么写的：

> 四十多年以前，我初入中学读书，当我知道自己生于一个有五千年悠久历史的国度里时，常觉欢欣莫似……她有着世界上最悠久的——这一点很重要——延绵不断的历史记录……辛亥革命以后，情况开始转变。有一个时期，中国的革新者对过去的记载和关于过去的记载全都发生怀疑，也怀疑历史本身……因此，如果你想颂赞尧舜的盛世，好吧，拿出你的证据来；如果你想谈论公元前两千多年大禹在工程上的伟绩，也得拿出证据来。我们得先记住，在这种怀疑的精神之下，单纯的文字记载已不复被认为是有效的佐证了。①

也就是说，中国的历史记录不算事了。

"标准"变了。

国弱，失掉了民族自信心，也渐渐失掉了文化自信心，怀疑自己的历史，按现在的话说，是否带有"历史虚无主义"的色彩？

在为《中国文明的开始》所作的前言中，张光直先生有一段话：

> 安阳的发掘确立了商文明在中国古代史上为首的地位，它是整个东

---

① 李济：《中国文明的开始》（英汉对照版），外语教学与研究出版社（Kindle 版本），2011，第 25 页。

亚地区第一个有文字记载的文明。商代是把浩瀚的中国史籍记载和日益增长的史前中国信息体联结起来的一个纽带。①

1928年北伐胜利，新的国民党政府在南京成立。这一年，中央研究院成立，历史语言研究所下的考古组成立。"1928年由中国国家学术机构负责、中国学者独立主持的河南安阳殷墟遗址的考古发掘，成为中国考古学诞生的标志。"②虽如此说，但这却不是中国人独立主持田野考古的最开始。③

1928—1937年间，先是董作宾先生在殷墟的试掘，随后就是考古组主任李济先生统筹的发掘，其中1931—1935年间，考古学家梁思永主持了后冈、西北冈两处王陵的发掘工作，李济和同事们，将一个辉煌的商朝文明，以及比商朝更早的中华文明，以考古发现的形式展现在了世界面前，昭示天下。

简单的历史回忆，我们可以明白商朝对于中华文明的意义，可以明白受洹水泽洽的殷商在中国历史上的地位，由此也可以延伸知道洹水所代表的文化意义，继而明白为什么我开始说，安阳河之称谓不经意间失掉了中华民族千年的沧桑。

---

① 李济:《中国文明的开始》（英汉对照版），外语教学与研究出版社（Kindle版本），2011，第20页。

② 刘庆柱:《〈中国考古学〉总序》第2页，载中国社会科学院考古研究所:《中国考古学·新石器时代卷》，中国社会科学出版社，2010。

③ 1926年，考古学家李济在山西夏县西阴村发现一处仰韶文化遗址。是国人主持考古发掘的第一次。（宋建忠，谢尧亭主编，山西省考古研究所、山西省考古学会编《鹿鸣集:李济先生发掘西阴遗址八十周年·山西省考古研究所侯马工作站五十周年纪念文集》，2009年12月出版。）1926年起，中国学者李济、梁思永、尹达等先后发掘了山西夏县西阴村、万泉（今万荣）荆村、河南安阳后冈、浚县大赉店等遗址。[安志敏著《仰韶文化》，见蔡蕃等:《新编历史－文明史话系列》（第1286页）。北京出版社（Kindle版本）]。

我在殷墟博物馆看到了殉葬坑，尚记得当年的展室标牌上的内容，是说血淋淋的殉葬奴隶展现在眼前。看到了妇好墓（发掘时间：1976年），妇好，武丁的正妻，中国历史上文献记录的第一位女统帅。武丁是商朝第22任国君，是一位贤良的君主，曾开创"武丁盛世"。他有一位起于版筑之间的贤相傅说（见本书"第八章　工程视角之外"）。看到了至今最大的青铜器：司母戊大方鼎。司母戊大方鼎于1939年出土，这个由郭沫若先生命名的、写入中学历史教科书的青铜重器，2011年被改名为"后母戊大方鼎"，现存在中国国家历史博物馆。如今，考古学家仍在为大方鼎的名字争吵不休，但在河南安阳殷墟博物馆，置于大院的大方鼎复制品下面，仍赫然写着"司母戊"。

司母戊大方鼎复制品（殷墟博物馆院内）

我相信任何人到此都会震撼，我更相信，当辉煌的商文明展现在世界面前时，其产生的冲击波，即如宇宙背景辐射，至今还在历史的时空中回荡，从未曾消失！其发出的文明强音，如铜钟的轰鸣震颤，让人的耳膜嗡嗡作响。

其实，至商，中国的文明已经非常发达，不只是青铜器带来的震撼。对照以后的历史发展，会发现，除了铁器的广泛使用是质的飞跃，商的社会生产与后世在大的方面已经很相似，比如农业种植。下面的文字采自殷墟博物馆：

社会生产：商代社会生产十分发达。农业是主要的经济类型。生产工具以石器、蚌器为主，铜质、骨质农具也有使用。种植有粟、小麦、水稻和麻类等农作物。牛、马、猪、羊、狗、鸡早已成为商人普遍养殖的对象。纺织业、酿酒业也很发达。

手工业：商代手工业门类众多，包括制陶、制骨、制玉、铸铜、制车、制绳、酿酒、纺织、漆木器制作……商代手工业虽为家族式生产模式，但为了便于管理，不同的手工业常常聚集在一起进行生产，形成了大型的"手工业园区"。

文明，实在是一个大话题。

三、洹水畔的文明及西园的诱惑

数学上，有所谓的递推公式，最简单的理解是依照一定的条件，由前一项推出后一项，或者反推。在人文学科，也可以做类似的"推理"，因为道理上是相通的。我之所以写出这一句话，是既知有商，知道历代商王世系，则可推定有夏。而夏代世系明晰，从而能够知道有禹，能够推算出大禹建立夏朝的大约时间，这基于司马迁的《史记》以及《竹书纪年》[《史记》中的夏商有世无年。我国历史，在西周共和元年（公元前841年）之前没有准确的编年。① 但如此长的编年史，已是独步世界史林了]。当地下文物与史料记录能够吻合的时候，这种"递推"就有了更多的合理性，而这又依赖于殷墟甲骨文的发现和解读。

公元1900年，中华大帝国迎来最黑暗的一幕，八国联军攻破北京，

---

① 中国社会科学院考古研究所：《中国考古学·夏商卷》，中国社会科学出版社，2003，第53页。

当年北京的"城防司令"王懿荣因为接受不了这个奇耻大辱而自杀了。

"主忧臣辱,主辱臣死。于止知其所止,此为近之。"① 这是王懿荣题于壁上的绝命词,中国的文人,在国难当头之时,往往表现得视死如归,大义凛然。

也许,老天不忍中华大地如此之黑暗,1899 年,黑暗的天幕上曾出露一丝的光亮,这些微弱的光亮照见了安阳殷墟出土的甲骨,恰巧这甲骨被王懿荣发现。

王懿荣是"城防司令",却不是一介武夫,他是翰林出身,三为国子监祭酒,是一个名重京师的金石学家,大学者。"懿荣泛涉书史,嗜金石,翁同龢、潘祖荫并称其博学。"②《清史稿》如是说。

王懿荣是发现甲骨文的第一人。

因家无余财,为处理后事,王懿荣的家人将甲骨卖给了另一位金石学家刘鹗。刘鹗虽以《老残游记》名世,其实却是"万能"领域的专家奇才,其中就包括水利领域。他的父兄均是水利专家。他父亲是明潘季驯"以堤束水、束水攻沙"理论的信徒,他的哥哥因参与治黄而擢升道员。刘鹗不是蜻蜓点水的治河专家,而是花大力气参与治理黄河,有实践经历,曾著述《治河五说》《历代黄河变迁图考》,并系《三省黄河全图》的主要完成者③。他在甲骨学上的贡献是刊行《铁云藏龟》,铁云是刘鹗的字。"自卜龟出殷墟,吾乡刘先生鄂首网罗之,拓印千版,曰《铁云藏龟》,于是,商人贞卜文字始见世,而真古文随开一新天地。"④ 这是第一次公开印行著录甲骨文的书,其"首次将私人收集的甲骨公之于世,为当时和以后的学者从事甲骨文研究提供了第一手资料,在甲骨学上作

---

① 《清史稿》卷四百六十八《王懿荣传》,中华书局,1977,第 12778 页。
② 同上。
③ 苗怀明:《相逢一哭为苍生——话说刘鹗》,江苏人民出版社,2017,第 40-42 页。
④ 叶玉森:《铁云藏龟拾遗附考释》,1925 年五凤砚斋石印,序言。

出了开创性的贡献"①。至今,甲骨文发现120多年,识读出的单字不足一半,2016年,中国文字博物馆贴出重金赏格,识读一字,奖励10万元。②

甲骨发现后,罗振玉从古董商人口中打听出其出土地点在安阳小屯,并根据《史记》"洹水南殷虚(墟)上"的记载,考订出小屯即殷墟,即商朝后期的王都,并为考古发掘所证实③。确定殷墟所在地之所以如此重要,就在于可以使存疑的商朝成为信史,说句大白话就是司马迁所记述的商朝是真实的,不是虚幻的存在。一旦证实《史记》对商的记载是真实的,则可以成为"递推"的基础,这项工作由王国维完成。

前引《水经注·洹水》关于"殷墟北"的记载,属于"较为明确"的表述,从"较为明确"的大致方位更进一步,则是逼近"点的坐标"。

再看一条记载:"相州安阳本盘庚所都,即北冢殷墟,南去朝歌城百四十六里。"④ 这是唐人《史记正义》里的记载。

注意,与前边的记载不同,这里是点的坐标,点的坐标就是"冢",已经将殷墟位置标记得很清楚。

《现代汉语词典》:冢,坟墓。这种解释是不够的,立体感不强。

《康熙字典》引《说文》:高坟也。这足够了,平面之上的立体感就出来了,"点"的位置确定出来了。也就是说,人可以"看到"准确的位置。

"冢"是活生生的口语用字,不认字的老百姓口语用,多用于地名,但凡称冢者,都是凸出地面的巨大的坟。我小时候见到过不少冢,这些

---

① 聂桂兰:《第一部著录甲骨文的书——〈铁云藏龟〉》,《兰台世界》2009年第2期,第59-60页。
② 屈畅、蒋朔等:《甲骨文发现120周年 破译不足一半》,2019年10月24日,http://www.xinhuanet.com/politics/2019-10/24/c_1125143984.htm,访问时间:2023年7月18日。
③ 杨升南:《殷墟与洹水》,《史学月刊》1989年第5期,第3-7页。
④ 袁传璋:《宋人著作五种征引〈史记正义〉佚文考索》,中华书局,2016,第157-158页。

冢都不是圆形的封土，而是立体的棱台梯形，因为上部为平顶（或因为冢大，人们在上边开荒种地，改变了冢的原始容貌）。既"北冢"两字在，洹水在，安阳在，"殷墟"的位置坐标就是眼见的事实，有何疑问在？再退一步，唐时的"北冢"因风雨吹打、岁月流逝不在了，而洹水在，安阳在，"安阳北"的方位在，这样，殷墟的地理位置的确定相对就方便了。

之所以有"商"在哪里的疑问，一个成立的解释就是：安阳小屯的老百姓不知道有"疑古派"的存在，更不知道史书记载的上古历史如今不算事了这回事，他们生活在腥风血雨、山河破碎、衣食堪忧的年代，本身多属文盲两眼一抹黑，也无从去关心与己无交集的事。而书斋的学者尽管学富五车，熟知"雅言"，却多不是乡野出身，乡野的活语言他们没有（他们懂得冢是大坟，但老百姓口语中的"坟"与"冢"是有明显区别的，这种区别，没有生活体验，断然不知。如果大土包不在，就不利于以"活语言"的形式长期流传下去了）。当时，现代意义上的考古学尚未兴起，因而所谓的田野调查也无从谈起，更不用说挖掘遗址，这是时代的缺陷，也无须诟病。综合前后两层意思，我想说的是，在乡野与书斋之间有个巨大的鸿沟，"殷墟"从未消失，只是学者不知而已。我以为，但凡民间存有的东西，专家、学者见到只能称自己"初见到"，称"发现"不公平，其实是自己的"盲区"，当然研究实物背后所承载、所附有的历史与文化，当然能称"发现"。

民间世世代代的传说、古文献的记载，是史实存在的丰厚资源，未见得都近乎缥缈。我还秉持自己的看法：不轻易否定古文献的记载与民间传说，其实是一种科学态度，在自己尚不清楚历史原委的情况下，更不能出口轻易否定。禹部族生活在阳城一带是传说，古文献有记述，阳城即现在的登封，登封有地名"王城岗"，这是老百姓的称呼，何谓"王城"？不能是随意称呼吧？在中国考古界为寻找夏遗址大费周折时，1975年在王城岗发现了龙山文化的遗址，其年代范围涵盖禹的时代，因而有学者认为"河南登封市告成镇王城岗一带为禹都阳城所在地，当无太大问题"①。再举一例，"尧都平阳"也是历史传说的记载，而襄汾陶寺遗址——曾为中国最大的龙山文化遗址——之发现，在时间上、在地理位置上、在规模上是不是"无限地"接近了"尧都平阳"的记载？

还是回到所发现的甲骨文字。

著名学者王国维通过对甲骨文的研究，发表了《殷卜辞中所见先公先王考》，其重大意义在于证实了司马迁《史记》所记不虚，商朝是确确实实存在的。不唯如此，王国维还利用了"递推原理"，推证有夏。且看王国维的话：

> 由此观之，则《史记》所述商一代世系，以卜辞证之，虽不免小有舛驳，而大致不误，可知《史记》所据之《世本》全是实录。
>
> 由殷周世系之确实，因之推想夏后氏世系之确实，此又当然之事也。②

"推想"是王先生的原始用字。

至此，我们可以随钱穆先生感慨一番：

> 若蔑弃前人史料而空谈史识，则所谓"史"者非史，而所谓"识"者无识，生乎今而臆古，无当于"鉴于古而知今"之任也。③

于是，由商的存在，"递推"出了夏的存在。

王国维等以后的工作，是大量的政府行为。下面就引证一下1928—1937年间中央研究院历史语言研究所的15次发掘所取得的成果，可谓

---

① 廖名春：《大禹故里说文献考辨》，《中原文化研究》2018年第6期，第25-29页。
② 中国社会科学院考古研究所：《中国考古学·夏商卷》，中国社会科学出版社，2003，第22页。
③ 钱穆：《国史大纲》修订本（上册），商务印书馆，1994，第2页。

举世瞩目，所选资料均来自《中国考古学·夏商卷》：

"其一，是甲骨文的科学发掘……使甲骨文的时代和资料价值得到确证，为甲骨学研究打下坚实基础。""其二，是宗庙宫殿区的发现。""其三，是王陵区的发掘。""其四，是在后冈发现殷商文化、龙山文化（今称"后冈二期文化"）、仰韶文化（今称"后冈一期文化"）自上而下的地层叠压关系，从而建立起中原地区新石器时代晚期——铜石并用时代——青铜时代考古文化序列的基本框架。"

"如此丰富的地下材料（已不仅是文字材料）使安阳殷墟这处商代晚期都城遗址得到确认，把斑斓多彩的商代青铜文明展现于世。"

"梁思永不仅预见到'龙山文化'是中国文明的史前期之一，而且指出殷商文化同'后冈二期文化'之间存在的承袭关系。"

这就是结论了。

至此，不仅是商文明大白于天下，而且证明了仰韶文化、龙山文化、商文化间的承袭关系，这对中华文明的探源有着极为重要的意义。

我们可以再回味一下前引张光直先生话中的"纽带"两字，这回味让我感觉到一点点苦涩，设若没有这个"纽带"的发现，那么，本已记录的西周早期之前的中国历史就是一种蒙昧状态，不被人承认。

在《夏商周断代工程 1996—2000 年阶段成果报告（简本）》中，参考多种古籍记载，结合所取得的各项成果，"将夏始年估定为公元前 2070 年"[①]。其实这个数值是偏于保守的。现在的汉语词典的附录里已经吸收了这个成果。在正式发布的《夏商周年表中》，盘庚迁都至殷的时间是公元前 1300 年[②]。从"盘庚迁殷"到公元前 1046 年武王克商，殷商在安阳建都时间为 255 年。郭沫若《中国史稿》："自盘庚迁都于殷，直

---

① 中国社会科学院考古研究所：《中国考古学·夏商卷》，中国社会科学出版社，2003，第 53 页。
② 夏商周断代工程专家组：《夏商周年表》，《科技文萃》2001 年第 1 期，第 145 页。

到商朝灭亡，公经八代十二王，二百七十三年。"相互对比，二者略有差别，上古久远，如此小的差别，已经属于"高阶无穷小"，"高阶无穷小"在数学上的意义是可以忽略不计。

将来再到安阳，一定得到安阳河畔走走，有利于对水再多一些思考，想必有所得。还要到"洹水公园"走走，公园的名字好，虽简单，却承载着历史的记忆。要到公园内看看"钓台"，闻说"窃国大盗"袁世凯被"回籍养疴"期间曾在此处垂钓，行其"韬晦之计"。碑阴有文曰：

安阳乃天下名城也，西有太行之险，北有漳洹之利。沃野千里，地处通衢，因而盘庚迁都于斯。直至帝辛失国，垂统几三百年降。至建安曹氏父子，雅好文学，常偕七子游燕，唱和于西园，因有邺水朱华之誉耳……"野老胸中负兵甲，钓翁眼底小王侯。"此非袁项城之诗乎？

文辞美矣，然不免有"春秋笔法"之嫌。咦，老袁知其子"绝怜高处多风雨，莫到琼楼最上层"之诗乎？其规劝之作耶，讽谏之作耶，抑或获罪之词也？

此碑阴，引出了"西园"。

曹丕有诗："乘辇夜行游，逍遥步西园。"曹植《公宴》："公子敬爱客，终宴不知疲。清夜游西园，飞盖相追随。"同是游西园记事，曹丕更显得从容。当然，二者身份不同，"乘辇"的曹丕，逍遥信步，自可随心。

虽说曹氏父子，"常偕七子游燕，唱和于西园"，但建安七子之辞藻太过华美，论真情，无人能抵曹孟德。人尽知曹孟德"老骥伏枥，壮心不已"，但知否曹孟德亦有疲累之感、思乡之情？都是血肉之躯，秉常人之性情，不亦可乎？其有诗《却东西门行》云：

　　鸿雁出塞北，乃在无人乡。

　　举翅万余里，行止自成行。

　　……

> 奈何此征夫，安得驱四方！
> 戎马不解鞍，铠甲不离傍。
> 冉冉老将至，何时返故乡？
> ……

划重点：何时返故乡！安放心灵的地方只能是故乡，慰藉心灵的只能是故乡的一草一木、乡音与乡土。

建安七子中的王粲在《登楼赋》中也有类似表达："虽信美而非吾土兮，曾何足以少留！"

看来，雄才大略者，文人高士，乃至贩夫走卒，对故乡故土都有着一样的心底眷恋。

四、邺城与邺城水利

前些年，安阳发现了魏武帝曹操墓，称为曹操高陵，入选"2009年度全国十大考古新发现"之首，随即成为国家重点文物保护单位。但当年安阳与邯郸之间却打起了口水战，其实，"屁股决定脑袋"的争论完全没必要，无非是想获得一个"名人效应"。曹操墓在邺，邺为两家共同之旧地，何须争执？古邺城大部归属于今邯郸下辖之临漳县，临漳县在新中国成立之后才由河南安阳划归河北邯郸。今临漳地跨漳河两岸，南部嵌入安阳市，在地理上兼具"随山川形便与犬牙交错"之特征。

邺城最初由齐桓公所筑，所以今天安阳有齐桓公大道。

在中国的历史上，邺无疑是个辉煌的城市，最出名应是曹魏的都城，此后尚为后赵、冉魏、前燕、东魏、北齐的都城，是名副其实的六朝古都。[1] 当然，魏晋南北朝时期，像邺城这样，建了毁，毁了建，频受战

---

[1] 栾贵川：《3～6世纪邺城与洛阳文化关系初探》，《殷都学刊》1991年第3期，第31-35页。

争蹂躏的城市也实在是少有。杨坚毁邺城后,安阳就成了邺的继承者。

殷、邺本就一家。地理上相连,难分彼此,殷、邺发音何其相似,殷、邺或许就是口语的不同文字记录。我不知道古代时二者的发音,现在总是近音。简而言之,殷、邺一地也。① 殷邺一体,本是历史的真实,设若临漳再回归安阳,将再无邺城之争,两地有关曹操墓的不同声音也会消弭。

从战国起一直到新中国成立之后,虽世事变迁、河道变迁,但邺城一带的水利常受到重视,如:魏文侯时西门豹引漳水(《汉书》言史起引漳水,与《史记》不同),汉末曹操在邺城丰富的水利活动(水系交通的建设、水军操演基地的建设、城内水系的建设等),东魏修长堤引漳水等,修长堤的目的在于为新修的邺城(俗称南城)防洪。② 新中国成立后,安阳一带的水利工程挺多,如在淇河、洪河、安阳河、漳河上都有水库,其中尤以漳河上的岳城水库工程量浩大(岳城水库位于河北省邯郸市磁县)。

邺城一带,其实是西向嵌入太行山的平原,因而,由太行山流出的河流就为灌区的形成提供了条件。这里有相对密集的河流,如从南到北有淇河、汤河、羑(yǒu)河、洪河、安阳河、漳河等诸河流。特别是漳河,水量大,能引到足够多的水,且还有渔猎与舟楫之利。《战国策·魏策一》:"殷纣之国,左孟门,而右漳、滏,前带河,后被山。"孟门者,太行山险隘是也(这里的孟门不是指黄河壶口瀑布下边的孟门)。总之,邺城同样属于被山带河之地。

黄河北流时期,漳、滏等河,或直接,或间接,汇入黄河。

---

① 朱彦民:《甲骨卜辞田猎地"衣"之地望考——兼论衣、殷、邺之地理纠葛》,《中国历史地理论丛》2010年第2期,第104-113页。
② 详参侯廷生:《邺城历史故事》,国际文化出版公司,1996。

西边是太行山，有相对高的地势，河流大体呈东西向，因而自流灌溉成为可能，山下，则有相对肥沃的土壤。西门豹治邺，有漳水十二渠，即采用十二级低坝引水[①]，在引水灌溉史上占得一席之地。西门豹治邺的故事曾为小学《语文》内容。邺附近土壤有盐碱，即所谓的斥卤之地，因而引水灌溉就成为洗去盐碱的重要措施。洗去盐碱可以带来丰稔，恰如后来的关中郑国渠。很显然，单从农业来讲，占据这里就占据了优越的地理地势条件。

战国初，魏最强，能称霸中原，与魏文侯用西门豹治邺引漳水，以及能用吴起为将守西河有很大关系。得漳水灌溉，邺成为魏军国之饶的基础。魏文侯的孙子梁惠王（魏惠王）迁都大梁（开封）后，学乃祖发展水利事业，开鸿沟，黄淮水系得以沟通，意义重大。

曹操曾于邺城一带修利漕渠，这里强调一下利漕渠的关键作用。

曹操壅淇水入白沟后，白沟水量增大可以通航，通过利漕渠，白沟与漳河两条平行的河流，相互间可实现双向来往。向北方向，邺有两条水上路线：漳水和白沟，二水都通平虏渠，直达幽燕。白沟本是黄河故道，向南可以进入黄河，通向江淮。[②] 很显然，曹魏的统治中心邺也是航运中心，可以说，一段渠盘活了天下水路。

至隋，隋炀帝在白沟基础上修建永济渠，淇河、洪河、安阳河、漳河这些原是黄河支流的诸河流就归属了海河流域，海河南系从此形成[③]。

人谓沧海桑田来描述自然的变迁，其实，人对变迁所起的作用也大。

[①] 郭涛：《中国古代水利科学技术史》，中国建筑工业出版社，2013，第114页。

[②] 姚汉源：《中国水利发展史》，上海人民出版社，2005，第129-131页。

[③] 谭徐明、王英华、李云鹏、邓俊：《中国大运河遗产构成及价值评估》，中国水利水电出版社，2012，第220-221页。

利漕渠与其他河流的关系示意图（据姚汉源《中国水利发展史》改绘①）

  我国南北朝时期的北魏，是鲜卑族建立的政权，曾都平城（大同），后孝文帝拓跋宏迁都洛阳，洛阳伊河畔的龙门石窟就是那个时候开始开凿的。北魏在洛阳统治约 40 年后分裂为东魏、西魏，东魏迁都邺，又开始大肆营建邺城，所用建筑材料有一部分就来自洛阳拆除的宫殿建筑。运送建筑材料的详细路线如何，没查到资料，走水路是肯定的，利用了黄河与白沟②。但不排除水陆联运，后来隋炀帝开永济渠，相当一部分工程量大概就是为了解决陆运问题，以使水路能直达洛阳。汉末至隋，几百年过去了，黄河多沙，推想昔日黄河与白沟间的水道已经淤塞，否则隋炀帝就没必要"引沁水、南达于河"（《隋书》），这是推测的基础。

  杨坚毁邺后，所建新城称"邺下"。"邺下"，安阳是也。从此安阳之"新邺"代替了"旧邺"，安阳成为邺的政治经济中心。

---

① 姚汉源：《中国水利发展史》，上海人民出版社，2005，第 130 页。
② 同上书，第 130-131 页。

五、淇水畔的朝歌、治水治国的《洪范》

司马迁《报任安书》:"文王拘而演《周易》"。安阳市南,汤阴县境有羑(yǒu)里城,所谓羑里城,就是拘周文王的地方。羑里城旁有羑河,文王的故事是这样的古老,只怕羑河的名称是来自羑里的地名,而不是反之。

去羑里城那天,天灰蒙蒙的,我们的车从北往南开,当时,我们并不知道羑里城的名称,但我知道"文王拘羑里"的故事,所以由我说故事、打听路线——别说GPS导航,当时没这种东西。

路线不难找,问几次就到了,沿公路左手转没几步就是羑里城的门首。所谓城,大门里面的高台是也。原以为,周文王的故事很不靠谱,猜想羑里城会是新建的"文物",到此地才发现,有老东西,是明代的家底。印象中的木质门首颜色苍白,并无油漆,看起来饱经风霜,已经老掉牙了。当然不免有新建的东西,如"迷宫"。门首东侧有一段可看出断面的土层,并不整洁,上写有标牌,大意是这里的土层含有丰富的龙山文化信息,那么很显然,羑里城就是商文化的土层,压在龙山文化层之上。这又使我想起殷墟考古文化层的三层叠压。中国考古文化层的层层叠压随处可见,正反映了源远流长的中华文化的原生性和承上启下的发展关系。

在这里,被拘的周文王将伏羲八卦推演为六十四卦,并写下爻辞,于是,《周易》正式诞生。安阳不仅是周易的诞生地,还是《封神演义》小说故事的背景地。

将两种符号"长爻"与"短爻"进行3次排列即形成完整的八卦图谱,数量为2的3次方;到《周易》,则是2的6次排列,也就是2的6次方,有64种变化,这是64卦的数学结果。既然连再多一种变化也没有了,或就可认为是穷尽了天下所有的变化,因而能包含宇宙万物、天地人间的所有"神秘信息",古人或许就是这样认为的。在文王《周易》的基础上,据说是孔子写下了《易传》,用来诠释《易经》。这在哲学上、文化上,对中国人影响很大。易者,变化之意,宇宙万物永远处于不停的变化之中,这大约可以说成是亘古不变的真理。如今的清华大学校训就来自《易传》:"天行健,君子以自强不息;地势坤,君子以厚德载物。"当然,这是哲学与文化上的意义,这并不包括神秘的色彩。

汤阴之南有淇水。

淇水发源于山西陵川县,《水经注》曰:"水出山侧……倾澜渀(bèn)荡,势同雷转,积水散氛,暧若雾合。"简单理解,淇水激越出山,带着雷鸣的气势,而积聚的水面上,雾气升腾。说明发源处水不小。然而,现在的淇水上游已经断流了。

"青山一道同云雨",太行山之另一侧,丹河有支流,同样发源于陵川,其水流,也是气若游丝,断断续续。换言之,发源于陵川分水岭两侧的河流,一样处于生命垂危状态。

陵川的年平均降水量为600~700毫米(林州的年降水量672.1毫米[1]),北方地区,这是不小的降雨量了,山形古今未变,一条河流的集雨面积未变,何以上游河道会没水呢?如今,河道下游断流是司空见惯的现象,何承想,上游发源处也会断流呢?那只能是流域"漏"了,或者地表植被有了大的破坏,因而涵养水资源的能力变小了。还有一个重要因素是引水、截流的无节制。锅漏了,有锔漏锅的手艺人补洞,流域"漏"了,何以补漏呢?流域"漏"的原因,在于星罗棋布的小煤矿(或者别的矿)的存在,挖矿对地下水资源的破坏,值得人深思。挖断水脉带来的影响,不仅给自然,给历史、文化也带来影响,说得更明确些,当涌泉不再、河流无水的时候,原本附着于泉、河上的历史文化,也就

---

[1] 此为百度百科的数值,《林县志》中的数值小很多。

失去了载体。

淇水畔有朝歌,看过《封神演义》的人,对朝歌当不会陌生。朝歌,是商朝和卫国的都城。说其为商朝的都城,是因为纣王设朝在那里。其实这里只能算殷商的"离宫",因为没有殷宗庙。此地离殷地不远,当时为半游牧状态,朝堂的短距离迁徙,逐水草而生活实属正常。距离近,想纣王在鹿台的酒池肉林、香艳无道,当不碍其返回殷地祭祖,或乘舟于淇水上,顺便观淇水风光。这极有可能。"冬,王游于淇",这是《竹书纪年》中关于纣王的一条记载。想当年的淇水畔,景色一定非常迷人。

《封神演义》里的妖气纷纷,不免让人觉得纣王是半虚幻的人物。而与纣王交织的人间事,无疑又把商王室拉回人间:比干被纣王剖心,成为纣王极残忍的例证;地处新乡与安阳中间的卫辉市有比干庙,庙内众多千年以上的柏树,据说"殷比干墓"的碑刻为孔夫子留于人间的唯一手迹;伯夷、叔齐"义不食周粟,隐于首阳山,采薇而食之"(《史记》),成为传统文化讴歌的对象。

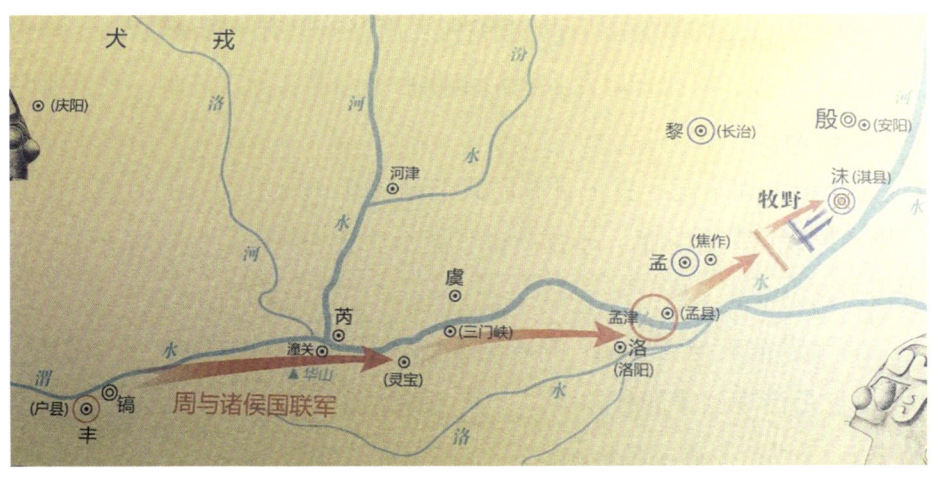

牧野之战要图(源于殷墟博物馆)

纣王暴政无道，天下尽叛之。周武王举兵，振臂一呼，闻风而至者有八百诸侯，称"八百诸侯会孟津"。有"八百诸侯"吗？虚数也！不过是在说"得道多助失道寡助"的道理。此次虽有"八百诸侯"前来助攻，却因机会尚未成熟而半途而废。两年后，武王再次举兵伐纣，过黄河，经武陟，陈兵修武，大战于牧野（今新乡）。牧野大战是中国历史上的大事，夏商周断代工程已经根据历史文献的记载，结合考古学信息和天文推算，确定下了牧野大战（武王克商）的确定纪年，这让人不得不感叹中国历史记录的伟大！我曾经去新乡黄河河务局公干，隔马路就是牧野公园，站在公园的旁边，我臆想着双方的战阵，想着纣王一方的兵败何其太速！当年纣王克东夷后，以"亿兆俘虏"充实自己的军队，其比例太大，牧野大战，俘虏兵突然倒戈，故而兵败如山倒，于是乎，纣王自焚于鹿台，此所谓"纣克东夷而陨其身"（《左传》）是也。

"殷鉴不远，在夏后之世"，这句警醒"殷人"的话没起到应有的作用，商纣还是步了夏桀的后尘。由此而回溯历史，我们可以知道后世为什么那么推崇大禹治水。

为了用纣王的事警醒后世统治者，《尚书》里有一篇《洪范》，将纣王的叔父箕子、周武王以及大禹治水联系了起来。原文古奥，是箕子与周武王的对话。

《史记·周本纪》里记录有周武王询问箕子商所以灭亡的事，而箕子则不愿说商朝的坏话，于是就讲了大禹治水的故事——事实上是在说统治国家应该怎么做。

将《洪范》与《史记·周本纪》的"故事"两相对照就可以明白，《洪范》是治理国家的根本大法，其名称本身就说明了这一点。在中国历史上，《洪范》确实是影响深远的政治哲学文献。

在《洪范》的开头，箕子对周武王说，我听说很久以前，鲧堙洪水，"汩（gǔ，乱）陈其五行"，即搞乱了五行，天帝震怒，不赐"洪范九畴"

于鲧——计有九条原则的治理天下的根本大法；禹继之，天帝则将"洪范九畴"赐给了禹，靠着这《洪范》大法，禹不但将洪水治下——此乃国家最大的事，也将天下治理得太平有秩序。

看来，天帝很重视五行关系。

我理解，这其实是在表述一种和谐的关系。人不能破坏人与自然间的协调关系。自然万物之间、人与人之间，也都需要一种协调关系。

这里有个逻辑顺序，大禹先得到了天帝的"洪范九畴"，"乃锡（赐）禹洪范九畴"（《尚书·洪范》)，此后才治水；鲧则没有。大禹得到了天帝的眷顾，乃父则没有。事实上乃父为其子铺了路。

《汉书·五行志》曰："禹治洪水，赐《洛书》，法而陈之，《洪范》是也。"[①]说得极为明白，《洪范》就是"翻译"出来的《洛书》，这已超越了"河出图，洛出书，圣人则之"（《易经·系辞上》）的说法。可以说，《汉书》已经打扫了附会在《河图》《洛书》上的神秘色彩，告诉我们，禹之所以能治水成功，是有"规范"，是按"规范"来行事的。"规范"者，《洪范》是也。其实，《洪范》通篇就是在讲治国该遵守的原则，若一并检阅《尚书·大禹谟》，就知道后人附于大禹身上的政治学说有多么浓厚。

在《大禹谟》中，五行扩充为水火金木土谷（六府），我理解为是加上了农业的产出。这是治水带来的影响，水是农业生产的基础条件。

放下古奥艰涩的"政治学"文献，读几句描写人间情的诗放松一下，写的是远嫁的姑娘在淇水畔思念父兄，源于《诗经·竹竿》：

泉源在左，淇水在右。女子有行，远兄弟父母。

淇水滺滺（yōu），桧楫松舟。驾言出游，以写我忧。

泉水叮咚，溪流淙淙，不系之舟，随水漂流，以解我思，以解我忧……

[①] 《汉书》卷二十七上《五行志第七上》，中华书局，1962，第1315页。

六、大伾山及对运河古镇的感慨

"大伾山"位列《禹贡》，与黄河有密切的关系，因而就是"《禹贡》名山"。

淇水再南流入卫河，卫河又东北流经过滑县与浚（xùn）县。滑县今归省直管，浚县隶属鹤壁市。但二县历史上都归安阳管辖，乃安阳故地。

历史上的黄河行到浚县，有三个标志性的地点：大伾山[①]，位列经书；宿胥口，黄河第一次大徙决口之处，时在东周定王五年（公元前602年）[②]；遮害亭，西汉贾让治河三策中的一个"参照点"。

黄河南北扫掠，计25万平方公里。此大三角洲也！恰如李仪祉先生所云："自孟津以下，北薄天津，南犯淮阴数千里之面积，适如河口之三角洲，河道奔突荡骀，如汊港更番……"[③]据《禹贡》绘出的流路称为禹贡大河，基本上认为是黄河最北的流路（《山经》大河更偏北一些）。《禹贡》曰："导河积石，至于龙门……东过洛汭，至于大伾，北过降水……"大伾即大伾山，降水今漳河。关于禹贡大河，存在着争论，这里不谈。按岑仲勉先生的研究，禹河就是黄河第一次大徙形成的流路。其分为两支，北支即邺东故大河，越过邺县，合浊漳河、清漳河入海。[④]

"大伾山"，是一座神奇的山。

所谓神奇，是说大伾山为平原黄土里突兀而起的石头山，西距太行隆起至少在80里开外，其他三面则是平旷之野，东西宽不足1公里，南北长不足2公里，高度仅在70米左右。石质隆起，说明该是太行余脉。

我想，石质大伾山在控制黄河的"进一步游荡"中起着重要的作用。

[①] 一说大伾山在河南荥阳。
[②] 河决宿胥口为胡渭五大徙之说。今有不同说法。参阅袁广阔：《考古学视野下的黄河改道与文明变迁》，《中国社会科学》2021年第2期，第123-143，207页。
[③] 李仪祉：黄河之根本治法商榷，《华北水利月刊》1928年第1卷第2期。
[④] 岑仲勉：《黄河变迁史》，中华书局，2004，第144-145页。

我这里用了"进一步"三个字，意思是，游荡本是黄河的天性，游荡的黄河一旦靠上"大伾山"，则这一段长 2 公里的"导水墙"将起着河道工程的"控导"作用，可比拟为"控导建筑物"，将限制黄河的"进一步"横向滚动。

我们不妨多设想几个场景：

其一是"大伾山"在河的右岸。

将此情景，与西汉贾让"设想"的治河上策相联系：

决黎阳遮害亭，放河使北入海。河西薄大山，东薄金堤，势不能远泛滥，期月自定。

"决"，挖开河，或兼挖渠。遮害亭，地名，在浚县西南（黎阳：浚县）。浚县西是太行山，在西南一带掘地，当然是在地势高的地方行河（大困难也！）。设此线路成立，则大伾山将在黄河的右岸。① "河西薄大山，东薄金堤"，也就是黄河在太行山和金堤的夹持下东北行（金堤：堤防。《水经注疏》：汉河堤率谓之金堤），西高，一旦河东移，碰到冲不动的大伾山，必然调整流路，此不是"控导"作用吗？

其二是"大伾山"在河左岸。

《水经注》的时代，按《水经注·卷五》的描述：

又东北过黎阳县南……今黎山之东北故城，盖黎阳县之故城也。山在城西，城凭山为基，东阻于河。

据这几句话，可以判定出河是东北流向，大伾山在黄河的左岸，城偏东方向为黄河。因而，黄河一旦冲击到大伾山，大伾山必将把河水挑向东南方向，使河绕城而过，因而大伾山对（《水经注》时代的）黎阳城有保护作用。所以，郦道元所述黄河"过黎阳县南"，将是一种必然。

大伾山上有石佛一尊，为北方最大的石佛。县志云：凿崖石为佛像，

---

① 史念海先生认为大伾山西侧的河道不是黄河故道，见史念海：《河南浚县大伾山西部古河道考》，《历史研究》1984 年第 2 期，第 50-71 页。

以镇黄河。大佛有镇水的作用，我相信。

鉴于名列经书，鉴于近邺，在长久的历史中，大伾山逐渐变成了一座文化名山。人言山不在高有仙则名。大伾山不高，不但有仙（道观），有佛，还有大禹，有数不清的文人墨客留下的墨迹，有红红绿绿的摩崖石刻，更有一场接一场的战争风云，曹操、袁绍、刘秀、石勒、瓦岗军、朱温、李克用……也难怪，扼太行山前南北交通之要冲，又濒临大河，控重要渡口黎阳津（南岸即白马津。河渡两岸名字常不相同），想不做战争"祭坛"都不可能。

2014年，在大伾山北侧，昔日的永济渠旁，发现了黎阳仓遗址，入选中国"十大考古新发现"。黎阳仓，属于常平仓的性质，乃北方第一转运仓。

由此可知，浚县乃水陆转运的中心。

中国的大运河世界遗产是"打包"申报的，其中"滑县—浚县段"为隋永济渠上的重要区段。

永济渠通过滑县道口古镇。我当初在安阳看到的道口烧鸡，其实原产地就是在滑县的道口。

未继续行文之前，先来一问，何以江南的一些运河古镇红红火火，而黄河北的运河古镇，比如有名的道口古镇、张秋古镇怎么就衰落或者闻者不多呢？

这问题太过复杂，有诸多社会历史原因，很难回答。确实是如此，可难回答中也可以找出一些客观因素，比如自身营运能力的下降：水不足以胜舟，未必尽是速度之不达或交通线路的变易之故。如若在江南水乡的运河旁坐一会儿——我不是指霓虹闪烁的大城市区段，同样会看到舳舻相继的繁忙。运沙、运石、运煤、运木料，甚至于搭载旅客。古运河不仅有文物价值、观赏价值……水之为重要，不唯在滋润，其舟楫之利，及今未曾弃也！何况水运比之于陆运，更为绿色、低碳、经济。

或以为，在北方地区谈水运，脱离实际。确实如此，我不赞成在北方缺水的河道恢复所谓的水运。但"醉翁之意不在酒，在乎山水之间也"！设若山表植被良好，河道生态健康，降水就不会"来也匆匆、去也匆匆"。个人确实看到过某些国家，下大雨河道不怎么涨水，而雨停后很长时间，河道中的水位才慢慢升高，盖因地表径流产生的缓慢。如果开山放炮采石取水更为科学合理，则地下水脉就不会被挖断，"百泉"就不会干涸、河道就会有稳定的基流……观今宜鉴古，约在20世纪60年代，卫河之水运还相当可观，打开今日之地图，海河南系也是河道纵横啊！尤其是漳河、卫河、南运河之间的相通相连，当我们不在乎河流对舟楫的承载力时，当我们不在乎有一个哪怕是较低的标准时，不经意之间就跌穿了这个底线。于是，河道连最基本的健康生态也难以支撑、难以维系了，地下水位大幅度下降，池塘洼淀因而就干涸了，其不存，不完全是人的侵占。"蓦然回首""碧云天、黄叶地、秋色连波、波上寒烟翠"只是宋词、只是传说，现实中的河道，则是杂草不生、黄沙裸露，一旦"西风紧、北雁南飞"就会飞沙走石，何来清波连秋色，何有波上起烟霭呢？更甚者，则是随着时日的增加，河床日益蘼缩，洪流来时无路可行，此今日之致洪灾之重要原因也！不可不知，不可不察。昔者，贾鲁提出治理河道疏、塞、浚的三种方法，作为古人的智慧，其未必过时，所谓疏、塞，不得已而为之，而"浚"者，"治未病"也，不可不重视！

咦，感慨太多，"多情应笑我早生华发"。

感慨太多，是在于对行业的理解。

总体看来，滑县的运河文化资源相对集中。资源，只是旧时留下的底子，是遗存或遗址，要使得这些旧物焕发青春，必得"自将磨洗认前朝"，"磨洗"就得一渠水。"问渠那得清如许，为有源头活水来。"卫源是新乡苏门山的百泉，我去过那里两次，看过溥博渊泉的清流，也看过干涸无奈的池底。印象中池旁有一石墩，上题曰"啸台"，感佩于泽竭而无鱼，心里也有点堵。本来也想如"大人先生"孙登一样长啸一声，然终是缺乏底气。要获得一渠清流，问题不简单。

滑县本是黄河故道，有汉时筑的黄河堤防。乾隆版《滑县志·金堤浮翠图说》[①]：

> 滑城环西南境皆古堤也，金堤筑自汉代，今若断若连，故址尚存。遥望高阜之处，林木葱郁，绵亘环绕，春夏之交，草色芊眠，翠光可挹，于白马形胜，未必无少助云。

所谓"图说"，乃是滑县风光图及说明，置于县志正文之前。由此看来，有长久历史的黄河堤防，在乾隆时已转化为人文景点，"滑为邑古矣，高阳高辛氏所都也！"虽汉堤"若断若连"，作为一个历史足够长久的"古邑"，不能没有老东西，故显得珍贵，此古物之价值所在。苏轼有诗云："白马津头春水来，白鱼犹喜似江淮。"今之金堤河美景胜旧时多矣，只不知汉堤"高阜"是否还存，游人至此，是否能凭物而发思古之幽情，昔之"白马形胜"，于今春潮带雨之时，是否"野渡无人舟自横"。至于金堤、白马之相得益彰，实为可挖掘的人文景观，但挖掘，即可形成胜景，盖因有古籍文献可征之，有理有据！

滑县有欧阳书院，据称，欧阳修的《秋声赋》就在此处的秋声楼写就，不免拿来一读，似为"悲秋"之作，然立意却是最后一问："亦何恨乎秋声？"此《过秦论》之笔法也。何怨乎水多水少水脏水浑水不长流？无外乎是人的所作所为！

七、红旗渠及红旗渠精神

1971年，我看过一部电影《红旗渠》。红旗渠在林县（今林州），隶

---

① 详参吴乔龄、卢兆麟：《滑县志》，乾隆丁丑重修版。

属于安阳。

那时的农村,看电影还是一种奢侈,常跑到邻村看,电影《红旗渠》就是在邻村看的。时在冬天,寒冷异常。电影演到半途,老天下起雪来。中雪吧,雪片却很大。放映并未停,雪花飘忽着穿过放电影的光带,光带中的雪花被照得很白,一划而过,影子同时被投射到银幕上。农村没有电影院,电影都是露天放映。

电影的镜头在脑子里留下了深刻的印象:带着粗大绳索上山的劳动队伍、干裂出大口子的土地、爆破的浓烟、以动画形式表现的人工天河兼有旁白、哗哗流过来的漳河水、积聚在总干渠旁迎接清流的数不清笑脸……印象最为深刻的,是悬吊于半空中的人,弹跳着双腿在空中荡来荡去,这真是绝美的镜头。当我再找资料时,首先看到的就是这个镜头的宣传照——尽管那时还很小,但这唯美带来的震撼,足以让我今昔有着同样的感觉。所谓的唯美,是指画面生动、传神、具有张力。

为写此文,我又在网上找来了当年的电影《红旗渠》,重新看了一遍。播放伊始,音乐声立即就唤醒了贮存的记忆,及至最后电影主题歌播放出来,那歌词即如昨天才看过一般,旋即出现于脑际。

这是一部纪录片,"红旗渠"修了十年,纪录片拍了十年。这也是在联合国播放的第一部中国纪录片。

或以为,当时的年代,中国那样穷,放这样的电影不怕对中国的形象有影响吗?不怕!中国向世界展示的是一个真实的中国,"一张白纸没有负担,好写最新最美的文字,好画最新最美的图画"。中国人做到了,世界应该为中国而骄傲,最重要的,那是一种精神,一种"穷则思变"的可贵精神,中国人践行了这种精神,所以,创造出了人间奇迹。

其实,当时的中国,不只是林县的红旗渠工地在战天斗地,在重新安排河山,红旗渠只是一个缩影。全国都在战天斗地,中国的农田水利建设的老本就是那个年代打下的。比如，我不止一次提到家乡济源的"引沁济蟒"工程，同样是在太行山中引水，同样有悬吊于空中的作业，同样有铁姑娘，同样有引水总干渠旁迎接通水的数不清的笑脸。曾记得，队里有几个长我几岁的姑娘，初中刚毕业就到了太行山的水利工地，整个冬天都在深山里修渠。她们那个年龄还抡不动大铁锤，那时的工地上有重达18磅[①]的大铁锤——这个数字是我当时记住的，锤、錾子的凿石工具名称也是从她们口中学会的。抡不动锤就扶钎子，电影《红旗渠》里有双手扶两个炮钎的镜头……我熟悉打大锤的场景，哪个扶炮钎的"纤纤玉手"没受过伤？

工地上，生产工具是原始的，生产方式是原始的，建筑材料很多是自己烧造的，炸药是自己造的……

若问我如今再看《红旗渠》的感受是什么，我的感受是：

"我不敢想！"

什么意思？红旗渠是修建在太行山的半山腰或山顶上的，可以说，我现在有了比较丰富的水利工程知识，也干了大半辈子水利，因而"我不敢想！"比如说，那悬在半山腰的宽大河渠，承载着滔滔流水，何以保证渠道不产生渗漏，何以保证渠身的稳定……

我不想多描写了，自己语言笨拙。事实上，任何夸赞性的语言描述，在人工天河红旗渠面前都显得苍白。

我有些感动，以至于敲字过程中眼眶湿润。这动情，源于自己对行业的理解，水可以富国，可以裕民，可以化育万物。现用更为朴实的语言描述红旗渠、描述数不清的造福人间的水利工程的伟大：

因为有了洁净的饮用水，中国的人均寿命才得以提高；因为有了水利工程，中国人才得以吃饱，才足以支撑世界第一大国的庞大人口。

---

① 1磅=0.454千克。

这是我的认识。

大学期间曾与一个家是林县的老乡谈话，谈到早年的林县饮水，他说是用大缸接雨水吃，那浑浑的水缸中有卷曲游动的孑孓（蚊子的幼虫）。

这些，都成了历史。

……

电影最后是主题歌《定叫山河换新装》，请允许我将歌词原原本本录于此，不想缩减了，因为它反映了"红旗渠精神"。

> 劈开太行山，漳河穿山来。
> 林县人民多壮志，誓把河山重安排。
> 心中升起红太阳，千军万马战太行，
> 毛泽东思想来统帅，定叫山河换新装。
> 心中升起红太阳，千军万马战太行。
> 一锤一钎干革命，愚公移山志如钢。

> 劈开太行山，漳河穿山来。
> 林县人民多壮志，誓把河山重安排。
> 条条渠道绕山转，座座水库映蓝天，
> 层层山岭绿油油，荒山变成大寨田。
> 条条渠道绕山转，座座水库映蓝天，
> 层层山岭绿油油，荒山变成大寨田。

> 劈开太行山，漳河穿山来。
> 自力更生创奇迹，高举红旗永向前。
> 高举红旗永向前！

此文写完了，我又翻看了《林县志》①。

统计 29 年的资料，夏季最强降雨达 1200 毫米，最小为 123.9 毫米，平均降水量 464.3 毫米。这告诉我们，做好山区水利，不是一件容易的事，暴雨、丰水年、枯水年相差太大，山区水利要妥善处理好这些问题。

我看过不少县志，《林县志》与别的县志突出的不同之处是，书中的古碑主要为灾荒碑和水利碑。灾荒，主要来自旱灾、水灾、蝗灾。在《序言》中，列出了两个水利工程，一个是明朝万历年间知县谢思聪主持开挖的一条小水渠，长 9 公里，引山泉，解决 40 个村庄的人畜用水，"人们感恩戴德，世代不忘，为其修了一座谢公祠，把这条渠尊称为'谢公渠'"；再一个就是抗日战争期间（1944 年），"林北县抗日民主政府领导根据地人民一面打仗，一面抗旱，在任村开挖了一条盘山渠道，即'抗日渠'"②。峥嵘岁月，为老百姓的饮水着想，于今想起都让人感佩，所谓得民心者得天下，这是活生生的事例。通过县志《序言》的介绍我们也可明白，用水如此困难的林县，在长久的历史上，并没有多少值得称道的水利工程——非无水资源也，有水不能用也。

不止于"抗日渠"，我在林州市人民政府网站上，看到了有关红旗渠修渠背景的介绍，其中写道："1952 年和 1953 年分别对抗日战争时期八路军太行军区第七军分区司令员皮定钧领导修建的爱民渠和修建于 1940 年的新民渠（又名益民渠），进行重修扩建，扩大了浇地面积。"③ 修建爱民渠的皮定均司令员，后来从林州出发，率领"豫西抗日先遣支

---

① 《林县志》编辑委员会：《林县志》，河南人民出版社，1989，第 46 页。

② 1940 年 2 月中共林北县委成立，见《林县志》大事记。

③ 《红旗渠志》第一编《红旗渠工程建设》第一章第二节《治山治水的初步成就》，林州市人民政府门户网站，2020 年 10 月 30 日，http://www.linzhou.gov.cn/sitesources/lzsrmzf/page_pc/zjlz/hqq/hqqz/dybhqqgcjs/dyzhqqbj/article95aa8d6b38de4d2a8eecb4738004719c.html，访问时间：2023 年 7 月 18 日。

队",在今天黄河小浪底工程坝址所在处及其下游不远处的两个渡口,渡过黄河,开辟新的战场(见本书"第九章 三河有证,岁月丰碑")。

作文需要对比,同样是在县志的《序言》中,写道:林县人民"苦干 10 年","终于在太行山腰筑成了总长达 1500 公里的人工天河"。请对比让老百姓世代感恩的"谢公渠",只有 9 公里长。数据告诉我们,红旗渠是多么伟大!

我不满足纸上的资料,终于来到红旗渠。要亲眼看看一渠清流带来的满山翠绿、遍地金黄,只能到现场;要感受工程的艰难、工程的伟大,需要到现场;要更深刻地体会红旗渠精神,也需要到现场。

道路的现代化无须再描述。我穿过了"现代化"不输于安阳市的林州城,不禁疑问,这就是曾经"吃水贵如油"的林州吗?这就是曾经贫穷落后的林州吗?是的。那何来疑问呢?因为眼前崭新的林州城,其拔地而起的高楼,与一线城市的模样没什么差异。您别笑我狭隘,我想再问:设若没有足够的淡水供应,何能支撑如此现代化的新城、高楼?显然,这些都归功于红旗渠。

我来到了红旗渠的分水隧洞,我承认,我受到了震撼。

原因是,我看到了摄影家魏德忠先生所拍摄的红旗渠通水仪式的照片,我本熟悉这张照片,相信很多人都熟悉这张照片,但案头看到的照片与现场看到的照片,其效果是不一样的,这张照片被扩放得巨大,架设在拍摄地的原址上,有实际的渠道和山的背景为衬托,其足以震慑每个人的心灵。

我看到了渠洞上镌刻的四个大字:征服自然。

人能征服自然吗?

这要看是绝对的答案还是相对的答案。

绝对的答案是：人不可能征服自然。但人不能在绝对的环境下生活，否则，人就不能进化为现代的人。

相对的答案是：改造自然就是征服自然。不做大自然的奴隶就是征服自然，"誓将山河重安排"就是征服自然。

红旗渠总干渠通水照片与实景

看到分水隧洞处的干渠，我又一次受到震撼！

或问，无非是看到了一个引水渠，何来震撼之感呢？

我的回答是，您见过深度达 5~6 丈①的渠道吗？当然，这是我视觉上的估算。我相信每个人都见过渠道，或农业灌溉渠道或城市引水排洪渠道，这些渠道，基本上是宽浅的，土壁加上混凝土衬砌，深度数米足矣。而眼前的渠道，却是深凿于坚硬无比的岩石中，渠壁，如刀削般垂直、整齐，而如此的渠壁并不是大自然的"鬼斧神工"，而是人力的杰作，我愿称其为引水渠道中的"艺术品"。对比一下渠道的深度，就能明白我为什么被震撼了。

① 1丈=3.33米。

我来到了"青年洞"。

"青年洞",已变成一处著名的景观——其具有国际性的影响力,已变成中国人不屈奋斗的一个缩影。

"青年洞"是红旗渠引水渠道上的一处明流隧洞,长600余米,宽度可并行两艘旅游快艇,凿于山崖之上——整个红旗渠的引水干渠都开凿于半山腰。从山下攀爬到青年洞所在处,要两个小时左右,如此,就可以想象出何以称红旗渠为人工天河。郭沫若先生题写的"青年洞"三个大字镌刻于洞口上方。前国家主席李先念题写的"山碑"两个字镌刻于山壁,我以为,所谓"山碑",即青山为碑,功绩永存。洞口还有前总书记江泽民的题字:"发扬自力更生艰苦创业的红旗渠精神!"

来感受红旗渠精神的人实在太多了,从少年到老年,几乎是摩肩接踵立于渠壁,以至于我要拍摄下"红旗渠精神"的标牌照都难以找出没人遮挡的空档。

最后,让我写下从实践中凝练出的"红旗渠精神"结束本文:

"自力更生,艰苦创业,团结协作,无私奉献。"

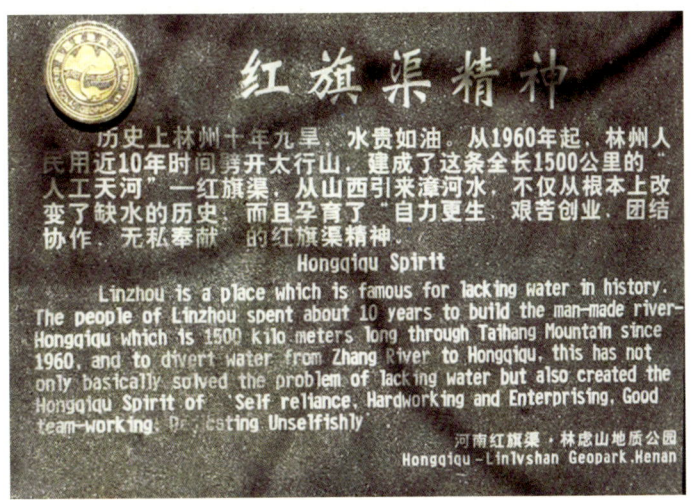

"红旗渠精神"标牌照(河南省红旗渠·林虑山地质公园)

第十三章　大三角洲——千里大平原

河出昆仑，一路东行，切穿最后一道阻碍——三门峡古湖，倾泻而下。河出孟津后，挣脱两岸的束缚，在淮、海两流域间游荡，联手众兄弟河流，冲积出巨大的河流三角洲——黄淮海大平原（华北平原）。黄淮海大平原的形成，是黄河馈赠给黄河儿女的一份最为丰厚的礼物。在这块广袤的大平原上，黄河儿女繁衍生息，创造出灿烂辉煌的黄河文化和人间奇迹：有先民的创设，有圣人的教化；有文化百业的繁盛，有典章制度的确立；有古都的辉煌，有新城的华章；有波浪起伏的麦浪，有星罗棋布的村庄；有交织的道路，有纵横的河网……当然，这里也有河患的威胁，有战争的创伤，更有难以尽述的可歌可泣的诗章。这些，都以编年史的形式写在大平原上。"君不见黄河之水天上来，奔流到海不复回。"黄河，永远以其英雄的气魄，表现出我们民族的精神：伟大而又坚强！于今，千里大平原，处处展现出愈加光明的未来，愈加美好的希望。

一、从铁谢至孟州：河边忆古、侧蚀塌岸与埽

2006年，我于孟津铁谢险工登上黄河水利委员会河南河务局的河势考察船，随行参加例行的河势查勘工作。铁谢险工地处黄河小浪底工程反调节水库西霞院的下游，在黄河南岸，属孟津河务局管辖。我常与基

层实践单位打交道，个人觉得，水利理论知识与实践相结合，大有裨益。同时邀请来的，还有天津大学的练继建教授。多年后，练教授曾多次同我忆及此次经历，很为珍视。

铁谢、孟州等相关位置

"五一"小长假后，阳光明媚，气候宜人。河的左岸就是我的家乡，遍地的野花，无论是叫上名字者、叫不上名字者，都是老相识，不只是熟悉她们的容貌，更熟悉她们的味道，总之，一切都觉得亲切。

铁谢险工卫星示意图

上得船，工作人员首先展开了画在白色布面上的"河势图"，接着，孟津河务局的同志介绍辖区河段的河势状况、河道工程概况——在接下来的行程中，船每航行到自己的地界，沿河河务局都会接力工作，主要是进行测绘。

在河势考察船上讨论问题

船是巨大的平底船，工作人员各司其职，分工明确。河势图数据的采集，采用了人工与自动化相结合的办法，互相印证。河势查勘工作从铁谢险工起，要一直巡行到入海口。于今看来，尽管这是非常重要的工作（一年两次），但毕竟太费人力物力。现在有了方便拍照与传输数据的无人机，若结合使用，则可同时获得数据与鸟瞰图像，且效率能提高不少，或许这个方向上现已经取得了不小进步吧。

船开得慢，可以充分展开业务讨论。所谓河势查勘，就是汛前和汛后系统地巡查河流的状况，比如流路变化、主流路线、河道宽度、河道工程（险工、控导工程）状况、有无潜在的危险源、河道冲淤状况，等等，也就是对当下的黄河进行一番系统的业务性梳理，为防汛、工程维护、进一步规划河道工程和进行工程建设等，提供第一手资料。

太细致的"业务"问题，这里不作描述了。

因熟悉这里的山、水，我愿粗略地、蜻蜓点水般地写下一些"河边旧事"——久远的事、近世的事，我认为是黄河文化的组成部分。现代治水，最宜将工程与历史文化相结合，能相得益彰。水利人应当是文化人，哪个行当能比水利的历史长呢？水利人，也不一定要将水文与工程做成"封闭系统"吧，融入文化，水利才多彩。

铁谢险工的对岸、上游不远处，有白坡控导工程；再上游，就是我在本书"第九章　三河有证，岁月丰碑"中写到的"杜八联"和"英雄留庄民兵营"的所在地了。

白坡是一个古渡口，历史上有过不同的名称，如冶坂津等。白坡渡口是济源、孟州通往洛阳的重要交通要道，这里，黄河刚出峡谷，河道相对较窄，水深、水速合适，河势最稳，也就是说，河流摆动现象很少发生。

从白坡横渡到南岸，就停靠在对岸的铁谢险工一带，如今的铁谢险工大堤上，还有碉堡的存在，显然是为了封锁渡口，因而，这里也算要塞了。

我知道白坡渡口早在少年时期，是因为我记住了一句话"河插凌[①]了，白坡渡口不开"。"河插凌"的意思就是河里充满了流凌，卡塞河道，并将水位壅高。"河插凌"既为民间语言，也算专业术语，现在黄河系统的人还用这句话。

河左岸的一带区域是洛阳吉利区、济源、孟州交界处，大部属孟州。孟州，旧称河阳，先说一下河边的河阳往事。

---

① 插凌就是插冰，又叫卡冰，黄河防凌术语。河道解冻开河时，大量冰块随水流下泻，在窄弯河段，在水流动力作用下，有大量冰块被挤入水内，卡塞河道过流断面，阻滞来水来冰下泄，壅高水位并形成河槽蓄水。《黄河河防辞典》，第78页，黄河水利出版社。

作为地名，河阳在春秋中期即已存在，"周襄王河阳受觐"就发生在这一带，今尚有古代城墙遗存在，为省级文物保护单位。相应的文献记载为"冬，公会晋侯、齐侯、宋公、蔡侯、郑伯、陈子、莒子、邾子、秦人于温。天王狩于河阳"（《春秋左传·僖公二十八年》）。故事太冷、地点太荒僻，知道的人少。但"周襄王河阳受觐"却是晋文公作为春秋霸主而合诸侯的一个"标志性"事件，原因是，合诸侯本身就是霸主才能具有的威望，可以"挟天子以令诸侯"，何况周天子到了现场。会盟期间，晋文公囚禁了卫侯，欲判卫侯死刑。晋国封爵为侯，故晋文公（晋侯）与卫侯是"同级干部"。既同级，在周天子面前置卫国封君于死地，不是充分彰显出晋文公的威风了吗？此次周天子"受觐"，实际上是晋侯召的周天子。东周时期，周室衰微，已经是心有余而力不足。孔子云"天王狩于河阳"，在于"以臣召君，不可以训"（《孔子家语》），故不用"召"字（而用"狩"），此亦"微言大义"一例。这里，孔子是偏向晋文公的，缘由在于，春秋大义，尊王攘夷，天王"狩"于河阳之前，晋文公建立了"城濮之战""践土之盟"的功业。不止于此，晋文公合诸侯，分明是十一国参会，《春秋》所记，独独缺了卫侯，且"秦"不带爵位（秦伯）岂不是用心良苦？看来，"微言大义"之下，无论是《春秋》，还是圣人，都难以做到"实事求是"。

附近有韩文公祠，即韩愈墓。我拜谒过多次，写过小文《谒韩园》，今不再细说。苏东坡云韩愈"文起八代之衰，而道济天下之溺"，此人所共知矣，虽然，韩愈治水却未必为人所尽知。韩愈是实实在在的治水人，其治水的故事无须从韩园中得知，也无须去检阅史料，而是可以到广东潮州看一看，韩文公治水之事写在潮州的山川大地上。赵朴初居士有诗曰："不虚南谪八千里，赢得江山都姓韩。"当然，诗的含义超越了治水，因为，"夕贬潮州路八千"的韩文公，其在潮州的功业不仅仅是治水，影响更深远的是文教。

铁谢险工有百余道坝，工程规模很大。东过铁谢险工约 2 公里，即是孟津老城一带了，现有老城村在，近河处辟为孟津湿地公园。说是老城，在其之前，孟津城实际上已有了数次的迁徙①，有更"老"的城，或与侧蚀塌岸有关，或与洪水有关。

我生长的小村属济源，与孟州地理上相连，但济源没有黄河水患，临河处为峡谷（如小浪底水库左岸）或及山的余脉——渐变而成的丘陵。偏下游的孟州却有。少年时曾听说孟县人挖地时挖出了活鱼，我颇为不信。现在信了，可能是黄河发大水，将某种可以在淤泥中生存的鱼埋在了泥沙之下。同孟津城一样，现在的孟州城也是迁徙的结果，旧城（称下孟州）在金代塌进黄河里边了。②

此次随行河势查勘，我看到了黄河边的数处塌岸，塌岸之长，居然一眼没望到尽头。由此可知河道工程对保护两岸的重要性。

电视剧《天下长河》热播，开始就有抗洪下"大埽"③的宏大场面，埽是抗洪的"材料"。在"埽"上继续做工程，就形成了埽工（可视为短小的丁坝或护堤），其也简称为埽，如《宋史》中很有名的横陇埽、商胡埽。埽常常编号，如"河阳县第一埽"，就在孟州。这与现在的河道工程为坝编号是一样的。根据文献记载，"埽的创制乃是集北宋时期黄河治水技术之大成的一个重大进步"④，而埽的"结构起源"当在北宋初期。埽在北宋时已广泛应用于治河，但以"类埽材"（如薪材）筑堤护堤，其起源应很早。以"埽"进行抗洪抢险，本质上是防冲刷，滞留下

---

① 史念海:《黄河流域诸河流的演变与治理》，陕西人民出版社，1999，第 83-88 页。
② 同上。
③ 埽，用树枝等柔性物夹裹石头，经捆卷而成的抗洪抢险材料（黄河人行话：柳石枕）。也指利用埽材修成的堤坝或护堤。
④ 吉冈义信:《宋代黄河史研究》，薛华译，黄河水利出版社，2013，第 6、207-231 页。

泥沙，对堤岸起到裹护作用。这种技术古老、成熟，尤其是在过去物质匮乏的年代，很具实用价值，所以一直沿用到现在。但随着时代的进步，河防一般都储备有丰富的物料，主要是石料（其他辅料品类繁多）。鉴于现代机械化抛投石料的速度非常快，远非"临堤下埽"可比（如可实现大江大河截流所需要的强力抛投），石料的抗冲刷能力也较强，因而，我曾与老朋友河南河务局副总工程师温小国先生有过探讨、交流，共同的看法是"埽的结构"以及"临堤下埽"的技术已经落后于时代，但作为河防文化的重要组成部分，有传承的必要。

北朝至唐中叶时期，跨黄河建有河阳三城（在本书"第十一章 嵩岳之下，河洛之间"提到过），河阳三城的位置，其实就是古孟津渡口的位置（又名富平津）。孟津即盟津，津本身的意思就是渡口，显然"盟津"就是"会盟渡口"的意思，是武王伐纣经此而留下的词汇。无论是孟州之"孟"，还是孟津之"孟"，同源于"八百诸侯"会盟于黄河渡口的文化遗存，盖因是同一处渡口。按字意，在"孟津"后再加上"渡口"是不必要的，但随着语言的发展，孟津已成为完整的地名，在其后加上"渡口"，更为今人容易理解。晋杜预初造浮桥于此，由于战略地位重要，为了交通的安全性，后来就有了河阳三城。

河阳三城，北城最先建。北城建成后，因有重兵守之，又称"北中府"城，时在北魏。"北中府城即郡城也。"① 即北中府城是地方行政中心，故又称河阳城。河中间有沙洲，城建其上，称为中潬（tān，古同"滩"）城，城有二重城墙，防御设施坚固，重视程度大。这同时说明，河中沙洲有相当大的规模。南边之城最大，在孟津渡口岸边。② 三城之间，用浮桥相连。

---

① 《太平寰宇记》卷五十二《河北道一·孟州》，中华书局，2007，第1078页。
② 宋杰：《中国古代战争的地理枢纽》，北京科学技术出版社，2022，第612-616页。

第十三章 大三角洲——千里大平原

河阳对洛阳的安全至关重要，常设军镇，统重兵镇之；或置"河阳军"。河阳节度使或"河阳军"的管辖范围要远远大于"河阳县"的行政区划。①

"舞榭歌台，风流总被雨打风吹去。"河阳三城要比"舞榭歌台"坚固得多，但黄河的摆动，要比"雨打风吹"力量大得多，如今，河阳三城，连痕迹也没有了。

韩愈有文《送温处士赴河阳军序》，说的是隐居的温造被招到了河阳军充任幕僚。温造，济源人，祖籍山西祁县。韩愈的家乡与温造生活的村庄原本不远，二人都为一代名士，猜想这是彼此往来的基础。后温造升任河阳节度观察使，成了军政集于一身的长官，此任上，温造在水利上干了一件大事，即"奏开浚怀州古秦渠枋口堰，役工四万，溉济源、河内（今沁阳）、温、武陟四县田五千余顷"②。这是秦渠灌区发展史上的里程碑。如今有《温府君神道碑》存，距黄河西滩岛只在数公里之间，其碑言家族繁衍和温佶、温造父子事，但碑之下半部剥蚀不可读，地方政府官方网站显示，据残存官职称谓并查对史料，推定此碑由柳公权书丹。③

船行到孟州地界，我想到了韩愈、想到了温造、想到了梅尧臣。他们都与黄河有关联。韩愈本身就是河阳（孟州）人，少孤的韩愈，由兄嫂抚养成人，在黄河岸边长大。宋代大诗人梅尧臣曾在河阳县任过主簿，写过以《黄河》为题的长诗，今录前四句：

> 积石导渊源，沄沄（yún）泻昆阆（làng）。
> 龙门自吞险，鲸海终涵量。

这四句，写出了大禹导河，写出了河出昆仑，写出了黄河的百折不

---

① 宋杰：《中国古代战争的地理枢纽》，北京科学技术出版社，2022，第644页。
② 《旧唐书》卷一百六十五《温造传》，中华书局，1975，第4318页。
③ 济源市人民政府网站"市情""书画文化篇"，详参 http://www.jiyuan.gov.cn/shiqing/jywh/t385843.html，访问时间：2023年7月24日。

挠，写出了海纳百川及黄河的"奔流到海不复回"。

由梅尧臣又旁及欧阳修。他们二人原本都是洛阳"青年联谊会"的成员，梅在河阳的经历，通过诗词唱和的方式，影响到欧阳修。欧阳修的《巩县初见黄河》是我读到过的最长的有关黄河的古诗。欧阳修是对北宋治河有大贡献的人，庆历八年（公元1048年）河决商胡埽（在今河南省濮阳县东）之后，曾主持过一年的治河工作。之前，他曾任过滑州通判（庆历二年，公元1042年），任过河北诸州水陆计度转运按察使（庆历四年，公元1044年），对黄河沿岸进行过巡视。滑州及附近濮州、澶州，正是北宋时期河决频度最多的地方。欧阳修早年的经历，为其"科学"治河打下了良好的基础。欧阳修治河甚得日本学者重视，曾有专门的研究。[①]

二、船行温、巩间

船继续东行至温县河务局管辖河段。

温县河务局管辖有大玉兰控导工程。大玉兰，听起来既像花名、又像姑娘名，却是个村庄名。水利工程多以工程所在地命名。大玉兰工程有数十道丁坝，坝长，显得很气派，坝、岸整齐漂亮。我用了"漂亮"一词，视觉上确实是如此，这是精心砌筑、管护的结果。干砌的岩石不乏"彩石"——表面泛红的石灰石。有的控导工程做得很考究，因而会青睐彩石。但也有可诟病的地方，即干砌的石缝间不见一棵草，控导工程表面不允许长草。虽是规定，却不符合生态保护的思想。出露于缝隙间与坝面上的那种原生草，有极坚韧的草茎，能顶得住旧时铁脚车的碾压，根须深长，固土性能好，最具水土流失保护功能，又何须拔除呢？将野草拔除，非只见于控导工程，非只见于水利工程上，公路边、大院内……刈草，最是常见，其何碍呢？此小事而非小事也，君不见，秋尽冬

---

① 吉冈义信：《宋代黄河史研究》，薛华译，黄河水利出版社，2013，第207-231页。

来，大风起而尘飞扬，在北方是常见的现象，若是土表野草交织，何来尘起而飞扬呢？

据我现场所见，河务系统每年在堤岸上进行的野草刈除工作量非常大——为了美观，适度的刈草也不是不可，但拔草除根不值得赞许，何如让野草的根须深扎盘结，以增加对土表的保护强度？此亦是生态的观念，不断更新观念与做法，谓之与时俱进。管理的改善，当从细节抓起。

早年温孟滩放淤，我来过这里；后在这里做过坝岸变形观测工作，停留过不少时间。这里安置有来自新安县的小浪底水库移民。小浪底水库移民安置得好，不存在返迁问题，可为水库移民留下宝贵经验。

黄河焦作段坝岸变形监测现场，
与时任焦作河务局总工程师曹金刚先生（右）留影

"温"作为地名可追溯至西周，东周时为王畿之地，后被周襄王赏赐给了晋国（计包括阳樊、温、原和攒茅四邑），晋国势力因此而到达太行之南。《古文观止》选《左传·周郑交质》一篇，其中"郑祭足帅师取温之麦。秋，又取成周之禾"就发生在这里，这是在试探周天子，更是在欺负周天子，平王东迁后，王室衰微。此篇记事很简，议论却长，主要关心点在"信与礼"，是一篇史论。

温县沁河岸边出土有"温县盟书"，时在20世纪70年代末80年代初。国内共出土过两则"盟书"，另一则为"侯马盟书"。我见过侯马盟书，毛笔蘸朱砂写就，字极小。两则盟书大体同时（春秋末期）。同"侯马盟书"一样，"温县盟书"写在玉片上，但数量庞大。所谓盟书，为所记载下的盟誓文辞。

读春秋故事，指日发誓的事例很多见。"盟，所以周信也，故心以致之，玉帛以奉之，言以结之，名神以要之"（《左传·哀公十二年》）。歃血盟誓后，要将盟誓玉圭埋到地下，并留下副本。[①] 看来，盟书比现在的合同文本还要高一个层次，在"法律"的层面加上了"心""神"的约束，而玉帛为载体，也为沟通心、神的媒介。《诗经·击鼓》："死生契阔，与子成说。执子之手，与子偕老。"最久远的誓词也！

温县是司马懿故里，司马懿的弟弟司马孚在野王（今沁阳）作过典农中郎将，专管屯田修水利，修在沁河出山处的秦渠又名枋口，就在于"秦时以枋木为门，以备蓄泄"[②]，后司马孚易木为石，改名曰石门。司马孚为司马光的远祖，《宋史·司马池传》载："司马池字和中，自言晋安平献王孚后。"司马池正是司马光的父亲。

温县河对岸是巩义。

读史书，常见"巩洛"连用的词汇，可想而知巩义的厚重。

巩义是唐朝大诗人杜审言、"诗圣"杜甫的故乡。杜审言是杜甫的祖父，为格律诗形成的奠基人之一。

著名的唐三彩窑址就在巩义。

---

① 王星光：《温县盟书》，《档案管理》2005年第3期，第80页。
② 萧应植：《济源县志》卷六《水利》，乾隆二十六年刻本，第199页。

河岸上不远处是宋陵。

巩义是受人尊敬的豫剧表演艺术家常香玉的家乡。常香玉大师及其剧组为"抗美援朝"捐献一架飞机的事国人尽知。著名作家李准在电视节目上讲"大唱家"常香玉在西安唱大戏"放饭"救河南灾民的事，让人动容。但常大师唱戏捐修伊洛河防洪石堤的事，未必人所共知，时在1945年，当地命名为"香玉坝"，"香玉坝"至今仍矗立在伊洛河边，尽管其规模不大，但铭记的却是桑梓之心。

再前行不远，就是著名的"河洛汇流"——伊洛河入黄处，据称，太极图案就源于河洛汇流。

每沿公路经行此处，我都会留心观察"河洛汇流"，期望能看到"太极图案"的出现，但一次次的失望，原因是，伊洛河几乎没水，事实上，我从没看到过流淌的伊洛河注入黄河，印象深刻的是，黄河水距离岸边还有一定距离，炽热的骄阳下，近岸边的滩地上，表层淤泥因被太阳烤干而呈现出片片龟裂。那么，伊洛河的水去哪里了？

也就是在这一带，船搁浅了。轮机发出巨大的轰鸣，但那巨大的平底船就是纹丝不动。

于是，大家纷纷跳进河里去推船，水，不及腰深，可也不是想象的那样浅。在大家的努力下，船终于驶向中流。

三、河防要地武陟、嘉应观治水人与隔河种地

船继续航行至武陟河段。

我在武陟黄河段的业务经历超过30年时间。

武陟古属"覃怀"地，语出《尚书·禹贡》："覃（tán）怀厎（zhǐ）绩，至于衡漳"，今有覃怀公园在。

武王伐纣，经行武陟，登高远望，留下武陟的地名。陟，登高、兴

盛之意。

　　黄河行至桃花峪，右岸广武山，左岸平川无际，黄沁交汇，最是河防紧要处。翻开道光版《武陟县志》，开篇即写道，武陟的河防安全，使皇上寝食难安。此非虚言也！康熙末年，河曾数次大决于武陟。抗洪抢险，指挥千军万马，无异于阵前率兵冲锋，此为"准戎事"；而河防兴工，劳师动众，事无巨细，大耗公帑，此为"民事"。这些，继大位之前的雍正都间接或直接经历了。我以为，雍正的治河作为，为其日后登上大位增添了分量。雍正元年，武陟马营口河决堵口成功，御坝（一段堤防）筑成。此段堤防，后与下游原阳段堤防相衔接（此段原无堤防）。人们常拿开封铁塔来对比黄河悬河高出地面的程度，而此处悬河程度远比开封一带为高（入黄前的沁河堤临背差最大）。因对岸为广武山，地势高，故而，此处河防极为关键。设若北岸无堤防或堤防薄弱，则洪水来时向北漫流就成为大概率事件。自御坝成，及今，此段固若金汤。今御坝存、御坝碑存，御坝村存。

　　雍正元年（公元1723年），敕建宫-观-衙一体的大型建筑群嘉应观——"黄淮诸河龙王庙"，我谓之天下龙王庙"总庙"。以前曾写过《源远流长·黄淮诸河龙王庙——嘉应观》，今不再细谈，只录下嘉应观中供奉的治水人物，其为治河文化的重要组成部分。看到这些人物所在的年代，就能感知到历史上哪个时期河患多。窃以为，对于学水利的人来讲，对于治黄人来讲，若能细致研究这些治水人物的生平及治河方法，必能在学校所学书本知识的基础上，进一步地丰富自己。

　　大禹，治理洪水与建立夏朝。大禹是治水人的老祖宗，大禹的思想影响不仅仅是如何治水，而是深深地影响着中国人的世界观，影响着中国人的认识论，影响到中国的古代政治制度史和思想史，有关这方面的文献很多，多古奥艰涩。

贾让，西汉人，提出治河三策。西汉随河患的加重而有各种"治河说"的出现，待诏贾让奏言的上中下治河三策最具代表性。载于《汉书·沟洫志第九》[①]。贾让的治河思想，对后人有影响。

王景，东汉乐浪人，王景治河在历史上影响很大，也是效果出奇好的一次治河。王景治河后，黄河有相当长一段时间的安流期，故而有八百年安流之说。对于王景治河，常争论何为"十里立一水门，令更相洄注"。这是技术上的问题，古文太简，也难争出个众口一致的结论。窃以为，对王景治河的评价，该从大处看，此次治河之前，黄河有了六七十年的漫流期（缘由是，新莽始建国三年，河决魏郡，清河以东数郡皆为黄泛）。在如此长的时间内，虽有黄泛，但主流路径一定存在，也就是黄河一定自己找了一条新河道，王景是因势利导利用了这条河道。这条新河道一定是流程最短、坡度最大、克服阻力最小，综合起来耗能最小的"路径最优"河道。后代治河，人很难再找出这么一条河道（流路），原因在于，生民需要田产家园，不可能放任河流漫流那么长时间而让其冲出一条流路来，人找的结果一定不如河流自找的。给出一般性的认识：大自然的河流自己寻找出的流路一定是最优的流路，比任何数学寻优找出的流路都会"更优"。再延拓一个例子，1855年河决铜瓦厢，是黄河南行700余年后自己找出的一条道路，即今日的黄河，故而要格外珍视这条流路。单从河道年限来说，南行河道700岁，现行河道只有170岁，二者相比较，现在的黄河刚步入青年期的门槛。虽然黄河因有两岸堤防的夹持而加快了下游河道的抬升（没有决口，泥沙不得旁泄，则会有更多的泥沙淤积于河床之上），但下游河道宽阔，有足够的滩地沉积泥沙，再考虑到上游水库的拦蓄作用、调水调沙的作用，近年来花园口断面的含沙量显著降低，综合起来看，则现行河道有着很强的生命

[①] 《汉书》卷二十九《沟洫志》，中华书局，1962，第1692-1696页。

力，要格外珍视之，这是明确的结论。

至于黄河的长期安流，当然与王景治河形成的新河道有关，但主要原因不在这里，而是涉及上游农牧关系的转换等诸多因素，这里不再议论。

谢绪：南宋人，宋亡后投江而亡。是官方加封和河工礼敬的河神，具神话色彩（未有治河经历）。

贾鲁，山西高平人。至正十一年（公元1351年），"命鲁以工部尚书、总治河防使，进稚二品"治河，功成，"超授荣禄大夫、集贤大学士"。《元史》有传①。

宋礼，河南永宁人，明工部尚书，兴大役，开会通河，兼董黄河事，治理卫河水患，用汶上老人白英策，在地势最高处（"水脊"）南北分水，解决运道水源问题。追赠太子太保。后立祠以祀，封河神。《明史》有传②。南旺分水龙王庙"皇明宋尚书像赞"碑曰："公功在国，功神在天，军储千亿，皇图万年。"

白英，元末明初人，汶上老人，工部尚书宋礼用其策，功在运河。立祠戴村，封永济神，给后人八品世职。散见《明史·河渠书》和《清史稿》。

刘天河，湖北麻城人，明正德三年进士。总理河道，疏汴河，浚运河，治黄，因军功加太子太保。《明史》有传③。著《问水集》六卷。

潘季驯，浙江乌程人，嘉靖二十九年（公元1550年）进士，四任总河。明代治河大家，万历十九年（公元1591年），加太子太保、工部尚书兼右都御史。提出"束水攻沙、以清刷浑"的理论，实践上通过加高洪泽湖高家堰，合黄淮二河之力冲刷清口（黄淮运相交之处）以下河床，取得明显效果。著《河防一览》一书。《明史》有传④。潘季驯对后代治

---

① 详参《元史》卷一百八十七《贾鲁传》，中华书局，1976。
② 详参《明史》卷一百五十三《宋礼传》，中华书局，1974。
③ 详参《明史》卷二百《刘天和传》，中华书局，1974。
④ 详参《明史》卷二百二十三《潘季驯传》，中华书局，1974。

河影响很大，清朝乾隆、靳辅等其实都是潘季驯的信徒。《清史稿》论曰："明治河诸臣，推潘季驯为最，盖借黄以济运，又借淮以刷黄，故非束水攻沙不可也！"（《清史稿·张鹏翮传》①）

对于潘季驯的治河理论，当以辩证的观点全面地来看待。潘氏有理论、有实践、有后世继承，其有效性无可置疑。关键是，要掌握好度和因地制宜。清靳辅采用潘氏理论治河，对清口以下诚然有效，但却在清口之上的黄河南岸多开减水坝，这样虽然可以减少黄河的决口，但事实上也是人为造成的决口，这就是康熙所谓的"利于河工而不利于百姓"，且溢流到黄河南岸的洪水，将过多的泥沙淤积在沿程河道，尤其是洪泽湖的湖底，这加重了淮河流域的灾患。"束水攻沙"的必要条件在于"有水"，这就需要不断加高高家堰，以蓄清水。水小，以及为了束水而采用的相对较窄的河道，必定会加快下游河道的淤积，以致后来清口以下河床高于洪泽湖底，黄流倒灌入洪泽湖。就洪泽湖来讲，过高的高堰、过高的水位，也对受高堰保护的里下河地区构成了威胁，同时也引发了淮河上游的水灾——此所谓治河需要察全局之明例也！下游淤积，堤防也需不断地加高，这反而进一步增加了河道决堤的风险。再看永定河，清中期以后，永定河河患明显增多，原因也在于此——清朝皇帝，多信奉潘氏理论，"皇帝治河"的指挥下，永定河治理也是加高堤防、设减河，所谓减河，就是减轻主河道洪水流量的溢洪河流。于今也有"宽河、窄河"之争，就行洪来讲，过窄的河道总是不利于行洪，冲沙与洪水位需要兼顾考虑，河太窄洪水位会增高，不利于防洪，否则就不会有与水争地的诘问。古代也有与水争地的问题："且以大汉方制万里，岂其与水争咫尺之地哉？"（《汉书·沟洫志》）此处并非对前贤的治水理论与治水实践有所"微词"，前人不见后事，后人对已经发生的后事作些回望或者评价是应该的。

---

① 详参《清史稿》卷二百七十九《张鹏翮传》，中华书局，1977。

黄守才，明末清初人，民间传说的黄大王（未有治河经历）。

朱之锡，浙江义乌人，顺治三年（公元1646年）进士，清初河道总督，顺治十七年（公元1660年）加太子少保。建树良多，《清史稿》有传。①

陈鹏年，湖广湘潭人，康熙三十年（公元1691年）进士。康熙六十年（公元1721年）署河道总督，武陟马营口堵河决，寝食俱废，病笃而卒，谥恪勤。《清史稿》有传。② 论曰："此真鞠躬尽瘁、死而后已之臣"。嘉应观西别有陈鹏年专祠，今不存。

嵇曾筠，江南长洲人（今江苏苏州），康熙四十五年（公元1706年）进士，选庶吉士。常驻武陟嘉应观治河。河南山东河道总督，江南河道总督，总理浙江海塘工程，"治河尤著绩"，用"引河杀险法"治河。加太子太保，太子太傅，授文华殿大学士。谥文敏。《清史稿》有传。③ 其三子嵇璜亦随父久任河工，南河副总督，河东河道总督，《清史稿》有传。

齐苏勒，满洲正白旗人，雍正元年（公元1723年）授河道总督。久任，治黄，导运，浚吴淞江。雍正深器之，谥勤恪。《清史稿》有传。④

栗毓美，山西浑源人，嘉庆十五年（公元1810年）擢升河东河道总督，赠太子太保，谥恭勤。抢险筑堤，多有创建（如用砖石抢险）。《清史稿》有传。⑤

林则徐，福建侯官人（今福建省福州），民族英雄。嘉庆十六年（公元1811年）进士，选庶吉士。道光十一年（公元1831年）擢河东河道总督。林则徐虎门销烟中外皆知，然林则徐治水岁月最久，足迹最广。杭

---

① 详参《清史稿》卷二百七十九《朱之锡传》，中华书局，1977。
② 详参《清史稿》卷二百七十七《陈鹏年传》，中华书局，1977。
③ 详参《清史稿》卷三百十《嵇曾筠传》，中华书局，1977。
④ 详参《清史稿》卷三百十《齐苏勒传》，中华书局，1977。
⑤ 详参《清史稿》卷三百八十三《栗毓美传》，中华书局，1977。

嘉湖道任，修海塘，兴水利。江苏布政使任，丁母忧，鉴于遇大水，赴南河修高家堰，事毕方归籍。总河任，亲历河防一线，至为缜密，深得帝嘉许。两署两江总督，水利事繁多，不可尽述，"为吴中数十年之利"。湖广总督任，大修堤防，荆襄之地，岁罹之水患遂弭。谪戍伊犁，途经开封，襄办塞河决。新疆办屯田、治水利，功劳最著。花十余年时间著《畿辅水利议》，为经国远猷之策，意在停漕运，省公帑，开发京东水利，于今仍大有启发。原因是，渤海、黄海近海地带，可开垦利用的土地尤多，特别是近海滩涂，黄河淤积的海岸线很长，从渤海湾到苏北，因而滩涂可开发的潜力巨大。既卒，赠太子太傅，谥文忠。《清史稿》有传。[①]

不难看出，嘉应观中供奉的治水人物，主要在元末以后，尤其是清朝。这与元末以后河患的加重有关。灾情的评估当然与受灾人口多寡有关，清康熙以后，人口大增，所以，同样致灾条件下，人口越多灾情也越重。当然，时间越近，史料遗存也越丰富，这对治河人物的遴选也有影响。只是，清朝最为著名的治河大家靳辅未被列入，殊是让人不解。另外，元郭守敬，明平江伯陈瑄，也未被列入。郭守敬是元时世界级的科学家、水利大家；陈瑄虽为武将，却为明初的水利大家，创设良多，历仕五朝，封平江伯，明朝时已经享受春秋祭祀。而明朝的潘季驯，其享受春秋祭祀已晚在乾隆朝了，"更念有明一代治河之臣，最著者惟陈瑄、潘季驯二人……运道民生，至今攸赖……其以潘季驯与陈瑄并祀，有司春秋致祭，用昭崇德报功之典。"乾隆如是说[②]。

我在武陟河段老田庵控导工程做过两年的工程课题，同河务局的工作人员很熟，从工人师傅到司机，再到各科室人员，似乎自己就是这里的一员。同他们接触多了，也就熟悉了许多治黄的"口诀"，是的，老

---

① 详参《清史稿》卷三百六十九《林则徐传》，中华书局，1977。
② 清实录/大清高宗纯皇帝实录/乾隆二十二年二月上/乾隆二十二年丁丑二月/，13/28。书同文古籍数据库。

河工、老工程师都会不少的"口诀"。比如:"大水出好河",这是说,水大,会冲出较为顺直的河道。再比如:"孤柏咀着了河,驾部、唐郭往外挪。"这是民间流传的谚语。这是在谈河流对河岸的冲刷、侧蚀问题,住在河边的老百姓,许多人具有关于"河床演变"或"河势变化"的"传承"经验,这还涉及行政区域的"犬牙交错"问题,不可小看。孤柏咀位于黄河南岸,是南水北调中线过黄河的地方,邙山余脉延及此;驾部、唐郭则是黄河北岸属于武陟的两个村庄。这句话是说,如果黄河大溜(黄河人用语,意思是速度大的主流)顶冲孤柏咀一带,顶冲水流受到山体的"挑射"作用,则大溜会折冲到河北岸,驾部村、唐郭村一带的河岸受到折冲水流的冲刷,可能会出现塌岸、塌村现象,因而驾部、唐郭就不得不"外挪"。现在的河道工程规划,一弯套一弯,就必须考虑这种水走"之"字的路径——其实这是布置河道控导工程关键的一步。

对这些民间经验谚语,要有融会贯通的能力,其对其他河段、河道,同样具有参考价值,不可只做"枚举"般的理解。

河流的南北摆动,使得河边土地有时处于河南岸,有时处于河北岸,这就出现了"隔河种地"的现象,就行政区域来讲,未随"山川形便",而是出现了"犬牙交错",譬如武陟,其行政区域在黄河北岸,但居住在河北岸的老百姓却到河南岸"隔河种地"。土地的所有权不随河流的摆动而易主,这是历史传统,这也是"文化现象",适用于黄河两岸,细查地图,从河南到山东,这种"犬牙交错"现象非常多——不只是田地,还包括村落。但在武陟入黄的沁河,其下游同样摆动,河两岸土地则随河流的摆动而易主,同样是约定俗成的传统,"文化习惯"却不一样。

大概在晚秋时节吧,我坐在武陟老田庵控导工程的坝上,静静地观赏着河道风景。正是太阳行将落山的时候,那硕大的太阳向西偏南的地方落下,放射状的霞光将西部的天空整个染成了红色;这里的大河很宽阔，整个河面反衬出红色的天空，水面上，金色的太阳泛光延伸得很远、很远；天空中有几只小鸟飞过，因逆光而形成的纯黑，成了落日晚照恰到好处的点缀。我沉浸在自觉唯美的画面中，感受着顺河道吹过的有些凉意的小风。就在此时，听到了一阵轮机的轰鸣，一个巨大的平底船从河南岸开过来，但不是横渡黄河，而是朝着斜晖晚照的西方逆河而上，很短的时间内，整个大船就完全沐浴在晚霞之中，那原本唯美而略显静谧的画面被打破，代之的是有动态的元素在画面上游动，就是这动态的元素，使得那硕大无朋的画面变得更为和谐。船上，站满了人，人群后有摩托车，人站在车旁——这正是武陟人隔河种地归来的大船。有摩托车，说明隔河种地的人有的需要走较远的路，武陟县的村落都在河北岸，河南岸很远的地方尚属武陟的土地，恰恰说明了黄河在这里的摆动较大。

武陟御坝村正对河南岸的广武镇，有南北向公路跨过黄河直上广武山，公路东侧为黄河文化公园，高大的炎黄二帝像面向黄河高高矗立，更多的黄河故事在那里诉说；西侧就是楚河汉界古战场——鸿沟，再西侧不远就是汜水镇，著名的成皋古城（虎牢关）就在那里……相关故事、地名前文已经谈到或提过。

我在郑州花园口上了岸。花园口，一个好听的名字，一个让人一言难尽的名字，以前写有文章《源远流长·花园口，沉重的话题》，不再赘述。

花园口险工，是"重量级"的黄河险工，国家领导人巡察黄河抵达郑州，几乎都到花园口。黄河下游的防洪标准，就是以花园口的设防流量而制定的。

如果您到郑州，一定要抽时间来花园口走一趟，看看什么叫"险工坝段"①，感受一下黄河的大气、雄浑，感受一下隔河大平原的广袤、无

---

① 险工，黄河上，将出险时抢修出的工程，如丁坝、垛、护岸等称为险工。而将大堤内靠河一侧按规划做出的丁坝、垛、护岸称为控导工程，控导工程一般包括一组建筑物，有多个坝垛。

际。是的,这里是感受此二者最为理想的地方,这里的河宽阔,视野更为宽阔。大平原,坦荡如砥,目力所不及处,西边是太行,北边是燕山,东边是大海,南边直达淮河,在这无边无际的大地上,田畴无数,绿浪翻滚,城市林立,村庄棋布,到处丰饶祥和,一片鸟语花香……我们珍爱着这块广袤的土地,那是黄河母亲给予华夏子孙最丰厚的馈赠——黄淮海千里大平原。

四、开封:初有的印象

到花园口以后,我未再随河势考察船继续东行,原因之一是郑州以东河南段,黄河两岸的河道工程大体上全部看过,差别只在于了解程度的深浅。对于有特殊意义的地方,有特殊意义的工程,留下了较深的印象。从花园口顺黄河东行约60公里(直线距离),就到了开封柳园口险工段,此处有著名的42坝。

金章宗明昌五年(公元1194年),河决阳武,黄河南徙,经开封北柳园口。柳园口河对岸就是著名的陈桥驿,赵匡胤"陈桥兵变"的发生地。检阅《宋史》,《宋史·太祖纪一》写得极简,赵都点检领兵御敌,次陈桥,被兵士所逼而黄袍加身,显得太祖无奈而苦哈哈,这就是"陈桥兵变"。此后,赵都点检就变成了大宋开国皇帝。后柳园口演变为黄河上一处重要的渡口,河北岸封丘、长垣一带的人往来开封,需在此渡河。

乾隆十五年(公元1750年),乾隆巡行中原,主要目的是祭拜嵩山和大川。先是从孟州渡过黄河,经孟津、抵洛阳,到嵩山祭拜后返程。返程未按原路返回。抵达柳园口渡河之前,乾隆帝亲自拈香祭拜河神,留下有诗作。除祭祀河神外,还派出专使祭祀济水神,"派出开归陈许河务兵备道胡振组专门前去祭祀"。[①]

[①] 李文君:《乾隆帝的河南之行》,《寻根》2019年第5期,第98-105页。

第十三章 大三角洲——千里大平原

柳园口险工建于清末，谪戍伊犁途中的林则徐，曾在此处襄助过河决堵口工程，故而此一带的堤防也称林公堤。在这里，我看到过一尊镇河铁犀，铁犀略有点生锈，是复制品，旁边有碑，大意是说，镇河铁犀初由明朝河南巡抚于谦铸造，原物在开封铁牛村。

1952年10月30日下午，毛主席视察黄河抵达柳园口，曾在42坝观览黄河，向当时的河南省主要领导和河官王化云，详细询问了有关黄河的悬河问题，泥沙问题。次日离开开封时嘱咐前来送行的河南省党、政、军和黄委会领导："要把黄河的事情办好。"①②③

对于黄河，毛主席有着自己独特的看法："自古道，黄河百害而无一利。这种说法是因为不能站在高处看黄河。站低了，只看见洪水，不见河流。没有黄河，就没有我们这个民族啊！不谈五千年，只论现在，没有黄河天险，恐怕我们在延安还待不了那么久。抗日战争中，黄河替我们挡住了日本帝国主义，即使有害，只这一条，也该减轻罪过。将来全国解放了，我们还要利用黄河水浇地、发电，为人民造福！那时，对黄河的评价更要改变了！"

正是由于黄河在毛主席的心中具有至高无上的地位，所以，毛主席才说："这个世界上什么都可以藐视，就是不可以藐视黄河；藐视黄河，就是藐视我们这个民族啊！"④

也就是这次巡视黄河，毛主席发出了关于"南水北调"的重要指示：

---

① 王化云：《毛主席视察黄河记》，《协商论坛》2010年第11期，第53-55页。
② 李树友：《黄河柳园口见闻》，《农村·农业·农民》A版2019年第11期，第55-58页。
③ 黄河水利科学院编《黄河引黄灌溉大事记》，黄河水利出版社，2013，第148页。
④ 霞飞：《毛泽东的黄河之行》，2016年8月18日，详参http://dangshi.people.com.cn/n1/2016/0818/c85037-28644830.html?from=timeline&ivk_sa=1024320u，访问时间：2023年7月24日。

"南方水多，北方水少，如有可能，借一点来是可以的。"①

下面，就把视点移到开封，那镶嵌在黄河岸边的一颗明珠，千里大平原上的历史名城，我国著名的古都。

初去开封，是在20世纪90年代初。而知道开封，大约自己还没有启蒙。

"东京汴梁，西京长安。"在我的家乡，不认字的奶奶辈的人都会说这两句话。

开封在偏远的乡下如此出名，更多是因为包公戏。包公、包拯、包文正，说的都是"包青天"，家乡人妇孺皆知。称包文正者最多，其实包文正是话本小说中的叫法，包含对包拯的崇敬之意。人能随口说出老包的故事，都源于看戏、听戏、互相用车轱辘话言说包公的戏剧故事。刚正不阿的包公坐开封府人人都知道，开封府内有三座铜铡人人都知道，这种现象，其实反映了人们心中的一道法律底线。

我去开封已经是参加工作若干年以后的事了。

经大梁门进市区，当时的大梁门还没有修葺，非常的寒酸，下卧式的道路穿过了城墙，那残破的城墙让我没能认出其为墙来，城墙下下卧的道路也就是早年的立交桥了。只是当我回头看到"大梁门"三字时，印象才开始转变，开封的历史纵深感立马体现了出来。

几天的连续工作，连宾馆的大院门都没出。大约初到开封的人，多会想去看看名满天下的古都。工作完毕的当天晚上，我与同行的人来到了马道街，那出名的夜市。来开封前，老家在开封的同事一再告诉我，一定要去看看开封马道街的夜市。

马道街，最早可追溯至北宋时期，后经历史沧桑。到明朝，有了"马道街"的名字。在开封，随便看到的一个名号，可能都有几百年的

---

① 王化云：《毛主席视察黄河记》，《协商论坛》2010年第11期，第53-55页。

历史。

马道街的夜市小吃，真是品类繁多，让人目不暇接，直后悔不该吃晚饭，现在只能充任看客了。但我看得仔细，后来，在中央电视台看到了介绍开封马道街小吃的专题片，更是看得津津有味，因为镜头大都是我见过的街景，加上有旁白解说，觉得充满了文化气息。任何地方的小吃都是饮食文化，不少开封小吃已进入非物质文化遗产名录，其不但是开封的饮食文化，更是黄河文化的组成部分，黄河文化当然包括饮食文化。

第二天返程前，我花了大半天的时间看开封。步行，没有坐车，也不知住的是什么地方，因而走过的街区今天也不记得了。留存的印象是，那街区并不给人现代化大城市的感觉，所走过的街道虽然顺直，可道路两边的院落地面却呈现出倒坡，即路面比院子高，那么，下雨怎么往外排水呢？颇为不解，或许，这正反映了黄河泥沙的淤积？比如，院门外多年出现的黄泛淤积？不知现在的倒坡院落是否还有。

后来走到了"宋都御街"，那宋都御街刚修好没多长时间，记得人们口语中称其为"宋城"。"御街"口，高大的拦街牌坊雕梁画栋，显得十分气派。街道宽阔，店铺既新又旧，所谓新，是一眼就看出是仿古新建筑，并不给人古色古香的感觉；所谓旧，是那店铺的名字、楼的名字我未觉得陌生，这有个原因在，我看过不少的唐宋传奇、明代话本之类的书，其中有不少开封城的故事，仿宋街道两旁的店铺，采用了不少旧名称，因而能"诱发"出脑子里的印象。

最终我来到了龙亭公园。当时的龙亭公园不大，规模不比现在。看着高高矗立在高台上的"龙亭"，我的思绪回到了一幅小人书的画面，大约文字是这样的：起义军（李自成）围攻开封，河水灌城，除了龙亭、铁塔以及高大的王府屋宇，整个开封城都淹没在了黄河水的波涛之下。

至于小人书上写的是官兵挖开了堤防，是自然决口，还是起义军挖开了堤防，已全然没了印象。

1923年，康有为讲学开封，曾游历《古吹台》《龙亭》等名胜，游历龙亭后留下一首诗，一副楹联。诗文、楹联后被刻于石柱上。[①] 诗曰：

> 远观高寒俯汴州，繁塔铁塔与云浮。万家无树无宫阙，但见黄河滚滚流。

楹联为：

> 中天台观高寒，但见白日悠悠，黄河滚滚；
> 东京梦华销尽，徒叹城廓犹是，人民已非。

无论是诗，还是楹联，都不乏沧桑之意，梦华消尽，物是人非。很难揣摩康有为的内心，他鼓吹起的戊戌变法已失败，大清已成过往云烟，他是否忘了曾经的"今上"亦未可知，但有一点可以确定，他看见了黄河的滚滚东流。

五、黄河与开封

开封城淹于水下，最早在战国时期。作为魏国的都城，其毁于秦军的引水灌城。

作为三晋之一的魏国，其原来的都城在安邑（今山西夏县）。因为强秦崛起，虎视眈眈，考虑到国都的安全，魏惠王迁都大梁（公元前362年[②]），此后营建了大梁城。"（秦）东地至河，而齐、赵数破我，安邑近秦，于是迁徙治大梁。"（《史记·魏世家》）故此，魏惠王更响亮的名号是梁惠王，这缘于《孟子》一书中有孟子见梁惠王的内容，《孟子》

[①] "龙亭公园"，详参 http://www.bytravel.cn/landscape/2/longtinggongyuan.html，访问时间：2023年7月24日。

[②] 魏惠王迁都大梁的时间有不同说法，以《中国水利史稿》为准。

的影响太大。次年，即公元前361年，梁惠王即开掘了人工运河鸿沟[①]。因为鸿沟水系沟通了黄河与淮河水系，因此在中国水利史上有重大意义。个人看法，古代所谓的人工运河，多会利用自然水系，非全是人力，这符合生产力发展的时代水平，利用自然水系开掘的运河，路线"最优"，工程量小，也无须测量渠道底坡，保证能够做到完全自流。

开封西有圃田泽，梁惠王所开的鸿沟从圃田泽取水东南引，又导引黄河入圃田泽。容易理解，圃田泽起着非常重要的作用：既是沉沙池，又是源头水库，具有调蓄作用。司马迁在评价鸿沟时写道："荥阳下引河东南为鸿沟，以通宋、郑、陈、蔡、曹、卫，与济、汝、淮、泗会。"显然，能与济水、汝水、淮水、泗水相连通，鸿沟应是鸿沟水系。这极大地方便了水网交通，特别是黄淮间的水运交通，极大地方便了诸侯国间的航运要求。运河通航，有一系列伟大的"副产品"，是能够极大地促进沿岸城市的发展，这远可追溯至春秋时代吴国开邗沟的创建之功，如扬州、淮安；近则可上溯到京杭大运河，京杭大运河沿线有星罗棋布的市镇，其兴、其荣，甚或于城市的可持续发展，都与运河有关。具体到鸿沟，据《中国水利史稿》的总结，不但有力促进了定陶、陈（淮阳）、寿春、睢阳、彭城（徐州）及大梁城的发展，且对魏国的政治、军事、经济发展起到了重要的作用。公元前312年，遥远的越国，即利用沟通的水系，向魏国赠送了数量庞大的礼品，其中还包括300只船。[②]

梁惠王能有占据中原的眼光，能以"水运"为大展宏图的"基础产业"，大约受到其爷爷的影响。梁惠王有个出名的爷爷魏文侯，其时列

[①] 武汉水利电力学院、水利水电科学研究院《中国水利史稿》编写组：《中国水利史稿》（上册），水利电力出版社，1979，第93-94页。

[②] 同上。

国中魏国强盛。魏国历史，也以魏文侯时最为辉煌。魏文侯重用过一个水利专才为地方行政长官，开了12条渠道引漳水灌溉，这就是人所共知的"西门豹治邺"。邺因开发水利而成为魏富庶的地区，魏之强盛当与水利事业的发展有关。梁惠王所开之鸿沟水系大约比都江堰要早100年，都江堰创修的最主要目的也是航运（后都江堰发展为庞大的灌区）。可以推知，时至战国，水上交通成为社会发展的重要需求，能极大地促进经济的发展。

自梁惠王迁都大梁，经140余年的经营，魏大梁城遂成天下大邑，其面积比现在老城区的面积还要大些。然时至秦王政二十二年（公元前225年），一代名都塌圮（pǐ）于水灌开封——秦大将王贲引鸿沟水灌开封三个月，城破[1]。真是其兴也鸿沟，毁也鸿沟。水灌晋阳（公元前455年），开引水灌城之先河。继起有白起灌鄢（公元前278年）。看来，时至战国，以水攻城，成了常用的军事手段。

时光进到北宋，中原大地崛起了一座世界级的大城市——北宋的都城开封，称东京。

东京也称汴京，这座城因汴水而辉煌。

现在的开封城紧邻黄河，城就在黄河堤防之下，北宋的时代，不是这样的情形，换句话说，北宋继承的五代时期的都城，并不面临着黄河的威胁。

"魏地四平，诸侯四通，条达辐辏，无有名山大川之限"（《战国策·魏策一》），如果以天然的"险、固"为选择首都的标准，开封固无山河之阻，难称金城之地，实在是大缺点。但地处"辐辏"，可理解为人、物集中的枢纽，又实在是个大优点。现在的郑州是中国铁路交通的枢纽，郑州与开封近在咫尺，郑州的区位优势，其实也就是开封的区位优势，

---

[1] 刘春迎：《揭秘开封城下城》，科学出版社，2009，第3-4页。

区位优势加上政治中心,这就是当年东京城的优势。

东京城的辉煌,无须用语言来描述,那有点缥缈。开封有个山陕会馆,规模不大,却精雕细刻,是个很讲究的所在,我在里边看到了东京城的整体模型,眼前的实物,使苍白的语言变得具体。我已经忘记了讲解的大部分内容,但却记住了一句话:"比现在的开封城还大。"距今,时光可是走过了一千余年,让我感叹!尽管是模型,因为本身做得就比较大,显出大气、整齐,表现出细部,由此让人得知真实城市的恢宏与富丽堂皇。读到过东京乃世界第一大都会的资料,曾经半信半疑,模型前,疑惑顿消。对于人类所取得的进步,我常有的态度是"厚今薄古",尽管近代的开封是衰落了,但毕竟曾经是河南省的省会,不会逊于宋都吧?可事实上就是这样,参观完模型以后再检阅资料,发现数字的表述足可冰释任何人的"存疑":考古发掘证实,宋东京城的城墙内面积比现在开封老城的4倍还要大,这尚未算城外面积。当时开封人口达150万,而同期欧洲最大的城市人口不超过10万,日本东京、朝鲜开成约20万,中东的巴格达约30万[1]。

东京城的辉煌,不单单表现在规模上,更在于她的繁荣。同样的,语言的描述不如视觉来得直接,中国人大都知道《清明上河图》,这幅精妙绝伦的画卷,将一千多年前的东京活生生地展现在今人的面前,郊外的旷达,建筑物的宏伟与富丽堂皇,汴河的繁忙与两岸热闹……动态、静态,静谧、喧嚣,您还是亲自看看《清明上河图》的长卷吧!上河,即汴河(最早称为鸿沟,西汉称狼汤渠。姚汉源《中国水利发展史》)。在《清明上河图》中,最出名的"截图"当是常见到的虹桥段,其实虹桥段远在郊外,离城中心还远着呢!看着热闹非凡,却不是城中街市。东京城也是富庶的城市,真宗时任宰相的王旦曾曰"国家承平岁久……

---

[1] 刘春迎:《揭秘开封城下城》,科学出版社,2009,第69-91页。

京城资产百万者至多,十万而上,比比皆是","方今京城繁庶,与汉、唐无异"。①

东京如此的富庶,与它的水运交通条件有绝大的关系,包括市内水运条件,周边水运条件。当时通入市区有漕运功能的河道就有三条:汴河、蔡河以及五丈河,其中对汴河尤为倚重。看着东京市内及周边的河流,可自然地得出一个结论:开封,是名副其实的北方水城。

话题稍微延拓一下,山东聊城号称江北水城,现今是黄河与大运河交汇的城市。我去过聊城市,那是一个因水而兴、因水而荣、因水而盛的城市。开封市与聊城市,二者都有运河,城内都有湖泊,两城都有山陕会馆。当时的感官印象,聊城的东昌湖,其水面似比开封的城内湖水面要大,运河也更漂亮,山陕会馆也更大。这不奇怪,自元朝建都北京以后,大运河改线,京杭大运河的地位也随之上升。聊城市有徒骇河通过,留下相关大禹治水的故事。徒骇河前身为古漯(tà)水,据称为《禹贡》黄河北播的"九河"之一。《禹贡》:"又北播为九河,同为逆河,入于海。""播"字之用,可将"九河"理解为由黄河入海前分出的多股枝津,逆河就是感潮河段,近海,能够受到潮起潮落的影响。

善于写长调的北宋词人柳永,有一首著名的词《望海潮》,内容写的是"钱塘自古繁华"。传说,金主完颜亮之所以生南侵之志,就是因为艳羡柳永词中描绘的钱塘"有三秋桂子、十里荷花"。此"小说家"言也,但却能衬托出杭州的"天堂"之美。实际上,柳永有几首长调,直接写的是东京的风物,这里没直接引用,在于其辞藻太过堆砌,辞藻的堆砌,则来源于东京城繁华的"堆砌",如《破阵乐·露花倒影》则是金明池水景的堆砌。再检阅《东京梦华录》,其自言"不以文饰",但

---

① 李焘:《续资治通鉴长编》卷八十五,中华书局,2004,第 1956 页。

文字同样地铺摆、堆砌，让人觉得那风物画面，似比《清明上河图》还要华丽。有鉴于此，就引一首雅俗共赏的诗，以杭州来衬托汴州之美："山外青山楼外楼，西湖歌舞几时休？暖风熏得游人醉，直把杭州作汴州！"这首诗意在言外，有所讽刺，我理解。但将杭州"认作"了汴州，毕竟不是汴州，杭州的青山碧水、歌舞楼台，信其美矣，仍不足与汴州相比。

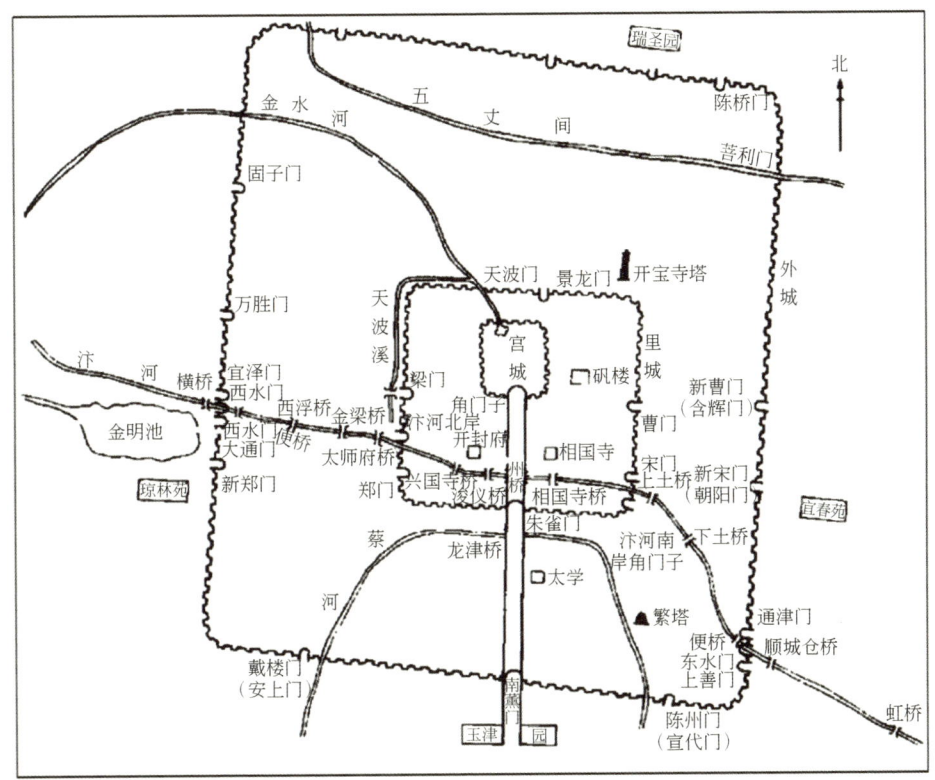

东京城内的水系[1]

---

[1] 周宝珠：《〈清明上河图〉与清明上河学》，河南大学出版社，1997，前言第3页。

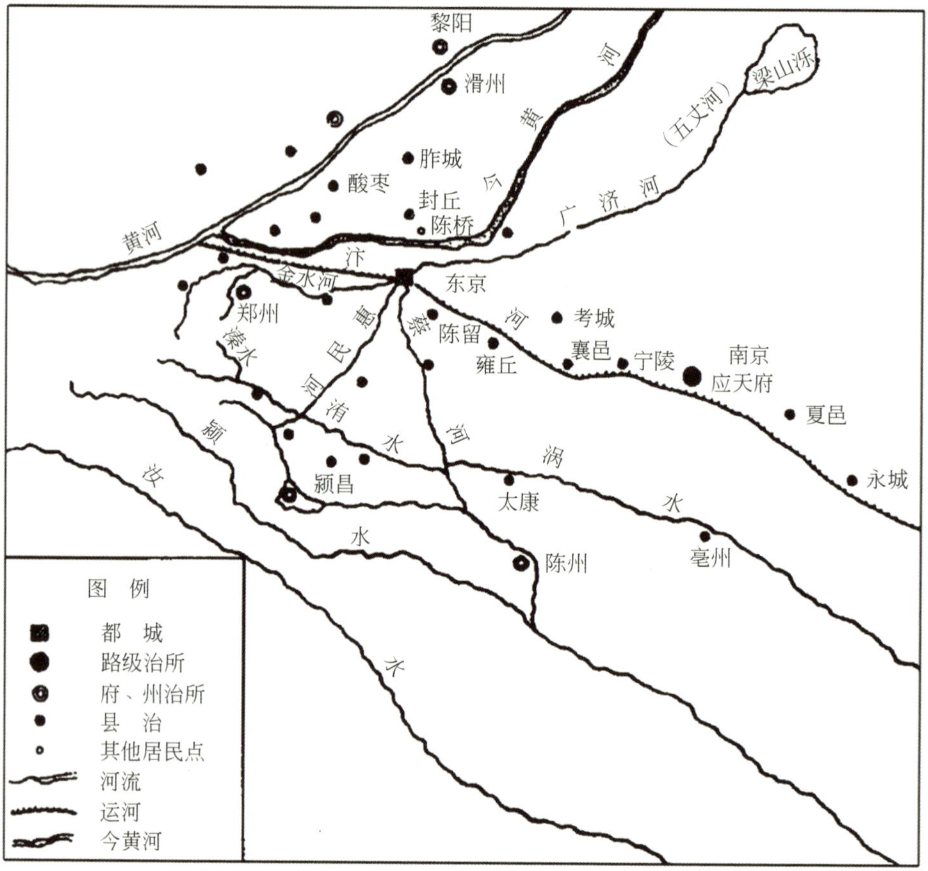

东京周边水系①

可毕竟,金人南侵了,世界第一大都会东京城毁于兵灾。"菜市桥西一水环,宫墙依旧俯清湾。谁怜磊磊河中石,曾上君王万岁山。"又一番"麦秀之歌"的场景,又一番"黍离之悲"的味道!

开封城中的太湖石,不只是散落于河道之中,还被运到了北京,由金人建了琼华岛,位于今北京北海公园之内。②

---

① 程遂营:《唐宋开封生态环境研究》,中国社会科学出版社,2002,前言第1页。
② 刘春迎:《揭秘开封城下城》,科学出版社,2009,第79页。

宋徽宗赵佶就是《水浒传》中的那位道君皇帝，其创立了瘦金体，花鸟画造诣极高，远迈前人，是"风流才子、误为人主"的典型代表，其主持建造的艮岳"被后世公认为中国古代皇家园林的巅峰之作"①。艮岳中奇石主要就是太湖石。《水浒传》中有关于"花石纲"的描写。所谓"花石纲"，就是利用浩大的编队，将从南方搜集的奇花异石运送到东京，供这位道君皇帝享乐。这当然离不开东京所具有的便利交通条件——汴河之便。"花石纲"搞得怨声载道，民不聊生，终于激起了南方的民变——方腊起义。这只是悲催，算不得悲惨，悲惨的是靖康之耻，"二帝蒙尘"，徽钦二帝被金人捉了去。少时看小人书，深深地疑问，大臣李若水被割了舌头还要以肢体语言骂金人，何以一国之君不能为国殉难？真"靖康"之耻也！

约百年之后，历史重演，金天兴元年（公元1232年），蒙古大军包围了汴京城，金人企图决黄河淹蒙古军，未果。这类似的一幕，在当年蒙古大军攻金朝的归德（商丘）时就上演过。② 天兴二年（公元1233年），汴京城破，整个金朝王室被押解到蒙古军大营，其惨烈，远超北宋灭国之时。

公元1234年，蒙古军至开封北，掘开黄河寸金淀灌宋军，"蒙古兵又决黄河寸金淀之水，以灌南军，南军多溺死，遂皆引师南还。"（《续资治通鉴·宋纪》）此后黄河分三股入淮，黄河下游，又一次惨遭黄泛。黄河，成了中原大地敌我双方的战争工具。

开封再一次遭受大的兵灾水患，是在前边提到的李自成攻打开封之时。《明史》载：崇祯十四年二月，李自成攻开封；十二月，李自成、罗

---

① 刘春迎：《揭秘开封城下城》，科学出版社，2009，第78页。
② 辛德勇：《黄河史话》，社会科学文献出版社，2011，第45-56页。

汝才合攻开封；崇祯十五年夏四月，李自成复围开封，九月，"贼决河灌开封"，"城圮，士民溺死者数十万人"[①]。

《明史》又曰："（崇祯）十五年，流贼围开封久，守臣谋引黄河灌之。贼侦知，预为备。乘水涨，令其党决河灌城，民尽溺死。"[②]

从蒙古与南宋争夺开封，到蒙古水灌归德，再到明末官军与李自成围困开封间的战争，其技术手段何其相似，城内欲决河堤淹城外，而城外则掘开堤防灌城内（或淹敌方），只能说明，河身已经高于城市、高于平地，黄河已为"悬河"，双方都想利用"悬河"溃决的建瓴之势淹没对方，至于河决后对百姓所能造成的灾难后果，则又何曾虑及？

去开封，总会有人说黄河泛滥开封受淹导致"城压城"，这加深了人们对河患的印象，显然，这种说法因不够明确而不公平，无意中使黄河"受了冤屈"。

当然，河患，是确实的，检阅史书，"河决开封"的记载历历在目，但河决开封并不意味着毁了开封，更不意味着水灌开封，只不过是在开封的行政区划内发生了决溢，如此而已。开封数次被毁，毁得最彻底的，还是人为的灾患。

北宋黄河，大体经滑县北部东北流，距离开封尚远。现今处于黄河北岸，紧邻郑州与开封的原阳、延津、封丘等县，还都位于黄河的南岸。南宋建炎二年（公元1128年），金兵南侵，宋人杜充决河（在今滑县一带），泛滥之河水经泗水夺淮入海，此后黄河开始南行。1194年之后，黄河距离开封的距离才比较接近，开封开始直接面临黄河的威胁。

---

① 《明史》卷二十四《庄烈帝纪二》，中华书局，1974，第331页。
② 《明史》卷八十四《河渠二》，中华书局，1974，第2073页。

第十三章 大三角洲——千里大平原

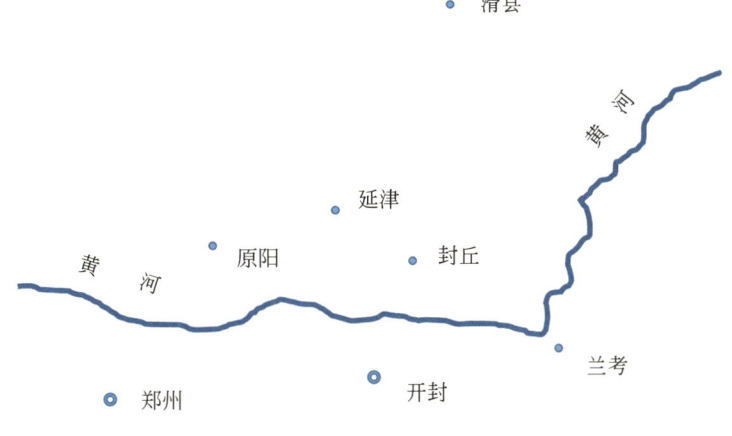

开封与相关县市位置示意图

公元1194年，即金章宗明昌五年，"河决阳武故堤，灌封丘而东"①。此次河决之后，黄河向南移动。清人胡渭称之为黄河的第四次大改道。其实，称此次为大改道，颇有可商榷之处，姚汉源先生直接指出"第四、五次不甚可信"②。从大的趋势来看，黄河南行该从南宋建炎二年（公元1128年）算起，以前黄河虽偶有夺淮，但从未有影响如此之巨者。1128年之后，淮河再未有独立的入海口，而是与黄河共有出海口。黄河北行后（公元1855年），下游河道淤积，淮河彻底失去了入海口而改入长江。这又进一步影响到了苏北地区的历史地理变迁，对黄、淮、运三者的影响是巨大的，对国家政治经济的影响也是巨大的。

胡渭乃康熙朝地理研究的集大成者，从周定王五年（公元前602年）至胡渭《禹贡锥指》书成（公元1697年），2300年间，胡渭只选择了5次大徙，如此明显的大趋势，为什么不将南宋建炎二年的移动看作一次大徙？这次大徙的影响实在是太大了。姚汉源先生认为是胡渭对史料

---

① 《金史》卷十《章宗二》，中华书局，1975，第233页。
② 姚汉源：《中国水利发展史》，上海人民出版社，2005，第55-56页。

有误解，并弄错了年份①。阳武（今属原阳）在今郑州北面，封丘在今开封的北面，以滑县与封丘之间的南北距离进行估算，至公元1194年，黄河向南迁徙约120公里。现今河道更偏南，即离开封更近。由此可彻底明白，北宋的开封原本离黄河很远啊。

  开封近郊，有禹王台公园，少年时代学的课文，有一篇是关于开封的，记得其中有"风景幽美的禹王台"一语，幽字之用，很是传神。我去禹王台时，时在炎夏，公园因为偏僻，游人很少，园内翠柏葱郁，高台亭阁，给人带来不少幽静之感，为那炎热的天气带了些许凉意。禹王台初建于明代，盖因明以后，开封一带河患增多，于是，人们建起禹王台来寄寓大河安澜的美好愿望。记得园内有"功存河洛"的横匾，是对大禹的缅怀。园内有古吹台，有师旷的瞽目雕像，只是雕像泛白，有些粗糙。师旷是春秋时期晋国的乐师，技能通神，自残而为瞽目，为的是专心音乐而心无旁骛。古吹台之得名，实因师旷来此演奏。时至盛唐，大诗人李白、杜甫、高适结伴同游吹台，成为一时佳话，今有三贤祠存。后三人都有"游后感"的长诗，李白诗名《梁园吟》，其中有"荒城虚照碧山月，古木尽入苍梧云"；高适诗名《古大梁行》，其中有"魏王宫观尽禾黍，信陵宾客随灰尘"；杜甫诗名《遣怀》，其中有"气酣登吹台，怀古视平芜"。杜甫"平芜"两字可作为三人共有的视角画面，看来，当时的吹台是非常荒凉的。李白虽然用了《梁园吟》的诗名，可梁园并不在开封，而是在商丘，大诗人李白不可能不知道，大概因感怀而借用之，其曰"平台为客忧思多，对酒遂作梁园歌"，其实是交代清楚了，无非是寓情于物，因物感怀。"东山高卧时起来，欲济苍生未应晚"可谓是"不坠青云之志"，还原了"诗言志"的古意。

  如今，公园内有梁园小景，该是因李白的诗作而置景，大门口牌坊，高高写有"梁园"二字，都是此意，有意的张冠李戴。这不禁使人想到

---

① 姚汉源：《中国水利发展史》，上海人民出版社，2005，第302页。

苏东坡的"故垒西边，人道是三国周郎赤壁"——本非赤壁，因苏东坡的"大江东去"，而有了"文赤壁"——黄州赤壁。

禹王台公园隔壁有繁塔，建于后周年间。塔院在一胡同的尽头，周边断壁残垣，院有柴门，上悬一小黑板，白粉写道"繁（pó）塔"，特意标注了读音。院内除我之外，没有其他游人，显得荒凉。我见塔多矣，感觉此塔造型最为特别，这有个原因在，此塔原有九级，因为明初的"砍王气"，顶部被裁了三层，底下还有一段埋在黄沙之下，故而视觉上感觉颇为不协调。我钻进塔身攀登，楼梯窄而陡峭，没有灯照明，什么也看不见，黑乎乎的，转而下楼梯，因太过陡峭，膝盖倍感吃力。

六、兰考：东坝头，历史上的黄陵岗与铜瓦厢

开封的东边即兰考。20世纪50年代，兰封县、考城县合并，称兰考。今兰考县所辖地面有两处是历史上黄河易于决溢的地方，一处在黄陵岗（冈，《明史》用字），另一处在东坝头。此一带的决溢规模往往较大，带来巨大影响。

人谓黄河是"铜头、铁尾、豆腐腰"。东坝头之下至山东的陶成埠，是典型的"豆腐腰"段。"豆腐腰"之称，在于20世纪以来，此段河道险情多[1]，如1935年河决山东鄄城董庄民堰，黄泛淹没鲁苏广大地区[2]。这一带，也就是美国历史学者彭慕兰，所谓的"黄运地区"[3]，多种复杂的原因，当治黄不能从域外获得足够的石材和木材时，滥伐又导致了当地生态的破坏（见本书"第七章 渭水东流"），如森林的消失。当以不够坚固的代用材料秸秆来修筑堤防时，可想而知，也增加了堤防出险的概率。

---

[1] 辛德勇：《黄河史话》，社会科学文献出版社，2011，第56页。
[2] 郑肇经：《中国水利史》，河南人民出版社，2018，第99-100页。
[3] 彭慕兰：《腹地的构建——华北内地的国家、社会和经济（1853—1937）》，上海人民出版社，2005，第2页。

"豆腐腰"段黄河是典型的宽河道（最宽处可达40里），河流游荡摆动得厉害，之所以有这样的现象发生，在于此段大堤内的地貌情况复杂，光绪初年所修堤防，围起了许多串沟、河汊，沟汊过流易顶冲大堤为大堤带来危险，形成险工段；①串沟的规模有可能很大，串沟有可能代替了原来的主流，此现象的交替出现，就成了主流短时间内出现频繁摆动的现象。可以理解，复杂的河道地貌形状，也造成了较多的险工。

在前往东坝头的路上，我想起了焦裕禄，想起了那篇著名的通讯报道《县委书记的榜样——焦裕禄》。至今，我能记起小时候课堂上，老师给我们讲焦裕禄故事的情形，老师摸着自己的肋部，身体前倾，挨着讲台的桌子，模仿焦裕禄忍痛坚持工作的样子。

兰考，在焦裕禄任职时期，有着内涝、风沙、盐碱三大害，因而开始了治理工作。其实这三害，在苏北黄河故道一带，也有不同程度的存在。涝灾，相对多些；风沙，相对要少。现在这些问题都有了根本的改善。这三个问题，现在都可归属为生态问题，其解决的主要途径都与水有关，都与水利建设有关。水及水利，对于生态的改善、良好生态的持续，是不可或缺的重要因素。

东坝头、黄陵岗位置示意图

① 辛德勇:《黄河史话》，社会科学文献出版社，2011，第56页。

第十三章 大三角洲——千里大平原

黄陵岗之得名，据称一是此处有曹操疑冢，二是此处有一带高岗，长百十丈。元末红巾军起义，即发生在黄陵岗黄河工地，当时贾鲁负责治河。

明弘治二年（公元1489年）后，黄河多次决溢，南决，入淮；北决，则冲入张秋运河（即会通河，又称山东运河）。北决，影响尤其大，主要在于影响到漕运。请看当时巡按河南御史涂升的话：

> 黄河为患，南决病河南，北决病山东……然汉都关中，宋都大梁，河决为患，不过濒河数郡而已。今京师专籍会通河岁漕粟数百万石，河决而北，则大为漕忧。①

由此我们知道，汉、宋的河患，对漕运的影响，对京师的影响，比之于后来的朝代，不能算大。明朝已大为不同，黄河北决，虽然水患波及不到北京，但却影响京城官民的吃喝。"民以食为天"，这就成了天大的事。此为《明史》所记，而会通河为元所开，可想而知，会通河之畅通无忧，对元朝同样重要。

涂升特别提出，治河需要久任，请专用刘大夏，帝以为然。"久任"之意，我的理解在于有助于熟悉业务，有助于专才发挥。

从弘治二年至弘治八年（公元1495年），荆隆口（或称金龙口，河南封丘）至黄陵岗一线的黄河左岸，河患不知凡几，堵而复决。国家动用的人力物力也不知凡几，是治河上的大工程。弘治二年白昂治河，发夫二十五万；弘治六年（公元1493年），刘大夏治河，发军民十二万。至弘治八年，终于堵塞了黄陵岗等七处的决口。同时，在黄河北边修了双重堤防，一为太行堤，长三百六十里；在太行堤之南，增修一道堤防，长一百六十里。②

---

① 《明史》卷八十三《河渠一》，中华书局，1974，第2022页。
② 姚汉源：《中国水利发展史》，上海人民出版社，2005，第347页。

功成之后，"帝以黄陵冈河口功成，敕建黄河神祠以镇之，赐额曰昭应"①。即建了个"昭应"水神庙。今黄陵岗塞河功完碑存，为河南第一批文物保护单位。

此次黄陵岗堵河成功，影响很大，主要在于自然地理方面。至清，胡渭在《禹贡锥指略例》里指出：

元世祖至元中，河徙出阳武县南，新乡之流绝。二十六年会通河成，北派渐微。及明弘治中筑断黄陵冈支渠，遂以一淮受全河之水是也。盖之大伾以东，古兖、青、徐、扬四州之域，皆为其纵横糜烂之区。宋、金以来，为害甚巨。②

元朝之后，河枝津北流者渐微，无论是自然因素还是人为因素所致，都有合理的成分，因为大伾山以东（今河南浚县）地区，土地平旷广袤，黄泛则灾重，何况影响京津。"黄陵冈支渠"之谓，是说黄河在"黄陵冈"处生发出一条枝津，流入了张秋运河③。由此容易理解，此支渠有助漕之能，但水大或使张秋运河淤积，或致运河决溢。

这就是胡渭所谓黄河凡五大变的第五大变。细琢磨胡渭语，第五大变的主要意思在于，黄河不再有北边的旁泄，所有黄河水最终都通过淮河入海。"大变"之用语，容易让人理解为"一次突发性的事件"，但细玩味这第五大变，却并非一次"灾变"，而是"灾变"加"渐变"。有三层的意思：一是至元年间的河决阳武④；二是修成会通河后，黄河向北流

---

① 《明史》卷八十三《河渠一》，中华书局，1974，第 2022 页。
② 胡渭：《禹贡锥指》，邹逸麟整理，上海古籍出版社，2013，第 11 页。
③ 据碑文记载，弘治二年，"河徙汴城东北"，后分为二，其中一条流入运河："一自荆隆至仪封黄陵岗，东经曹、濮入张秋运河。"
④ 胡渭"至元中"并未给出具体年份。《元史·卷十四·本纪第十四·世祖十一》载：元世祖至元二十三年冬十月，"河决开封、祥符、陈留、杞、太康、通许、鄢陵、扶沟、洧川、尉氏、阳武、延津、中牟、原武、睢州等十五处，调南京民夫二十万四千三百二十三人，分筑堤防"。

的枝津渐弱；三是在黄陵岗将枝津全部截断后，河左岸不再有支流分水，黄河100%夺淮。而胡渭更重视的是结果，即：黄河右岸，成为灾害频现的区域。很显然，胡渭所谓的第五大变，主要着眼点在于自然地理的变迁，有其道理。

河决铜瓦厢夺大清河入海后淮河与黄河已经不发生关系，可称其为黄河的第六大变。

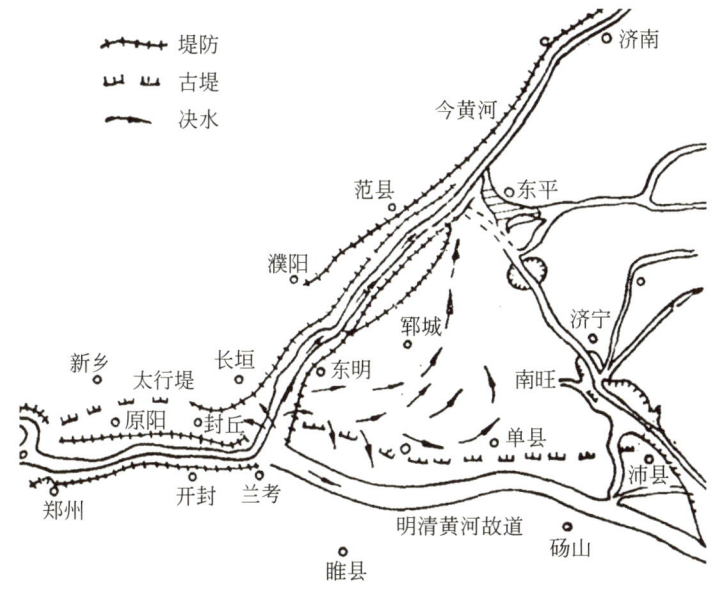

铜瓦厢改道示意图[①]

抵达东坝头约在下午三点。

东坝头，就是清咸丰五年（公元1855年）河决铜瓦厢的所在地。此后，黄河由过去的东南行由江苏云梯关入海，转而为东北行于东营入渤海，形成今天的黄河河道。

时在阳历八月。不见阳光，天气闷热，有点要下雨的感觉。环顾四

---

① 武汉水利电力学院、水利水电科学研究院中国水利史稿编写组：《中国水利史稿》（下册），水利电力出版社，1989，第266页。

周，近处没有村落，只是一片田野。

所谓怀古，大约都需要到现场，到现场才能触景生情。来前，想着此处当有一些河决铜瓦厢的实物资料，比如较为详细的河流图、河决追记、纪念物、碑刻等，但当时却没有见到——现在此处建有黄河湾风景区，当有较为丰富的展览资料。据称，黄河九曲十八弯，这是最后一弯。

没有实景，就来了一番臆想。我臆想谪戍伊犁的林则徐林大人（时在公元 1841 年），经行于此处，下一站抵达开封，任过东河总督的林大人，放心不下黄河，因而会选择此路线而行，甚或于，就是在此处，林大人接到了令其襄赞堵塞开封黄河决口的上谕。当然，作此臆想，路线的可行性是存在的：循海路入江，转京杭大运河，于淮安舍舟上岸，再沿黄河大堤走陆路即可到此。走陆路当然比继续走水路辛苦，可"苟利国家生死以，岂因祸福避趋之"的林大人，又何辞辛劳呢！出于对民族英雄、先贤的礼敬，我做此一番想象，也可理解吧！

我转而寻找铜瓦厢村落所在处，想着周围该有这么个村子在。可前边已经说明，周边没有村落。

我问同行的朋友：

"铜瓦厢村呢？"

"被黄河冲走了。"

朋友答。

我理解了，为什么这里险工的名字叫东坝头险工，而不是叫铜瓦厢险工。东坝头，是附近镇的名字。

铜瓦厢，在今东坝头镇的西边。改道之前，黄河在此拐了个大弯，折向东南方向。显而易见，河道左侧的堤防承受的是弯道水流，按最直观的理解，大水之时，堤防所受水流的冲击力大。河行东南 700 年，河道淤积严重，河床底坡非常平缓，极不利于行洪，河底高于两岸大地，成为古代的"悬河"。尤为不利的是东北方向（张秋方向）地势低洼。早在明代，潘季驯已将此处列为河防要地。历史上，黄河于这一带决口已非一次。开封以下，河左岸决溢，常会东北行而冲断张秋运河，盖由地势决定。

咸丰五年（公元1855年）农历六月中旬，进入主汛期的黄河河南段遭遇大水（黄河在阳历七月下旬八月上旬进入主汛期），"屋漏偏遇连阴雨"，一个月黑风高之夜，大雨滂沱，河水进一步暴涨。风大，雨大，浪大，水位高。现代水工设计，要考虑超高与风浪爬高。古人筑堤防，未必有强制性的"技术规范"和更细的规范"条文说明"，堤高余量不足，就增大了决溢的风险，总之，在多种因素的作用下，终于河决铜瓦厢，洪水如无缰野马，滚滚向前，暴烈地肆虐河南山东大地，最终夺大清河入海。

河决铜瓦厢后，自然地，运道受到了影响：

（咸丰）五年，河决铜瓦厢，由张秋入大清河，挟汶东趋，运道益梗。[①]

也就是说，运河在张秋被洪水冲毁了，漕运粮道受到了阻碍。

张秋，隶属阳谷县的一个运河古镇，此后即因运道受阻开始衰落，今已繁华消尽。

运道受阻是大事，前已言之。

是否堵塞决口，令黄河回复淮、徐故道，或者，维持决口后形成的新河道，修筑两岸堤防，形成了两派意见，这颇似北宋时期黄河的东流与北流之争。

这两派，都有站得住的理由。这里不作细致分解，略提要者。

当时的状况是内忧外患，"洪杨起，英法来，世变日亟"（蔡东藩）。决口之初，原计划复堵，因为太平军、捻军军务未平，咸丰皇帝下诏暂缓兰阳漫口工程。老百姓为了保护自家田畴家园，只能筑民埝，这些民

[①]《清史稿》卷一百二十二《食货三》，中华书局，1977，第3597页。

埝，后来部分地成为黄河堤防的老底子，这就是"豆腐腰"段堤防复杂，以及前述堤内地形复杂的原因。

同治七年（公元1868年）河决荥泽十堡（今郑州一带），兵部侍郎胡家玉曾建言，要趁此机会疏浚咸丰五年之前的河道，使黄河恢复故道。朝廷将胡家玉的上书下发给了直督曾国藩、鄂督李瀚章、江督马新贻、漕督张之万、河督以及江苏、河南、山东、安徽各巡抚妥议。

李瀚章是李鸿章的长兄，张之万是张之洞的堂兄，道光状元。显然，这是朝廷重臣及封疆大吏们在一起商量治水了。

大家的意见①为，以现下时势计之，河不能马上恢复旧迹，有三条理由，其中前两条是技术与现实上的，第三条是一种"担心"，主要内容是：

现在直、东、江、豫捻氛甫靖，而土匪游勇在在须防。所留勇营，断难尽赴河干，亦断不敷分挑之用。若再添募数十万丁夫，聚集沿黄数千里间，驾驭失宜，滋生事端，尤为可虑。②

丁夫聚集数十万，确实是可虑的一个因素，当时捻军刚平定不久。而元末贾鲁治河期间发生了红巾军起义，终致元朝覆灭，历史的教训不能不汲取。这就是政治上的考量了，刚平定完太平军的曾国藩不可能不虑及此，何况黄泛一带，正是闹捻军最厉害的地方。

但这场争论并未因如此多重臣的参与而自行消弭，主要原因还在于对运河的关注，担心黄河北行，将长期影响到运河；此外，无论是运河决口，还是黄河决口，直隶、山东都可能遭受更严重的水灾。③

同治十年（公元1871年）与同治十一年（公元1872年），黄河大决山东，山东巡抚丁宝桢亲历河决工地堵塞决口。丁宝桢认为，应该恢

---

① 《黄河水利史述要》引《续行水金鉴》，不同意黄河恢复故道的三条意见为河道总督苏廷魁联名其他人上奏，计十九人。《清史稿》用语为"国藩等言"。二者该是一致的。
② 《清史稿》卷一百二十六《河渠一》，中华书局，1977，第3745页。
③ 水利部黄河水利委员会《黄河水利史述要》编写组：《黄河水利史述要》，水利出版社，1982，第351-355页。

复黄河故道。

丁宝桢原系不同意黄河恢复故道的九位大员之一，与河道总督苏廷魁的意见完全一致，但现在改变了看法。或因为抗洪的经历让他改变了看法？抑或是地方官的"本位"色彩占据了上风？事实上，有关治河、防洪的问题，最与地方利益相关。

其有站得住的理由，如：维持新河道，则需要修筑两岸堤防，这会损失很多土地，临河州县老百姓如何安置？筑堤束黄，河身增高，势必影响原大清河的支流入黄——这一条真让人佩服，三门峡修成后的渭河淤积，影响支流入渭，正是这样啊！还有一层隐忧，就是黄河水位抬高，进一步影响运河，影响漕运。此外，新河道影响盐运与盐业生产，侧面反映原大清河当时航运之利的重要性。盐，对国家的税收太重要了！丁宝桢摆出这些实在的理由后，朝廷犯了难。

于是，朝廷将丁宝桢的上疏下发给直隶总督李鸿章。

李鸿章派人巡查，"访察测量，期得要领"。后李鸿章给朝廷上了长疏，大意为，河自北流，力挽使南，逆水之性。这一点颇似北宋年间欧阳修反对决口河流回复故道。李认为，自河决铜瓦厢后，未再有大变，已属万幸。"此两相比较，河在东虽不亟治而后患稍轻，河回南即能大治而后患甚重之实在情形也。近世治河兼言治运，遂致两难，卒无长策。"上边论述，可认为是技术层面的。国防尤以海防为重，时局大变，国家"已不能闭关自治"，并建议试行海运转漕。这一点，超越了治河本身。不得不承认，李鸿章的眼光着实远一些。"疏入，议乃定"[①]，此同治十二年（公元1873年）事。治河，国家大事也！

"治河兼言治运"，确实是问题的难点，李鸿章抓住了问题的关键。此问题从元朝即存在了，明潘季驯以后，问题越发凸显。黄河东西流，

[①] 水利部黄河水利委员会《黄河水利史述要》编写组：《黄河水利史述要》，水利出版社，1982，第351-355页。

运河南北行，二者相交，天然的矛盾。李鸿章的措施建议，是把运河的问题"巧妙"地规避了，也就是将最大的难点规避掉了。

15年后，即公元1888年，李鸿章建立了北洋水师。可见，李鸿章重视海防已非一日。而李鸿章借助黄河改道，通过改漕运为海运，为其日后建立海军做了巧妙的铺垫。

水利上的大事，往往会成为权力博弈的抓手。

类似的历史事件会重复发生，是历史的奇妙之处。光绪十三年（公元1887年）八月，黄河再决郑州十里堡入淮，挽河恢复故道之声音渐强，此前，鉴于光绪初开始，山东年年河患，慈禧太后依据大臣奏议，曾在懿旨中表示，是否可分步使黄河恢复故道。朝廷重臣同样分属两派，典型的如翁同龢对恢复故道持反对意见，张曜、李鸿藻、李鹤年则持赞同意见，最后反对派胜出。[①]

河决铜瓦厢是天灾，可老天爷的选择有他的道理。历史上，铜瓦厢、黄陵岗一带每有河决。两地相距既近，以数千里堤防而视之，两地固为一处。河决于此，地势使然，河势使然，水势使然，甚或于开封至黄陵岗一线每有河决，缘由均出于此。

明清治河，万变不离中心思想——保漕为主。盖因国家建都在北，转粟自南，而海运未行，京杭大运河是唯一的依靠。其实漕运依靠内河航运，对治河、对海运形成了极大的阻滞和障碍，事实上也极大地影响了近代中国的发展。漕运依靠内河，不唯是明面上海运有风波之险，更在于内河漕运形成了庞大的利益集团[②]，故推行海运有阻力。

胡渭明察地理，鉴于"南方之地，本高于北，河之南徙难而北徙易"的自然地理状况，其于《禹贡锥指论河》中明确指出，如果任凭黄河冲

---

① 水利部黄河水利委员会《黄河水利史述要》编写组：《黄河水利史述要》，水利出版社，1982，第351-355页。

② 杨锡贵、刘觅知：《近代湖湘文化与近代中国历史进程》，岳麓书社，2017，第431页。

张秋东入海，就可以避免年年焦头烂额靡费公帑防北决：

> 向使河北而无害于漕，则听其直冲张秋，东北入海，数百年可以无患，奚必岁岁劳费而防其北决耶？①

但胡渭这句话的本意却是说，黄河东北入海，必害会通河，必然影响漕运。今人但称京杭大运河的伟大，全面地看，其对治河带来的影响实在是自始至终。

治河与漕运纠缠在一起，如何破解之，实在是经理天下之"关键环节"。既如此，就引起了那些目光如炬的人们的注意。上引《禹贡锥指论河》是魏源编订的治河论文，胡渭的观点正好成为魏源"筹河"立论的基础。

魏源，晚清重量级的思想家，他是漕运上的"海运"派，但同时，他把眼睛投向了"筹河"，魏源发出了这样的诘问：

> 而岁费五六百万，竭天下之财赋以事河，古今有此漏卮填壑之政乎？（《筹河篇》）②

既然"河之南徙难而北徙易"，那么，如果不与黄河较劲博弈，如果能因势利导，则"竭天下之财赋以事河"可免。

于是，魏源提出改河，提出黄河改道大清河，经张秋、利津入海，时在道光二十二年（公元1842年），这就是今天黄河的流路。

持与魏源同样思想的是民族英雄林则徐。他在致友人的信中写道：

> 则徐窃不自量，谓欲救江、淮之困，必须改黄河于山东入海……于张秋划南北岸，分造南北运船，隔岸转艘。漕既无误，河亦可治……大抵南行非河之性，故屡治而屡为患……③

---

① 魏源：《皇朝经世文编》卷九十六《工政二·河防一》，《魏源全集》编辑委员会编校，岳麓书社，2004，第226页。
② 魏源：《魏源全集》13，收入《湖湘文库》（甲编），岳麓书社，2011，第301页。
③ 杨国桢：《林则徐书简》，福建人民出版社，1981，第24页。

黄河北行，对漕运有影响，魏源给出了解决方案：隔河分别转漕，无非是"分段运输"，黄河南之船不入黄河北。

林文忠有更进一步的观点。

先改河北流，再停漕，将转漕的钱用于在京东开发水利。

京东土地平旷，可开发者多。于今，仍有启发意义：即京东仍有大量等待优化开发的土地资源，仍有大量近海土地及滩涂等待开发利用，泥沙沉积的持续造陆，已使海堤距离大海很远，故而滩涂面积广大。土地资源的开发利用，是国之大事。

而李鸿章试行海运转漕的观点，也代表着一种进步。

这都在河决铜瓦厢夺大清河之前。

晚清之时，那一帮先贤，从林则徐、魏源始，更有那些著名的洋务派、鼓吹戊戌变法的一帮人，他们立足于国内，开始睁眼看世界。

1952年10月30日上午，毛泽东主席来到东坝头。

下面是陪同毛主席视察黄河的王化云主任的回忆文字[①]：

毛主席沿堤向东坝头走去。秋风吹着毛主席的草绿色大衣。毛主席向着波浪滚滚的浊流，向着黄河向东北奔腾的方向望着，问："这是什么地方？"我回答说："这就是清朝咸丰五年黄河决口改道的地方，名字叫铜瓦厢。"

接着，毛主席详细地察看了石坝和大堤。毛主席问："像这样的大堤和石头坝你们修了多少？"我回答说："全河修堤1800公里，修坝近5000道。过去国民党反动派统治时代，这些坝埽绝大多数是秸料做的，很不坚固，现在都改成了石坝。"

"黄河6年来没有决口泛滥，今后再继续把大堤和坝埽修好，黄河是否还会决口呢？"毛主席这样问。

---

① 王化云：《毛主席视察黄河记》，《协商论坛》2010年第11期，第53-55页。

我回答说:"这不是治本的办法,如遇异常洪水,还有相当大的危险。"

主席笑着说:"黄河涨上天怎么样?"(在火车上我向主席谈过陕县民谣:道光二十三,黄河涨上天,冲走太阳渡,捎带万锦滩。)

我回答说:"不修大水库,光靠这些坝埽挡不住。"

道光二十三年(公元1843年),陕县的洪峰流量达36000立方米每秒,是黄河历史上一次特大洪水(《黄河志·卷一·黄河大事记》)

"黄河涨上天怎么样?"侯全亮、魏世祥先生在《天生一条黄河》中称之为"千古一问"[①]。

毛主席熟读史书,对河决铜瓦厢这样的大事件一定十分关注,故而在6年没有泛滥的基础上,逐次提高问题的级别:首先是,继续修大堤、继续修坝埽是否还会决口;接着的问题仍是对决口的担心,(即便是有了治本的办法,即修了水库)黄河涨上天会"怎么样"?这是最复杂的问题。

是的,需要避免"黄河涨上天"的问题。

要避免"黄河涨上天"的问题,涉及面很广,比如上游的生态,下游的河防策略,需要修控制性的水库,这是个与社会相关的复杂问题,是涉及全流域的系统问题。

在后来的治水的实践中,治黄形成了"上拦下排,两岸分滞"的方针,形成了水库、堤防、蓄滞洪区相互结合的防洪体系,现在每年实施的"调水调沙"则可看成对既有方针的进一步贯彻。

水利人的实践,部分地回答了毛主席的"千古一问",要完全回答这个问题,尚需水利人的持续努力。

七、北金堤滞洪区一线:大堤内外

从东坝头东行约10公里即入山东东明县地界。东明原属河南,因

[①] 侯全亮、魏世祥:《天生一条黄河》,黄河水利出版社,2003,第301页。

为涉及与山东菏泽、曹县之间的水利纠纷,1963年划归山东省。东明隔河与北金堤滞洪区相望。

北金堤滞洪区所涉及的行政区划变更则更为复杂,如俗语流传的"山东省里有个河南县(范县老城),河南省内有个山东乡(莘县樱桃园镇),山东乡里有个河南村(金村和张扶村),河南村里住着山东人"。

类似的还有现在归属山东德州的庆云县,其几经变更归属地,或山东,或河北(今河北省盐山县庆云镇为原庆云县老县城)。变更,多与"水"相关,是为了照顾"随山川形便",以河分界(自然河流、人工运河),便于防洪、进行水利工程建设与河道管理,可减少因利益而引起的争端。当然,还有历史因素,如范县的县治凡三迁四址,分别为旧城、古城、老城、新区。

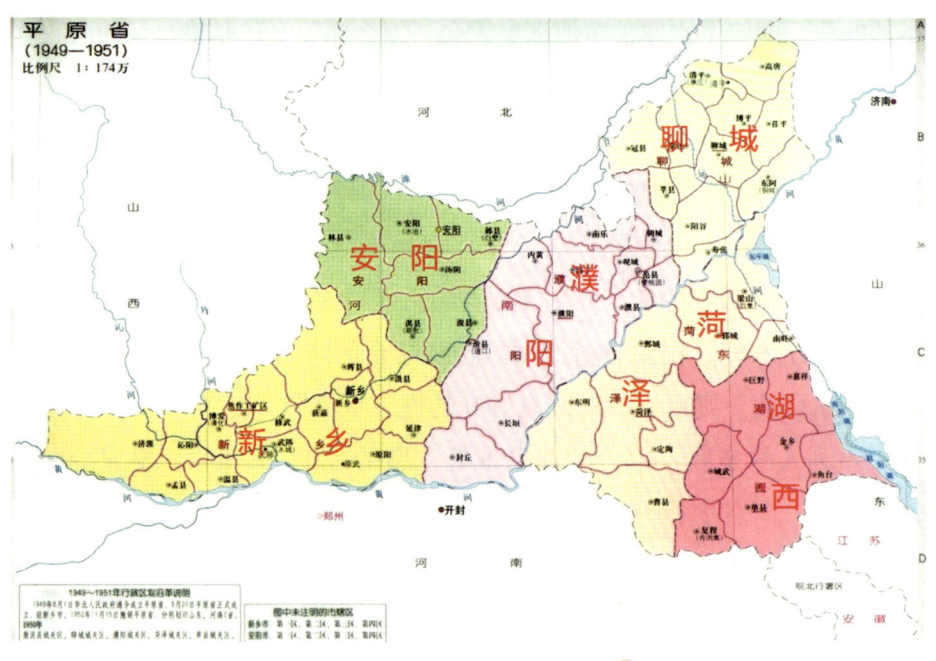

原平原省地图(据原阳网)①

---

① "平原省的历史",2019年7月29日,详参"原阳网",访问时间:2023年7月24日。

"北金堤"内行政区域复杂,却原属平原省。平原省之设置,其提供的一大方便即治理黄河,一方面是加强防汛,另一方面就是修建引黄灌溉济卫工程。1951年春,中央财经委员会正式作出《关于预防黄河异常洪水的决定》,其中指出:"在中游水库未完成前,同意原平原省及华北事务部提议在下游各地分期进行滞洪分洪工程,借以减低洪峰,保障安全。"这就包括北金堤的建设了。引黄灌溉济卫工程,一大亮点是修建了"人民胜利渠",人民胜利渠是新中国成立后在黄河下游兴建的第一个大型灌溉工程。1952年10月31日,毛主席视察了通水后的"人民胜利渠"[①]。2023年元月由水利部公布的"人民治水·百年功绩"治水工程项目名单中,"人民胜利渠"赫然在列[②]。我曾数次站在人民胜利渠旁,看着几乎"两岸平"的宽阔渠水,一路欢歌向北流去,看得我如醉如痴,不仅仅是其为豫北新乡一带及天津在农业灌溉和生活用水方面所作出的巨大贡献,还在于工程在"不冲不淤"设计和管理方面所取得的宝贵经验[③]——黄河河务局的同志经常给我提到这一点,我研究工程水力学问题,教授过"水力学""水力发电站"课程,知道引水工程的进口防沙与渠道的不冲不淤设计,正是工程中所需要解决的重要问题。

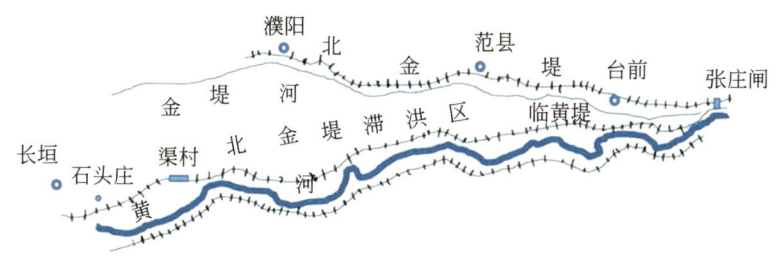

北金堤滞洪区示意图

---

① 中共河南省委党史研究室:《中共平原省简史》,河南人民出版社,1995,第101-102页。
② 《水利部关于公布"人民治水·百年功绩"治水工程项目名单的通知》,2023年1月11日,详参http://www.mwr.gov.cn/zw/tzgg/tzgs/202301/t20230113_1642800.html,访问时间:2023年7月24日。
③ 牛立峰:《人民胜利渠引黄灌溉三十年》,水利电力出版社,1987,序言第2页。

我来到了北金堤滞洪区。

"金堤"之谓，知其历史久远，盖因"汉河堤率谓之金堤"（《水经注疏》），王景治河修筑"金堤"。窃以为，"金堤"有三意，既美其名，又取其意——固若金汤，还充满"五行"的道理，镇水铁牛、镇水铁犀，皆以生铁铸就。"北金堤"之得名，在河决铜瓦厢后，处黄河左岸；东汉时，在黄河右岸，是黄河的南堤。

滞洪区（以及分洪区），对防洪安全，同水库、堤防一样重要。所谓滞洪区，可以理解为预先划定的河堤外的一片储水区域，以储存河流分泄出去的洪水，泄出去的洪水，在下游合适的地方重新回归原河道。

滞洪区的概念并不新鲜，历史上早就有。元初郭守敬开金口引永定河入北京，为防止超大洪水涌入北京城，就开辟了滞洪区。《元史》的记载是"（郭守敬）又言当于金口西预开减水口，西南还大河，令其深广，以防涨水突入之患，帝善之"[①]。减水口作用就是分流，可认为是为了泄去多余洪水而设置的溢流堰。"西南还大河"，就是分泄出去的洪水，西南流，最终再回归永定河。这就是滞洪区！清治河名臣靳辅热衷的"减水坝"——同于这里的"减水口"，放远了视野看，也是利用了滞洪的概念，将超大的黄河水通过减水坝，溢流进淮河支流，继而蓄水于洪泽湖，再由洪泽湖下泄，即于清口与黄河重新汇流。

对此段黄河而言，分泄进北金堤滞洪区的洪水，最终经台前县张庄闸再流回黄河。

北金堤，可视为是体现黄河"上拦下排，两岸分滞"治河方针的一个滞洪区，可滞洪区的建设历史可追溯至上边述及的1951年中央财经委员会《关于预防黄河异常洪水的决定》。而北金堤的培修则又可追溯至1946年，次年，冀鲁豫黄河水利委员会又进一步强调提出："确保临

[①] 《元史》卷一百六十四《郭守敬传》，中华书局，1976，第3847页。

黄，固守金堤，不准决口。"① 可见，新政权成立之前，"人民治黄"已经有了长远的打算。1955年第1届全国人民代表大会第2次会议通过了《黄河综合利用规划技术经济报告》，报告中提出了"除害兴利、蓄水拦沙"的方略；至于"上拦下排、两岸分滞"治河方针的批复，则在1976年（1976年5月，国务院以国发〔1976〕41号文件批复）②。显然，"实践"早于"理论"，理论是实践的升华，再进一步指导将来的实践。

我来到了长垣县石头庄，想起了1958年黄河抗洪的惊险场面。

当时，洪水流量已经到了可以启用北金堤滞洪区的条件，只等待一声令下，破堤泄洪。

但，令未下。最终，没启用滞洪区，避免了区内100多万群众和200多万亩耕地被淹（参见本书"第八章 工程视角之外"）。在《源远流长·花园口，沉重的话题》中对1958年大水有更为细致的描写，不再赘述。

来到了渠村。

我爬到了高大的黄河大堤上。放眼远处的黄河，波澜不惊，大堤内外，一片祥和。

1975年，河南淮河流域发生了特大洪灾，参照此次洪灾，黄委会对黄河水情进行了重新计算（全国各大工程都进行了重新核算），后提出改进滞洪设施，以提高分洪能力。于是，修建了濮阳县渠村分洪闸。同时废除了石头庄溢洪堰③。简单理解：开闸泄洪，比溢流泄洪能力大，便于控制，安全更有保障。

我看着紧紧密闭的大闸，滴水不漏——从北金堤滞洪区建成至今，滞洪区从未使用过，但愿永不使用。滞洪区的设置，只是为了安全，是

---

① 黄河志编纂委员会编《黄河志》卷七《黄河防洪志》，河南人民出版社，2017，第249页。
② 赵炜：《王化云在黄河治理方略上的探索与实践》，《中国水利》2009年第15期，第4-7页。
③ 黄河志编纂委员会编《黄河志》卷七《黄河防洪志》，河南人民出版社，2017，第249页。

一种安全措施，不是为了使用。使用一次，就有难以计算的损失。

渠村大闸建成于1978年，当时小浪底水库还没开始建设，换句话说，有大闸连通着滞洪区，黄河下游在设定的洪水标准下是安全的。

2001年年底，小浪底工程全部竣工。

我曾在小浪底工地工作，我对修建小浪底工程的"调洪演算"的结果非常清楚，再加上教学中所做的延拓，我对修建小浪底工程之后的黄河下游防洪问题也多有思考。

那么，小浪底完工以后，多了一道"上拦"——上游多了一座拦洪水库，这以后北金堤在黄河防汛中处于什么地位呢？

在与已建的三门峡水库、陆浑水库以及故县水库联合运用的情况下，小浪底水库修成之后，黄河下游的防洪能力已由六十年一遇提高到了千年一遇，也就是说，千年一遇以下洪水可以不用北金堤滞洪区。[①] 这就是明确的答案。小浪底水库担当了防洪大任。

小浪底水库的修建，第一目的就是防洪，以前所修的三门峡水库，不足以为下游提供足够的保障。小浪底水库所不能控制的"三门峡——花园口"区间洪水，有相当一部分来自左岸的沁河，而如今，左岸最大的支流沁河上又有了张峰水库、河口村水库，这两座水库都是在小浪底水库之后建设完成的，特别是，处于峡谷口的防洪水库——河口村水库，极大地减轻了沁河下游的防洪压力，从而进一步减小了入黄流量、减小了黄河下游的防洪压力。右岸注入黄河的伊洛河，上游早已建有防洪水库（陆浑水库，故县水库），也控制住了右岸支流洪水入黄问题。在这种情况下，处于黄河左岸，跨越河南山东两省的北金堤滞洪区，其在法律[②]

---

① 李远发、武士国、武彩萍等：《小浪底水库建成后滞洪区在黄河防洪中的作用》，《人民黄河》2011年第7期，第3-4，16页。

② 《中华人民共和国防洪法》有关于蓄滞洪区的内容；《中华人民共和国黄河保护法》有关于黄河防洪的内容。

或行政法规上是否可以进行一些修订？法律或法规地位上的变更，不会改变北金堤的地形、地貌、地理状况，也不会影响渠村大闸的存在，我隐含的意思是，其所在地域所具有的滞洪功能不会因法律或法规地位的变更而有所变化，而在此基础上，给予其特殊的防洪"保险"而换取区内的正常发展呢？设立洪水保险确实是值得探索的一条路径，或可以进行一些探索。工程、预报、通信手段的发达以及现代管理水平的提高，也为这种探索提供了"底气"。

以上讨论是针对北金堤滞洪区的，事实上，防洪与社会发展之间的矛盾具有普遍性且一直存在，因为，滞洪的时候会带来淹没损失，因而滞洪区内不能进行大规模的建设，这是一种"约束"。在全社会经济快速发展的情况下，这样的约束无疑会给当地的发展带来一定的影响。近几年来，洪灾严重，尤其是河南郑州"7·20"特大暴雨和海河"23·7"流域性特大洪水之后，人们对滞洪区的态度会趋于保守，这是可以理解的，但防洪与发展的矛盾需要处理好，需要因地制宜。

目前，约有170万人生活在北金堤内。

三门峡之下干支流水库与北金堤位置示意图

下面，视野将由北金堤滞洪区转向另一区域：黄河大堤之内（滩区）。大堤之内有河、有河滩地、有土地、有村庄。

黄河大堤之内住着人？那不是住在河道内吗？那黄河发大水怎么办？

对的，黄河下游的大堤之内，生活有180余万人。

黄河大堤之内，有不少的避水村台（避水台）[①]；北金堤内也有。

所谓避水村台，可理解为一个高高的土台，人们在上面盖房子，设若黄河洪水侵入村庄，则高台之上，可确保无恙。

我在大堤内看了数个村庄，对村台有了感官上的认识。村台，有的高，有的矮，并不统一。最突兀的，是通往村外的道路，高高的，与黄河大堤相连接。我的理解是，较高的道路，可确保滩区地面内有积水时（无论是黄河涨水，还是遭遇大雨），能与外边有良好的交通——我调研时，河南段的堤顶已经全部硬化，为良好的交通道路。

我听到过一个有幽默色彩的故事，当然反映的是过去的事。

新婚夫妇成家了，有了小娃娃，娃娃满月后，夫妇俩用一个人力车，去黄河滩里取土，填筑避水村台。一年又一年……村台建好了，在上边建房。孩子长大了，再娶亲，再重复上一代的方式，填筑新的避水村台……

从这个故事中我们可以看出，大堤之内的村庄就是以这样的方式扩大和确保安全的，而建避水村台，对一个家庭来说，工程量相当大。

还听说过这样一件事：某年出现了凌汛，村内被冰凌包围，冰下是水，人出门踩到冰面上就掉进了冰窟。

黄河上游有凌汛，主要发生地段是从宁夏的石嘴山到内蒙古的河曲；

---

① 避水村台，或称避水台。堆筑起的土台，在上面构筑房屋，土台顶部高于洪水位，用以避洪、避凌。有的避水村台是临时避洪用，不允许在上面构筑永久性建筑物。

下游主要发生在山东段。小浪底水库修好以后,山东地区的凌汛灾害基本解除。

由上面两个小例子,可以了解到生活在黄河大堤之内的群众曾经遇到的困难。

或有人问,何以要住在黄河大堤之内?或者,搬出来不可以吗?

这有历史的原因,一些村庄的历史可能比堤防本身还要久远,而堤防建设的历史也比较复杂。比如,兰考东坝头以下的河道是河决铜瓦厢之后才形成的,当年山东巡抚丁宝桢疏言,山东沿河州县,离河近者不下十余个,"若齐河、齐东、蒲台、利津,皆近在临水,筑堤必须迁避……"(《清史稿·河渠志一》)事实是,河行山东后,这些沿河州县,并没有完全迁避,很简单的道理,以今日之国力,面对堤内如此多的村社尚感觉难办,那么反推晚清,本在风雨飘摇之期,怎么有能力完全搬迁这么多村社呢?又往哪里搬?当时的清政府在官方无力的情况下,鼓励各州县老百姓自修民埝(清中期官方反对修民埝)。民埝的修筑,当然是顺水筑堰,以求自保,聊以敷用即可,既无规划,也不可能连续,但却成为日后修建连续性堤防的基础。"民众因水立埝,官府就埝筑堤",这也造成了堤距上宽下窄的局面,宽河道处,官堤、民埝纵横交错,情势复杂,有的民埝,对行洪有危害[①]。山东境内的堤防,约从同治末年开始修筑,至光绪十年,已有了完备的堤防[②]。可以推测,后修的堤防,将一些人家的田园,甚或于整个村庄都围在了河堤之内。生活在堤防之内的村庄,为了避水,就不得不建避水村台。

避水村台的填筑,花费时间既长,所费精力又大,对一个家庭来讲,

---

① 《民国黄河史》写作组、候全亮主编《民国黄河史》,黄河水利出版社,2009,第6-7页。
② 水利部黄河水利委员会《黄河水利史述要》编写组:《黄河水利史述要》,水利出版社,1982,第351-355页。

确实是很大的负担。这涉及社会的进步与该部分人群生活水平的持续改善问题，或者说涉及社会公平性问题。这里所写，也是基于当年的调研，社会变化太快，想现在情况已经有了根本的改善。

我写下北金堤及大堤之内的例子，只是想说，大规模的水利活动，给社会经济建设、文化建设，都会带来大的影响。水利之于中国是个特色，以后还会是这样。

八、从阳谷至东阿：虎啸远去，涛声依旧

我知道景阳冈，是因为初中学过《水浒传》故事《武松打虎》。

金堤河在山东阳谷县陶城铺（有的水工图资料中用字：陶城埠）附近注入黄河，北金堤滞洪区到此处结束。金堤河汇入黄河后，河两岸都成了山东的地界。

张秋镇、景阳冈，二者都处于金堤河汇入黄河前的金堤河左岸一带。

张秋镇是黄河、大运河、金堤河三河相交的地方，自然就成了漕运枢纽，曾一度舟樯林立，商贾云集，为一商业大都会。现在，也只有山陕会馆、运河石桥等陈迹斑斑备受冷落的老建筑记得当年事。京杭大运河的衰微，使多少沿河市镇失去了往日的光彩，又何止是张秋呢？

景阳冈宋代有虎啸，今日只是一带沙丘岗，说明环境有了巨大的变迁。《水浒传》故事中，武松在景阳冈打虎，后在东平府清河县犯罪后被刺配孟州。多说一句，罪犯发配的地方多属"远恶军州"，孟州是中原核心区，距离东京汴梁和洛阳都很近，怎能算得上"远恶"的地方？《水浒传》中还写孟州有快活林、十字坡黑店等故事，大约当时孟州偏僻高岭地带有密布的森林，因为，历史上更偏上游的中游地带曾经森林密布。当然，这是小说，原不必认真。

阳谷县有蚩尤冢村，村有蚩尤冢，说埋的是蚩尤的首级。经考古发

掘，发现冢内有仰韶文化、龙山文化遗物，现为山东省重点文物保护单位。蚩尤的时代，正是龙山文化的时代。

汶上县南旺镇也有蚩尤冢；巨野县有蚩尤肩髀冢。

以上三处蚩尤的"遗迹"均在黄河的下游。

在本书"第六章 探步河汾"中，说蚩尤在盐湖畔因战败被杀，盐湖呈现的红色为"蚩尤血"，附近有蚩尤村。这是在黄河的中游。

何以沿黄河有这么多"蚩尤文化"的痕迹？不排除为部族或部族后代迁徙的原因。首级冢、肩髀冢都非"全尸"，与上古传说"蚩尤被杀"合得上。

先祖间的战争是必有的，失败部族迁徙往别处求生存也说得通。族人或后人追念先祖起冢也符合道理。

"蚩尤文化"痕迹在全国各地很多，如钱穆先生称蚩尤后人，被驱至今甘肃境①——也在黄河流域。我仍称这些为"文化共祖现象"。要之，"蚩尤文化"属于黄河文化的重要内容。

张秋镇、景阳冈、陶城铺、位山引黄闸、东平湖位置示意图

---

① 钱穆：《国史大纲》修订本（上册），商务印书馆，1994，第15页。

由金堤河入黄处东行不足5公里,是位山引黄闸,位于东阿县位山村。

位山引黄闸目前担负着农业灌溉和供水等重要任务:位山灌区目前是黄河下游最大的灌区;此外,还承担引黄济津、引黄入卫,向雄安新区、天津跨流域调水等供水任务[①]。

位山引黄闸原是位山水利枢纽工程的组成部分。位山水利枢纽工程是黄河下游最大的水利枢纽工程,1958年开始兴建,但工程没有完工,同郑州花园口枢纽一样,其拦河坝被拆除。这为平原多沙河道的水利水电工程建设留下了不少教训,比如,让人们知晓,在平原多沙河流上修建河床式水利枢纽工程是不合适的。

从位山引黄闸前行不足10公里,小清河由右岸汇入,其上承东平湖,即当年有名的梁山水泊。只是,与当年800里梁山水泊相比,东平湖如今已经蹙缩得很小。虽如此说,东平湖对艾山以下的黄河堤防安全非常重要。[②]

小清河入黄后,附近左岸有曹植墓,仍属东阿,如今的东阿,有很重的曹植文化痕迹,如鱼山曹植风景区、洛神湖公园、梵呗(bài)寺等。人所共知,曹植与乃父曹操、乃兄曹丕均为建安文学的重要人物,世称"三曹"。因梵呗寺临黄河,这里聚焦于曹植在佛教音乐的贡献。

曹植曾经与曹丕争为世子,故而在曹丕、曹睿两朝屡遭打压、迁徙。太和三年(公元229年),曹植被徙封至东阿。鉴于其一直过着郁郁寡

---

① 山东省聊城市位山灌区管理服务中心:《走进重大水利工程|位山灌区:大河福泽鲁西地》,源自《科普时报》,2021年9月22日,详参http://www.kepu.gov.cn/www/article/21d54251576149eb89b61b976a3f7b36/e829a400158c4d12b8076e0d1b931abd,访问时间:2023年2月20日。

② 武彩萍、李远发、陈俊杰等:《新时期东平湖水库综合运用有关问题讨论》,《人民黄河》2008年第9期,第13-14页。

欢的生活，而于佛教中去寻找安慰，就成了心灵的需要。

果然，在东阿的鱼山，曹植心灵受到了大自然的启迪，做了一件影响很深远的事，那就是首创了中国的佛教音乐梵呗，道教音乐也受其影响。

> 陈思王曹植字子建，尝登鱼山，临东阿。忽闻岩岫里有诵经声，清通深亮，远谷流响，肃然有灵气，不觉敛襟祗敬，便有终焉之志，即效而则之。今之梵唱皆植依拟所造，一云：陈思王游山，忽闻空里诵经声，清远道亮，解音者则而写之，为神仙声。道士效之，作步虚声也。①

所谓"岩岫里有诵经声"，乃于极静处生发出的抚慰心灵之声也！或是岩穴里声音的回荡，或真是幽谷梵音，总之，同频于心灵。于是，受"感召"的陈思王，记下了诵经声腔抑扬顿挫的宫商字谱，即所谓的"梵唱"。"梵唱"之发明，既有利于经的传播，也有利于声腔对心理的"按摩"与"安抚"，于今，不是仍有铜器打击乐与丝竹弹拨吹奏出的"禅音"吗？

此段引文，出自小说笔记，又不乏神奇之处，岂能当真？非也！我引此段，鉴于其依据史实，且文小而隽永，含有较多的信息。《高僧传》载：

> 原夫梵呗之起，亦肇自陈思，始著《太子颂》及《睒颂》等，因为之制声，吐纳抑扬，并法神授。今之皇皇顾惟，盖其风烈也。②

"肇自陈思"最直接地点明了"梵呗"的起源。今中国的专业音乐研究者都承认陈思王为"原创"，并深入分析了其风格特点，产生的心理因素③。"才华出众的曹植既深爱中土音律，又潜心于佛学，他将译释

---

① 刘敬叔：《异苑》卷五，载《汉魏六朝小说笔记大观》，上海古籍出版社，1999，第641页。
② 释慧皎：《高僧传》（下册），朱恒夫、王学钧、赵益等注译，陕西人民出版社，2013，第789页。
③ 史一良：《从鱼山梵呗看华夏早期佛教音乐中的审美风格》，《天津音乐学院学报》2021年第1期，第87-96页。

的经文配上本土宫商,将佛经全方位地改梵为秦,成为佛教梵呗在中土的'学者之宗',这是其后佛教能在中土加快传播之根本所在。"[1] 该评价有过高之嫌,但至少可以说明,曹植的"梵呗"之创,为佛教在中国的发展、传播起到了很大的作用。从此看,曹植没当上世子,也属于塞翁失马。"梵呗"开创性的贡献,使其成为音乐史上、佛教发展史上(甚至道教发展史上)两座别人难以企及的高峰,并对日本有所影响,"日本胜林院所流传'鱼山'声明音乐都是中国古老的音乐遗留"[2]。

曹植墓邻"梵呗寺"。面对滔滔黄河,梵唱始终伴随着黄河的涛声。在黄河涛声的影响下,佛教终于中国化,并传播至朝鲜半岛和日本。我们把眼界稍微扩展一下,最早的佛教寺院是洛阳白马寺,最早的佛经翻译家,如安世高、道安、鸠摩罗什,其译经场所主要在洛阳或长安,西行求法的大师法显、玄奘,其译经场所也主要在长安,东土禅宗的第一代祖庭是嵩山密林中的少林寺……所有这些,都在黄河流域,或伴随着黄河的涛声。不难看出,黄河文化,从来都能以广博的胸襟吸收有益的外来养分,并使自己熠熠生辉于世界。

东阿县城东约12公里处,是著名的艾山卡口,左岸,艾山;右岸,外山。两岸山体夹持,卡口仅宽275米,为下游黄河最窄处,做个最简单的想象,如此窄的卡口,也会"憋"得上游宽河段洪水横流。艾山卡口简介碑中有诗曰"秋观浪涌冬观冰,正月十六放河灯。黄河鲤鱼跳卡口,艾山脚下锁蛟龙。"显然,艾山卡口是一处著名的景观。"锁蛟龙"何谓?此处有大堤,有险工,这当然可以理解为"锁蛟龙",工程的存在,说明"锁蛟龙"的不容易,包括汹涌的蛟龙及其变体——"冰坝"。黄

---

[1] 项阳:《"改梵为秦"中的"学者之宗"曹植》,《天津音乐学院学报》(天籁)2007年第1期,第37-40页。

[2] 王淑梅:《"鱼山梵呗"的源流演化及乐谱形式探原》,《徐州师范大学学报》(哲学社会科学版),2011年第5期,第38-42页。

河的结冰，根本的原因在于从郑州开始，黄河向偏北方向流，即由低纬度地区流向高纬度地区，故而在初冬与初春时期容易出现"凌汛"，再偏下游的齐河县就是容易出现大面积凌汛灾害的地方。1970年，因为河插冰，曾出现长达15公里的跨河冰坝，河水涨4.2米，为此，1971年曾修建黄河北展宽工程，主要作用就是消除凌害威胁，以"保证展宽区附近及其下游河段的防凌、防洪安全"，可理解为分洪区。"随着黄河小浪底工程的建成，2008年7月，国务院正式批复黄河北展区全面解禁，明确提出取消北展宽工程的分凌分洪运用任务，允许开发建设。"①小浪底工程建成后，可以控制下泄水量，因而下游凌害基本解除，不再担心被淹，解禁后"北展区"就具备了开发建设的条件。有鉴于此，关于上述的北金堤，也可以进行更深一步的思考。

九、趵突泉、济南惨案纪念堂、百脉泉

从东阿顺黄河继续下行。

下游是齐河县，与济南市隔河相望。

济南因为地处古济水之南而得名，河决铜瓦厢改道后，夺大清河入海，济南处在了现在黄河的右岸。历史上，黄河出现决口，也有走大清河入海的时候，"大清河泛道过去是古济水的下游，唐宋以前黄河南决巨野泽、元明以后黄河北决梁山泊或张秋，都走大清河入海"②。

"济河惟兖州"（《禹贡》），黄河、济水之间所围区域为兖州。兖州，古九州之一，与今天的山东大部合并，故山东有很多的地名带"济"字。

济南建城，历史悠久。现在的济南城，其实是个"新城"，曾见考

---

① 葛爱春、王敏：《黄河故事丨黄河北展宽工程》，2022年12月12日，源自"德州黄河"公众号，访问时间：2022年2月20日。
② 辛德勇：《黄河史话》，社会科学文献出版社，2011，第59页。

古界人士的题字"先有平陵城,后有济南府"。平陵城遗址在今济南市章丘区。汉初设济南郡,郡治在平陵城。据博物馆专家研究,"东平陵自春秋以至于唐,三置三废,并将郡治西迁历城(即现在的省会济南)。其原因与河道迁徙有关。"结合《水经注》的记载,知道原来流经平陵城的关卢水与武原水两条河流,因改道不再经平陵[①]。这就带来了大的影响,城市没了水源,就失去了生命力。河流,对于一个城市的发展,是基础性的支撑条件。

济南很美,"四面荷花三面柳,一城山色半城湖"。早年看过清人刘鹗的《老残游记》,在没来济南之前就知道了这副描写济南城的有名对联。刘鹗父兄及其本人,都是治水专家。

济南号称泉城,让人艳羡不已,据称有七十二名泉,现有泉水节。泉流多出山林,而都市泉多,则更胜似山野林泉,因为更贴近社会人间。泉既多,其功能也多。为饮,沁人心脾,有益于健康;为景,热闹处看泉,心随波涌,积尘随清流而去,欣快随之而来;为音,僻静处听泉,天籁入耳,让人心宁神静。所以,济南人离不开泉,外地人来济南,要看泉,尤其是趵突泉,其又称"槛泉",典出《诗经》,有"天下第一泉"之称,是济南的"水名片"之一,另一处水名片就是"大明湖"了。

印象中在20世纪80年代的中后期,我第一次听说趵突泉"停喷"。停喷不是干涸,已使济南人为之焦虑。焦虑的不只是济南人,还有关心此事的有分量的媒体,且趵突泉停喷,不是一年、不是一次,由此可知,紧靠黄河的济南市,地下水位也有了下降——近几十年间,地下水位有明显下降的地方,实在是太多了!鉴于其名气,趵突泉的停喷,也为世人带来了警示,某种程度上说,"坏事变成了好事",如今济南城的荷红柳绿、湖光山色、泉流奔涌,都与这警示相关呢!确实的,全社会的生

---

① 田继宝:《龙山古文化》,城子崖遗址博物馆,1998,第14-15页。

态环境意识近年来有了很大的提高。

我终于是来了济南,来到了趵突泉公园。时在阳历五月,正是阳光明媚,花红柳绿的好时节。进得园来,首先就是急着一睹趵突泉的芳容,可实在是没想到,看泉的人是那样多,趵突泉处在方池中,池周边里三层、外三层围满了人,不用说想以泉、池以及池后小亭拍一张画面干净的照片不可能,就是想挤到池边近距离欣赏一番趵突泉的"泉源上奋,水涌若轮"(《水经注》)也成了奢侈的事,我不禁狐疑,如此多的看泉人,是来自全国各地的游客呢,还是济南当地人?

趵突泉公园是个景观密度非常高的园林,可以说移步换景,这里有乾隆的御题,苏辙的吟诵,赵孟頫的墨宝……有楼、堂、桥、亭……题述者既多,这里就不费笔墨了。

我离开密集的人流,拣小径悠然而行,不期而然见到一座碑,上写"五三纪念碑",不,是数通碑。原以为是"五卅纪念碑",不是的,是济南五三惨案纪念碑,是日寇屠杀中国人的证据碑。时在 1928 年 5 月 3 日,早于 1931 年"九一八事变",早于 1937 年的"七七事变"。"济南五三惨案"在近代日本侵华史上是重要的事件,但知道"济南五三惨案"的人却不多。再仔细看,周围确实有很多纪念物,牌坊、雕塑、纪念亭、纪念堂……

我走进了纪念堂。

纪念堂名为"济南惨案纪念堂",堂内有蔡公时先生的全身铜像,蔡先生时任国民政府山东交涉署交涉员,赴任不到一天即壮烈殉国,死得极为惨烈。堂内史料分"风雨如磐""古城喋血""同仇敌忾"等若干部分,以翔实的史料向世人控诉日本侵略者制造的震惊世界的"济南惨案",其累累罪恶,罄竹难书!如今我下笔行文,尚记得当时参观纪念堂时的胸中悲愤。制造济南惨案的日寇一部分来自在中国的驻兵,而另一部分则直接出兵于日本国内。何以一个恶邻能够直接用兵于一个主权国家？置国际公理、公法于何处？在侵略者眼里，从来都不曾有过什么公理、公法！

曾看到过一些史料，说抗日战争时期缴获的日军地图极为详细，将中国偏僻乡村的交通道路、地标建筑等，都标注得极为清楚，国内都不曾有这样的地图，因而日本对中国的侵略做过长期的打算，准备了百年之上。何止呢？熟悉历史就能够知道，日本为侵略中国，从丰臣秀吉时代就开始准备了。日本著名历史学家井上清教授，在《日本历史》中写道，丰臣秀吉的领土野心是永无止境的，"还梦想着征服琉球、中国台湾、菲律宾，也想使朝鲜与中国明朝归顺。远征南海，虽以空想而告终，但征服中国明朝的计划在全国刚刚统一后就具体化了"①。所以，此后历史上日本对华的历次侵略，都是蓄谋已久的既定侵略政策的再继续，这种侵略步伐在近代以后表现得尤为强烈，研究济南惨案的专家李家振先生认为，"从日本东方会议的召开，《田中奏折》的形成，以及在此指导下的侵华战争的历史过程来看，济南惨案则是'九一八事变'的一个序幕"。李先生的认定，是基于对事实的梳理和"二战"后远东国际军事法庭的认定②。历史警示后人，对日本的侵略野心，永远都不要放松警惕。

我去图书馆检阅资料，发现有关济南惨案的史料很多。近年来，济南市政府在"勿忘国耻"教育方面做了很多工作，深觉有意义，比如：迎回了原立在新加坡的蔡公时烈士的铜像，铜像由著名爱国侨领陈嘉庚先生和南洋各界爱国同胞捐资铸造；再比如，"警钟长鸣"！济南市政府决定，从2000年起，以每年的5月3日定为防空警报试鸣日，并铸造

---

① 井上清：《日本历史》，闫伯纬译，陕西人民出版社，2011，第125页。
② 李家振：《济南惨案》，中国政法大学出版社，1987，前言第2页。

了"济南惨案"纪念钟，今录钟铭之序文如下：

> 公元一九二八年五月，日本军国政府借口护侨，进兵济南，历下喋血，泉城涂炭。三日，时任山东交涉专员之蔡公时蹈死斡旋，竟遭凌虐杀害。十一日，全城失陷。旬日间济南军民被杀者凡六千一百二十三人，伤一千七百七十人，资损数千万。暴行讯传，举世惊愤。南洋华侨陈公嘉庚募款铸造蔡公时烈士铜像一躯，以旌风节；公元二零零六年，蔡公铜像得归其殉难之地。爰徇士民敬仰之情，特建纪念堂于趵突泉畔，安放蔡公铜像以供拜瞻；并铸此钟，以警吾民，勿忘国耻。[①]

落款为：公元2007年5月3日济南市人民政府谨铸。

勿忘国耻！去趵突泉的人都该看一下"济南惨案纪念堂"。

济南泉太多，一一看完不现实，趵突泉之外，我选择了百脉泉。

百脉泉，是我所见到最大的泉。在山西，曾看到直接泄入河渠的巨大泉流霍泉，泉池高，渠坡陡，渠水飞泄，滔滔有声，虽然如此，但泉池之水却是无数泉眼的"集流池"，非为一个或数个巨泉的涌水。百脉泉之所见，虽名为百脉，眼前却是数个泉眼的浪翻波涌，可见泉眼之大。百脉泉有"百脉寒泉"之称，站在泉池旁，尽管在炎夏，却也感受到了随微风吹袭带来的阵阵凉意侵袭肌肤。

曾巩云："历下诸泉，皆岱阴伏流所发，西则趵突为魁，东则百脉为冠。"个人的观感，百脉泉比趵突泉大。描述百脉泉，不乏美文，但"珠、玉"之用，实不恰当，天下没有那么大的珠玉，我之所见，池面上翻滚的泉径，约一米。景区内尚有龙泉、墨泉、龙湾泉等名泉，汇流后形成绣江河——众泉流的名字好听，河的名字更好听。泉河相连，正应了古人的诗作"溥博渊泉，浩浩渊渊。皓如银河，月流星连"。

章丘是著名女词人李清照的故乡，百脉泉景区内建有"清照园"，

[①] 济南市博物馆编《外交史上第一人》，济南出版社，2018，第184页。

算是文化景区,建得非常用心,是观泉流之后,让游人于不经意间欣赏清照词和悠闲休憩的良好所在。

十、城子崖:黑陶表面的亮光——龙山文化初现

济南东约 30 公里之遥,有著名的地点:城子崖。

中国的史前文化要靠考古来实证,那就到城子崖走一趟。那里,是龙山文化的原始发现地,今属济南市章丘区龙山镇,龙山文化发现之初,属历城县。

在仰韶"彩陶文化"被发现,证实中华大地存在着新石器文化时代的时候,一个不和谐的声音出现,即前边提到过的所谓的"中国文化西来说"。国人不能不为之感到困惑甚至愤怒,而为了除却这种困惑和愤怒,只能依靠地下的实物证据来说话。

上天对中华民族总是眷顾的,尽管近代中国积贫积弱,但顽强的脊梁们总在开拓向前。五千年的灿烂文明从来都是中国人的自信,也是中国人精神力量之源。就在上述困惑出现的时候,有种神秘的力量开始召唤中华有识之士——那些现代考古学的先驱们,从而让埋在山东历城县龙山镇地底下的秘密,以适当的方式暴露了出来,那就是黑陶表面反射出的亮光。这不是一般的光亮,而是圣物生发出的神圣之光,是黄河下游的文化之光,这光芒表征着一种从未被世人所知的新的考古学文化的出现,其发现不仅仅增强了国人的文化自信,也震动了世界。

那是 1928 年春天,清华大学国学院研究班的二年级学生吴金鼎受命运的差遣,因在平陵城一带进行古迹调查而来到了龙山镇的城子崖。那时的龙山镇,尚归属历城县。放眼望去,眼前一片大平原,土地肥沃;一条河流,不疾不徐;一段高崖——长方形河畔的台地,高矮适当。这样的自然地理条件足够理想了,可以让从更高处走下来的先民们更好地

生活繁衍。西南不远临山，细察地形图，可知章丘其实是凸入山坳里的一块平原。山前平原，土壤总是肥沃的，水源丰富。可以设想，为了追求更为便利与"富庶"的生活，先民已经走到了靠河平原，且有高崖台地用以避洪的地方——城子崖。

关于这次调查，吴金鼎先生在《平陵访古记》里这样叙述：

余之第二次到平陵为十七年①四月四日……是日早十时抵镇。偕张君往村北深沟从事勘查。甫抵沟之南崖，就高埠上向镇东一望，遥见一小城垣状之台地。询之张君，盖即吾人前次往平陵所经过之台地，余曾怀疑其灰土层者也。②

此次调查，吴先生发现了火烧的遗迹，红土堆积甚厚，灰土层中含有丰富的石块、陶片、贝骨等物，并发现了两枚骨锥。

处于山前平原的城子崖周边地形

---

① 十七年为民国十七年略语，即1928年。
② 傅斯年、李济、董作宾、梁思永等：《城子崖（山东历城县龙山镇之黑陶文化遗址）》，中央研究院历史语言研究所，1934，第1页。

第二年暑假,"十八年①七月三十一日,余复作龙山之游……午后……往遗址"。此次吴先生进行了有限程度的挖掘。不负自己的努力,吴先生挖出了一柄黑色石斧——吴先生挖出的是文化遗存。何其幸运,石斧,部分印证了吴先生上次调查发现文化层之后所进行的"预测"。

"自此以后同年八月至十月,三个月之中,吴先生又到了龙山镇三次,将镇周围七八里内的古迹详细勘察了一次……"

城子崖遗址的发现引起了中央研究院历史语言研究所(简称史语所)的注意。

1930年,11月至12月间,开始对城子崖遗址进行第一次发掘,请让我怀着崇敬的心情写下在地下为中华文明寻找"光"的人,他们是:李济、董作宾、郭宝钧、吴金鼎(吴先生此时的身份已经是史语所的助理员)、李光宇、王湘诸先生。鉴于此项工作所具有的重大意义,1931年10月,随即进行了第二次挖掘,参与田野发掘工作的有梁思永、吴金鼎、刘屿霞、王湘、刘锡增、张善等诸先生②。

这两次挖掘以后,出版了考古报告,名曰《城子崖》(山东历城县龙山镇之黑陶文化遗址),这是李济先生任总编辑,梁思永、董作宾先生任编辑的《中国考古报告集》之一,其意义之重大,为本报告写序的傅斯年先生这样说:

> 所以我才敢说,这一部书,在这个"空前"的立点上——即上文所说,中国考古学家在中国国家学术机关发布其有预计的发掘未经前人手之遗址之第一次——颇为深切的意解,虽不敢以创新纪元自负,然后来

---

① 十八年为民国十八年略语,即1929年。
② 傅斯年、李济、董作宾、梁思永等:《城子崖(山东历城县龙山镇之黑陶文化遗址)》,中央研究院历史语言研究所,1934,第6-9页。

此学之发展，或当承认此一工作为昆仑山下一个长源。①

关于城子崖的挖掘发现，《中国考古学·新石器时代卷》这样总结：

通过两次发掘确认了一种以磨光黑陶为主要特征的新石器时代遗存，后来命名为"龙山文化"。②

这种黑陶属于新石器时代文化，距今 4600 年③。

而在此之前，即于 1931 年 4 月，梁思永先生根据河南安阳小屯的发掘遗物，已经证明了自下而上仰韶文化层、龙山文化层、小屯殷商文化层的三层叠压。这说明，龙山文化的分布不仅仅局限于海岱地区。事实上，龙山文化的分布范围非常广，如著名的山西陶寺文化遗址、陕西石峁文化遗址都属龙山文化，这在黄河的中游地带，是两处非常大的遗址。各地的龙山文化，共同为黄河文明奠定了深厚的基础。海岱地区，是中华文明的重要发祥地之一，而山东龙山文化，上承于大汶口文化，其下限已进入夏朝时代④。20 世纪 90 年代初，山东考古工作者对城子崖遗址再次进行了发掘研究，"发现了城子崖龙山文化城址"；20 世纪 30 年代初曾发现了"黑陶文化期城"，证实"这是目前黄河长江流域第一座有夯筑城垣的夏代城址，而且可能是座由龙山文化时期直接延续到夏代的城，其格局与龙山文化城一致"⑤。

---

① 傅斯年、李济、董作宾、梁思永等：《城子崖（山东历城县龙山镇之黑陶文化遗址）》，中央研究院历史语言研究所，1934，第Ⅷ页。
② 中国社会科学院考古研究所：《中国考古学·新石器时代卷》，中国社会科学出版社，2010，第 590 页。
③ 田继宝：《龙山古文化》，城子崖遗址博物馆，1998，第 6 页。
④ 中共济南市委宣传部：《城子崖与龙山文化》，济南市新闻出版局，1994，第 3 页。
⑤ 王守功：《山东龙山文化》，山东文艺出版社，2004，第 13-14 页。

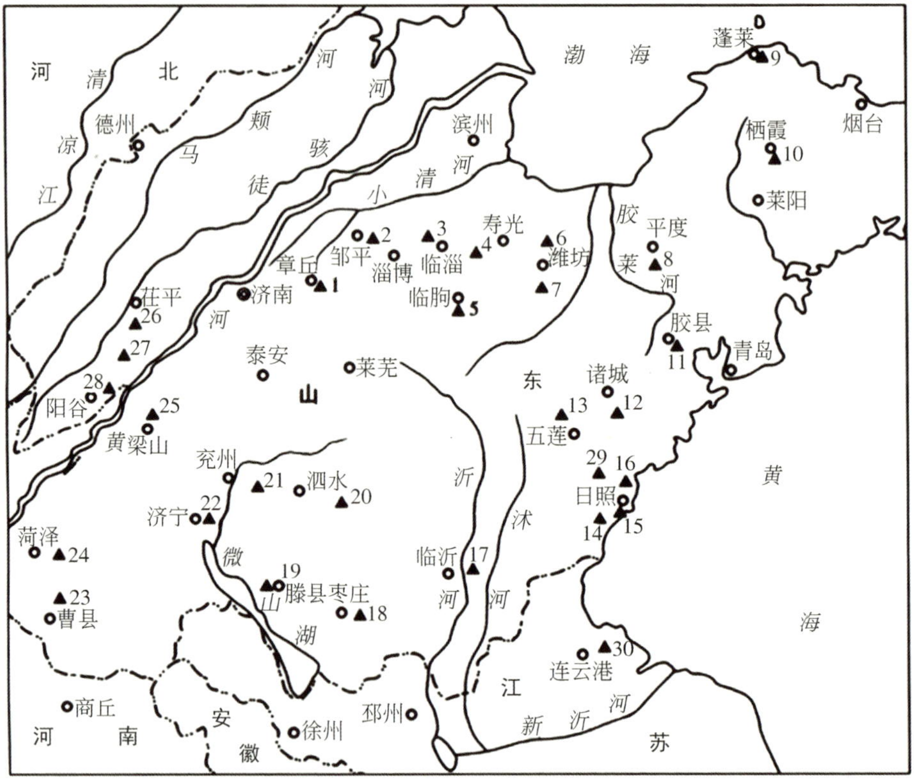

龙山文化主要遗址分布示意图①

《中国考古学·新石器时代卷》总结道：

城子崖遗址的发掘和报告（《城子崖》）的出版具有划时代意义，它是继在河南渑池仰韶村发现以彩陶为特征的仰韶文化之后中国史前考古研究中最具有历史意义的发现，它的发现不仅使龙山文化得以确立，而且开启了整个龙山文化研究的序幕。②

几十年之后，中国的考古学家，充分认可了《城子崖》出版之初，

---

① 中国社会科学院考古研究所：《中国考古学·新石器时代卷》，中国社会科学出版社，2010，第590页。

② 同上。

傅斯年先生于序言中所描述过的意义。

1991年10月，山东召开了纪念发掘城子崖遗址六十周年国际学术讨论会，会后有述要，其中对发掘城子崖遗址的意义再度予以明确：

学者们一致认为，60年前城子崖遗址的发掘，其功绩首先是识别出在黄河下游存在着与中游的仰韶文化不同的龙山文化，这在中国考古学史上是一件具有划时代意义的大事。龙山文化的认识，充实了世界考古学体系，奠定了中国考古学的基础，为探讨中国原始文化提供了新材料，同时也为中国文化的本土起源理论提供了一个依据，是值得纪念的。[①]

按城子崖遗址博物馆的说法：

城子崖遗址的首次发掘动摇了中国史前文化源于西方的学说，证明了中国5000年文明史的辉煌。[②]

画重点：城子崖遗址的发掘，为中国文化的本土起源理论提供了一个依据。即：城子崖遗址的发掘及龙山文化的发现，打破了"中国文化西来说"的假说，安特生当年所谓的"中国文化西来说"的假说不能成立！那黑色陶器上的温润亮光，考古工作者所描述的那"黑如漆、亮如镜、薄如壳、声如磬"的蛋壳黑陶，向世人庄严宣示，"中国文化西来说"完全是一种谬误！

我想起波普尔给予"科学"进行定义时所用"证伪"的概念，即一个反例，即可证明以前假说的错误，比如："所有的天鹅都是白色的"是一种假设，但黑天鹅出现了，于是，天鹅都是白色的假设不能成立。安特生是一个学者，他基于彩陶（红陶）图案而"认为"的"西来说"也只是个人初始的假说——此后他去甘肃进行考古，也是为自己的假说寻

---

① 靳桂云：《纪念发掘城子崖遗址六十周年国际学术讨论会述要》，《管子学刊》1992年第2期，第74-76页。

② 田继宝：《龙山古文化》，城子崖遗址博物馆，1998年10月，第6页。

找依据，也就是说，他自己尚不能肯定自己的假说。这里作最粗糙的理解，黑陶100%不同于彩陶！"城子崖的发现是一个不同于仰韶文化的黑陶文化，它与仰韶文化、小屯殷商文化的关系是解答中国史前文化的关键，而这个谜底最终由梁思永之手在安阳后岗解开，也正因如此，城子崖在史前考古学的地位如此突出。"[1]

第一批全国重点文物保护单位即有城子崖遗址。让我们对这些在中华文明探源中作出划时代贡献的考古工作者致以崇高的敬意！

各省都有其代表性的"旅游口号"，由山东城子崖龙山文化遗址，让我想到山东的旅游口号："一山一水一圣人"，我更愿意将其视为文化口号。不用问文旅机关，即能知道，"山"指泰山，泰山极顶处的摩崖石刻"五岳独尊"，说明了其俯视群山的尊贵，面向缥缈大海，与极西处的巍巍昆仑遥相呼应。自秦始皇始，历代登临泰山的帝王，通过泰山，完成了与天地之间的沟通（见本书"第一章 河出昆仑"），而"泰山石敢当"，俨然成为一种"崇拜"，广泛存在于民间，并被列入第一批国家级非物质文化遗产名录。"水"，指黄河，在海岱地区，黄河孕育了后李文化、北辛文化、大汶口文化、龙山文化、岳石文化等。[2] "圣人"当然指孔夫子。孔圣人之外，又有亚圣孟子，有稷下学宫……

黄河万古流，五岳尊泰山，接续着考古学上海岱文化的辉煌，儒学，"一览众山小"，成为中国文化的高峰，更是黄河文化的高峰。

---

[1] 徐进：《读中国第一部田野考古报告：〈城子崖——山东历城县龙山镇之黑陶文化遗址〉》，源自"重庆考古"微信号，2020年7月23日，http://kaogu.cssn.cn/zwb/kgyd/kgsb/202007/t20200723_5159371.shtml，访问时间：2023年2月20日。

[2] 详参中国科学院考古学研究所：《中国考古学·新石器时代卷》，中国社会科学出版社，2010。

十一、济宁运河掠影

先写下这一段中相关河流与湖泊的名字：河是大运河、汶河、小汶河、洸（guāng）水……湖是微山湖、南旺湖、马踏湖……

黄淮海冲积大平原，是中国中东部最壮美的一块，在这块美丽的图卷上，有两笔最壮美的彩带，一是南水北调中线，二是南水北调东线。前者，是今人的创建，将成为后人认定的辉煌；后者，则可追溯至春秋时代，已经辉煌了两千多年，并部分地构成了后来有名的京杭大运河，今人在延续着前人的辉煌！国家"四横三纵"[①]骨干水网中，其三纵即指南水北调的东中西三条线。而东线、中线均与千里大平原有关，相信这两条大运河将跨越时空，在中国水利发展史、水利文化史上占据显要地位，即或放在世界的范围内，也应当看成是全人类的骄傲。正在服役的东线、中线，与当下人们的生活息息相关，人们关心的多，知道的也多，因而不再赘述。

对于运河，以前的文字已有所涉及，可运河的人和事，故事太多了，何况历史长，总是挂一漏万啊！就拿运河沿岸星链般串联起来的城市来说，无论大小，个个都如璀璨的明珠，熠熠闪光，又岂能说得完呢？光分五色，各有不同，写哪个，丢下哪个，都会心存遗憾，这问题于脑子中，显现、消失，交替出现，总是难以决断。

终于，有了解决的办法，就是从弥补自己的遗憾入手：少年时代曾看过无头无尾且残破的小画书《铁道游击队》，记住了老洪、芳林嫂，可对小画书这无头无尾的故事，挂念了若干年，终究是不知其开头、结局，在农村，再也找不到第二本《铁道游击队》的小画书，于今，有了

[①] 四横三纵：南水北调工程，分东线、中线、西线三条线，向北方调水，连接起长江、淮河、黄河、海河，形成国家"四横三纵"骨干水网。

弥补当年缺憾的办法，看一次电影《铁道游击队》——网上有视频。那就再写点《铁道游击队》故事发生地一带与运河相关的故事吧：大运河的"水脊"在济宁汶上县的南旺镇；元明清漕运总督府初设在济宁；大运河最宽阔、最具活力的一段在枣庄——铁道游击队活动最中心的地带。

运河运行，需要有水源济运，水源有三：一是黄河，以黄济运，水小淤积，水大冲决运河，利小弊大；二是运河旁的河流，济宁一带有泗水、沂水、洸水等；三是泉流，积泉为源。济宁之得名与古济水有关，有着美好的寓意。按古文献，古济水有潜行地下再现于地面之说。济宁一带，确有许多的泉流，涌出地面，有数百之多。查《九省运河泉源水利情形图》[①]，可见溥博渊泉，星罗棋布，因而导泉济运，是很自然的事。

大运河济宁段，在元朝的时候是引洸水在济宁注入运河，此处的位置高程偏低。但运河渠线的最高处却在济宁北，在今南旺镇一带，故此处称为"水脊"。脊之谓，是类比于屋之脊。设若注入运河的水量足够大、足够多，运河中的水位线高于"水脊"，且水深足够大，力能负舟，则通航过脊无问题。但若是遇到枯水的年份，济运河的水量不够，通航无疑会遇到困难。时至明代，随着会通河的淤积，随着运力需求量的增大，不但船过"水脊"成了问题，数百里淤积的运道，也严重影响了漕运。

明洪武年间，黄河决口入运，导致运河严重淤积。永乐九年（公元1411年），济宁州同知潘叔正向朝廷建议整修运河，朝廷命工部尚书宋礼调研，宋调研后回复朝廷，潘叔正建议妥当，当施行。于是，朝廷征

---

① 刘枫：《九省运河泉源水利情形图》，浙江古籍出版社，2006。

用军民 30 万，修运河，命宋礼主之。数月工夫，开新渠、引水、建新闸，诸事完毕。但此次整修运河，引水济运之注入点仍在济宁。宋尚书知道，济运点偏低，船过水脊的问题依然存在，最难的问题仍然没解决[①]。

数月后，宋礼访得了汶上"老人"白英。

白英由山西洪洞移居山东汶上县白家村，或也属于大槐树移民。

宋尚书对白英"老人"极为礼遇。

"老人"之谓，非耄耋老人之意，而是"水老人"，为民间水利负责人。当时，朝廷征用民夫对运河等水利设施予以维护，服务于运河，每十名民夫设置一负责人，即为"老人"[②]。我读古代山陕地区水利碑刻，常见到"水老人"这一称谓。汶上"老人"，就是汶上县的民间水利负责人。

外延一句，于今，有这样的现象存在：乡村一级的农业灌溉建筑物，如渠系、渡槽等，并无专业的维修队伍。土木类建筑物最容易受风吹日晒老化或水毁，或可借鉴古人之法，而于诸村寨选定人员组成半农、半专业的业务队伍，而由官方专业人士予以指导，如此，则基层渠系建筑物的维护将更有保障，当然，有专业队伍更好。

白英给宋尚书出的主意是：挖一条引水渠（沙河渠，今小汶河）连通汶水与运河，在流过戴村的汶水上筑坝，将汶水逼进运河，实现南北分水，并设水柜（马踏湖、南旺湖等）济运，用最简单的语言叙述就是：引汶济运。

真是极具巧思的谋划。

[①] 姚汉源：《中国水利发展史》，上海人民出版社，2005，第 413-414 页。
[②] 《白英——巧治运河通南北》，《河北水利》2016 年第 9 期，第 35 页。

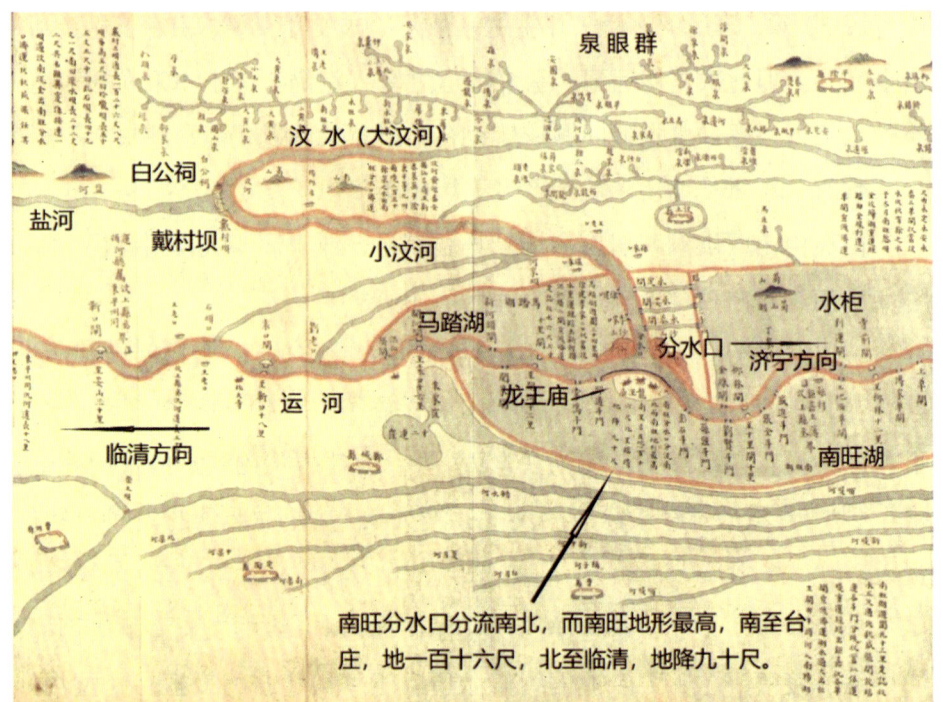

大运河南旺分水图（局部）[1]

宋尚书采纳了白英"老人"的建议。

这是一个听起来简单，其实极反映"功力"的主意，这种功力，连康熙皇帝都佩服，认为是"积数十年精思"。古人没有水准仪，如何确定地势高低其实不是一件容易的事，清末民初河套地区的地商开渠，开出的渠道很多从黄河里引不出水，就是恰恰弄错了地势的高低。而水往低处流却是自然规律，极为精准，"水脊"之准确地点何以确定？何以保证所开挖的渠道是由汶水流向了运河而不是反之？作为"水老人"的白英，必有过人的山川地理知识且精于谋划水利。戴村坝至大运河注入点，有八十里之遥，如果没有确定的把握，何敢兴大功开挖如此远的助

---

[1] 刘枫:《九省运河泉源水利情形图》，浙江古籍出版社，2006。

运河道？

　　汶水自县治东北东平州戴村坝来，二十里至阳城湖，又三十里会白马河，又八里过黑马沟，又十里过鹅河，又十里出鹅河口，分流南北为漕河。（大运河南旺分水遗址博物馆展板资料：清张伯行《居济一得》）

　　粗算之，可不就是八十里吗？我今根据地图，量测戴村坝至分水龙王庙之间的直线距离，为38公里。正合古人之数。也充分说明，当年济运小汶河的开挖，走了最短的距离。至今，小汶河仍为梁济运河（属于京杭大运河的一段）的补水河道，且具有排洪功能，古人之功绩惠及当今。

　　或以为，不是筑坝逼汶水入运吗？是的，可"逼"走多少水？筑坝之后，汶水（大汶河）怎么泄洪，怎么实现溢流？这可是在古代，技术手段有限。具体实现起来，还涉及运河南北分水的比例，需要设置诸多的水工建筑物如水闸、水柜等，这就成了系统工程。

　　事实上，船过"水脊"，需要"水脊"两侧的闸门协同动作，充水过船，这其实与现代船闸原理一样。

　　水柜是古人用词，称蓄水池或小型水库则最容易被今人所理解，可以蓄水，所蓄之水可来自周边的任何自然水源，一旦运河内水位低，力难负舟，则可放水入渠补水。

　　运河沿线有很多水柜。

　　白英所献之策非常成功，实现了七分水北流（张秋、临清方向），三分水南流（济宁方向），即历史上所谓的"七分朝天子，三分下江南"。

　　中国人最重感恩，全国各地有很多的庙宇，除宗教庙宇外，就数水利先贤的纪念庙宇为多。在汶上县的戴村，有白英神祠，朝廷给白英后人世袭八品官。世袭，相当于"爵位"，比朝廷任命的地方官含金量还要高。在汶上县南旺运河枢纽，有宋礼神祠。

任何为人类幸福事业作出过贡献的历史遗址遗迹都值得记忆、珍视、呵护，这是全世界的共识，中国大运河世界遗产的遗产点就包括南旺分水龙王庙遗址。

对京杭大运河全线来说，分水枢纽，毫无疑问是最重要的一处枢纽。对这样一处重要的工程所在，没有现场踏勘的经历，心底里总是觉得缺失点什么——不是那种遗憾的感觉，而是一种不踏实，为消除这种缺憾带来的不踏实，我来到了地处汶上县的"中国大运河·南旺分水龙王庙遗址"。

车开进了停车场，从车内出来，抬头即看到了位于停车场边缘，不太长，但面貌苍老的一段石墙。怎会将古物置于停车场？尽管是有疑问，总是觉得，这一段墙营造出了一种古代的氛围。原来，这是一组在讲分水故事的浮雕画。其面目是苍老的，布满断裂，不乏风化溶蚀的痕迹，最终，我从石刻痕迹中确定，这是一段新做的仿古石墙。我仔细辨识着上面的字迹，其总题目曰"白英点泉图"，内容包括"潘公上书""微服访贤""宋公疏河""河水分流""白英点泉""潘公设闸"等内容，原来浮雕在讲述修建南旺分水枢纽的历史故事。后来根据碑上的签名，查阅资料后得知，这组浮雕画出自中国现代著名艺术家、汶上人孔维克，其采用的表现手法来自济宁的汉代武氏祠。我知道武氏祠，其位于隶属济宁的嘉祥县，祠内保存的汉代伏羲与女娲相拥图案是众多类似图案中很具代表性的一个。

下了一道小坡，即为分水枢纽龙王庙遗址。说是遗址，其实包括废墟遗址和完好的建筑两部分。分水龙王庙，是一组建筑群，总体看，规模不算小，但单体建筑不算高大。原建筑群有龙王大殿、禹王殿、宋尚书（宋礼）祠、白公（白英）祠、潘公（潘叔正，佐宋礼治河）祠、莫公祠、文公祠、水明楼、戏楼、观音阁、关帝庙、运河分司衙门等十余处建筑。

因日前下了一场雨,地面湿漉漉的,但没有泥泞的感觉。遗址清理得整洁有序,建筑基座完全裸露了出来,在每个单体建筑的基址旁,都立有原来建筑物的形象面貌图。

遗址内有若干石碑,碑体高大,可惜文字剥蚀得厉害。多年来,看到过不少的水利碑,其实能读的古碑几乎没有——立于露天之所的石碑太容易被损坏了。石头虽坚固,但对文献的保护,其实远远不如纸张。

现场,有几个工人在安装图纸,一张内容包括总体布置的工程图和全景的效果图。原来是戴村坝枢纽布置图,戴村坝离这里太远了,大约是为了方便参访者而安设,以便参访者能够更好地理解戴村坝如何逼大汶河济运,方便参访者能够对两个枢纽对照理解。可凑近了看让我惊呆了,这是古代工程吗?如果上面不标注年代,说是一个现代的复杂水利枢纽工程也不为过,我可是一个专业人员,可以这么评说。只是,那枢纽工程布置图是标准的工程图(尽管有示意的字样),是以工程师的语言来说话,对一般参访者来说,理解起来可能有些困难。

戴村坝枢纽布置示意图(拍摄于南旺分水遗址)

虽说是龙王庙,建筑群中却包含关帝庙。该有其道理在,我理解是与社会的相"衔接",是"接地气"的体现。运河本是一条"经济带",除了具有漕运功能,还是物资流动之河,故运河沿岸的城、镇,都设有山陕会馆，山陕会馆内供奉关羽。关老爷义薄云天，是对山陕经商老乡在"义"的方面予以约束；另外，武圣人关老爷也是商人们供奉的财神爷；还有第三方面的功能在，即对入了帮会门派的船工的约束（青帮发迹于漕运，在漕运上的势力很大）。

没有别的游人，或因为地理偏僻，或因为宣传得少，或因为太过"专业"，因而我得以仔细品读挂在各建筑上的楹联，今录几副：

大禹庙楹联：

承帝曰咨，翼辅佐卿。久旅忘家，宿岳麓庭。

这副楹联不是太好懂，是在讲大禹治水的故事。实际上来自《禹王碑》，《禹王碑》又称《岣嵝（gǒu lǒu）碑》，发现于南岳衡山岣嵝峰。其文难识，其意难懂。上面楹联实际上是明人杨慎的翻译。

宋公祠联：

疏会通济州，置四水柜，漕运贯通，奇迹千古。
引清汶西流，南北分水，百泉争涌，万世留名。

观看南旺分水遗址沙盘模型

第十三章 大三角洲——千里大平原

　　看完遗址，总觉得意犹未尽，我就在遗址所在的院落走动、观望，于不经意之间，发现了所设立的"大运河南旺分水遗址博物馆"——院内那幢大楼。我甚自责来前功课未做到家，只是想到了"现场踏勘"；甚欣喜于意料之外的发现，可以更加细致地了解南旺分水枢纽，更加全面地了解运河。

　　进得博物馆，立刻惊呆了，那恢宏的运河展示以前是从未见到过的：依据历史图卷制作的运河图悬挂于空中，其色调是古色的，加上灯光的效果，为这陈年的色调加上了额外的渲染，于是，抬眼之间就惊艳了；而悬吊的运河下，就是实物制作的运河实体模型了。上下呼应，相得益彰；还有第三个表现手法，墙壁上彩绘了《清代运河全图》。这只是对运河的整体展示。

　　局部的展示，表现手法则更多了，有脚下的，有身前的，有单体展示的，而最能说明问题的，则是沙盘，即南旺分水枢纽的沙盘模型，是南旺分水实况的微缩景观，其含有细节，因而对分水有"疑惑"者、对水柜有疑惑者、对系统运行有疑惑者，一睹之下，一切问题就迎刃而解了，真是科普的好材料。

　　博物馆做得足够用心，材料足够丰富，尤其是图片资料，讲历史、讲沿革、讲局部、讲大观。看着眼前如此丰富的内容，反而只能走马观花了。走马观花的过程中，来了不少参观者。

　　关于南旺分水枢纽的概况，博物馆的文字是这样描述的：

南旺枢纽是为了解决大运河跨越水脊难题而建设的大型综合性水利水运枢纽，是大运河上最具科技价值的节点之一。它通过疏汶集流、蓄水济运、泄涨保运、增闸节流等措施，科学地达到引水、分水、蓄水、排水的目的，达到了对水资源进行年际、年内调节的效果，从而保障了大运河在之后约五个世纪中的顺利通航。

在展览结束部分，我看到了康熙对分水枢纽的长篇论述，今录下最后几句，可看成对上述文字的支撑：

每岁东南漕舻，无或滞留，此皆白英遏汶分水之功也。相传英当日每徘徊汶、济之间，积数十年精思，一旦确有所见，决为此议。三百余年行之无弊，所谓因地之宜，顺水之性也。

还有一幅悬挂的条幅，其上录的是元人的话，颇具思想深度：

惟国家一日不可去河渠之利，河渠之政一日不可授非其人。

河渠者，水利是也！水之为利，在于滋润，人物不可或缺，国家赖之；而为政水利，须既能利当前，也能虑未来，即所谓的任重而道远。为政水利，不可授非其人，可谓之古训。

从大运河在历史上所起的作用看，我认可博物馆展板的总结：大运河是政治之河；大运河是经济之河；大运河是军事之河；大运河是文化之河。

出得博物馆，我感到有些困惑，博物馆的模型分明展示着分水龙王庙紧挨着大运河，我在分水遗址旁怎么没看到水？

于是，我找到了一个工作人员询问，他非常友好，带我重新到遗址现场，然后朝栅栏外一指，说：这就是大运河。

放大了视野看，果然有一条大河的残迹横亘在眼前，这就是旧时的京杭大运河了；与其近乎垂直的，是另一条河的残迹，这就是旧时的小汶河了。河床覆满了初芽的绿草，以至于我没能发现那是河床。这位工作人员告诉我，大运河改了线，原来这一片都是水，申遗之时，清理了出来。

至此，我现场踏勘的工作完毕，心里有了实在感。

接下来的行程是去济宁河道总督府博物馆。在车上，我总结出如下几句话：

南旺分水龙王庙，除了对神祇的祭祀，主要体现是对治水的缅怀。

第十三章 大三角洲——千里大平原

我们需要仰望星空,也需要文化回望,前人的成功构成我们以后辉煌的铺路石,对前人的自豪会转化为一种动力,那是文化的营养剂,甚至是多巴胺。历史文化中含有价值。

很快抵达河道总督府博物馆所在之处,博物馆被施工围栏圈护着,博物馆尚未施工完毕,但建筑物已经建成,我隔着马路照了一张照片,算是完结了济宁之行的一番心愿——我知道博物馆尚在施工之中,没有开放,我查阅到了相关的消息。原来的河道总督府已经不存在了,现在是在复建。淮安的漕运总督博物馆也是在原址上复建。这多少使人觉得有点遗憾,因为,历史并不遥远。

我何以会对地处济宁的河道总督府情有独钟,宁愿跑到工地看一眼尚在建设中的博物馆?

是的,我是想感受一下地气,那时的河道衙门,对于运河、对于黄河实在是太过重要了。

我以为,济宁有"三高":曲阜"三孔";邹城"四孟";还有一个就是河道总督衙门(历代名称不同,且以"衙门"代称)。前二者,是中国的儒学文化高峰,人所共知,无须于此处再述及;后者,似乎让人感到陌生了。

"陌生",只在于其"声名"未能远播,或因为太"业务"。论重要性,将河道总督衙门列入"一高"实在名副其实,元明清三代,有相当长的时间,济宁都是国家水行政的最高管理机关所在地。资料显示:自顺治元年至光绪二十八年的258年间,朝廷钦命河道总督119任,共有101人充任,其中正一品大员近半。其间,总河除移驻清江浦27年(共4人充5任)外,其余年份均驻节济宁。[1] 驻济宁治水的名臣实在是太

---

[1] 魏永震:《探寻——曾经辉煌的河道总督衙门》,《中国民族博览》2020年第18期,第96-97页。

多了，如元贾鲁；明宋礼，潘季驯；清朱之锡，靳辅，于成龙，张鹏翮，陈鹏年，齐苏勒，嵇曾筠，栗毓美，康基田，张之万，林则徐，曾国荃……看看这些名单，哪一个不是朝廷的肱股之臣？再想想宋人对治理河道所抱有的成见之论"非所以褒崇近职、待遇儒臣也"，即知宋人的重文（轻武），是一种畸形的"瘸腿"观念，是一种不健康的思想，会造成病态的"文人"。所谓的"文"，无非四书五经、子曰诗云，必然会导致轻视实践。尽管，我们现在会认为宋代的科学技术发达，但其多大程度上用在了推动社会生产力发展方面，实在值得思索。

武陟敕建嘉应观有十大治水龙王，济宁更应该建一个历代治水名人馆。

或有疑问，河道总督，不就是个河务官员吗？何以有这么多一品大员充任？

因为重要！

中国第一个朝代是夏朝，夏朝的开国之君是夏禹，禹之第一"政务"是治水，在中国，妇孺皆知。治水之所以成为后代理政的重要内容，在于中国特殊的地理环境和水文地理条件会带来特殊的河患，众多江河的水文重现期会带来年复一年的水灾，因而治国者必治水。

时至元明清三代，黄河河患进一步加重，京都仰给江南的程度进一步加重，河官的重要性越来越高，雍正七年（公元1729年），分河道为三：南河，总督驻清江浦；河南山东河道（简称东河），总督驻济宁州；直隶河道（北河），总督驻天津[1]。清代河道总督，初设于顺治元年（公元1644年），裁撤于光绪二十八年（公元1902年）[2]。

---

[1] 魏永震：《探寻——曾经辉煌的河道总督衙门》，《中国民族博览》2020年第18期，第96-97页。

[2] 王娟：《清代河道总督职责研究》，《中国社会科学院研究生院学报》，2010年第4期，第99页。

第十三章 大三角洲——千里大平原

将一个总河职务一分为三,有其必要性,清人毕振姬在《治河议》中说"河臣任其事,首尾千里,一淮一漕一河丛于身,不能兼顾,必有受若直怠若事者……"①,此几句话并非对设置三河总督而言,而是在说河督的焦头烂额,未必能事无巨细、事事洞明。随着永定河、淮河、黄河以及运河事物的增多,分别、分段管理也有其必要性。河道总督外,还有个住淮安的漕运总督,其职在"漕",其实也是"水"。

三个总河,加上漕督,都是督抚大员,都与水有关,由此可知治水在清代国家治理中的重要性。

将总督河道衙门设在济宁,是由济宁的地理位置决定的。对京杭大运河而言,可将其分为南、北、中间三段,中间的一段即是山东运河。山东运河的开浚,实际上是对隋唐大运河的裁弯取直,这样,江南漕船赴京,不必再绕行洛阳,路线大为缩短。但也有缺点,增加了运河与黄河之间的相互影响:一是要利用一段黄河充运道,二是黄河决口,容易冲决运河,无论是黄河在江苏入海,还是在山东入海,山东都是河患地区,且黄河决口,洪流可沿运河成灾,如1935年河决鄄城,洪水次第灌注南阳湖、独山湖②、昭阳湖、微山湖,并殃及江苏广大地区③。此四湖,即所谓的南四湖,因微山湖面积大,现多以微山湖代称之。山东运河包括济州河和会通河,先修的济州河,次修的会通河。后人将二者合称会通河。会通河水源来自泗水与汶水,二水均通济宁会源闸,由会源闸南北分水④。由此可知,济宁处于京杭大运河的全线中间位置,是水源点,附近又有诸多的运河元素,诸如水脊,控制闸,水柜,济运河道,

---

① 毕振姬:《西北文集》卷三《治河议二》,吴广隆编审、马甫平点校,三晋出版社,2009,第138页。
② 原文没有独山湖,独山湖介于南阳湖与昭阳湖之间。
③ 郑肇经:《中国水利史》,河南人民出版社,2018,第99-100页。
④ 姚汉源:《中国水利发展史》,上海人民出版社,2005,第400-402页。

等等。对黄河而言,其河患主要在下游河段,济宁距离黄河也不算远,在清靳辅开中河之前,尚需利用相当一段黄河作为漕运河段,如此则黄、运不分。河道总督,总督黄河与运河,由此,将河道总督衙门设在济宁就成了不二之选。

淮安的漕运博物馆包括"漕运总督部院"的遗址和博物馆两部分,其不但回望历史,还传播文化,希望将来的济宁"河道总督府遗址博物馆"会具有同样的功能。尤其,其隔马路对面即是济宁博物馆,再加上郊野的南旺分水遗址及分水遗址博物馆,"水",必能成为济宁文化的高光元素。

十二、烽火觅踪:微山岛,枣庄,台儿庄

完成对分水遗址等的调研探勘,思绪回到《铁道游击队》,我要去寻找《铁道游击队》的故事。铁道游击队,即抗日战争时期八路军一一五师所属鲁南铁道大队。

黄河上的镇河铁犀

沿途经过了泗河特大桥,引起我的强烈兴趣。这是一座现代化的大桥,色白,呈拱形。桥长,超过了我的想象。泗河,就是古代的泗水河,淮河流域的一条大河,经过复杂的地理变迁,今注入南四湖。一座司空见惯的桥梁却引起我的兴奋,在于知晓泗河的名声及历史,洙泗之水与儒家渊源大有关系,阅读古诗词,可发现不少以洙泗代指孔子或儒家的诗句,据称,论语《子罕》"子在川上曰:'逝者如斯夫,不舍昼夜'",其中的"川"就是指泗水。朱熹有诗《春日》广为传诵,其中有名句"胜日寻芳泗水滨,无边光景一时新"。兖州的泗河上有一座闻名遐迩的泗河古桥(又称南大桥),始建于明万历年间,规模宏大。康熙年间,泗河古桥被洪水冲坏,修复时曾铸了一把铁剑镇水,剑重三千多斤,长七米五,有三层楼高,真是谁与争锋!是名副其实的天下第一剑。现被定为国家一级文物,发现于1988年。[①] 镇水,有各种方式方法,最普遍者如修龙王庙,并形成了信仰;有镇河神兽,如铁犀、铁牛;有镇河大将军,见于黄河;有龙形兽头,多见于桥梁。镇水铁剑则是用武器直接镇水,见得少。当然,铁剑极有可能有实用功能,即依附于桥,可测量水位[②],其尺寸巨大,能满足水位变化的要求,长度大,埋深必大,易于稳定,便于目视,厚度薄,对水的阻力小,附带的功能就是镇水了。

抬眼望向泗河河道,其宽阔如黄河一般,让我想起黄河夺淮。历史上的黄河夺淮,就是借泗水道入淮。如今泗河仍然保持宽阔的河道,正说明了防洪的需要。泗河上游为低矮山岭地区,集流速度快,为了下游的防洪安全,保持宽河道是必须的,也就是不与水争地。关于集流快带来的洪水威胁,本书"第十章 沁水清、丹水清"有细述,此处从略。

沿途行,多见"运河"的字样,越偏南,两字出现的频率越高。反

---

① 肖贵田:《天下第一剑 兖州镇水剑纵横谈》,山东大学出版社,2002,第1-2页。
② 同上书,第16-18页。

映出鲁南地区，运河及运河文化的影响面很广。

微山岛、枣庄市都有"铁道游击队"的纪念馆。我先到的微山岛，后到的枣庄。两处纪念馆各具特色，建设水平都很高，资料都很丰富，展览内容远远超过了"铁道游击队"的故事。微山岛的展览馆前有"铁道游击队"的群雕，群雕极具张力；枣庄市内的展馆前则有标志性的小火车。两处外部场景的布设一下子就把抗日烽火的时代背景烘托了出来。与此相适应的，是播放电影《铁道游击队》的插曲：《弹起我心爱的土琵琶》。两处似乎采用了不同的版本，其背景声不大，但却营造出与雕塑、小火车相互映衬的氛围。鉴于该歌曲的广为流行，我于不自觉中随曲调默唱起来：

　　西边的太阳快要落山了，微山湖上静悄悄。
　　弹起我心爱的土琵琶，唱起那动人的歌谣。
　　爬上飞快的火车，像骑上奔驰的骏马，
　　车站和铁道线上，是我们杀敌的好战场。
　　我们扒飞车那个搞机枪，撞火车那个炸桥梁，
　　就像钢刀插入敌胸膛，打得鬼子魂飞胆丧。
　　……

"铁道游击队"的主要战场既在铁道线上，也在微山湖内。铁道线上的杀敌传奇，电影插曲的歌词做了精心的归纳。微山湖面积广大，岛内有十四个村落，旧时芦苇遮天，鹭飞鱼肥。我乘轮渡进入微山岛，放眼水面，芦苇丛聚，及至在展览馆内看到那环形荧幕展现出的接天无际的芦苇荡，让我想到白洋淀和活动在白洋淀中的雁翎队，这些接天的芦苇荡及每一处港汊，都是杀敌寇的战场，侵略者以铁蹄践踏我中华好河山，真是自不量力！

参观两处纪念馆，留下了许多深刻的印象，略记几笔：

第十三章 大三角洲——千里大平原

鸭枪，顾名思义是掠野鸭的，成为游击队员抗击侵略者的重武器，最长者可达八米，一次能装一斤二两火药，三斤半铁砂，铁沙子一千多粒，能打出一二百米远，其扇形散开达五米多宽。置于木船上，数人协作，转动船只，可实现瞄准角度。这是利用霰弹的土枪。虽说是土枪，其威力不可小觑——子弹加速的长度（即枪管的长度）太长了。我想起儿时听到过的话，神仙躲不过"黑条枪"（即使用霰弹的土枪）。敌人来了有猎枪，想想由这种鸭枪射向侵略者的子弹，该喷出怎样的怒火！

艺术形象芳林嫂，为作家刘知侠所创作的小说《铁道游击队》中的人物，其原型来自铁道游击队中的三位女队员，其中两人两次被捕，一人一次被捕，均坚贞不屈，事迹可歌可泣。

艺术形象刘洪（老洪），为《铁道游击队》中的主要人物，其原型来自铁道游击队的两位主要领导洪振海和刘金山。洪振海牺牲于抗日战争时期，刘金山在抗日战争取得胜利之时，作为游击队的大队长，同政委一道，在枣庄市沙沟镇接受了日军对游击队的投降[①]。展览馆以实景与动态声光影像相结合的形式，将日军投降的情形展现了出来，固定的实景，是受降仪式的蜡像，无缝衔接的是轰隆声中被炸毁的铁路及瘫痪的日本军车和机车，随后，震撼人心的旁白在耳畔响起：打了八年，侵略者最终向游击队投降。

下边的内容，是在前往枣庄"铁道游击队"展览馆途中出租司机告诉我的：

"展览馆所在的小山上，掩埋有很多抗日烈士的遗骨。"

日军占领枣庄期间，为掠夺枣庄的煤业资源，日本人在枣庄开挖煤

---

① 李海流：《铁道游击队沙沟受降》，"枣庄档案"微信公众号，2022 年 8 月 15 日，详参 https://mp.weixin.qq.com/s/NFmoVGXZTk0IIWdwYFNbAQ，访问时间：2023 年 7 月 27 日。

矿，通过台儿庄的运河，将所挖煤炭运到海上，再运往日本。

后检阅资料，日军占领枣庄期间，枣庄矿被掠煤量计12948911吨，其中被运往日本或东北鞍山昭和制铁所，计12302201吨；同属枣庄地区的陶庄矿，被掠夺煤量计383176吨[①]。

我在下午偏晚的时候抵达台儿庄。

台儿庄，运河畔的天下第一庄，因电影《血战台儿庄》而闻名。

司机发现我对水感兴趣，首先将我拉到了运河桥上，然后指着不远处的另一条河说，这是内河。台儿庄的河多，水多。我一时难以搞清楚。放眼远处，岸直树绿，水面宽阔，有许多黑色的平底船在忙碌，让我想起在扬州一带所看到的水运场景。

我来到了台儿庄大战纪念馆。馆前的黑色大理石上，横置着张爱萍将军题写的烫金馆名，大理石的背面则有著名社会活动家程思远先生撰写的台儿庄大捷简况，纪念馆门首上方，以红底烫金大字，同样题写着馆名。纪念馆整体上显得非常庄重。

台儿庄大捷，又称台儿庄战役，是在以台儿庄为中心的广大鲁南地区进行的一场大规模战役，指挥者为第五战区司令长官李宗仁。台儿庄大捷，是中华民族全面抗战以来，继长城抗战、平型关大捷等战役后，中国人民取得的又一次胜利，也是抗日战争以来取得的最大胜利。馆内史料丰富、翔实，这里不作介绍。下面是国共两党领袖的论述：

"此次台儿庄之捷，幸赖我前方将士之不惜牺牲，后方同胞之共同奋斗，乃获此初步之胜利。"（蒋介石）

"台儿庄一役，不仅是我国抗战以来一个空前的胜利，可能也是日本新式陆军建立以来第一次惨败，足使日本侵略者对我军另眼相看。"（李

[①] 中共枣庄矿务局委员会：《枣庄煤矿史》，山东人民出版社，1959，第117-118页。

宗仁）

"每个月打得一个较大的胜仗，如像平型关台儿庄一类的，就能大大地沮丧敌人的精神，振起我军的士气，号召世界的声援。"（毛泽东）

"这次胜利虽然在一个地方，但它的意义却在影响战斗全局，影响全国，影响敌人，影响世界。"（周恩来）

我还注意到了展板上李宗仁的一段话：

民众的力量完全和军队结合起来了，在战场上抢救伤员的是民众，当侦探的是民众，帮助军队输送炮弹、粮食的也是民众。这些民众，完全是赤诚地表现他们的爱国热情，充分地担任起救亡的责任来了。

毛主席在《论持久战》中，有个极为重要的观点，即"兵民是胜利之本"，"战争的伟力之最深厚的根源，存在于民众之中"。台儿庄战役、李宗仁的总结，连同铁道游击队，是对毛主席论述的最好注脚。人民战争就是汪洋大海，人民战争是无敌的力量，任何侵略者对中华民族的侵犯，必将是有来无回。

我来到了台儿庄古城。

台儿庄古城，是一个修旧如旧的水镇，那石铺路面，已经磨得光滑，临岸的水榭、码头，古街的民居、商铺，乃至于会馆、庙宇、城墙，都显出岁久的容貌，不是新面孔。露出新色的，是青绿的垂柳，水岸的花草。台儿庄足够灵秀，足够大气，兼具南北方的风格，真的，石面路显得宽，房也显得大，门面更宽阔。这就是昔日台儿庄的风貌吧！

历史上的台儿庄是一座商旅所萃，居民饶给的运河名城，它形成于汉，发展于元，繁荣于明清，据清《峄县志》记载："台（儿）庄跨漕渠，当南北孔道，商旅所萃，居民饶给，甲于一邑，号称天下第一庄。"呈现出"商贾迤逦"，一河渔火，歌声十里，夜不罢市的繁荣景象。

古镇，给人以美好的感觉，也因为此，来古镇上游玩的人不少，有牵手的情侣，有组团的老人，有拍视频直播者，有临窗品尝美食者。总之，岁月静好，春色宜人，一片祥和。

但，台儿庄却是完全新生的城市，古镇于抗日战争时期化为焦土，成为一片废墟。台儿庄大战纪念馆中有两首《清扫战场》诗，为打扫战场的中尉兵械员所写，今录其一：

三千人家十里街，连日烽火化尘埃。

伤心几株红芍药，犹傍瓦砾惨淡开。

尽管今日的台儿庄小桥流水，花簇锦绣，"歌声十里，夜不罢市"，但只是"台儿庄"这个名字，就让人永记历史。

天下起小雨，石铺路面湿漉漉的。天色已晚，彩灯亮了起来。红色灯笼，黄色的光源，挂于楼上，挂于门前，映衬于河上，映衬于路面，尤其是路面反射出彩带，因雨水的作用，幻化出红色的泛光，虚实结合，彩带拉得很长。确实美。

吹起了不大不小的风，有些凉意。有人告诉我，夜晚的台儿庄最美丽，一会儿灯更多，还会有"打铁花"，好看。我略感疲累，有点冷，离开了。我为自己留下了遗憾，也为自己再来留下了理由。

十三、大汶河畔的文化史迹、泰山

大汶河在泰山之南，古称汶水。大汶河由东而西，流入东平湖，再流入黄河。天下河流水长东，大汶河却是一条倒淌河。本书叙述过日月山下的一条倒淌河（见本书"第二章　河湟浸润，明珠璀璨"）。东平湖，为《水浒传》中八百里梁山水泊的残存。

最早记载大禹治水故事的钟鼎文，即在大汶河畔铸造。

大汶河在戴村坝下游今称大清河。

在今日的大清河畔，有古代的一个诸侯国：遂国，地域在今山东省宁阳、肥城一带。遂国是舜后人的封国。历史演进至春秋时期，遂国已沦为鲁国的附庸，后再被齐桓公灭掉。遂国太小，本就"名不见经传"，最后就彻底地湮灭于历史的长河之中了。

春秋时期遂国位置示意图（据《中国历史地图集》）①

孔子主张"兴灭国，继绝世，举逸民"。我高度怀疑孔子的"兴灭国"就是针对齐桓公说的，因为齐桓公曾经存邢立卫，有"兴灭国"的实绩，孔子也称赞过齐桓公。可曾经九合诸侯的齐桓公，第一次合诸侯，就灭掉了不响应号召的遂国，可见，所谓的春秋大义，"尊王攘夷"，也只是说辞，无非是"挟天子以令诸侯"。

遂国于近些年出现在人们的视野，却是因为国家一级文物遂公盨（xǔ）（又名燹公盨）的发现。遂公盨，当然出自遂国。盨为古代盛食物的青铜器。

遂公盨 2002 年由北京保利艺术博物馆的专家发现于香港文物市场，后被保利博物馆收藏，成为该馆的镇馆之宝。遂公盨并不大，看起来如同

---

① 中国历史地图集编辑组:《中国历史地图集》第一册，中国地图学社出版，1975，第 27-28 页。

遂公盨复制品(大禹陵大禹纪念馆)

方形的大号铝饭盒,还缺了个盖子。可就是这个尺寸不大的"饭盒",里面所铸造的文字,却记载了大禹治水的故事。有鉴于此,即能称得上国之重器了,因为它记载的信息,是目前已发现的相关古史的最早金文记录。消息一经披露,立即引起极大关注。是啊,虽曰"经史非神话"(章太炎),但大禹治水如此明确、如此早地出现于青铜礼器上,确实令人兴奋。

过去,曾认为《尚书·禹贡》为夏朝人所作的书,这当然存在问题。顾颉刚先生在为《禹贡》作注时,曾说"把禹贡拉下了两千年"[1],这等于说,《禹贡》是战国时期的作品,不是"夏书"。因而,其所述的大禹治水的故事,也是在战国时期才得以出现。王国维先生、郭沫若先生有不同意见,曾提出禹在春秋时期的青铜器上已有记载[2]。如今发现的遂公盨,年代更早,为西周中晚期的器物,将大禹治水的记载提早了六七百年[3]。

---

[1] 顾颉刚、谭其骧、侯任之等:《中国古代地理名著选读》,学苑出版社,2005,第4页。
[2] 李学勤:《有关古史的十个新发现》,《大连大学学报》2005年第3期,第1-4页。
[3] 贺平:《大禹治水与为政以德(代前言)——谈西周豳公盨的历史价值与现实意义》,《豳公盨大禹治水与为政以德》,线装书局,2002,第12-21页。

第十三章　大三角洲——千里大平原

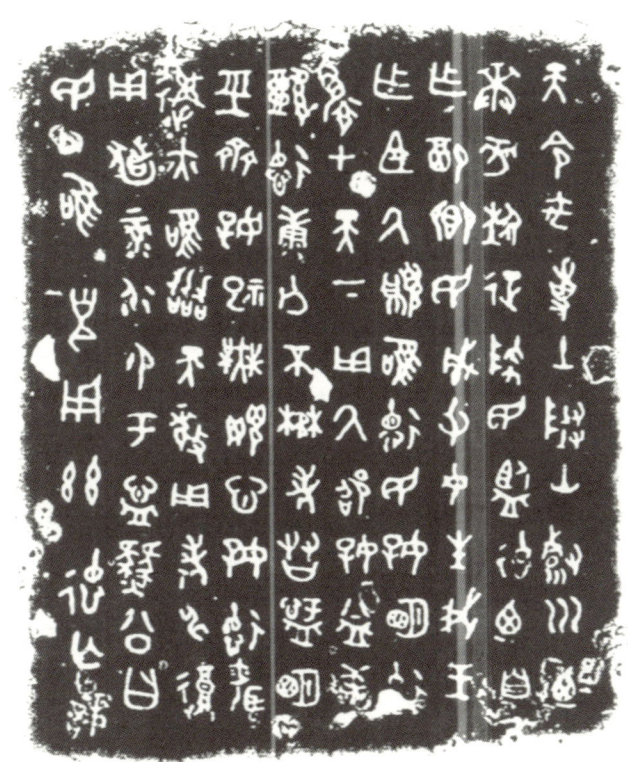

遂公盨拓片，取之于遂公盨 大禹治水与为政以德①

关于遂公盨上金文的翻译，曾有数家。译文略有不同，但前两句无差别："天命禹敷土，随山浚（濬）川。"这就是大禹平治水土的故事。此两句，与通行的《尚书·禹贡》开头有类似的地方。《禹贡》："禹别九州，随山浚川，任土作贡。禹敷土，随山刊木，奠高山大川。"对照遂公盨铭文，再说《禹贡》就是战国人的作品，无论如何是说不通的。

李学勤先生曾称遂公盨为"有关古史的十个新发现"之一②，按照有

---

① 贺平：《大禹治水与为政以德（代前言）——谈西周豳公盨的历史价值与现实意义》，《豳公盨 大禹治水与为政以德》，线装书局，2002，第12-21页。
② 李学勤：《有关古史的十个新发现》，《大连大学学报》2005年第3期，第1-4页。

些学者所言,西周长篇铭文,抵得上《尚书》一篇的说法[①],遂公盨的长篇铭文,足以列入《尚书》。大禹治水,在中华文明探源中,居于非常重要的地位,因为禹为夏君,夏朝的存在,与大禹存在着直接的关系,并"被认作是改写中国古代思想史、推进中国古史研究的一件大事"[②]。遂公盨的发现,意义当然重大!

历史上的大汶河,变乱非常复杂,无论是干流还是支流,流程短,山洪急,想历史上灾患不会少,或这就是遂公制作礼器祭奠大禹的原因,如果此推测成立,这至少说明一件事,大禹治水,当时已经流传非常广。当然,遂公盨铭文主要内容在谈德与德政,遂公以大禹之德来要求自己,以便实行德政,则可能是制作遂公盨的最大原因,诚如相关文献的总结:"两千八九百年前我们祖先所讲述的'德'的最核心内容,其实就是'有德于民',即为百姓做实事。"[③]须明白,这后一条的原因,即"德政"以禹为楷模,则又说明了另一件事,即西周时期,已认定禹为夏君。

大禹"惟德动天",曾征伐苗民,最终以德感化苗民;大禹能够平治水土,是顺应自然规律的体现,是德治的体现,得到了上天的眷顾。治国如治水,不能变乱五行,要有德,关于这一点,《尚书》其他篇目有更多的涉及。有人说这些篇目可能是后代的伪托,即或是伪托,也可看出受到了类似遂公盨铭文等的影响,也是大禹治水的文化影响。再延拓一下,时至今日,我们培养人,讲究德智体全面发展,但德居于第一位;对人的要求,也是德居第一位。究其源,可上溯至自大禹治水以来,四千多年一以贯之的对德的要求。

---

① 李学勤:《中华古代文明的起源——李学勤说先秦》,生活·读书·新知三联书店,2019,第99页。

② 贺平:《大禹治水与为政以德(代前言)——谈西周豳公盨的历史价值与现实意义》,《豳公盨 大禹治水与为政以德》,线装书局,2002,第12-21页。

③ 同上。

遂公盨将大禹的记载"从春秋上推到西周中期"①，其依据的材料，必然更为久远，遂公盨铸造的时代，大禹的影响绝对不会孤零零地局限于地理位置偏东的一个小国遂国。要之，中国各个地方，但凡涉及古代的治水，几乎都功归大禹，这不仅仅是文化上的认同，其必有所据，即大禹联合各部族治水是事实的存在，而联合各部族共同治水，成为大禹建立夏朝的重要支撑条件之一，而在后来先民部落迁徙的过程中，也同时将对大禹的礼敬带到了各地，后人通过祭祀而将大禹的事迹传承下来，并将当地的治水功绩归于大禹。由此看来，大禹治水的文化影响，真是源远流长！

大汶河畔，还有一处治水史迹，与汉武帝、与治黄有关。

西汉元光年间，为堵复决口——载于《史记》《汉书》的非常出名的一次河决，汉武帝封禅泰山（见本书"第一章　河出昆仑"引文），以求上天帮助，并同时巡祭山川。祭祀，需要礼制性的建筑，这个建筑就建在大汶河畔：

"于是上令奉高作明堂汶上……"（《史记·孝武本纪》）

也就是说，在奉高县（今岱岳区）大汶河畔建筑了明堂楼，汉武帝从西南方向进入了"昆仑道"，在明堂楼上完成了祭拜上帝之礼。设置"昆仑道"，在楼上祭拜上帝，实际上是"模拟"登上了昆仑山，如此，天子才能同上天相沟通，从古代思想史的角度来考虑，这是一种继承性。

今泰山脚下复建了汉明堂。

黄河上游，青铜峡大禹文化园中，建有气派的明堂，该明堂也为汉代风格的建筑。（见本书"第五章　贺兰山下阴山前"）

元光年间河决复堵功成之后，全国水利事业大兴，其中一项就是引

---

① 杨善群：《论遂公盨铭与大禹之"德"》，《中华文化论坛》2008年第1期，第5-8页。

汶水穿渠溉田，载于《汉书·沟洫》："……泰山下引汶水，皆穿渠为溉田，各万余顷。"

大汶河畔的文化史迹，更出名的则是新石器时代的"大汶口遗址"。闻名世界的"大汶口文化"因初发现于此而被命名，时在1959年，是为配合津浦线的复线建设工作而进行的发掘中发现的。

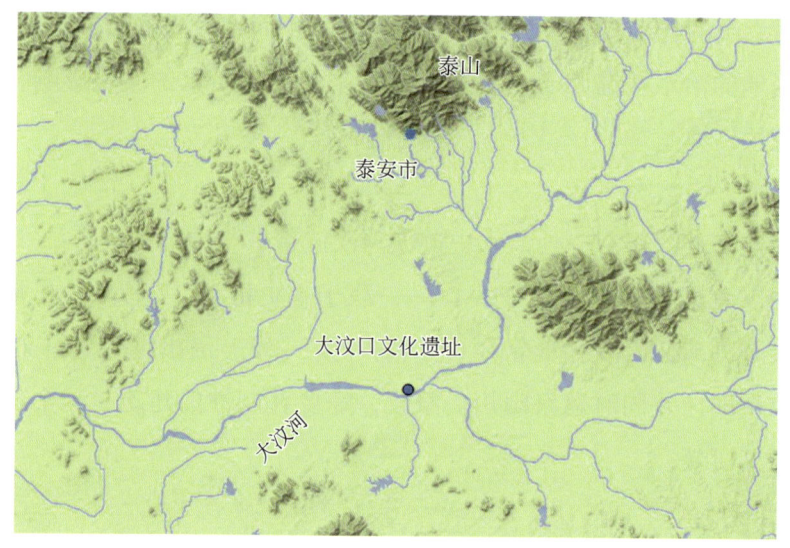

大汶口文化遗址位置与周边水系地形示意图

"大汶口遗址"包含有极为丰富的文化信息，延续时间也长，"包含有北辛文化、大汶口文化、龙山文化三个阶段的文化遗存，尤以大汶口文化遗存最具代表性"[①]。人之用水，不仅仅来自山泉、河流，更依赖于井。北辛文化时期，先民已经发明了水井，至大汶口文化时期，水井已经得到了广泛应用。特别是，"大汶口文化城址的发现，是中国古代文

---

① 何德亮：《大汶口文化的历史地位——纪念大汶口遗址发掘50周年》，载西安半坡博物馆、河姆渡遗址博物馆编《史前研究（2009）》，宁波出版社，2010，第173-182页。

明起源的重要标志"①。北辛文化是大汶口文化的来源,北辛文化"发展为大汶口文化"②,而大汶口文化又是龙山文化的来源。

但凡存在人类文化遗址的地方,必定存在着合适的水文地理条件。"大汶口"处于泰安岱岳区大汶口镇和宁阳县磁窑镇,遗址分布于大汶河两岸,周边,田畴阡陌,连成一片。极目北望,就是骏极于天的泰山。往北,地势渐高,古人生活于此,具有用水、避水的良好条件。洪水来时,可北退以避之;大水退去,则可南行,以近水渔猎、耕作。这与我们以前所叙述过的其他新石器时代遗址具有类似的环境条件。尽管《诗经》曰,"汶水汤汤""汶水滔滔",但那该是大汶河下游的情况。"大汶口"所在位置,是大汶河上游与中游的分界点。不难想象,因为较短的上游流程,平时的河水不会大,因而,先民生活足够安全,水足以够用。事实上,大汶河有一条支流就发源于泰山,小流域、小河畔才是先民生活最理想的地方,小流域最具趋利避害的优越性。相信这一带还有更为丰富的文化遗存等待着人们去发现。

山水相连,河流的水来源于山。大汶河汇集了泰山山脉、蒙山支脉的多条水系。"仁者乐山,智者乐水",且把话题转向泰山。

    岱宗夫如何?齐鲁青未了。
    造化钟神秀,阴阳割昏晓。
    荡胸生曾云,决眦入归鸟。
    会当凌绝顶,一览众山小。

---

① 何德亮:《大汶口文化的历史地位——纪念大汶口遗址发掘50周年》,载西安半坡博物馆、河姆渡遗址博物馆编《史前研究(2009)》,宁波出版社,2010,第173-182页。
② 中国社会科学院考古研究所:《中国考古学·新石器时代卷》,中国社会科学出版社,2012,第269-270页。

在众多吟诵泰山的诗词中,大约杜甫的《望岳》最为出名,尤其是最后两句,是鼓励人立志、奋进的名句,合乎"诗言志"。孟子曾曰:"孔子登东山而小鲁,登泰山而小天下。"杜甫一定是受到了孟子的影响。

泰山,是历代帝王的封禅之山,泰山有此地位,实际上代替了万山之祖昆仑的作用。对此,本书"第一章 河出昆仑"已有涉及,不再赘述。在五岳中,泰山地位崇高,以石刻以蔽之曰:"五岳独尊"(泰山石刻)、"五岳独宗"、"万代瞻仰"(岱庙石刻)。

泰山,不但是帝王心目中至高无上的山,在普通老百姓的心目中,也具有超自然的力量,最有力的证明是人们将泰山石当成了圣物,将刻有"泰山石敢当"的石头立于街衢、路口,以祈愿生活环境的平安,即便不是泰山石,刻有"泰山"的字样,即有泰山石的功效。此风流传范围甚广,远及朝鲜半岛、日本、南洋地区,甚至全世界有华人的地区。

名山大川,必有神主之。泰山之神为东岳大帝。我在登泰山之前,先去看了岱庙。

岱庙始建于秦汉时期,后历代增制重修。岱庙之重,在于其在宗教中的崇高地位,在于历代帝王对泰山神的加封,在于其在建筑史上的地位,在于其在文化上的几千年积淀。

史载第一位封禅泰山的帝王是秦始皇,时在公元前219年。秦始皇登泰山、行祭祀大典,并刻石。所刻之石,"似方而非方,四面广狭皆不等",似取材自然,我想,这是开了自然简约审美的先河,不知美术史上是否有此一笔。当然更重要的,则在于石刻对秦的歌功颂德,借此而推行其政令,并推行规范的汉字秦小篆。可以理解,始皇帝在碣石山的刻石、在泰山的刻石、在会稽山的刻石,都具有此类的功效。至于其在书法史上的地位,赞誉多矣,诚如清人所言:"零星两片石,卓越二千年。"

在岱庙,我看到一通碑,名曰"去东岳封号碑",碑体高大,但碑体表面剥蚀严重，辨识存在着一定困难，字符并不完整。其旁铭牌曰："立于明洪武三年（公元 1370 年），系明太祖朱元璋去除历代泰山神封号，诏以'东岳之神名其名'。"这实际上涉及朱元璋对岳镇海渎祭祀的礼制改革，即去除有唐以来对加在神祇上的一切封号，一概以本名称其神，故而泰山之神即为"东岳之神"，这实际上是化繁为简。与此相应的，是全国不少地方有《大明诏旨碑》，文字相同，如河南省济源市济渎庙内的《大明诏旨碑》，同样刻于明洪武三年[①]。据此推测，既为一事，海内一统，该"去东岳封号碑"即相当于《大明诏旨碑》，文字或有相异，其叙述的改革思想当是一致的。在《明史》中，对此有记述，"三年诏定岳镇海渎神号。""五岳称东岳泰山之神……"[②]

礼敬完岱庙，开始攀登泰山。所谓攀登，当然就是徒步。时在五月中旬，虽是午后，山高而气爽，气候宜人，道旁树木，有的是常绿老枝，有的只是新叶。台阶逐级升高，我只为努力向前，却忘了观赏风景。我登山，只在于有此体验即可，眼看斜晖变红，天色将晚，于是，打道回府，将那"一览众山小"的一腔豪情，留作了心中的遗憾。

十四、黄河冲积三角洲的底边——滩涂、河口、东流到海不复回

2007 年，我曾到过河北沧州海滨一带。时在五月末，初夏的天气，虽然已是短袖的装束，气温总体上是宜人的。出于多年的习惯，我爱观赏沿途的风光，尤其注意庄稼的长势。在我看来，庄稼是最好的风景，这与自己出身农家有关吧。按时令，中原地区将很快开镰收麦，但沧州一带的麦子还在灌浆期。就庄稼的长势（包括播种的密度、麦子的高矮、麦穗的长度）来讲，觉得沿途偏东的地方，总体不如西边。这或许与土

[①] 冯军：《〈大明诏旨碑〉考证》，《济源职业技术学院学报》2012 年第 2 期，第 7-9 页。
[②] 《明史》卷四十九《礼志三》，中华书局，1974，第 1284 页。

壤中含盐成分有关，越靠近海滨，土壤或浅层地下水的含盐量越高，推测这是麦子长势发生变化的缘由。天高地旷，偶见疏林，低矮而不成材，是看起来"少年老成"的榆树，也与土壤、水质有关。要改变土壤中的盐分，是农田水利的重要内容。自己的感觉，这一带，土地的利用方式、利用率等方面，尚有较大的优化空间。

先到了南大港，这里原是省属国营农场（现为渤海新区南大港产业园区）。滨海地带，漫天芦苇，水面时隐时现，放眼望去，是大片养眼的绿色。芦苇极为繁密，是那种较纤弱的芦苇。初以为是荻子，同行的朋友王民富先生告诉我说不是，直径偏细，在于芦苇的品种。王先生本是黄骅人，人人都说家乡好，王先生自是给我介绍了很多黄骅的人文风物，最后还不忘强调家乡的虾鲜鱼肥——纯野生绿色美食，还有旱碱麦，品质好。确实地，当地自然环境保护得很好，竟然亲眼见到一个了不起的标志：从芦苇荡中飞到天空，很快又扎进芦苇丛中的金雕。推想金雕是在觅食，尽管只看到了一只。同行的记者也看到了，他拿出了二尺多长的长焦"大炮"支撑在地上，准备"守株待兔"，只是那本就稀少的金雕再也没有出现——我确定是金雕，当地管理人员介绍情况时事先说起过的。

南大港匆匆掠过，转眼又看到了"中捷友谊农场"的标识，这个是有历史有故事的国营农场，现为省级开发区——沧州临港经济技术开发区，已改身份，但姓氏不变，保留姓"农"（保留"中捷友谊农场"的名称——中国和捷克斯洛伐克友好的象征）。

道路平直，车子很快来到了黄骅市的贝壳堤。黄骅的贝壳堤是世界上三大古贝壳堤之一，现为省级保护文物。黄骅地面，有六条平行于海岸的贝壳堤，标示着河口海岸的变迁，其实记载的是黄河的来去往复。

我看到的真实贝壳堤与宣传册照片上的贝壳堤相差很大，站在堤下，与站在土崖下无异，堤上并没有色彩斑斓的贝壳。千百年变化，贝壳已变成沙粒、齑粉，再无当年的绚丽。但它确实是贝壳以及其他水生生物残迹含量很高的堤，据介绍人说，在未保护之前，曾有乡民在堤上取"料"作为饲料用。偶然为之吧？这是有可能的，记得少年时代，曾有"鱼骨粉"作为猪饲料。

沧州一带是《禹贡》大河的入海口，为《禹贡》中所述的"逆河"区域。后黄河南移，出现了贝壳堤，也是海岸线后退的一个标志。当黄河不在当地入海时，黄河不再携带较多的泥沙入海，海岸线的后退就是必然的。所以，对黄河泥沙的"评价"，要持客观的态度，广袤的华北平原的形成，就在于黄河携带泥沙的淤积，黄河，一刻不停地在造陆，造陆的材料就是泥沙。

跨过一座小桥，绕过一个舟樯云集的小港湾，看到了黄骅的滩涂。向海的方向望去，是无边的淤泥，我看不出海在哪里，海有多远。我明白了，这就是传说中的滩涂，空荡荡的，什么也没有，也说不清哪里是陆地哪里算海滩——推想现在不是这样了吧？这里，没有面朝大海的美丽风景，确切地说，有大风，没美景。脚下，是泥质的地面，或湿或干，有的，是航船留下的残迹，像蚯蚓行过的泥表，通向远方的大海。

我国有大面积的近海滩涂。从渤海湾边到苏北黄海西岸，海岸线曲曲弯弯长达一千多公里，沿海岸线，广有滩涂的存在。

利用检阅到的数据进行计算[①]，黄骅市的滩涂总面积居然占到土地总面积8.8%，农用地的16.7%。可想而知，如此广大的滩涂面积，其优化

---

① 2016年，黄骅市土地总面积17.18万公顷，其中农用地9.06万公顷（耕地6.13万公顷），占土地总面积的52.75%；建设用地3.25万公顷，占土地总面积的18.91%；未利用地4.87万公顷（盐碱地2.33万公顷、其他草地29.47公顷，沿海滩涂1.51万公顷，河流湖泊水面等6187.51公顷），占土地总面积的28.34%。土壤类型主要为潮土、沼泽土、滨海盐土，其中潮土分布最广，占95%以上。发布日期：2021-09-09 来源：市志办。

利用的空间极大。

2008年，九月我去了天津的塘沽，十月底去了汉沽。今塘沽、汉沽同属天津滨海新区。

《山经》大河，记述的路线比《禹贡》大河还要偏北些，河口在天津一带。这一带，当属黄河冲积平原巨大三角洲最北的顶点区域了。

两次天津行，对汉沽的印象更为深刻一些，我来到了汉沽的海堤附近，留下了照片。

与沧州行不同的是，我看到了海堤附近的海水。当然，不是浩瀚无际的大海，而是通海的港汊。水面，灰蒙蒙的，水上有一只孤零零的小船，仅有两个人，手握船桨，分站于船的左右两侧，我不知他们是在水面上搞清洁，还是在捕捞。这里同样有滩涂，颜色偏黑，但不是沧州黄骅那样极为广袤、颜色偏黄的滩涂。

站在海堤上，远近观察，堤上的草，大都叫得上名字，老家在豫西北，同属北方，野草分布没什么大的区别。乱蓬蓬的荒草，数蒿草长得高大，十月末的天气，蒿草茎叶已经发红，顶部出现有发白的米粒。堤上植有树，洋槐、榆树。榆树看起来非常老，但树径不大，树皮粗糙。海堤的高度也就1米左右，堤顶不宽，但可通行，有小型机动车的车辙。海堤内外，有成片的芦苇，头顶芦花开始泛白。远处，芦苇密些；近处，显得稀疏，且有荒地存在。我不知道准确的地点，附近没有村落，极远处，有高高耸立的大楼。与沧州行看到的一样，整体看来，土地利用程度不算高——在我的家乡，基本上是看不到荒地的，正因为此，我对京津一带存在着荒地，很是敏感。查资料，支持看到的感官印象，汉沽区有不少未开垦的荒地，尤其是存在着大量待开发的滩涂。另外，汉沽一带，由于大量地下水被开发，导致地面大面积沉降。这也与水利有关。

顺便延拓一句，划为天津滨海新区的汉沽区，与现属唐山的汉沽管理区相连接，而汉沽管理区的前身为河北省汉沽农场，始建于新中国成立初年。

沧州、唐山一带密集的大型国营农场分布，正说明了京东存在着丰富的土地资源。

以上写了那么多，其实只是为了引出林则徐林大人的《畿辅水利议》。

时至晚清，国家积贫积弱，有识之士都在寻找救国途径。林则徐除了睁眼看世界，还在寻找解决内政问题的重要途径，林大人将目光盯在了水利上。《畿辅水利议》，从解决漕运问题入手，目标是开发京东水利，使得畿辅地区成为粮仓，技术路线是，通过停漕运，将原用在漕运上的公帑用于京东地区的水利开发，其立论的基础是京东地区存在着大量的闲置土地，以及前人的实践——于今看来，京东存在闲置土地的现象仍然存在，至少是利用程度不高。

清朝立国之初，康熙皇帝曾提出三件大事，所谓的治黄、漕运、三藩，三藩问题经康熙之手已经解决，属于"阵痛"，但治黄与漕运两大问题却是慢性疾患，时间越偏后问题越大，为了保漕运，国家每年花在漕运河道、治理黄河上的钱真是难以计数——黄河问题与漕运问题原本交织在一起，这还不算购置米粮的直接费用和交通运输的间接费用。故而林则徐所盯着的问题，实在是有关国家治理的大问题。以问题为导向寻求解决途径是林则徐所做的工作，从提出问题到给出答案花了十多年的时间，最后的成果就是上陈朝廷的经国方略——一本"学术"著作《畿辅水利议》。其总序曰：

"窃惟国家建都在北，转粟自南，京仓一石之储，常糜数石之费。循行既久，转输固自不穷，而经国远猷，务为万年至计，窃愿更有进也。"

"而直隶、天津、河间、永平、遵化四府州可作水田之地，闻颇有余，或居洼下而沦为沮（jù）洳（rù），或纳海河而延为苇荡，若行沟洫之法，皆可成为上腴。"

"上以裕国，下以便民，皆成效之可卜者……朝廷万年至计，似在于此。"①

画重点：林则徐将其所陈方略视为"经国远猷"之"万年至计"，可见其重视程度之高，而实施计划的地域范围为畿辅地区：直隶、天津、河间、永平、遵化，这里有多余的土地，可充任水田，关键是要"行沟洫之法"，即发展水利事业，如此，这些未被利用的土地可变为膏腴之田。"首善倡行有效，以次推行各省，普享乐利，而营田之能事毕矣。"②如果效果良好，则经验可推行全国。未至工业时代，"营田"在林则徐的心目中占有极高地位。现今虽已步入信息时代，但民以食为天，为确保粮食安全，将饭碗永远端在自己手里，"营田"之事，即使今日也不可有所疏忽，此国家坚持18亿亩耕地红线的缘由。

林则徐的思想是清晰的，因为时代所限，畿辅地区的水利开发，恐怕很难代替漕运所维系的政治中心与经济中心分离的问题，说得更明白些，即畿辅地区的粮食产出恐怕难以满足京师的需求，这是"量"的问题。但林则徐的思想是可借鉴的，新中国成立初期，国家即在京东滨海地区建了多个国营农场，可视为林则徐当年思想的进一步发展。

从滨海地区的土地利用现状，似可考虑两个问题：

一是大力发展、科学发展京东水利，以改良、扩大土地利用；二是扩大滩涂的开发利用程度，这里提出最直接、最简单的方法就是将海堤往海的方向前移适当的距离，以增大陆地平原面积，由于海岸线非常长，所增陆地平原面积必然可观。

---

① 《林则徐全集》编辑委员会编《林则徐全集》第5册《文录卷》，海峡文艺出版社，2002，第3-4页。

② 同上。

黄河巨大冲积平原三角洲最南端的顶点在江苏响水县云梯关，黄河的南向摆动没越过淮河。

1128年黄河夺淮之前，云梯关是淮河的出海口；1128年之后，黄淮合流，是黄河与淮河的共同入海口。1855年之后，黄河北移，云梯关逐渐隐没于历史的烟尘中，但如果细察地图，会看到标示黄河故道的虚线，能看到云梯关的地点标注。

云梯关有"江淮第一关"美誉，附近历史文化积淀厚重。这里是我国早期的海关关防要地，是重要的贸易集散地，明代有过驻军，以防止倭寇袭扰。这里有淮北最大的大禹庙，其初创于康熙年间，庙内有乾隆的御赐匾额"利导东渐"和嘉庆的御赐匾额"朝宗普庆"，还有接替靳辅任河道总督的于成龙手书匾额"法海津梁"。清代，这里是治河的重要区域，缘由是，云梯关的高程直接关系到洪泽湖的出流。康熙时期，河道总督靳辅与安徽按察使于成龙有过治河的观点之争，就关系到云梯关入海口的疏浚问题。虽然后来观点之争演变为官场内斗，但其实观点之争的背后涉及下河地区复杂的社会问题。大规模的水利兴工，从来都不是单纯的技术问题，不但涉及国家的财力，也与社会的关联性大。黄淮运相交之处为清口，这一带的水利问题尤其复杂，围绕着清口，以前写过《源远流长·黄河夺淮——从清口到三门峡》一文，不再赘述了。

晚清时期，这里还有宏伟的建筑群，无奈，这些建筑群毁于日本侵华的战火。

如今有"古云梯关"的碑刻在，为清嘉庆年间碑，其碑也是劫后余生，偶然被发现。以此碑起算，大海已在一百多里之外，寸寸土地，标示着黄河的造陆之功。

现在的黄河在山东东营市入海。

我来到了东营，时在 2007 年 10 月下旬，第三届黄河国际论坛期间。

东营建市于 20 世纪 80 年代初，在这个"年轻"的石油城召开学术性国际会议，交通相对来说不太方便，尤其是国际交通。让人没想到的是，实际参会人员达 2000 多人，其中国外来宾就有近 300 人，显然，这是一次规模很大的国际会议，是黄河所带来的强大吸引力所致。黄河文明是世界上唯一传承不断的河流文明，既古老，又生机勃勃，于今，伟大的中华民族巍然屹立于世界的东方，因而，对许多外国人来说，能有机会领略一下东方大国的繁荣昌盛，特别是能到黄河入海的地方看看，该是一种难得的人生经历。有鉴于当时的感悟，我在最后一天的大会发言时，对此给予简短的概括，我感受到了来自听众的呼应，包括内外宾，时光过去 15 年，那一幕我尚记忆犹新。

记得开会的第一天，下午会议结束后，我没有去吃晚饭，而是一个人独自去了市区。我想看看这个处于黄河入海口的城市。于是，打车出门，让司机随便带我到什么地方转转。

原来东营市由两大块组成（现在的地图上已看不出独立的两块），中间由极为宽阔的马路相连接，路边植柳，柳叶浓密，十月末的天气，居然没有丝毫凋谢的迹象。两块城区都显得新，高楼林立，人们衣着整洁，路上车水马龙，显然是一座现代化的城市。

以前虽然没来过东营，但对东营，却不能算太陌生，因为，地处入海口，水利是这里重要的业务，因而就有所关心，比如关注到这里特别需要大江大河治理方面的人才，这里有较多的水利业务涉及河道的治理、河口海岸的治理，涉及防洪、排水、供水等。

在参观完黄河入海口一带以后，我形成了一个初步的想法，此想法在以后的年月中，忽而想起，继而忘记，反反复复有过多次，行文及此，我先将这个想法写下来，我谓之"畅想"。所谓"畅想"，以"浪漫"看待可也。

我去过北欧不少城市，对这些城市有了解。这些城市通过运河与海贯通，比如斯堪的纳维亚半岛上丹麦、瑞典、挪威三国的首都哥本哈根、斯德哥尔摩、奥斯陆，可以说，没有运河连通的海运，就没有这些城市的生命力，这些城市也很难发展成大都会。于今，这些城市的运河，不但是经济的，还是文化的，也是风景的。因为有港口，这些首都也就成了港市。那么，"古为今用，洋为中用"，黄河下游有很长的宽河段，河南是一个内陆省份，那为什么不将下游河段，从洛阳以下修筑为通向大海的航运河段呢？如此，河南就有了出海口（淮河水系的出海航运能力，对河南来说偏小）。不能说这种想法毫无道理，我有事实的支撑：我们的老祖先在黄河上的航运超过了两千年，"泛舟之役"，由渭入汾，中间必走一段黄河，这一段也是宽浅的游荡型河道；黄河夺大清河入海之前，大清河有盐业航运之利，故本身又叫盐河，说明近海河道可以航行；最有说服力的，是从西汉起，黄河漕运基本上延续到清，元朝虽将隋唐大运河裁弯取直形成了京杭大运河，但靳辅修"中河"之前，南方漕船由淮安清口入黄，尚需在黄河里逆水行舟180里！

现在的黄河下游大堤内非常宽阔（局部地段除外），那么将黄河下游河道一分为二，静水通舟楫，动水泄洪流，航、河分开，正如古代的黄河、汴渠分开——汴渠航运为利甚溥，完全可能。静水承接于西霞院水库释放出的清流，承载平底驳船，货栈靠大堤设置，直通向大海！或问，遇见超大洪水呢？遇见超大洪水，通航河道同样可以泄洪啊！再问，泥质海滩，如何做港口？胜利油田"黄河海港"，不就是在泥质海滩上建设的海港吗？办法总比困难多。

洛阳能通海，意味着晋东南、晋南、关中也同时通海，意义重大。

还是那句话，我是"畅想"。可"嫦娥飞天"的古代神话，不是已经部分实现了吗?

近期,河南河务局的副总工温小国先生告诉我,在黄河上开展航运的想法,曾任黄河勘测规划设计研究院有限公司党委书记的张金良先生也有,并为我发来了网上资料。资料显示:"据张金良透露,黄河通航已写入了'黄河流域生态保护和高质量发展'的顶层规划中,河南省委、省政府对此高度重视,已组织相关部门进行深入研究。"①——这就是组织行为了。我虽然不敢说"英雄所见略同",但毕竟,我因张金良先生和黄河相关部门有此想法,因河南省高度重视而倍感鼓舞。

黄河国际论坛结束后,我没有立即离开东营,而是到河口一带走了一趟。原来1992年这里已经开辟为黄河三角洲国家自然保护区,区内具有"新""奇""特""旷""野"等美学特征,1994年被国家列入湿地名录,2006年被确定为国家级示范自然保护区。同时,这里也是黄河三角洲国家地质公园。

首先看了黄河故道一带,主要景观是密集的芦苇和天然的柳林,一些散布的柳树,看起来更像"柳篷",主干短,树篷大。道路两侧的芦苇高大,遮挡了视线,也看不到大海,以至于让人忘记了这是滨海地带。

入海口一带也有黄河故道?有。河流入海处,常常形成鸡足状的多股河流,因为淤积的产生或河流的摆动、迁徙,有的河道就会断流、形成河流的故道。《禹贡》所谓"(黄河)又北播为九河,同为逆河,入于海"大概就有鸡足状分流的意思,只是,《禹贡》的视野更偏于宏观,河口扇形平面上鸡足状的河流更为微观。

接着走到了更接近海的地方,看到了大片、大片的红色碱蓬草,碱

---

① 《黄河有望通航!河南能实现"通江达海"的梦想吗?》,2021年4月5日,详参https://baijiahao.baidu.com/s?id=1696195016319517764&wfr=spider&for=pc,访问时间:2023年7月24日。

蓬滩地上，有悠闲的水鸟在觅食，有的是白色，有的是灰色，灰色水鸟更多些，偶尔，会有水鸟飞起，低空飞翔。有的地带，碱蓬滩地上分布着海岬状的芦苇，为平面的红色画面上增添了立体元素。

入海口良好的生态：红碱蓬、芦苇与可遥视的水鸟

看到了胜利油田的高大机具，并排耸立，在空中勾勒出美丽的线条，以竖向为主、斜向为辅，我不知这机具的名字，更不知其作用，却想到了艺术设计学领域的名词"构成"。

看到了入海口的地质遗迹，有河成高地、河漫滩、天然堤、风成沙丘……

看到了东营沿海防潮体系，这实际上是水工建筑物了。其标牌上写道："2003年10月11日至12日，莱州湾发生了50年一遇的特大风暴潮，最高潮水位3.38米，城东防潮堤经受住了严峻考验，大堤安然无恙，人民生命财产安全得到了有效保障。"

最后，来到了一处有围墙的所在，墙上开有门口，门口外侧有观景台，观景台也就是个墩子，高度不及1米，据称是观黄河入海最好的地方。

我没登上这个观景的墩子,而是进一步向海的方向走去,立定,放眼观去,但见水天相接,苍茫无际,水是黄河特有的色调,风吹水拍,雄浑无涯,更不知何为河、何为海……我本想对眼前的景象多一些描写,但脑子里的词语偏于贫乏,于是,想到了古人诗,先是曹孟德,后是李白。

且让我先录下曹操的《观沧海》:

东临碣石,以观沧海。
水何澹澹,山岛竦峙。
树木丛生,百草丰茂。
秋风萧瑟,洪波涌起。
日月之行,若出其中;
星汉灿烂,若出其里。
幸甚至哉,歌以咏志。

河出昆仑,一路奔腾不息,流向大海,最后,再让我吟出豪情万丈的李太白的诗句,以结束此文,结束此书:

君不见黄河之水天上来,奔流到海不复回!

后　记

　　本书的写作不易，荒野踏勘，古卷钩沉，个中滋味，自不足与人道。在将书稿交给出版社之后，才觉得长夜不寐、铁砚磨穿的辛苦有了一些宽慰。

　　自序中已经述及，本书是沿黄河流路来写的，从发源至入海，旁及较大的支流流域。写作沿用了《源远流长——沟洫水利历史文化回望》一书所采用的风格，即文－史－工相结合。以这种风格写作，是个人的探索，却也有一份隐含，即要反映出水、水工程对人类的文明进步、社会的发展、自然的变迁所带来的影响，事实上也构成了对水、水行业的讴歌，而更底层的良苦用心则是为以"水"为专业的学生带来更广阔一些的视野——而不囿于以数学力学为基础的纯工科视角。中国五千年的文明史，治水贯穿始终，人都需要为自己所从事的事业感到骄傲，水的确是自然界和人类社会中最重要的基础物质，趋水利避水害有辉煌的成就，有说不完的故事，有值得汲取的教训，水利事业需要可持续发展。我想把这些讲出来。基于这样的思想行文，无疑需要有较为宽泛的知识、有较多的经历，虽然自己有从业几十年的积累。但毕竟精力有限。所以，我将所述范围限定在了黄河流域，挂一漏万有选择、有重点地进行了叙述。因学识所限，在写作过程中，需要不断从专家、同事以及朋友处获得帮助，对此，心存深深的谢意，感谢任何与此相关的人和事。

　　特别感谢学校和系里对本书写作出版所给予的支持与资助。

　　特别感谢中国科学院院士、清华大学教授张楚汉先生对本书写作所给予的肯定与鼓励。

本书的每一章都经过了专家的审稿,特别感谢每一位审稿者,他们是:中国教育发展战略学会副会长兼人才发展专业委员会理事长、清华大学教授李志民先生;北京大学金安平教授;清华大学水利水电系王恩志教授、邵学军教授、尚松浩教授、介玉新教授、王春红老师、郑双凌老师;武汉大学舒大强教授;哈尔滨工业大学胡恒山教授;生态环境部黄河流域生态环境监督管理局原局长、教授级高工张柏山先生;黄河水利委员会河南黄河河务局原副总工、教授级高工温小国先生;福建省水利水电科学研究院原院长、教授级高工张新民先生;中国电力建设集团西北勘测设计研究院有限公司教授级高工冀培民先生。

特别感谢黄河水利委员会河南黄河河务局马继业先生为沿黄河两岸实地考察所给予的陪伴和多年、多方的帮助。

特别感谢清华大学水利水电工程系李铁健老师、徐珺老师所提供的帮助。

特别感谢清华大学历史系严雨顿同学在文献核对和文稿校阅方面所给予的帮助;特别感谢我的学生祝金涛同志所给予的帮助。

特别感谢星球研究所合伙人、主编魏桢老师,星球研究所影像部图片负责人、图片编辑余宽老师所给予的帮助;特别感谢星球研究所特约摄影师提供了书前有关黄河的精美照片,他们是:刘彦斌老师、仇梦晗老师、李威男老师、王生晖老师、许兆超老师、刘锐锋老师、焦潇翔老师、吴亦丹老师。

特别感谢清华大学出版社各位编校老师,他们为本书的出版花费了极大的心血,他们严谨认真的工作作风,深深地感动了我。

特别感谢我的家人李水仙女士,她事实上是本书写作的参与者,在写作的每个环节上,她都给出了尽可能多的帮助,特此致谢!

特别感谢清华大学图书馆,其丰富的资源为本书的写作提供了极大的方便。

鉴于个人学识所限,书中不可避免会有错误,衷心感谢来自读者的批评指正。

马吉明